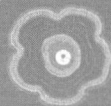

"村BA" "村超" 故乡——世界生态文化保护圈

黔东南漫记

莫子北◎著

山西出版传媒集团

山西人民出版社

图书在版编目（CIP）数据

黔东南漫记/ 莫子北著. -- 太原: 山西人民出版
社, 2024. 12. -- ISBN 978-7-203-13684-2
Ⅰ. G127.732-53
中国国家版本馆CIP数据核字第202464BS89号

黔东南漫记

著 者：	莫子北	
责任编辑：	傅晓红	
复 审：	崔人杰	
终 审：	梁晋华	
装帧设计：	成都现当代文化传播有限公司	

出 版 者：山西出版传媒集团·山西人民出版社
地　　址：太原市建设南路21号
邮　　编：030012
发行营销：0351 - 4922220 4955996 4956039 4922127（传真）
天猫官网：https://sxrmcbs.tmall.com 电话：0351 - 4922159
E- mail：sxskcb@163.com 发行部
　　　　 sxskcb@126.com 总编室
网　　址：www.sxskcb.com

经 销 者：山西出版传媒集团·山西人民出版社
承 印 厂：成都市天金浩印务有限公司

开　　本：700mm×1000mm　1/16
印　　张：23.25
字　　数：418千字
版　　次：2025年1月第1版
印　　次：2025年1月第1次印刷
书　　号：978-7-203-13684-2
定　　价：80.00元

乡土也当汗漫游（序一）

杜国景

因为当过记者的缘故，莫屈几乎走遍了黔东南的山山水水，于是便有了这本散文集《黔东南漫记》。按说黔东南面积仅三万多平方公里，不算太大，人口不过数百万，也不算太多，而"汗漫"却有辽阔浩瀚、漫无边际的意思。之所以仍要将莫屈的"漫记"比作"汗漫游"，乃是因为他足迹所至，遍及黔东南的所有县市，笔下所写，都是黔东南的景物、人物、风物、器物，并且每每由一村、一地、一景、一人、一物延展开去，极大地拓宽了作品的思绪空间与叙事空间。这样的拓宽，既涉及民族，也涉及地域、涉及历史，这样一来，阅读就需要有想象的参与，而虚实结合、现实与历史相交，时空就非常大了，由不得你"也到岭边州，真成汗漫游"。这两句诗出自宋代词人张孝祥的《菩萨蛮·林柳州生朝》，孟浩然、陆龟蒙、杜甫、辛弃疾都有"汗漫游"诗句，借用在这里，自然是一种比喻的说法。

《黔东南漫记》几十篇散文，大抵都篇幅不长，写人、叙事、状物，咏地、察情，怀史等，似乎都很随意，但尺短寸长，各有所宗，每一篇的主题都相对集中，且都有浓浓的情感升华。其中有写乡镇、写村寨的，如古镇炉山，武术名寨青虎，农民画村石青，麻塘㑚家寨等；有以"物"为叙事主角的，如《看牛坪奇藤》《访红石文化村》《被"金钉子"拴牢的美丽村庄》；有写红色历史或人物的，如《红军分队过湾水》《少寨"红军桥"》《参观龙大道故居》《将

001

军故里行》《苗族省长王朝文》《访民国两名将故居》《明代大儒孙应鳌》《夏状元故里行》；有写黔东南少数民族节日和美食，写黔东南民俗和少数民族风情的，如《甘囊香芦笙会》《香炉山爬坡节》《到台江大塘过苗年》《高增风情醉嘉宾》《反排木鼓舞》《南猛歌舞惹人醉》《散满乡愁的苗寨》；还有介绍剖析全国热点体育赛事"村BA""村超"的，如《"村BA"印象》《"村超"为何这么火》等。这些散文视野开阔，角度独特，结构自然，文笔娴熟，是读者多方面了解黔东南的一扇扇窗口。

从艺术描写看，以民间故事和传说的渲染来拓展叙事空间，是莫屈散文的一个显著特点，几乎每一篇作品都有故事、传说的穿插和渲染，《凯里武术名寨青虎》中的高僧传说、告波丢打虎、黔湘拳师比武、武师罗以忠传奇等，在此类穿插和渲染中比较典型。其他则还有《施洞苏公馆》《江口屯怀古》《夏游青山界》《凭祭大广坳》《重游雷打塘》《白水三叠入梦来》等等。甚至酸汤美食、九香虫、血浆鸭之类，在莫屈笔下都有故事。至于剑河南哨的巫密河、南明镇溶洞，锦屏县亮江河上的小赤壁，镇远的龙潭溪等，若没有故事或传说的参与，风景就会逊色不少，作品也就缺少了吸引力。因此故事、神话、传奇、传说等，在莫屈的散文中就成了一道不可或缺的风景，其中蕴含着他对少数民族村寨的独特体察。

在莫屈的散文中，黔东南的村寨几乎都各有不同的特色和看点，比如猫猫河村的诗歌赛，岜沙村的"枪手"，铁匠村的铁匠，牛大场镇的药农，季刀村古老的苗族古歌与百年粮仓、百年步道、百年古桥、百年木屋、百年歌堂等。不过比较而言，最打动我的，还是莫屈的长篇散文《走过月亮山》。这是个美妙动人的标题，跟人们许许多多沉睡的记忆勾连在一起，能够让人产生抑止不住的阅读期待。然而读过这篇散文，被莫屈唤醒的却是心灵的震颤，月亮山区交通的阻滞和闭塞，月亮山区少数民族村寨的贫穷和困顿，让人心里久久不能平静。作者夜宿村支书家时遭遇的鼠患，帮扶干部老梁被村支书满女因贫困辍学带来的不满甚至是愤怒，老是挥之不去，而"月亮山上的星灯"中少数民族群众对光明的渴望，"穿越原始森林""走进动物乐园"中，进出月亮山道路的艰难，读来也有些触目惊心。据莫屈文中所言，他走进月亮山时，已经是二十一世纪初了，交通居然还如此阻滞，那里的群众居然还在过着那样的苦日子，真是难以想象。正因为如此，所以我才觉得莫屈的这篇作品是不可多得、不可替代的现实关怀。莫屈写这篇作品是在本世纪初，距今已经过去了二十多年，真希望月亮山地区各族群众的生活有较大的改观。

除了月亮山，雷公山也是黔东南少数民族的主要聚居地，并且也曾是远近闻名的贫困山区。可喜的是，因为交通条件的改善，经济的发展和旅游开发，雷公山腹地的少数民族村寨已发生了翻天覆地的变化，莫屈的《诗意苗寨猫猫河》《两汪品茶》《响水岩散记》《初到西江》《郎德怀古》《攀爬雷公山》《杜鹃扮靓雷公山》等，写的就是雷公山少数民族村寨的新貌或新气象。比如猫猫河村的征文大赛和诗歌节，两汪乡的优质茶叶基地，响水岩的旅游盛景等。如今雷公山的风景早已名声在外，雷公山下的西江苗寨，更是成了每一个来黔旅游者的打卡圣地。正因为如此，莫屈才会对月亮山的困厄充满了忧虑，而对雷公山的变化则感到欢欣鼓舞。

其实莫屈的散文无论写人叙事还是状物咏史，都不缺少情怀的参与，以情动人是他所有散文的最大特点，只不过有的要直白、显露一些，有的则比较含蓄蕴藉。以《笔会行走》《剑河秋旅》《黄平记游》《黎平见闻》《榕江散记》《天柱游记》《镇远记行》《响水岩散记》为代表的那几组系列散文，整体看就比较直白显露，而《五河祭飞公》《沉淀在往事中的母爱》《到台江大塘过苗年》《故乡画眉坳》则相对比较含蓄和蕴藉。比如《五河祭飞公》，因为有传说、有宗教的铺垫，故表情达意有些神秘、内敛。《沉淀在往事中的母爱》回忆孩提时的成长，对母爱充满思念。《到台江大塘过苗年》则在欢乐中有古歌的传唱与有关姊妹节的传说。当然，所谓直白显露或含蓄蕴藉也不是绝对的，两者交融比比皆是，水平自然也参差有别。"笔会行走"中的"苗族红绣第一村"，《黎平见闻》中的"地扪行"，《榕江散记》中的"古榕十景"，《天柱游记》中的"三门塘读碑"等，从题材内容到艺术表现就比较独特，在直白浅显中别具一格，与其他篇目就显得不大一样。而含蓄蕴藉的一类中，也有比较直白显露，并且堪称佳作的篇什，如《故乡画眉坳》。这篇作品曾获第二届"新视野杯"全国文学征文大赛一等奖，后又入选中国作协主编的《新时期中国少数民族文学作品选集》（侗族卷）。作品写的是作者的故乡人养画眉、斗画眉的故事，尤以隔笼斗鸟、滚笼斗鸟的场景最为精彩，其场面、细节、氛围被描写得细致入微。去往这个建在剑河县南明镇高略寨铜钱坳上的鸟市，被人称作"赶画眉坳"。莫屈在文中不仅详细地追溯了鸟市的来历，而且还讲述了自己的祖父与县长斗鸟的故事。养鸟斗鸟自然可以说到明心见性或修身养性上去，但那是对有闲情逸致的人来说的。在少数民族聚居的乡村，养鸟斗鸟其实主要还是一种生活情趣，当然也关乎人们的精神生活，甚至可以说关乎历史与现实，可以昭示出不同的人性内涵。《故乡画眉坳》在讲述祖父与县长斗鸟的故事时，实际就探讨了这一层道理。

总体而言，《黔东南漫记》的叙事性、纪实性比较突出，较少融情于事或咏物寓情、借景抒情。但即便如此，耐读的篇什仍然不少。可见即便是散文并不是只有抒情性、哲理性一条道，叙事性或纪实性仍是散文的魅力之一。难得的是，莫屈的散文文风朴素方直，不尚虚饰，叙事言怀时有构属，辩风正俗亦多观微察隐，即便是持论，也多平实公允，这跟作者的为人处事是一样的，正所谓从文品可看人品，或反过来，从人品亦可看文品，莫屈的散文即是一例。

（作者简介：杜国景，贵州民族大学二级教授，曾任贵州民族大学文学与传播学院院长、《贵州民族大学学报》编辑部主任，中国文艺评论家协会理事，中国少数民族文学学会理事，贵州省文艺评论家协会主席。）

黔东南之美的记录与发现（序二）

朱永富

　　当您来到贵州这片土地上做客时，主人将如何向您介绍黔东南呢？他可能会说，您应该去一趟西江千户苗寨，尝一尝凯里酸汤鱼。然而这连黔东南之美的冰山一角也算不上。久居黔东南州的莫子北先生将他数十年来对黔东南之美的深度体验，用饱含深情的笔墨凝结成了这部《黔东南漫记》。如果将《黔东南漫记》数十篇散文作为一个整体来观照，我们就会发现，这部作品真正的主角是"黔东南"。《黔东南漫记》的写作在有意无意之间完成了对黔东南之美深入系统的记录与发现。

　　作为苗族侗族自治州，黔东南最惹人瞩目的是带有神秘面纱的少数民族风情。《黔东南漫记》用了许多篇章来讲述少数民族的神话传说（苗族美神仰阿莎的传说）、民族节日（苗年、爬坡节）、习俗（如神奇的㑇家婚俗、古老的苗族婚俗）、歌舞（芦笙舞、侗族大歌、木鼓舞）、特色建筑（侗族鼓楼、花桥）、饮食（酸汤美食）等，充分展示了民族风情的魅力，满足了读者对民族风情的审美想象。通过这些篇章，我们可以充分感受到这是一片地灵人杰的宝地，生活在这里的先祖们勤劳、善良、智慧、美丽。他们能歌善舞，热爱生活，在面对自然环境和社会历史的生产生活斗争中，依靠着自己的聪明才智创造出了具有民族和地域特色的多元的建筑、服饰和饮食文化。

　　由于独特的地理风貌，黔东南州的自然风光令人神往。莫子北的《黔东南漫记》用大量篇章系统全面地向我们展现了黔东南自然风光之美。以作品中所写到的自然风物进行分类，我们会看到一个非常丰富的山水风景体系。就"山"的相关风景来说，有峰、谷、崖、岩、洞、石、林、花等。峰，有雷公山、月亮山、龙泉山等；谷，有雷公山谷底；岩，有响水岩；崖，有飞云崖；洞，有太平洞、剑河溶洞、飞龙洞；石，有团仓石、古化石、三仙石；林，有原始森林、人工林；花，有漫山遍野的杜鹃花。就"水"的形态来说，可以细分为江、河、溪、泉、瀑布、湖、水库等。江，有清水江；河，有巫密河；溪，有龙潭溪；泉，有剑河温泉、黄平温泉；瀑布，有从江"美女瀑"；湖，有黄平潕阳湖；水库，有天柱鱼塘水库。此外还有与"水"相关的"桥"：黎平天生桥、红军桥。黔东南山河之美就是贵州山河之美，也就是祖国的大好山河之美。莫子北在《黔东南漫记》中，对每一处风景之美都进行了深入的发掘，照亮了每一处风景的自然美和人文美，令人生出对祖国大好山河的无限热爱和向往。

历史文化也是黔东南之美的重要组成部分。涉及历史人物、历史故事和历史空间。《黔东南漫记》的"黔东南"叙事，决定了作者在具体的篇章中以何种要素作为结构篇章的核心。或者是人物，如《郎德怀古》中反清抗暴的苗族英雄杨大六，《石板古道漫想》中的苗族群众起义领袖张秀眉，《施洞苏公馆》中的镇守黔东南的清军将领苏元春；或者是空间，如清平古镇炉山、剑河柳霁古城、黎平禹王宫、剑河江口屯、锦屏小赤壁、凯里古驿道、榕江"五公岩"等。这些历史人物和遗迹激起了我们对历史的追念和自豪，也激起了我们对历史人物的缅怀和慨叹。《黔东南漫记》中《少寨"红军桥"》《凭祭大广坳》《参观龙大道故居》《将军故里行》《红军分队过湾水》《芦笙，伴随他军旅生涯40载》等篇章，多是红色故事，红色故事当然也是历史的一部分，但这些红色故事更多地让我们感受到民族团结的温暖，激起我们对今天幸福生活的热情和珍惜。所有的历史文化叙事都构成我们中华民族共同体意识坚实的精神基础。

《黔东南漫记》中有一类作品是展示黔东南州在中国式现代化进程中突显出来的村镇特色文化。如石桥村的古法造纸、两汪乡的青白茶、大风洞乡的葡萄节，客楼镇的桃花节，观么乡的红绣第一村，湾水镇的红石文化村等。在这些特色村镇文化的描述当中，作者不仅呈现了民生之艰难，也显示了黔东南人民的勤劳和智慧，他们正在党的领导下努力创造崭新的康乐的农村生活。

不论生活在哪里，对生活的体味和对亲情、友情、乡情的珍惜都是必不可少的。在《鼠山邀月》《六角亭偶记》《重游七姊妹坡》《沉淀在往事中的母爱》等篇章中，作者书写了在黔东南这片土地上生活的人们丰富的情感世界。人是有情众生，不可避免地要在亲情、友情、乡情中建构自己的精神空间。通过这些篇章，我们可以看到，久居这片土地的人们已经将自己无形的感情世界与有形的地域空间融为了一体。

莫子北是一位勤奋用心的作家，在《黔东南漫记》中，我们可以看到，不论是工作采访、文艺采风、假日出游，还是平时走亲访友，乃至闲游，作者几乎在一切出行机会中，时时处处留心观察，耐心聆听，用心体会，凝结成一篇又一篇美文。黔东南之美或如烈酒，或若淡茶，滋味不同，品味方式亦有不同。莫子北在《黔东南漫记》中不仅与我们分享了那些烈酒般的民族风情、自然风光之美，也与我们分享了日常与平凡中的淡茶之美。淡茶之美不下于烈酒，但是品味淡茶却需要有一颗享受生活的平常心，一双更为敏锐的眼睛，一颗更为敏感的心。莫子北正是具备了这些难能可贵的品质，才能于平常和平淡中发现美，品味美，分享美。可以说，莫子北在《黔东南漫记》中对黔东南之美的再发现，是他与时空深度交流结出来的硕果。

优秀的作家对于他所生长和书写的那片土地来说，就像是珍稀植物。可以说，莫子北就是黔东南这片土地上的一株珍稀植物。

在坚持创作的同时，莫子北还是一位热心的文学活动组织者。与莫子北先生初次相识是在贵州省文艺评论家协会的换届大会上，那时候，他代表《杉乡文学》来邀请评论家协会的几位主席团成员做《杉乡文学》的特约评论员。那也是我第一次知道在黔东南州居然还有这样一份颇受政府重视和读者欢迎的文学杂志。签约成为《杉乡文学》的特约评论员，对我来说，既是一份荣誉，也是一种责任。作为贵州省评论家协会的一员，作为贵州省文学界的一分子，我有义务尽己所能去关注黔东南州的文学创作。当年在黔东南州文联的组织下，我们撰写了杨秀刚和石玉锡两位成就突出的黔东南作家的评论，研究成果都在《杉乡文学》上发表了。黔东南州文联还专门组织召开了两位作家的研讨会。那次会议给了我一种震惊体验：地州市是一片文学的沃土，有那么多热爱文学的作家在发光发热。不论是组织评论，还是组织会议，这期间莫子北一直热心地为专家们服务，尤其是会后，他还专门开车带专家们去黔东南的一些著名景点参观采风，加深了专家们对黔东南的了解，增进了他们对黔东南的感情。

在这次活动中，我也得以更多地了解莫子北，原来他曾长期从事新闻编辑记者工作，兼任黔东南州作协副主席、秘书长、《杉乡文学》副主编、凯里市飞龙雨文学社社长等职，近年调任黔东南州文艺创作中心干部。莫子北先生的这些身份，主要都是为地方文学事业服务的。他三十年如一日，与其他作家一起，多渠道筹集经费，成功组织了黔东南校园文学征文大赛、文学沙龙、文学笔会、创作培训等丰富的文学实践活动，极大地调动了广大作家和文学爱好者的激情。他多年坚持编辑的《杉乡文学》"校园文学"栏目，直接关注黔东南各级学校师生，为黔东南州发现和培养了大量的文学人才，不少青少年在他的鼓励下走进了文学的殿堂。

在文学被边缘化的今天，文学场是寂寞的，并没有多少名利可言，但文学是有力量的，有各行各业各年龄阶段的人依然热爱着文学。莫子北先生无私无我地在黔东南州这片土地上燃烧着自己，许多文学爱好者从他那里获得了滋养。

当今时代的文学之所以能有无穷无尽的活力，正是因为有无数像莫子北先生这样的人在默默付出。出于内心的敬重，我将这一类人称为"文学菩萨"。

（作者简介：朱永富，北京师范大学文学博士，贵州大学文学院副教授，硕士研究生导师，中国作家协会会员，贵州省文艺评论家协会副主席。）

目　录

凯里札记

清平古镇炉山 /2

春到下司 /5

龙场散步 /7

凯里武术名寨青虎 /9

乐在南花 /14

农民画村石青 /16

访红石文化村 /18

再访石龙寨 /20

隐埋在潭边树影里的古村 /23

沉静在古道上的村庄 /26

红岩八组游记 /29

夜访里禾村 /32

探察龙窝河 /34

漂流平良古峡 /37

落裙滩边烧烤记 /39

看牛坪奇藤 /41

走进铁匠村 /43

红军分队过湾水 /45

麻塘偅家寨 /49

神奇的偅家古婚俗 /51

闲游金泉公园 /53

六角亭偶聚 /55

到湾水苗寨过年 /58

甘囊香芦笙会 /60

香炉山爬坡节 /65

爽爽的葡萄节 /68

笔会行走

剑河秋旅 /74

黄平记游 /86

黎平见闻 /98

榕江散记 /105

天柱游记 /113

镇远记行 /119

到台江大塘过苗年 /125

响水岩散记 /136

魅力村镇

北侗"博士村"地良 /144

初到西江 /149

郎德怀古 /151

隆里古城漫步 /153

牛大场镇印象 /156

思州抒怀 /158

施洞苏公馆 /160

高增风情醉嘉宾 /162

洒满乡愁的苗寨 /164

反排木鼓舞 /169

两汪品茶 /172

蔡伦遗技在石桥 /176

南猛歌舞惹人醉 /179

森林公园里的古老苗寨 /181

诗意苗寨猫猫河 /183

江口屯怀古 /186

秋游小赤壁 /189

被"金钉子"拴牢的美丽村庄 /193

去那桃花盛开的地方 /200

少寨"红军桥" /204

"枪手部落"岜沙村 /209

放鹞记 /211

五河祭飞公 /213

江口有座"神仙坟" /217

山水抒怀

攀爬雷公山（外一篇）　/220

走过月亮山　/223

畅游龙泉山　/233

夜上南泉山　/236

鼠山邀月　/238

故乡画眉坳　/240

重游七姊妹坡　/243

春游石仙山　/246

夏游青山界　/249

凭祭大广坳　/251

陪关仁山老师游云台山　/253

重游雷打塘　/259

溶洞探奇记　/261

人间仙境龙潭溪　/263

荡舟巫密河　/265

白水三叠入梦来　/267

乡里人物

明代大儒孙应鳌　/270

夏状元故里行　/272

访民国两名将故居　/276

参观龙大道故居　/280

将军故里行　/282

苗族省长王朝文　/286

芦笙，伴随他军旅生涯 40 载　/293

怀念侗族艺术家李万增　/298

特色风物

酸汤美食 /304

老腾鱼酱酸 /309

九香虫 /313

品味血酱鸭 /317

白梅情结 /319

夏天又遇"麻小莓" /324

美儿鱼 /326

精要杂录

"村BA"印象 /330

"村超"为何那么火 /335

喜鹊迎我去驻村 /339

沉淀在往事中的母爱 /342

家谱 /347

后记：铭记过往的美丽 /355

凯里札记

清平古镇炉山

　　炉山是凯里市最有影响的历史文化古镇。位于凯里市西北部，东与凯里市龙场镇和万潮镇相邻，西接黔南州福泉市，南抵麻江县，北靠凯里市大风洞镇，历史上称"两州三县"交界地。镇中心距凯里城区28公里。

　　炉山原为凯里县署地，有600多年的悠久历史，史名清平。明洪武十四年（1381年）置清平堡。明洪武二十二年（1389年）升为清平长官司，属平越卫（今黔南州福泉）。明洪武二十三年（1390年）置清平卫，隶属清平长官司。明弘治七年（1494年）改清平长官司为清平县，与卫同驻清平城，隶属麻哈（今麻江县）州，不久属独山州，后属都匀府，隶贵州布政使司。明正德年间（1506—1520年）以四川的安宁安抚司改称凯里安抚司，划归清平县。清康熙七年（1668年）裁清平县，存清平卫，其他地归麻哈州（今麻江县），隶属都匀府。清康熙十年（1671年），复置清平县，并卫入县。清雍正十二年（1734年）设县丞分驻凯里。民国三年（1914年）更名为炉山县，县治仍在清平，同年改凯里县丞为分县。民国二十四年（1935年）凯里并县，炉山县调整为3个区，乡镇改为联堡，清平镇称为清平联堡。民国二十五年（1936年）清平联堡改为清平镇，1949年恢复区，改乡镇公所为乡镇人民政府。1952年置炉山县苗族自治区（县级）。1956年黔东南苗族侗族自治州成立后，炉山苗族自治县改为炉山县，城关镇仍在清平。1962年撤销一区一社恢复区，公社规模调整划小，清平管理区改为清平公社。1984年凯里市正式成立，清平公社改为清平镇，隶属炉山区。1992年建镇并乡撤区后，由大田乡、洛棉乡、五里桥乡和清平镇合并为炉山镇。

　　炉山之得名，是因境东南（今属凯里万潮镇）有名山曰香炉山。山势险峻，层层叠嶂，四面绝壁，仅有一条小道可通山顶，易守难攻。山巅草薄树少，兽绝鸟稀。四季云雾缭绕，早晚云晖交映，仿如画图。远观山似香炉，故名，人称"黔阳第一山"。历史上多次有兵匪及草莽英雄聚啸山头，发生过无数惨烈战事，为凯里市文化古迹名胜之一。

炉山因处地特殊，开发较早，交通相对发达。抗战时期西南与东南亚的唯一通道——湘黔公路穿过全境。明代著名的旅行家徐霞客，近代闻一多、茅以升等民国文化名流皆过境炉山，曾经留下足迹。闻一多先生曾带着学子到炉山邻近大风洞乡与黄平县重安之间三朝桥写生。据传，重安三朝桥中的钢架结构桁桥就是著名桥梁专家茅以升亲自设计的。现炉山交通更加便利，炉榕公路和株六复线铁路贯穿境内，下司及凯里滨江主街直通炉山，规划中的炉山与凯里开发城区联成网络。现炉山镇总面积190.36平方公里，辖15个行政村，1个居委会，1个社区，总人口近4万人。集镇贸易仍十分繁荣，2014年，炉山镇被列为历史文化"全国重点镇"。

炉山镇山川逶迤，峰峦迭起，沟谷交错，景点荟萃。镇区奇峦叠布，平川开阔。四围环山罗列，成屏成障。镇区北面数千米处的石仙山，奇石密布，松林如海，为凯里市省级森林公园之一。山上有古寺，香火颇旺。这里是凯里市农历六月十九日爬坡节的重要场所之一，节日期间，游客云集，人山人海，蔚为壮观。

炉山镇地灵人杰，古今人才辈出，尤其以明朝为盛。明朝出的工部尚书孙应鳌和贵州总兵石邦宪，两人分别入相出将，地位显赫，影响深远。

孙应鳌（1527年-1586年），字山甫，号淮海，谥文恭。贵州清平卫（今凯里炉山镇）人。嘉靖二十五年（1546年）中举人第一名。三十二年（1553年）成癸丑科进士，选庶吉士，历官陕西提学副使、四川右参政、佥都御史、工部尚书等。隆庆六年（1572年）建清平山甫书院。晚年病归故里，开馆教学，病逝后安葬于故里清平。《黔诗纪略》称其为"贵州开省以来人物冠"。现炉山镇区内的孙应鳌墓及祠均为省级文物保护单位。

石邦宪也是贵州清平卫（今炉山镇）人，字希尹，号南塘。石邦宪是孙应鳌同时代人，比孙应鳌稍长，两人还有亲戚关系。石邦宪去世后，孙应鳌为其撰写墓志铭，总结其征战一生。石邦宪出身武将世家，身材魁梧，胆气过人。从小习武，精通武略，十岁时即能持器带兵守城，威震强敌。明世宗嘉靖七年（公元1528年）嗣世职为指挥使。军旅历时十七年，出生入死，身经大小四十余战。斩敌上万，俘敌无数。军功显赫，多次被朝廷晋奖，后因功升铜仁参将，终任贵州总兵官。明朝兵部侍郎张子仪曾赠诗（《赠石南塘总戎》）一首，以示赞誉："老将西南日，雄提百万兵，斗牛横剑气，草木动风声。得士黄金贱，投壶白玉轻。池中谁赤子，天外有长城。"作为朝廷最高军事长官，能为边地将领赋诗，并如此高度评价，石邦宪为国建立的功勋可见一斑。

石邦宪为人轻财重义，清正廉洁，死时家无余财。同僚及族人共筹资金，为其在家乡炉山修建了一座豪华的石墓。墓碑雕饰精美，墓前置有石马、石牛、石狗、石龟等雕塑，并置有供桌、碑志等，可惜在"文革"时期多已毁坏。现墓址为省级文物保护单位。

张毕来是近现代炉山镇的一位有影响的人物。他 1914 年出生于炉山镇，曾任浙江遂昌县民众教育馆馆长，金华台湾义勇队秘书，桂林师范学院讲师、副教授，曾主编《台湾先锋》月刊。1946 年加入中国民主同盟，1942 年开始发表作品，1955 年加入中国作家协会。新中国成立后，历任东北大学、东北师范大学教授兼中文系主任，华东师范大学教授，人民教育出版社中学语文编辑室主任，民盟第三届中央委员、第四至六届中央常委兼宣传部部长、学习委员会主任，中国《红楼梦》学会副会长等职，是第四、第五届全国政协委员，第六届、第七届全国政协常委、学习委员会副主任。著有《欧洲文学史简编》《新文学史纲》《漫说红楼》《红楼佛影》《贾府书声》《红学刍言》《张毕来文选》等，并有译著多部，是现代有名的进步民主人士和有重大影响的文化学者。

进入 21 世纪，炉山镇仍旧是凯里市人才辈出的乡镇之一。科级、县级以上干部无数，普通干部、教师更是数不胜数，有多位资产过亿的企业家。炉山不但人文荟萃，还矿产资源丰富，主要有煤、铁、铝矾土、重晶石、硅等矿，且品位高，储量大，很多农民企业家以此创业致富。科技农业发达，炉山的烤烟、葡萄、油菜在 20 世纪 80 年代就声名大振，成为当地农业的主打产业，至今仍是凯里市农业大镇之一。

近几年，炉山又迎来了新的发展机遇，成立了炉碧（炉山镇和碧波镇）工业园区，入驻企业数十家，带来诸多发展机会，创造无数就业岗位，新拓许多致富途径。炉山镇党委政府正抓住这一难得的发展良机，积极作好炉山发展规划，拓展炉山镇区，炉山历史文化古镇正以崭新的面貌，以"特色文化旅游古城"的崭新姿态显现在世人的面前。

（发表于《凯里晚报》并收入《黔东南名镇村》一书）

春到下司

长拘山城，车多人杂，空气不鲜，难免吸尘纳垢，有痒缠身，心绪不振，便不由时时念及乡下的好处。"三八"节那天，沾了女士们的光，单位组织全体同事去下司春游，又享用了一回大自然的恩惠。

久困山城不觉春。山城缺公园，少花草，燕子还未归来，天气微略嫌寒，街上车来车往，繁忙的行人匆匆交臂而过，谁曾细想春天不经意间已悄然来到了身边。从鸭塘到下司，公路两侧远远近近的田园村寨，油菜花金灿灿，小麦地绿油油，一片连着一片。在那麦地菜田里，或老两口或一对年轻夫妇，背着背篓，弓着腰，在给庄稼锄草施肥。他们是那样的专注，顾不上看一眼田边地角那些天真的顽童们放飞到高空的风筝……

到了下司，大桥下河塘一侧的那只游艇已在安然地等着我们了。船分两层，有餐厅、娱乐室、麻将室，可以下棋、打牌、唱歌，随游人娱乐。投资者称之为"水上世界"，似乎想让游人过一过像水上名城威尼斯风光的瘾。

参加完集体的活动，趁着兴致，我独自爬上船顶，观览早春下司古镇的旖旎风光。这里曾是清水江上游重要货物集散码头，明清水运发达，商贾云集，文人来往，一片繁华，是麻江县（现已划归凯里市）的民族风情旅游重镇。这里民间节日多，民族风情绚丽而浓郁，往北数公里就是享誉世界的农民画乡——铜鼓村。游船泊靠的这个拦河而成碧波荡漾的长湖，就是麻江县拨专款修建，每年赛龙舟的场所。小镇交通便利，依山傍水，钟灵秀美。木屋砖房沿河岸相挨而建，桃李修竹垂柳掩映屋舍，春风中柳枝吐绿，李花粉白一片，映入河中别具诗意。而绿柳白花下面的小码头，几位穿红着绿的年轻姑娘，嬉笑着洗菜洗衣。在她们下游不远处的地方，一位小伙子一边在欣赏洗涤弄水的姑娘，一边在一网接一网地往河里撒网，虽然总不见他捞起一条大鱼，但他仍然乐此不疲地重复着，恐怕小伙子意不在鱼，而在于侍弄这一江碧绿的春水罢……

下司最出名的要数这里的美食文化。沿着长长的河岸，是一带临江的餐馆，主要经营狗肉和鲜鱼。狗是农家土狗，鱼捞自河中。根据客人要求，配以用山泉熬制的狗肉汤或者家酿酸汤，按照农家传统工艺烹制，洒上野葱香菜，端上桌来，香气四溢，色泽诱人，一流的环保食物，任客人放心开怀享用。店家淳朴而热情，又聘请了一些乡下清纯的村姑作服务员。红扑扑的健康笑脸，讲着浓浓的下司话，极亲切悦耳。有活泼胆大一些的姑娘，也敢讲一两个不知从什么地方捡来的笑话，劝客人喝两盅米酒，激发客人兴致。因此，下司的餐馆生意红红火火，日日客人不断。

用过晚餐，告别古街，暖风轻轻地吹，灿烂的晚霞映照河面，早春下司的傍晚变得温情万种，充满诗情画意。这时候，同事们相拥着上船顶照相来了，我赶紧加入队伍，借着迷人的霞光和春天的背景，留下珍贵镜头。

（2001年3月8日"三八"节单位组织全体干部职工，到下司集体活动，因创此文，发表于《凯里晚报》）

龙场散步

初夏的阴雨天，龙场的傍晚依旧姗姗来迟。用过晚餐，几位青年朋友相约去散步。

龙场也可散步吗？我暗中不禁窃笑。两条不宽的过境线车来车往，尘土飞扬。镇中心几十米长的一条主街亦垃圾遍地、污水横流、游狗无数，要找一份漫步的闲情逸趣，恐怕太难。但是，我还是随朋友们一道跨出了院门。

天阴阴地低着，小镇四周低矮的郁郁葱葱的松林坡，皆罩满浅浅的山岚，雾化成丝丝细雨，飘过来，沾着人的面庞、手臂，酥酥的，有一点凉意。风不大动，空气也还鲜净，刚出门感觉还不错。

"干脆到邻近山村去走走吧！"我提议。众友认可，就往大土村方向的泥土便车道走去。一分钟，就出了街道，走入乡间的田园，到了一箭之隔的大土地界。绕着镇区的建筑，是大土村碧水盈盈的田畴和散乱的木楼人家。那些散布于街市的脏瘦游狗，大多就是大土人家的宠物。

大土的村民是勤劳而朴素的，那些田园被经营得生机勃勃。瓜地菜畦，苗壮草稀，充满希望，给人以喜人的气象。秧田绿了，麦地一片金黄，饱满的老油菜被一把把有序放倒在田间。大土村人家不算太多，除了散居的人家，聚居在斜坡寨中的看来也就几十户。每户人家都被浓绿的果树或竹丛簇拥着，显得幽静而舒适，自由且恬淡。隔着树影，我们可听见村人喂猪吃食的声音，炒菜油炸响的声音和小孩背诗的童音。我们怕打破村人傍晚和谐的氛围，也担心打扰了他们那份平静愉快的生活，只在村边田垄漫行、聊天、赏景，不再步入村中去。

待村灯次第亮起来，镇中心各栋建筑的窗口闪现出迷茫的黄光，天色在不知不觉中暗了下去。我们在路边各自采撷了一大把清香的金银花，又慢慢踱步回去。这时，一只叫春的猫头鹰就从远处的丛林中有一声没一声地发出了呼伴的歌声，龙场镇夏天的夜幕哗啦一声从天边滑落下来，天，完全黑了。

走回镇区，街市一切依旧，有人在灯光下下棋，也有人在店铺躺椅上看报休憩，一副不紧不慢处事不惊的样子。小镇仿佛一百年前就约定俗成了这分秩序，也似永远保持着这样一种平稳的状态和风景，保持这份闲适与淡泊。其实，这样一种闲静与朴素的生活，不正给小镇的居民和做客小镇的我，以一种愉悦和慰藉？

　　漫步归来，我禁不住偷偷地爱上了这个古老而年轻的山镇。

（2004 年夏天写于凯里，发表于《凯里晚报》）

凯里武术名寨青虎

　　凯里市青虎苗寨因武术久负盛名。青虎是凯里市西南鸭塘街道鸭塘村的一个自然寨，辖鸭塘村七至十二小组，村子有王、罗、杨、龙、胡、潘六个姓氏，共160多户人家600多人口。村子坐落在苗岭余脉清水江岸半坡上，四面峭壁环峙，山高林密，进出皆难。村脚清水江裂山破谷迎面而来，又化为转曲回肠，隐消于村口关山叠会处。山水交汇，开合得度，早晚山岚溢漫，春秋雾霭蒸腾，好一个险要清幽的居所。

　　据青虎老人介绍，清朝康乾年间，青虎寨各姓始祖迁居于此，不断生息繁衍，至今已有二十多代人，五百多年历史。村民们依山建寨，借水兴业，以清水江水上运输为主业。水道险恶，匪盗猖獗，弱肉强食。要想在清水江上站稳脚跟，非得有一身过硬本事。否则遇到水匪抢劫，可能会船毁货失，人财两空。为了在水道上立足，青虎村人自古就形成了尚武健身、保土安寨的传统。而真正使青虎武功出现质的飞跃，是一位峨嵋武僧云游到青虎传授武术之后。

　　200多年前，峨嵋山一位武术高僧云游至青虎，见这里山环水绕，风景秀美，民风淳朴，就在村里驻留下来，收了王姓、罗姓两位徒弟，秘授峨嵋武功。三年后，两位徒弟功夫基本到家。武僧又带着两徒云游四海，遍访名山大川，走访民间武术大师，切磋交流武术技艺，一路收徒传艺。跟随师父云游数年，青虎两位青年眼界大开，武技精进，惜别师父，怀技而归。两人结合师父所授功夫，并结合外出云游与民间高师切磋心得，集众所长，完善理论，规范套路，自成一家，成为名震乡邻的青虎苗拳，并各自在村里两姓族人中秘传。

　　青虎苗拳追求"练拳先练桩，打拳不晃荡；抬腿与腰齐，双脚不离地"的基本功法。其动作主要有劈、挑、拨、推、插、勾六种。具有简洁明快，攻守结合，刚柔相济，随机应势，变化无常的基本特点。日常农具，应手成器，随手拾物，皆成武器，是青虎苗拳的又一特点。因此，历代武师们创立的武术套路主要有"马刀拳""柴刀拳""镰刀拳""钉耙拳""板凳拳""青杠棍"等几种。每种不同套路施展于不同的场合，实用性非常强。院中室外，田边地角，饮酒席上，田边劳作，随时都可演习。无论男女老幼，皆能参与，既可健身，又能防身护家。因此青虎苗族武术技艺得以较好地传承和保护了下来。

正因为青虎村有了这样一个习武传统，村里代代都出武术大师，武术名村的声名远播乡外。冷兵器时代，匪患严重，青虎却能保全寨无虞。行船贩货，也是一路畅通无阻，从未发生匪盗为祸等事故。青虎村能人辈出，演绎了许多传奇的人物故事。相传青虎村王姓有个祖公名告波丢，身材魁梧，武艺超群，臂力过人，疾走如飞。他一拳能打死一头牛，两拳能打晕一只虎。告波丢食量惊人，他最喜欢吃糯米饭和猪板油，他一餐能吃五斤糯米煮成的米饭。他曾经和人打过赌，左手抱住一甑五斤米的糯米饭，右手抓饭吃，别人在后面追，他边跑边吃糯米饭，若是吃完了别人还追赶不上，则算告波丢赢。这是一个常人无法完成的事情，他居然赢得了比赛的胜利。寨里推举他为正宗苗拳接班人，功夫十分了得，传说他赤手空拳打死过一头猛虎。古时候的青虎村周围森林密布，狼虫虎豹经常出没，老虎伤人事件时有发生。一次告波丢在路上发现一个妇女被老虎堵住去路，情况十分危急。告波丢跳将上前，挡在老虎面前，解救下那位妇女。老虎见告波丢打乱了它的捕食计划，极为恼怒，大吼一声，腾空而起，扑向告波丢。告波丢眼疾手快，向侧一跃，躲过猛虎锋芒。经过几个回合的斡旋，大老虎锐气泄尽，告波丢瞅准时机，趁虎掌扑地一瞬间，飞身骑上虎背，一个泰山压顶，双腿夹固虎肋，两手揪住老虎的项花皮按入草地，老虎无法转头。告波丢腾出右手，使出全身猛力，铁锤般的大拳对着老虎眼、耳、鼻、颈一阵猛击。老虎被打得头昏脑涨，欲跃不能，欲吼无声，无计可施，只有哀号的份，直到瘫软在地死去。告波丢徒手杀虎的情景把赶来助阵的村民看得目瞪口呆。待确认老虎已死，乡亲们才齐声欢呼，走近现场。大家一边抬着死虎，一边抬着打虎英雄回村。青虎威名大振。告波丢这一真实版"武松打虎"的故事流传至今，成为青虎村民代代传颂的故事。

青虎村能赢得传统武术名村的美名，不仅因为村里代代尚武习技，武艺高超，英雄辈出，更难得的是这里的武师崇尚武德，讲究"以德养武""择德传艺""技不轻露"等习武理念。青虎武师出门在外，从不轻易表露自己的功夫，"宁可被人打三拳，也不随便还一掌"。青虎人在习武的过程中，把健身自卫作为习武基本宗旨。在选择传人方面有着严格的要求，武师在收徒时，凡形容丑陋、脾气暴躁、品行不良者，皆不能收为徒弟。只收授那些仪表端庄、品行良好、脾气温和、吃苦耐劳者。因此，青虎村并不是人人皆能、个个善武的高手。武师出门在外，从不惹是生非，实在被迫无奈，偶尔展露一手，达到震慑挑衅者，平息纠纷目的则止。相传青虎村一名武师带着村人放船到清水江下游洪江，一伙强人前来挑衅，要抢船上货物。危急时刻，青虎武师出一点子：他一人撑船，强人们能把船划走，货物就归他们。只见他稳立船头，单手撑篙，插入河底，船便如上了铁钎，钉死在岸边。四五个强人自恃力大，拿篙上船来撑船。可他们用尽吃奶之力，弄得面红耳赤，船身却纹丝不动。强人们大骇，知道遇上了高人，个个羞愧满面，慌忙向武师鞠躬作揖，仓皇逃散。一场危机就此化解。

青虎人历代武术传人牢记祖师教诲，把良好武德一代代很好地继承下来。青虎村人不恃强凌弱，但村人遭到外人欺凌也决不答应。相传青虎村有一个青年（此青年不会武术）到邻镇的黄金寨游方，与当地姑娘对歌。这本是农村青年男女交往平常不过的事，那青年却被黄金寨组织人员攻击受伤。青年回到村里汇报了这个情况，村人群情激愤，立即组织会武术的一队人马赶往黄金寨，要为村里被打的青年讨个说法。听说青虎组织人员来了，黄金寨人惊恐万分，家家锁好大门，四散逃避。青虎众人将打人头目家团团围住，连续六七天日夜不离。黄金寨人鉴于自己理亏，看到青虎村人如此团结，有不拿下肇事者誓不离开的阵势。只好悄悄商量，找个德高望重的长者前来说情，并由组织打人者赔上一头大肥猪道歉，青虎村人这才撤离黄金寨。此后，再也没有哪个村的人轻易招惹青虎村人。

现年 60 多岁的武术家罗以忠是虎青苗寨罗姓第八代正宗传人，他中等身材，面容和善，性格温和，为人豪爽。虽年逾花甲，却体格健朗，步履稳健，声音洪亮，面色红润，没有一丝皱纹，看上去似乎只有四十多岁的样子。他 7 岁开始跟随父亲练功习武，练就了一身过硬的功夫。早在 1983 年，他在全州民间武术观摩表演赛中获得过冠军，曾多次作为黔东南武术界代表参加全省的观摩表演，是凯里市苗族武术非遗传承人，也是黔东南健在的有重大影响的德艺双馨的武术家之一。

几十年来，罗以忠致力于苗族武术技艺的保护和传承，传艺的足迹遍布黔东南凯里、麻江、丹寨、台江、剑河等 10 多个县市，并多次到黔东南周边的福泉等地和湖南等外省收徒传艺，关门弟子达千余人。

在收授徒弟的过程中，他始终秉承历代宗师"以德为先，宁缺毋滥"的古训，坚持"健身防卫"的习武宗旨。虽身怀绝技，武艺过人，但从不逞强施威，以技凌人。在江湖闯荡数十年，多次与民间高师切磋技艺，他总是礼让三分，点到即止，从未出手伤人，深得民间武术人士敬重。

80 年代初，罗以忠师傅年近而立，武艺娴熟，在民间武术界已小有名气，应邀到福泉开馆授徒。他到福泉之前，已有六位湖南武师先到那里开馆。他的武馆一开，湖南馆的学员仰其声名，纷纷转投到他的门下。湖南武馆一下子人去馆空，办不下去了。湖南六位武师非常生气，上门挑衅，阻止罗以忠正常授徒，并向罗以忠下战书，要与罗师傅见个高低。罗以忠笑脸相迎，好言相劝，不与他们发生正面冲突。如此一个多星期，湖南武师天天来闹事，罗以忠看实在影响武馆工作，也想试试湖南武师功力，就答应与湖南武师进行一次切磋。

第二天上午九时，双方准时会武于村子操场。得知黔湘两地武师比武消息，远近村民早已赶来，把操场围得水泄不通。湖南几位武师首先推选一位身高体壮，一米八几的大个子年轻武师来与罗以忠比武。罗以忠师傅心平气静，稳步入场。湖南武师欺他个小，拉开架势，不待礼毕，就气势汹汹，先发制人，一招猛虎扑食，直取罗以忠面门。罗以忠一个燕子翻身，敏捷一闪，避开大个子武师凌厉攻势。就势一招古木盘根，腿膝轻轻一探，大个子武师根基已浮，脚步凌乱。仅仅两三回合，大个子武师就被罗师傅击败。湖南武师又派另一位大个子武师上阵，交手仅一回合，对手就感觉到罗以忠师傅的强大功力，自认不敌，跃出圈外，抱拳认输。罗以忠没想到湖南武师就这点功夫，也不盛气逼人，让人蒙羞，亦礼貌抱拳答礼，歉赞对方武功不错。对方借坡下驴，表示服输，愿意出钱买酒买肉，赔礼道歉。罗以忠愿意接受对方美意，大家畅饮交成朋友。罗以忠的歉诚坦荡，赢得在场观众一片欢呼，也赢得湖南武师和当地群众的尊敬和佩服。

这件事让罗以忠在福泉威名大振，很多习武爱好者都投奔到他的场馆。但罗以忠始终坚持以德择徒的严格标准，从不乱收一个恶徒。在福泉一待三年，带出了数十名高徒，也结交了不少同行好友。有三名曾经投奔罗师傅的徒弟因品行不端，被罗以忠请出了武馆。三名青年怀恨在心，专程跑到瓮安，找到当地一位武功高强的民间高师，极度贬损罗师傅形象，说罗以忠师傅如何如何狂妄，请求那位武师出山去踢罗师傅的馆。那位武师是很有正义感的人，经他们三人教唆，决定到福泉去会会罗师傅。那位师傅到福泉后，也不莽撞行事。他暗地里走访当地群众，又悄悄察看罗师傅授徒言行。经过观察，他觉得罗师傅并非像他们所说的那样张狂，反而觉得罗师傅武德修为很好。于是就教人去请罗师傅到一个徒弟家里会面。

一个青年去向罗师傅撒谎，说家里有个客人生了急病，请罗师傅前去救治。罗以忠师傅是个心地良善的人，懂得许多民间草药良方，他经常无偿帮助一些患者解除病苦。听闻此情，就跟着来到那位青年家。却见那位客人气色红润，言谈正常，不像生病的样子。正感到蹊跷，那位武师却开口道："这位师傅，请坐请坐，我看你也不像那些狂妄之徒嘛！"罗以忠心有所悟，笑笑说："这位师傅何以出此重言，你向这里乡亲邻里打听打听，我是那样的人吗？""我看还真不像，看来我上了人家的当了。"那位师傅忙把那三位青年向他进谗言，叫他来踢场的情况向罗以忠师傅说了一遍。罗师傅明白了事情的缘由，就批评那三位青年，"看来我不收你们为徒是对的啊！"那位师傅也当即批评那三位青年，命他们赶快准备酒席，向师傅赔礼道歉。三杯酒过后，两位武师互通名姓。询得那位武师也姓罗，两人原来是本家。那位武师心中大喜，连称误会。两人频频举杯，越谈越欢，情趣相融，大有相见恨晚之感。

酒过半酣，两人兴致高涨，在众徒弟的倡议下，两人就在院子里切磋起武艺来。都是正宗秘传武术高人，两人均内功深厚，根底扎实。两臂轻触，双方已感觉到对方功力。好汉惜好汉，英雄爱英雄，彼此惺惺相惜。点到为止，重回酒席，把酒言欢，大醉方歇。此后两人常来常往，成为至交，成就武术界一段佳话。

年过六旬，青春不再。曾经走南闯北的罗以忠师傅隐归乡里。随着时代变迁，村里青年多已外出打工，在家习武者已是寥寥可数。村里多位武术前辈相继谢世，青虎苗拳面临断代危险。罗师傅闯荡江湖半世，历尽人间沧桑，村里武术传承现状令他难过。虽广收门徒，自己却家无余资。想办一个苗族武术传承基地，因财力有限，梦难成真。向村里及市里有关部门申报多次，却没有理想结果。罗师傅空持非物质文化传承人的证书，却未能实现苗族武术传承发展愿望，追昔视今，感慨万端。前些年鸭塘中学办了个苗拳辅导班，因为经费不足等原因而办不下去了。他空怀绝技，一身本领，为了生计，只落得在开发区一所中学当门卫，领取一月两千的薄酬。好在罗师傅心胸豁达，乐观开朗，笑面现实，无怨无悔。有朋来访，杀鸡设酒，欢快畅饮。有患者相求，他仍旧爬坡下坎，不辞艰辛，迎风冒雨，去为乡亲采药，保持着传统武术家宽厚仁爱的慈悲情怀。兴起时，他也会即时宽衣脱帽，拉开架子，虎虎生风地为大家表演一路武术，引得大家一阵惊叹。就这样过着清淡平俗的日子。

这两年随着青虎苗寨柏油路的拓建，青虎村这个玲珑美丽的苗寨，渐渐拉近了与市区的距离。相信随着对非遗工作的日益重视，青虎罗以忠师傅们建立武术培训基地、村民发展民族武术特色旅游村寨的梦想，也许会在不久的将来变为现实。

（发表于《凯里晚报》，2023 年 4 月 12 日再改定）

乐在南花

南花苗寨，坐落在半山腰上，古木连片，木楼重叠，巴拉河绕过寨脚，苗族花桥飞跨河上，青山相对坐，白云漫山尖。虽无辽阔的视野，却包容着雅致的田园景观。人来此间，无公务之繁扰，有轻快的心情。漫步河畔沙滩，徜徉古寨巷道，在芦笙堂观苗族歌舞，在古井边畅饮甘泉，坐在古树下歇足，感觉半生的烦恼慢慢消散于心间，这才是最真实的田园生活，这里是心灵的真正归所。

约一位高龄的苗族老人，请他在古道边坐下来，一边看他庄重而熟练地点燃叶烟，一边听他讲述这村子久远的传说。老人讲，很早很早以前，村民的一双白鹅飞到了这里，孵化了十二只小白鹅，白鹅一家在山后的水塘自由自在生活。有农民到山上来砍柴，发现了白鹅，认为这里是块风水宝地，就组织村民搬到这里住下来，逐步发展成了数十户几百人的苗族山寨。村里月月有节日，节节有客来。客人进寨，先得喝十二道拦门牛角酒，一是显示主人的热情，二是考验客人的酒力。喝了十二角拦门酒，进到村中，仍谈笑风生，不醉不倒，就是村人最钦敬的好汉，成为全村人最欢迎和尊重的贵客，村里户户待之若上宾。为何以角为杯？村里的长者介绍，原来村里有一户潘姓老人，养有一头大水牯，水牯辛勤劳作，为主人耕田犁地，立下汗马功劳，最后累死在田边。主人悲痛万分，为怀念水牯，把一双角锯下来，制成精美的酒杯，待客人来访，才拿出来酌酒敬宾，以示热忱和敬重。

村后那些林立的古木，是村民重视生态，与自然和谐相处的见证。据说这些郁郁葱葱的古木原来是另外一个村子的物产，主人准备将之砍伐出售。眼看着这些树木就要横遭毁灭，村里的群众都很穷，个个束手无策。关键时刻，村子一位古稀老人捐出了自己积蓄多年准备用于办后事的几百两银子，将这片山林全部买了下来，并告诫村民，这片树木永远作为村子的风景林，任何人不得砍伐。有了老人的爱心和遗训，才有村民强烈的生态保护意识，才有我们今天举目可见的苍杉翠柏，才有巴拉河沿岸满坡满岭令人兴奋的浓浓的绿。

　　满村子走了一遍，热情的村民真诚地邀我们到家里去吃饭。我们选定了农家乐定点户之一的潘仁清家。他家拥坐在半坡上众多木屋之中，背靠土坡，面迎河谷青山。木屋古拙，有花窗腰门，有美人靠椅，是苗族典型的山地民居。主人十分讲究居所卫生，门口的小片晒场干干净净，晾晒着刚刚采收的玉米，家中门窗地板，都擦洗得一尘不染。潘仁清夫妇都三十多岁模样，正在厨房里忙碌。进家来，一股催人食欲的菜香先入人鼻。

　　主人把我们安排在中堂侧边的一个包间，刚喝过一碗茶，菜已经上好了。火锅里煮着田鱼，还配有香肠、烧椒、凉拌黄瓜、清炒苕藤尖、韭菜炒鸡蛋等八盘菜。主人又捧来了一土壶杨梅酒，就着土杯土碗，给我们酌了一圈酒，道声"慢用"，我们便正式开席。酒是家酿美酒，菜是家常菜。泡酒清香柔和，不烈不淡，口感极好。每道菜风味有别，色美味香。友军主席等友人皆边饮边赞，三棵树年轻漂亮的女干部孙凌敏君也化羞涩为大方，举杯同饮。我戒酒已久，经不住酒香的诱惑和众人的劝说，亦斗胆开戒，端起了酒碗。人乘酒兴，酒助情生。趁着窗外满山的绿意，借着初秋喜人的秋色，我们几个人无拘无束，开怀畅饮。从正午到下午，满满一桌好菜被我们品食将尽，三壶米酒也皆被喝干。几个人都有了醉意，这才谢别主人，准备回城。

　　到得巴拉河边，清亮的河水留住了我们的脚步，几个人催促小李把车开到河边，邓君率先剥下衣服，跟跄投身到河中去，一个仰倒，头与脚翘出水面，那分舒坦与惬意，肯定从心中一直溢漫到足底。

（2000 年 9 创作于凯里，发表于《凯里晚报》）

农民画村石青

日出而作，日落而息，手操锄耙，口朝黄土背朝天这些语句，是对中国传统农民的深刻描述。曾几何时，农民放下了柴刀斧头、铁铧竹篓，别起手机，提上电脑，捉起画笔，新的农民形象不时跃然于各类媒体之上。凯里舟溪石青村的画师们就是这样的新型农民。有了这些敢于拿起画笔的农民和绚丽浪漫的农民画，石青这个名不见经传的苗族村寨渐渐为世人所知，至今已有数万外国游客到石青游览参观。

石青古来出产民间艺术家，挑花刺绣，纺花织布，打铁造房等方面技术精湛的工匠，一代传承一代。石青农民画则兴起于20世纪80年代，至今专业或业余从事农民画创作的有二十多人。该村农民画取材广泛，花鸟虫鱼，日月山川，猪马牛羊，节日活动，民间故事，信手拈来，流写笔端，充满朴实浓厚的田园气息。其笔法真诚果敢，大胆新颖，多采取夸张变形的手法，利用鲜活多变的色彩，给人一种淳朴、鲜丽、浪漫张扬而又不乏浓郁生活韵味的诗意美感，反映了苗族群众绚烂多彩的生产生活和独特审美理念。

农民画家杨贞皇是石青农民画的主要奠基人。他自幼酷爱绘画，通过长期自学，在1980年高中毕业以前打下了较扎实的绘画功底。后又向多位知名画家学习画技，取得了长足的进步。1981年他回到石青小学任代课教师，利用这一良好的机会，开办了业余绘画辅导班，义务为小学生和喜欢绘画的村民进行绘画培训，数年努力，其辅导班学员成绩突显，有不少学员作品在市、州、省及全国参展参赛并获奖。一次偶然的机会，杨贞皇的一幅作品被前来旅游参观的外国游客高价收购，杨贞皇眼前一亮，从中看到了农民画潜在的巨大效益和商机，他索性辞去代课教师的工作，在家专门从事农民画创作和经销。他不但带头积极创作，还把乡亲们创作的画作集中起来，外销给游人。向游客积极推介了石青民族文化，为村民拓展绘画销路，给村民带来一定的经济收入，使农民画的创作和销售成为村民的一条致富路子。他在二十多年对艺术的探索与实践中也取得了骄人的成果，其农民画、板画、剪纸、年画、国画、簸箕画等作品形成了自己独特的画风，深受中外游人喜爱，每年销售作品数十幅，年创收万余元。他有 72 幅作品先后参加各级画展并多次获奖，有多幅画作、版画藏书票赴英、美、日、奥等国展出并被收藏，他也因此被市、州美术家协会吸收为会员，并加入了省现代民间绘画研究会、中国版画藏书票研究会，他成了石青农民画创作与经销的领头雁，不断把石青农民画推向新的发展境地。

　　走进石青村，听铁匠打制铁器发出的叮当音韵，看家家户户廊檐下挂满金灿灿的玉米串，到农民家中欣赏青年农民挥毫作画，从他们热情的微笑和自信的眼神里，你看找到了村民改天换地描绘新生活的执着与希望。

（1998 年 5 月创作发表于《凯里晚报》）

访红石文化村

　　前不久，前往以产红石出名的湾水镇依友村采访，发现了精美的红石资源，颇为震撼。

　　依友，苗语音译，意为石头山窝。那些亮闪闪的红石作为丰富的财源，恩育了一代又一代依友勤劳淳朴的苗族村民。该村世世代代几乎人人皆是石器加工能手，他们生产的石钵、石磨、石条等产品不仅畅销周边乡镇，还远涉清水江，一路销售到湖南洞庭湖畔。凯里市市区的一些道牙和一些大型建筑的基石及装饰石料，都是到该村采集的红石。依友村的石匠杨昌荣12岁开始学打石器，练就了一手好技艺，一块原石落到他手里，就像一只听话的羔羊，任其自由使唤，不用多时便雕琢成了精美的生活用具或者工艺品。他利用农闲时节产销石制品，年收入上万元，解决了一家人的吃饭问题，还培养4个孩子读书，成了当地有名的勤劳致富能手。

　　但由于石器加工属重体力活，现不少石匠已另谋生路，目前该村像杨师傅这样的石匠只有七八人了。回顾几十年的石匠生涯，杨师傅感慨万千："我们这样最原始的开采和粗加工，产品单一，卖不出好价钱，只是混碗饭吃而已。如能引进先进设备进行加工，开发红石系列产品，那才真正有效益呢！"

　　杨师傅年轻时凭一锤一凿闯荡四方，参加过许多大型雕塑施工和重大工程建设，对我国境内诸多石种十分了解。说起依友红石的主要特点，他如数家珍：一是硬度高，红石的硬度不亚于大理石和花岗石，极耐风化和腐蚀。为证明此，他捧出自家的擂钵，用铁棒狠狠撞击出巨大的声响，石钵丝毫未损。"你们看，石钵一点粉末都不脱，这是我12岁初学打石头时打制的第一个石制品，使用30多年了，仍如新的一样。"红石的第二个特点是粘连性强，无自然水路，不易破碎，易于雕琢。可随心所欲打制各种造型和图案，是大型雕塑的上好材料。三是红石极耐高温。杨师傅用火钳拨开石灶里通红的煤块，指着炉心说："这是红石做的，直接放煤炭到里边烧，几百度高温，烧了十多年，不炸不裂，经受了高温的考验。红石可作为耐高温建筑材料。"红石的第四个特点是具有较好的吸水性。红石吸水性强，容易吸收空气中的水分，可以保持屋子干燥。依友村民常把红石作为建筑材料，不少人家一楼墙壁都是用红石砌成。正因为红石具有吸水的特点，房子四季干燥，全村人没有一人因住石屋子而得风湿类疾病。此外，红石的色泽鲜艳，花纹丰富，图案自然流畅，极具观赏价值，可以说是石头家族中不可多得的佳品。

杨师傅深有感触地说："可惜呀！这上好的资源没人来开发，村里人没有能力，有识之士又不了解，若有外地客商能投资办厂开发，红石这块死宝就会变成活宝了。这里距离镇上不过一公里，投资二三十万元就可以启动了……"他想着红石开发的美好前景，眼里充满了兴奋的神情。

采访期间，老石匠用苗语为我们吟唱了一首动听的歌谣："石头寨里有金鸽，金鸽住在金银窝，谁得金钥开金锁，金银宝贝堆满坡……"是的，那漫山遍野的红石，不正是等待开发的金银宝贝吗？它不仅仅是依友村人的一笔潜在财富，它还可能成为我市我州乃至全省绝无仅有的特产建材呢。

是宝贝，终要有人识，相信在不久的将来，红石作为一种特种建材，一定会得到有序开发，走进建材市场，广泛应用，造福人类。

（1997 年 7 月 25 日创作于凯里湾水镇，发表于《凯里晚报》）

再访石龙寨

　　元旦收假，从榕江采访鼓藏节回来，未得洗除满身的疲困，便收到市文联邀请，去石龙寨采风。

　　走近石龙寨，满眼新鲜的气象扑面而来。崭新的柏油公路，设计精巧的寨门，整洁宽展的生活便道，修葺一新的芦笙堂，寨中新建成的碧水盈盈的荷花池，夕阳下的村舍，炊烟袅袅，烟火味十足，环村古木郁郁葱葱，到处都是美景。置身村中，人仿佛进入了画卷一般。这是我第三次来到石龙寨，不曾想到，时隔几个月，这个古老的西家山寨面貌一新。

　　几年前的一个夏夜，我随平寨村巡逻队夜巡到石龙寨。月色暗淡，山寨极静。犬吠声引出屋主人，见有熟人，便邀我们进家去歇脚喝茶。从言谈中知，这是个50多户人家的西家寨，有罗、吴、金、顾、李等姓，是凯里市还未识别的两个少数民族群落之一。我便对这个山寨产生了浓厚的兴趣。

　　第二次去石龙寨，大约是半年之前。石龙寨已作为凯里市民族风情和新农村建设示范点，凯里市委正群策群力帮扶建设，已经初见成效，我们应邀采访。通过深入了解，石龙寨沧桑的历史，丰富的民族文化渐次在脑海中清晰起来。据石龙寨老支书罗道忠老人介绍，其家谱和先祖碑文上分别记载，明末时期，西家人被迫从江西一带迁到贵州，一路辗转奔波，历经千难万险，于1626年选定石龙寨定居下来。西家原来居住的地方土地平旷，沃野千里，背靠三座大山，是一块难得的风水宝地。官府定下移民政策，凡被迁户，皆在其衣服上打上官印，限定时间迁走，延时不迁者，格杀勿论。西家人只好携家带口，含泪远徙。为纪念迁徙的艰难并怀想遥远的故乡，西家妇女头帕包成三个角峰，服饰上刺绣有曲折多变的纹路，还绣有官府的印章，这就是而今在西家石龙寨村道上随处可见的图案符号。

　　石龙寨原称"十龙寨"。四周散布着老虎石、摇动石、碗架石、龙口石、水牛石、背崽石、姊妹石、青蛙石、牛角石等十处天然景点，每个景点都玲珑别致，形象逼真，活灵活现，人称"十龙归位"。加之西山半山腰石缝里一股清泉脉脉流淌，确保了村民的生活和良田灌溉用水，真是一个风水宝地。十龙寨人定居后过着自给自足、平静安闲的生活。可是，历史上战乱与暴力事件时有发生，到清咸丰年间，有人探知十龙寨风光秀丽，地灵人杰，意欲刀兵相向，将十龙寨占为己有。一场灾难眼看就要发生，西家有位睿智的老者召集族人商议，将寨名改为"石板寨"，又用七口大锅封堵了村后山腰那口清泉。十龙寨顿时失去原有灵性，想霸占者也失去了抢占的兴趣，十龙寨才避免了一场灾难，得以生存发展下来。2006年，石板寨被定为州市重点帮扶建设试点后，西家人申请恢复原名，将石板寨改为石龙寨。

关于西家的来历，现已无文字可考。据西家人口头相传，约在远古的时候，神农皇帝将部属按居住地位置分为东西两部分，居东者为东家，居西者为西家。石龙寨西家人保持着独立的言语和独特的生活习俗。例如以往西家人用木桶背水，其习俗来自一个古老的传说。相传明朝时，西家人出了一位聪明机智的宰相罗赛俊。罗才识过人，理政有方，深得皇上赏识，也因此招至一些朝臣的嫉妒。一次外国使节向皇上进贡了一对漂亮的金桶，一个大臣自己弄坏了一只，诬为罗赛俊所为，并报告到皇上那里。皇上龙颜大怒，召罗赛俊问罪。罗不慌不忙，从容应对："皇上息怒，外国使臣送来两只桶，居心叵测，欲与我主平分江山，我砸烂一只，唯愿吾主一统（桶）天下，别无他意。"皇上听后龙颜大悦，盛赞罗赛俊有卓识远见，鉴于罗不请示就擅自砸桶，也给罗以较轻处罚：责成西家人用一只桶背水吃。因此西家人一直用桶背水，直到新中国成立后才改变此习惯。

石龙寨西家每年有许多传统的民族节日，例如每年农历三月三防火节，就是一个很原始而富有意义的节日之一。每年三月初三这天，全寨老少穿戴一新，到寨子旁边杀鸭，举行公祭仪式，然后集体聚餐。活动中，由族长宣读寨规寨纪，警示全寨老幼，不得做伤风败俗、违法违纪、乱砍滥伐风景树等有损公益的事，违者罚其出肉、酒、米各一百斤，请全寨人吃一顿，以儆效尤。也正是石龙寨人很早就有这样的环保和文明意识，而今人们才得以观赏到那些天然的景观和葱郁的古木。

再次到石龙寨时，石龙寨已是旧貌换了新颜，新农村建设初见成效。种养殖业取得了喜人的成绩，优质香鸡养殖产生了良好的经济效益，有的人家几个月时间收入上万元。在畜牧等部门的大力支持下，正进一步扩大养殖规模。市里拟把养殖香鸡这一项目发展成凯里的一个农业知名品牌。

当夕阳西下，晚霞灿烂，我们随着村人走上寨子后边的林地，但见林下树上，到处都是活蹦乱跳的土鸡，偶尔还在山边地角捡到一枚两枚刚下的鸡蛋。技术人员告诉我们，别看这鸡蛋个头小，村民批发给商贩每个0.7元，市场零售价每个达1.4元，而且供不应求，市场前景十分广阔。

　　入夜，石龙寨的父老乡亲们杀了自家饲养的香鸡招待我们。还未入席，便闻到了诱人的香气，不用说，林下饲养的香鸡肉味美极了。

　　我想，未到过石龙寨的朋友，是不是也抽空到石龙寨游游，听听西家美丽的传说，欣赏寨子优美的自然风光，尝一尝西家人林下饲养的环保而营养的香鸡呢。

（2008 年创作并发表于《杉乡文学》）

隐埋在潭边树影里的古村

　　如果秋日里阳光灿烂的周末，你仍然拘守城市，或苦守那一片小小的院落，或者关闭在电脑室，那是非常遗憾而愚蠢的双休安排。秋果熟了，稻穗黄了，秋天的村落正准备了一季温馨的热情，欢迎你到乡间去。

　　9月9号，正是这样一个宜人的秋日，太阳温柔迷人，空气清新爽心。我们一行四人驱车出城，沿炉榕公路行进，去踏访仰慕多日的村落季刀，以圆一个酝酿已久的旖旎的梦。清澈的巴拉河一路伴我们同行，青青的山廓包容了许多散居的木楼人家，也不见炊烟，也不闻犬吠鸡鸣，只是那簇簇金灿灿的刺梨分外惹眼，那片片金黄的稻浪特别令人欣喜。道边的人家屋檐下挂满了玉米棒和红辣椒串。前些时候全市大范围干旱，看来影响不大，丰收就在眼前。或许是这些村落因有这一溪靓丽的巴拉河，两岸的村民才永远拥有丰硕的秋天吧。

　　我们浮躁的心绪渐渐平和，快乐的情愫渐渐升腾起来。那一片多次与之交臂而过的俊美的村子跃进了眼帘。那就是我们此行的心旅驿站——季刀苗寨。她就像一位久待闺阁的苗家少女，清清丽丽，文文静静，端庄含蓄，婀娜多姿而又聪敏能干，坐落在青葱的大山脚下，驻足在巴拉河边，掩藏在树影婆娑的镜头里。因有了这青山溪流，远远看来，村子显得安详美丽，因有这古朴的村子，这山这河才充满生机和灵性。人类与大自然和谐依存，演绎出缠缠绵绵如烟霞雨丝般令人心醉的文化。

　　走进季刀，也就走进了一间乡土文明的生动殿堂。轩敞干净的石铺村路，从村口河畔延伸到村子深处。古老的吊脚木楼相依相连，形成一条条古朴的村巷。家家户户廊前檐下都挂满了红艳艳的辣椒和金黄的玉米串。看不见游狗，几只小猫躺在人家院落晒太阳。几位苗家姑娘在村口河畔洗衣梳头，晒谷场的簸席上晾晒着新打的稻谷和红辣椒。一群小孩躲在树荫下乘凉打牌，见我们进村，他们却不惊不扰，继续玩着他们的游戏。但村中的长者和青年分外热情。见我们到来，一个个开门出家，到家门口来跟我们打招呼，邀我们进家歇脚喝茶。两位六十多岁的老者潘年春、潘年飞，都是村中德高望重的歌师，闻知我们到村，大老远从家里赶到村口迎接我们，并带我们参观村子，介绍村落的历史。

这个村子与其他村落有所不同，不但有古老的苗族古歌，还保存着百年粮仓、百年步道、百年古桥、百年木屋、百年歌堂等系列人文景观。那些满是沧桑的建筑，不但凝聚了勤劳的苗家人的聪慧和才智，更凝聚了苗家人艰辛抗争与坎坷发展奋斗的汗水。

两位为我们导游的潘姓长者介绍，季刀是苗语音译，准确的音译应叫"季多"，意思是深潭，季刀寨就是清潭旁边的山寨。苗家人依景起名，直观明白，富有诗意。镶嵌在青山绿潭边的村落，哪有不优美迷人的道理。两位老人还说，原先的村民，居住在村子对面的田畴处。有一年，村子人家的一只母鸡飞到现在村子处，过了几个月，主人找到它时，鸡已在那里孵化了一窝小鸡，主人大喜，认为是鸡指点了这片福地，就率妻子邑人举寨搬到这里定居。初来时，仅有潘姓一族为数不多的几户人家，为壮大村子，潘姓又邀请了邻村的黄姓人家迁来同住，两姓结为家亲，视同兄弟，互不开亲，同舟共济，此习俗一直沿袭到改革开放之后。

百年粮仓实际已有二三百年历史。当时村子人少，地方社会治安混乱，为了防盗防火，村人把各家各户粮仓统一建到村中央空地。近五十间二层木楼，一字紧密相连，楼脚关牛，二楼盛粮。旁边留有防火带，并建有简易防火池。村民围绕粮仓建房。一旦粮仓有事，一声锣响，村民群起响应，盗贼不敢侵，火灾从未发生。几百年来，村民守候着一排古仓，也就守住了平静康乐的岁月。直到今天，古仓仍旧发挥着它盛粮储物的功用。

村中的百年歌堂，鹅卵石砌就，图案繁杂，神秘奇异。这是全村人逢年过节欢庆和娱乐的场所。村人相聚唱古歌，跳芦笙，笙曲声声，银铃阵阵，古老的村子一片沸腾。但是这里的村民不兴敲木鼓、打铜锣。这一禁忌的背后是曾经发生的一个悲惨的故事。相传数百年前，有一年鼓藏节，村人择定吉日，准备上山砍树木，做鼓锣架，但当村人来到原先选定的那棵树木下时，却发现一位村民被老虎咬死在树下。伐木者大骇，跑回村子报信，村中长者集中商定，认为老虎在选定的树下咬死了人，是个凶兆，暗示那树不能再伐，鼓藏节也只得暂时停办，并停止使用村后的芦笙场，并将铜鼓埋藏在地下，木鼓收藏到山洞。时至今日，该村节日一直未再启用铜鼓和木鼓。现在的芦笙场就是那时候重选地点新建的。老芦笙场因无人再去活动，就渐渐草木丛生，成了荒地。

走了村子一周，两位老人又带我们爬到村后去观赏那些百年古树。在高陡的背后山，树木葱翠，满眼是高大的乔木。笔直的古松两三个人都围不过来。树干修直，直插云天。这些树是村人的风景树，村民奉敬如神明，不许随便砍伐。也无人敢伐，因为村民认为，谁砍这些树，他家就会招来灭顶之灾。相传有棵老树枯了，村人怕风吹树倒，压坏民房，就请外人把树砍倒，伐树者不久就离奇地病死了。村人更坚信老树有灵，伐之不吉。就连古木后边那片繁茂的树林，也无人敢动一根毫毛。村人定有村规民约：砍树一刀，罚款十元。因此这些树木得以自由自在地生长，绿化了高峻的山川，扮靓了脚下的村落。给我们储备了令人亢奋的绿意和无数生态的风景。

当我们陶醉在季刀人神奇的护树文化的馨香里，导游的两位老者又告诉我们，村后有个神仙洞，石上还有人、牛、马足印。我们又带着好奇的心情，随两位老人沿田边地头的劳作便道，到山洞去探察那些传说中的印迹。在那山湾之间，有细流潺潺下泻，形成两线飞瀑，仿如苗女织就的银锦，又似大山峰垂落的裙带，两相呼应，分外引目。老人指着两瀑之间一面凹进的石壁告诉我们，那就是神仙洞，门洞里住着神仙，还有无数财宝。相传以往每当夜来人静，神仙打开洞门，提着点点灯火，忽聚忽散，在洞下歌舞游乐。老人年轻时曾多次看见"神仙灯火"。曾有一村民上山干活不慎从洞顶跌落洞下，却毫发未损。那人说感觉像有人用棉被接住了一样。另一位村民却不以为然，他也想去一试，走到洞顶却不敢下跳，就捡块石头抛下，却砸中了准备接他的神仙，神仙动怒，便关上洞门，从此不再管人间闲事。我不敢相信这传说的真实性，但在洞上石壁，我们却真正看到了牛马蹄和人足的印迹。

回到村子，潘年春、潘年飞两位长者为我们吟唱起神奇的古歌。两位老人神情专注，嗓音洪亮，他们用悠扬婉转而又深邃凄伤的调子，为我们讲述了一个凄美的爱情悲剧，介绍苗家人艰难的繁衍历史和与大自然作不屈抗争的奋斗史。老人们的歌声导游着我们的情绪，把我们牵引入了一种拙朴杳远梦一般飘渺迷蒙的意境中。

当我们走出季刀苗寨古老的传说，已是该道别的时候。老人们依依送我们到村口，握手再握手，叮咛我们抽时间再来游。

我们一定会再来，一定会再来，我们约定。

(2001 年初稿并发表于《凯里晚报》，2023 年 3 月 5 日再改定)

沉静在古道上的村庄

　　曾经很多显赫一时的城镇或山村，随着时代的变迁，繁华不再，渐渐退出历史舞台，消然磨蚀于人们的记忆。比如楼兰古城，比如黄平且兰古都，比如清水江历史上众多繁华的水上码头，再如湘黔古驿道上曾经马队车轿来往不断的无数古镇，都如缕缕飘荡的烟云，从时间的指缝里默默飘远、逸失了。人们还略能感同身受的，只有那些明灭闪烁的模糊记忆，那些掩埋在浅草中的一段段石道和一截截残墙断碑，以及流传在乡民口头中那些琐碎的传说和故事。

　　凯里市龙场镇华界村，就是人们早已忘却但历史上曾经繁极一时的古道边寨。年长的村民介绍，历史上的华界村是镶嵌在凯里与黄平必经古驿道上的一个古老村庄。有旅店茶楼，有屠夫摊贩，可食宿商旅，能吸纳墨客骚人，古山庄一度热闹繁华。华界的古道上，往来多少迁谪仕宦，绎演过多少聚散离合的人情世故，发生过多少兵灾匪患，谁也无法考证。而今，那些热闹的茶馆饭庄已不复存在，依附在青山绿溪的人家依然如画一样定格在凯里龙场镇村寨古老的版图上。这个百十户人家的行政村，交通条件差，科技普及率低，无村级集体经济，村干工作积极性不高，社会虽安定，发展却迟缓，是凯里市委宣传部定点帮扶村。

　　秋来细雨绵绵，湿润了山野的梦，进村入寨，别有一种情趣。那日早晨，随宣传部杨部长去华界，了解该村秋冬种工作开展情况。离开松林，翻过山口，那些灰褐色的人家木屋连就而成的山庄远远地闯入视野。谷底小溪潺潺流淌，两岸山势峥嵘，杂树繁生，孤鹰惊飞。那些已收割一空的稻田留下整齐的秧苑和一堆堆黄色的稻垛。没有水，空寂的田坝显得生气寥然。秋收过后，又下过秋雨，不见劳作的村民。没有闹市人车的喧嚣，华界村在雾霭的纱帐里显得那样朴素、幽静和清冷。

　　村组干和包村干部们早已在村头等候。他们迎上来，握手寒暄，散烟献茶。作为市委常委，又是该村的包村市领导，杨部长百忙之中抽空到华界，令华界村群众多么高兴啊。部长亲切地把村组干们叫拢到身边，向他们详细了解村里换届选举、秋冬种进展情况和村里社会经济及基础设施建设面临的困难，并与大家共同商量解决办法。末了，又与刚刚结束支部换届选举的全体党员干部共进中餐。

热情的华界村民是不允许来宾不喝酒的，这是山里敬客的规矩和习俗。村人说，"怪酒不怪菜"，好菜有无可以不计较，但酒是不能缺少的。除了大碗喝酒外，村中倮家姑娘还要提壶唱歌敬酒劝菜。一首酒歌一缕真情，一杯美酒一分敬意。歌声绵绵，人语融融，敬得宾主言语欢畅，笑声朗朗，乐得席间情趣洋溢，农舍里充满了欢快的气氛。

我不胜酒力，吃饱了饭，伺机溜出席间，漫步村道，欣赏山村秋天的美景。这些古旧的木楼人家，依次坐落在肥硕的坡岭上。家家廊檐上挂着黄灿灿的玉米棒子，大门口堆放着金黄硕大的南瓜。门前有修竹果木，后院是青青菜园。那些柚树挂满了肥圆的青柚子。刺油树上已经快成熟的金黄的果实，一串一串，把枝条压得低低的，看了令人口生馋涎。那些高大的板栗树，密密地结满了板栗球，多已刺口张开，吐露出红褐色的板栗籽。山风吹过，板栗籽嗒嗒地击打着树叶洒落下来。走近树脚，随手就可以捡起数枚。也许是村人太和善，那些不避生的鸟雀三五成群地飞来，叽叽喳喳地叫着，在果树上翻飞觅食，偶尔啄食一只籽实饱满粉红的石榴，亮晶晶的石榴籽散落一地，或许是村中的鸟有意向客人敬献鲜果呢。这样想着，静静地站在树荫下观察鸟们玩耍和游戏，从这棵树飞到那棵树。鸡鸭们不凑热闹，蠢笨的洋鸭和花斑点点的土鸡携子引伴，到庭院树下慢慢走动寻食。它们不避生客，一只火红的大公鸡单腿站在篱笆上，把一只翅膀探出来，如人打呵欠似的做了一个伸缩的动作，一副悠然自得的样子。人家的狗也十分亲睦，见生人来，跑上前叫过两声，只要打一声口哨，狗就乖戾而热情地摇动蓬松的尾巴，把人引到家门口去。主人闻知，端着饭碗出来，盛情邀客人进家……这一切，都如一张张生动而真实的风俗画，令人倾心，并因此感动而陶醉，心底就消释了城市生活中的许多烦躁与忧戚。

心底无私天地宽，知足常乐，和睦为邻，保持山寨四季充盈青山绿水的良好生态。也许正缘于此，那些六七十岁的老党员一个个面色红润，身板硬朗，十分健康。

古驿道上的山村华界也许正是承袭了当年热情待客的古风，保持了古老的民族习俗和不紧不慢的生活节奏，在现代文明建设的进程中才显得非常迟缓。该村群众农业产业结构十分单一，科技推广浅尝辄止，社会公益事业发展缓慢，在发展进步的征程中还有许多工作要做。

品味着乡亲馈赠的美酒和热忱，心里涌动着一股热流，有许多温暖和安慰，也有不少忧虑和感痛。返城的路上，我心里一直在为这个古老山寨祈祷和祝福，愿村人永远平安，并尽快摘除贫困帽子，迎来富足的生活。

（2004年10月初稿并发表于《凯里晚报》，2023年1月7日改定，文中的华界村已走过脱贫攻坚，率先入列小康村。）

红岩八组游记

城里人出游，往往舍近求远，肓从乱游，殊不知我们身边有些小村落，小景点玲珑乖巧、和谐自然，颇令人心情舒朗，郁气释然，洗心爽目，回味无穷。凯里市洗马河街道红岩村八组，就是一个极适于春游休闲的好去处。

那里有一座土地菩萨庙，历史悠久，香火盛旺。到那里春游，一可烧香许愿，二可游览春光。4月24日下午，我与亚南君带了香烛果品，乘公汽到湾溪下车，沿铁中背后的简易公路慢步爬坡，二十余分钟，就到了红岩村八组村口。远远看去，在半山处，红岩八组这个小村落就展现于眼前。几十户人家，木屋砖房相邻相挨，掩映在绿树丛中。村后高陡的山坡，林木绿叶鲜嫩如洗，在娇艳的太阳下闪闪有光。

村口植满高大的槐树，槐花开满枝头，一串串洁白如雪，微风吹过，送来丝丝清香，惹来蜂蝶乱舞，热闹极了。几个孩童在树荫下玩耍，一个个脸蛋透红，明眸皓齿，嗓音脆亮，天真可爱。其中一个三四岁的小男孩，头顶留一小撮黑发，跷着二郎腿，仰面朝天地躺在他姐姐的膝头上，小手抓着什么糖果直往嘴里送，弄得红扑扑的小脸颊满是糖屑。见我们走近，小家伙不慌不惊，依旧安然地躺着。问他们在干什么，他们说在采槐花。我这才注意到，几位小朋友身边的塑料盒里盛满了槐花串儿。我有些好奇，问他们采槐花干什么。小朋友们说，用来泡水喝。我忽然明白，他们说的是制作槐花茶。我不谙茶道，仅喝过菊花、茉莉、桂花茶。略知槐花可以入药，却不曾知道槐花可以制茶。

村人很是热情，见我们来，都放下手中活计，跟我们打招呼，问我们是哪家的客。我们说是来烧香敬土地菩萨的。他们又给我们指路，说土地庙就在村北的路口处。

来烧香其实只是一个借口。几年前，铁路中学举办一次笔会，把我们一帮文人诗友请到这小村子来吃晚饭。那时天色已暗，昏黄的晚霞把这个小村子点缀得极其宁静美丽。可惜天已晚，不能将村子遍游一周。带许多遗憾、几分牵念，踏着月色离开了。红岩八组虽然近在边城，几年来却不曾重游。

　　土地菩萨庙在村旁的树林里。被村人用青砖砌成的小砖屋，供奉着十几尊瓷制菩萨。庙前有两只香炉钵，一个化纸池，都插满了香笺，填满了纸灰。三炷未燃尽的香还在袅袅飘逸着青烟，散发出淡淡的檀气。亚南君是虔诚的基督教徒，不信佛、不崇拜土地菩萨，就在路边槐花树下的石凳上休息等我。

　　就着拜台，铺开纸袋，摆上供品，烧了香纸，心里祝曰：家人身体健康，四季平安！将要离开，旁边走来两位八九岁的小男孩，他们手里拿着从山上采来的兰花，俊秀的脸上满是热汗。我把他们叫过来，将一部分水果送给他们。看着他们捧着苹果橘子高兴地离去的样儿，我感到非常欣慰。像他们那样大的时候，我顽皮而嘴馋。大山里见不到什么水果，更别说什么苹果、香蕉、菠萝，爷爷从区政府返家，带来稀罕的甘蔗，奶奶把它们切成手电池大小的节，姐弟们人均一节，我们慢慢嚼在嘴里，游到村头，让其他小伙伴盯着眼馋得直流口水。现在水果盈市，只要想吃，就可以到超市一箱箱提来，保鲜在冰箱里，随手就可以取来享用。也许因为吃多，这些水果总觉得没什么味道了。

　　走进村中，家家户户院落整洁宽敞，自流水积满水缸，静静地溢淌到水沟里去。我们又遇见了一些孩子，跟他们打招呼，把余下的水果全部分给了他们。小孩子眼里充满了感激和快乐。村子中心靠后的地方，有一口大蓄水池，水从池壁水龙头哗哗地流出来，形成一口方井。村人在井边打制了一块平整的水泥板，很方便洗衣、洗菜。水流四处漫溢，在人家房前屋后的阳沟形成潺潺流水，整个村子由此显得灵动和舒适。我问村童水是否可以喝，小孩说好喝极了，并就着流泻的水龙头，歪着脖子伸嘴去喝水示范给我们看。我也伏下身去，就着水龙头尝了一口。水质清凉柔软，果然十分爽口，于是又接着一气喝个够。这时，我才发现半路上带的矿泉水纯属多余。也弄清了村人红光满面、精神饱满的原因。于是将瓶中余下的水倒掉，再装上高山清泉。这个小巧的山寨，坐落半山腰上，没有多少田土，却世居着几十户安乐人家，也许正是因为有这口好泉。这平俗的小山坡，缘何有这样一股清泉？我仔细探查，井上边绿树葱茏，其中一棵古树，大约十围，树干已经老断，仅留下丈余高的老蔸。从蔸上新发出的青青嫩枝上看出，这是一棵千年女贞树。旁边还有几棵小女贞树，树身上挂满了红色的布条，村民把老树奉为神物。于是我心中有了答案，村民爱树敬树，山坡树影婆娑，青春常在，造就了这清凉甘泉，四季源源不断。

　　树后有"之"字形生活便道绕过山头，村人已全部用水泥硬化，宽敞平稳。路边立数块指路碑，碑字指示，翻山右行，就到城区。

　　登上后山，再回头远看，村子下面就是车来车往、喧嚣热闹的火车站。我们选块开阔的草坪休息，坐在树荫下极目远眺，城景远山尽收眼底。火车站街道上车辆往来不定，火车不时打鸣靠站，不久又驶离站台。再远处大桥下蓝色的清水江在山脚转个大弯，又闪动着粼粼金光，向远处山口奔流。远处的山峦如黛，那些不知是何单位的孤单建筑，在斜阳中显得有些虚无缥缈，如同巨画。更远处，香炉山在晚霞中迷蒙灿烂，如空中仙景。

"想不到火车站这边的风光这么美！"亚南君说。"是的，只要勤于动脚，走出山城，到处都是令人欣喜的风光。"我应和说。坐憩良久，待落日西沉，晚霞映天，我们才走下山坳，返回城去。

（2004 年 4 月创作并发表，2017 年 3 月 14 日再改定）

夜访里禾村

金秋八月，我与通讯员雷应称兄一起到舟溪采访有关里禾水库的开发利用和移民搬迁的情况，因此得到风景秀美的里禾村一行。

那日，当我们结束了舟溪信用社的采访，已近下午 5 点，日头西落，彩霞挂满天边。信用社小潘用三轮摩托将我们送到里禾水库管理站时，天色慢慢暗淡，夜幕徐徐降落。过了山口，眼前豁然闪现出一块偌大的山湖，远远地直伸到隐约可见的村庄脚下。应称兄激动地说："这就是里禾水库，远处人家就是里禾村。"

晚风初动，山野渐趋昏暗，水库四周的山微微托起一片不规则的灰白的天。湖岸边，有许多人在静蹲垂钓。湖中的水消瘦了许多，岸边一道道灰白的水位线，看得出以前的水面至少比现在的高出十几米。几个人划着小舟靠近网箱，将饲料一把一把往箱里撒，平静的网箱顿时翻腾起来。在堤边抽烟小憩的中年人热情地对我们说："那是水电局在搞网箱养鱼，放养着几十万尾呢！"他又随意地接着说："别看这么个小水库，这两年产鱼 6 万多斤。"

距水库里边的村寨还有好几里路。我们不敢停歇，跳下堤岸，爬上一道坡坎，沿水库左岸便道往里走。不久便闻到了淡淡的稻香。未收割完的稻田，安然地躺在山里。谷桶中还有少量余谷，田中还有割倒在地的谷把，显然田主刚刚收工离开。紧走几分钟，果然赶上了几位背篓挑担的村民。见是生客，他们便热忱地问我们打哪里来，要到哪家去做客。我们一一作了回答。挑担者又详细地给我们介绍去访人家在村里的位置，如何走才不错路。我们要采访的对象是州人行的退休职工文厚扬老人。文老退休在家，仍不辍劳作，带头科技兴农，成了村里很有影响的人物。

快接近村子时，逢见一位汉子驮着一个动物迎面哼歌而来。他大声地用苗话跟我们打了招呼。听我们搭话，知我们是外地来的客人后，汉子又用生硬的汉话问我们要不要肉。"什么肉？"我们以为他捕得了什么野物。可他却说："还有什么肉，猪肉嘛！一点搭头也没有，五凯（块）钱一斤。"说着就要叫我们停下，趁势把驮着的动物抛下地来。动物疼得一声嚷叫，原来是只半大的土狗。汉子又仄身从肩头卸下一个袋子，准备塞给我们查看。汉子吐着满口酒气，看不清面目，举止有些奇怪。我们说声谢谢，赶紧匆匆走了过去。那人站在那里，又向我们连连叫了几声。见我们不理睬，最后就骂了句脏话，又笑了一声，哼着歌走了。

路变得十分模糊了。我们继续摸索着走过一条沟坎，又爬上一道斜坡，半山处现出稀疏的几户林中人家，都黑漆漆的没有一丝儿光亮。找到文伯的家时，天完全断黑了。没有星月，伸手不见五指。应称兄在门外叫了一声，屋里嗡嗡地传出了老人的回音。却见屋里跳出个十一二岁的小姑娘，她手里提着一盏自制的煤油灯。见是生人，她又倏地缩回屋里去。稍许，文伯提着灯迎出来了。见了我们，他高兴异常，乐呵呵将我们迎到屋里。介绍说，那小姑娘是他的外孙女。刚要坐下，伯妈也迎出灶房，用不太流利的汉语跟我们打了招呼，又回到灶房忙碌。那小姑娘很快给我们端来洗脸水放到面前，羞羞地说："叔，洗个脸！"还未等我们说谢谢，她又蹦身跳进了厨房。接着又泡了茶送到我们手里。她光着脚丫儿，跑来跳去，一边服侍我们，一边帮她外婆在厨房打下手，机敏而可爱。

文伯今年71岁，身板硬朗，思路清晰，兴奋地给我们讲述他几十年的坎坷经历。谈到科技致富，他钻进房里抄出一大把科技书报，笑着说："我就靠这些东西来搞的。"接着他滔滔不绝地介绍自己十多年在村里推广良种良法的经过。说到高兴处，他开心地笑了笑，"唉！起初村里人说我没事找事干，但后来见我的收成好，又来跟我学呢！"伯妈也插言说："我们养的猪也比别人家的大，去年一头有480多斤，卖得二千多凯（块）钱哩！"

席间，文老又给我们算了一笔账，他家一年纯收入达7000多元，粮食吃不完，还叫了外孙女来本村读书。深夜上楼休息时，我们又发现，文伯家二楼的天花板上挂满了玉米串，房间里小山一样存放着一堆堆南瓜、红薯。我心里不禁感叹，好一个殷实的人家！

（1995年9月28日创作于舟溪里禾村，发表于《凯里晚报》）

探察龙窝河

　　黔东南因漂流出名的河流,已开发且小有名气的有施秉的杉木河、台江的巫密河、镇远的高过河等。每到旅游旺季,游客汇集,人潮满谷,欢声填壑,的确十分热闹。这几条河均到漂游过,果真十分舒爽,留下美好的记忆。

　　其实,凯里也有同样幽美的河流,只是还如大家闺秀,待字闺中,等待有识之士开发。重安江上游的龙窝河就是其中一条。

　　大风洞乡(已改乡设镇)平良至重安古镇重安江段,想必很多人都不陌生。谷狭、河险、景奇、水质好,很多凯里人都领略过。而平良往上约12公里的龙窝河段,更加神奇美丽迷人。

　　龙窝河谷是阻碍黔南州炉坪镇与凯里市大风洞乡之间公路相连的天然险碍。因为有省政府的大力帮扶,都力村大坡组河坎自然寨才得以硬化通组便道。河坎与炉坪镇凤凰村夹岩组隔河相望,夹岩组已通油路,河坎寨便道已经硬化,但因龙窝河阻隔,还有两公里断头路有待进一步立项兴建,而其中最大的工程就是要修建横跨龙窝河的大桥。要实现工程对接,关系到黔东南、黔南两地州,凯里、福泉两市的协调合作。更需要相邻的大风洞、炉坪两个乡镇的密切协作。省政府驻大风洞乡帮扶工作组曾到当地进行过实地考察,已有帮助实施该项工程的初步构想。

　　2014年4月15日,村支书卢大权、村主任王泽我们随同驻村组长林伦元处长一行,到河坎组考察大风洞乡与福泉炉坪镇的断头公路,同时考察龙窝河段旅游资源。从都力村委会到河坎自然寨约8公里。车子爬上都力背后山,又顺着险峻的水泥公路沿山脊缓缓而下,直到谷底。公路尽头,就到了河坎寨门口。

　　下车细看,才发觉这是一个桃花源般宁静美丽的小村子。山村四面环山,面临小河,村口前右侧有一片不大的良田。村子不大,十几户人家,掩藏在葱郁繁茂的古树密竹之间。见不到人,也许村人都下地劳作去了,也许屋中主人正在家里忙活。我们车声很小,没有惊动村人。人家院前屋后有那么三五只鸡在阳光下自由自在地觅食,两只土狗也不惊不叫。给人一种清静、恬淡、祥和的感觉。

沿村口便道下行三五十步，就到了河畔渡口。渡口很静，泊着一只铁制渡船。旁边还有一条古旧的小木舟，缆绳系在钉入河坎的木桩上。时值春暖花开，绿肥红艳，水涨鹰飞的仲春时节。但龙窝河却显得十分文静，水流无声，只是绿得很重，仿佛被染了色，水愈深处愈绿得发蓝。几只花鸭子在河里游弋，无忧无虑，漫不经心，自由自在。大家都被龙窝河良好的生态感染着。省政府小孙、小马两位年轻人早已被河景吸引，最先跑到了河边，做着各种可爱的姿态，用手机照起相来。

村民杨启斌是渡船管理人，每年有几千元补助，负责渡过两岸往来的群众。他从家里扛来竹篙，把我们引上渡船，送我们往上游考察两岸风光。大家上船坐稳，支书卢大权与杨启斌各据船头船尾，把船撑离河岸，驶向河心，向上游缓缓前行。船十分平稳，人在船中，感觉不到行驶的速度。只听见两人竹篙戳着河底发出"嚓嚓"的轻响。

时间临近正午，太阳当空朗照。水体绿得更加通透，河里游鱼巨石清晰可见。支书卢大权介绍，河里鱼有多种，以前渔产丰富，油鱼、马嘴、蛇花鱼、鳜鱼、鲇鱼、白条等什么鱼都有，还有娃娃鱼、团鱼等珍稀动物。村民们下午干完农活，提上渔具，到河边张网捕捉，一顿饭工夫可捞上两三斤，晚饭就可以吃上美味的鲜鱼了。

船越往上行，风景更加奇美，两岸崖壁夹翠，石峰耸峙，山岩折叠，成屏成画。山石并不单一枯燥，石山与丛林翠竹相互映衬，和谐统一，石在绿里，树在石间，崖峰罗列，相映成趣。有一座石山，形如巨龟，绿色的龟背临河，褐色龟头向天，十分形象，引得大家注目称奇。河边有巨石，玲珑奇异，上有小树，仿如盆栽。远处石壁凸凹不一，凸者如怪兽，或奔腾，或静卧，形态万千，难以形容；凹处似洞，阴暗幽深，难测其迷。真是鬼斧神工，奇妙无比。在凯里生活工作多年，凯里市乡镇村寨几乎走遍，还没有见过这么好看的景致。一起考察的省政府办公厅几位领导也都大叹景佳，难得一见。

难怪人们不知。大风洞都力村是凯里市西北面最边远的一个乡镇，都力村又是大风洞乡最偏远且与黔南福泉接壤的村，而河坎寨又是距都力最偏远的自然寨。通水泥公路才不到两年，交通不便，行路难，因此无人问津，这里的美景还未挂上驴友、摄影家们的号呢。

船行几公里，再往上游河床变窄变陡，因船身较大，不能再继续前进。我们只能远望着前边一谷诱人的风景而止步。踏上右岸，已到了福泉市地界。有水电站一座，紧贴着山壁而建。有一个机房，却无人值守。山崖边，有一个荒弃了的木条夹制的羊圈，不知是哪家放养的山羊，三五成群地在河岸边的草丛里吃草。这样放养的山羊，肉质一定很不错。我们爬上有人用挖机刨出的简易公路，到了河坎村对面的山台上。这里有一大片荒田，也许田主人打工去了，这里的田地又远，已无人耕种，成了荒地，长满了繁茂的杂草。但这里有一股清亮的山泉，无声潺潺漫流。肥田好水，岭上的成片梯田却撂荒了，实在可惜。究其原因，恐怕与这里交通不便有关。支书卢大权说，沿山湾再走一公里左右，就是凤凰村的夹岩组了，我们就此止步。

站在福泉地界的山台上，俯瞰龙窝河谷，艳阳高照，石崖绿林、弯弯河道、田园人家，尽收眼底，好一幅《幽溪人家图》。支书卢大权说，河上游二三十公里，皆是无人居住的深山峡谷，里边的风景比眼前所见更好。再往下约 15 公里才到达平良古峡。此河段平缓干净，风景秀丽，也是因为交通原因极少有人涉足。如果在河坎组架一座大桥，联通龙窝河天堑，不但贯通凯里福泉两市交通，方便龙窝河两岸群众生产生活，还可开发龙窝河丰富的旅游资源，让龙窝河成为当地群众致富的一条"黄金河"。

返程的路上，村支书卢大权指着河坎寨对面灰白的一面破壁，石壁中有一个巨大的圆溜溜的石窝，相传里面住着龙，一天晚上，雷雨交加，一个巨雷将那匹石山劈去一半，惊动了那条金龙，跳出龙窝，随洪水顺流而去，唯余下半个龙窝在那里。龙窝河因此得名。

（2014 年春天创作于都力村，发表于《黔东南日报》）

漂流平良古峡

周末，应凯里市旅游局朋友之约，到重安江平良古峡漂游，体验了平良古峡的狂野风韵，至今兴意犹存。

平良古峡是清水江支流重安江的一段风景优美的峡谷，因为远离城镇，很少有人去漂流探险。市旅游部门多次准备着手开发成漂流景区，但一直未能如愿。

夏日的清晨，阳光灿烂，风清气爽，天高云淡，世界显得空阔而舒朗。我们8点整离开凯里，驱车向目的地轻快地飞驰。迎晨风，品音乐，自如谈笑，看山村炊烟人影，悄悄然，我们的心绪晴朗而荡漾起来。

车到平良码头，漂流就开始了。

一拨人，分别登上两只黑色橡皮舟，一前一后，压浪前行。清凉的水花掠过手臂，击碎平静的心境，漂流的快慰顿然袭上心头。一个浪头迎舟打来，拍出一声轻快的脆响，在友人们惊悸的叫唤和开心的爽笑声中，浪花已将舟头的几人浇个透，大伙欢快的笑声更响亮了。

河道弯弯曲曲，河床或深或浅，河水有缓有急。古谚云：重安江有三十三道弯，三十三个滩，三十三重浪，三十三个潭。旅游局规划专家称之为"四三三"惊险的旅游线。此话的确不假，漂流的全过程，时而急浪排空，舟摇人悸，惊险无比；时而又浪静风平，水流默默，护航员奋力划桨，橡皮舟却行进如蜗牛，仿佛静止不动一样。

两岸崖壁，裂岩穿空。草木如画，偶有三株两株的古松，皆苍遒劲拔，紧附在断岩绝壁上。倏然一只苍鹰缘山疾落，只见群鸟惊鸣骤动，鸟羽乱飞。导游淡然诠释：那是老鹰扑食，一只小鸟丧命于鹰嘴了。正喟叹间，同舟的一位女同胞突然莫名地一声惊叫，大家连忙寻声探看，在我们舟侧两米远的波浪上，一尾黑色的鱼被一条黄色的蛇咬举在空中，它的尾巴还在作殊死的抗争。护航员举桨一击，那蛇把头一低，便没入水中，待它再次浮出水面时，已到了远处的岸边。它溜上沙滩，稍驻四望，便果敢地带着美餐消隐于岸边的草丛中。

弱肉强食的自然定律，在这里找到了真实的例证。

"看吧！那是金杯在望，谁能取下来，便赏一万美金！"导游的话打断我的思绪。大伙扭头回望，在刚刚漂过的绿壁之巅，迷茫朦胧的光照里，一只古香古色，制工精巧的高脚石杯，十分神似，稳稳当当地掩隐在苍翠的草木间。杯口似附着点点水珠，不知那金杯里盛着的是广宇炼造了千年的甘美琼浆，还是人间古来常有的悲喜玉液，抑或是自然造化的天成的谜题，随着岁月之漫漫，山川之脉脉，它就悄然定格在这闲静恬淡的河谷碧岩之上。

面对自然鬼斧神工，朋友们评叹着，说笑着，观览一处处精妙的景观，体味着水流托举或抛落舟子传递给我们的那种独特的感觉。

漂到中途，忽见拐弯处有几幢人造建筑的遗迹。这里一湾深潭，传说有青红巨鱼各一。导游说，当地老百姓若是发现潭中有青鱼出现，重安江不久将发洪水；若是见到红鱼，峡畔或邻近村落将有火灾。导游的描述绘声绘色，让人真切地感到，这纯净古老的重安江，又平添了几分神秘的色彩。

稍息上岸，潘局长引着我们到残亭驻足拍照。这才发现，侧岸两山间缓缓引出一溪，水质清亮，水花如雪，从山里默默滑出，淌过石床、沙岸，注入重安江。溪口被溪水冲出几个圆圆的大石窝，这是小鱼恬美舒适的游乐场。各种游鱼在水里自由游戏，不用担心有什么东西来打扰它们的兴致。一只褐色的小螃蟹闲卧在水底石缝口，吐着小气泡，似乎没有思想也没有忧伤。

传说很久很久以前，天上有一群仙女来此潭洗浴，正洗得欢快的时候，几个船工拖着货船在下游拐弯处出现了。仙女们慌了神，连忙抽身抱衣就往溪谷里跑，忙乱间一路落了好几袭衣裙，这些裙子往溪水里浸展，都化成了现在这光滑的石窝银潭。

催舟继续漂流，又看了水晶珠帘、猛虎跳涧、长蛇入洞、消息古树、泼墨壁画、布达拉宫等等景点。两个多小时，我们游兴未尽，眼睛却有些倦意，便到了一个深静的长潭。水似乎不动，行舟只得靠护航员努力划桨。两岸非常开阔，村民的庄稼地里绿绿地长满了玉米、高粱。有了浓郁的乡土气息，让人产生似乎从远古的旷野忽然回到尘世文明的错觉。

导游说，终点快到了。

激荡过后复归平静，大家好像都心满意足，收获满满。回味这程撼动心魂的激情漂流，长长舒一口气，稳稳当当地躺身舟中，仰望广漠而蔚蓝的苍穹，看白云轻轻浮动，将心绪慢慢调回来时的样儿。

（1997年7月创作于凯里，发表于《凯里晚报》，2023年8月11日再改定）

落裙滩边烧烤记

重安江一路波汹浪涌，直奔山外，把平良古峡营造得险势迭起，景致万端。虽有浅草柔树装点，大峡谷依旧显得气势逼人。夹紧一条河，顶开一线天，两岸岩头犬牙突兀，很少见一片沙滩。从平良到重安镇的中途，左岸斜刺里从另一个峡谷中泻出一股清流，与重安江默默交汇，两水握手，稍事歇息，故有静水成潭，深不见底。小溪出口处，平缓的石滩拖住一段水泥码头，轻轻地泊靠在高陡的山崖下。小溪带来粒粒白沙，搁浅在深潭边，显示一缕优雅，削减一点狂野，形成一片驻足小憩的好处所，令人流连眷恋。不论船工游人，每每至此，都要停船上岸，歇足稍息，放松一下紧张的心绪，用一点午餐，添增些气力后再赶路。这段令人欣喜的石崖滩头，就是平良古峡中著名的景点落裙滩。

这个雅野参半的滩名，出自一个美丽的传说。古峡因风景奇丽，流水清净而惹得天上仙女十分爱恋，每当日暖风轻的早晨或傍晚，她们便结伴成群，到此玩耍嬉戏、沐浴玉体。一次有位青年渔民驾着轻舟，沿河打鱼而来，船行到河下游转弯处，听得仙女们银铃般脆嫩欢快的嬉笑声，大为惊奇，以为遇上了女鬼，出于好奇，他斗胆泊船于岸，攀着岸边石壁悄悄摸过山口去察看。不看不知道，一看真奇妙。十多位妙龄美女，一个个长发飘逸，胴体冰清玉洁，或静坐在石岸梳头，或栖身于浅水游弋，或仰卧在沙滩沐浴和煦的日光，体态迷人，风情万种，每个仙女都有倾城倾国之色，羞花闭月之容。直看得年轻的渔人情思涌动，羡慕不已，不觉失口惊叹一声。众仙女发现了渔人，惊慌失措，大呼小叫，来不及穿好衣裙，匆匆离岸，飘飞上天。有两位仙女忙中出错，不慎滑脱两袭衣裙，飘飘然轻落在小溪流中。渔民惊奇万分，以为做了一场瑰丽的梦。手掐自己的肌肤，觉到了疼，再回望河边，自己那条旧木船还静泊于水边，方才醒悟自己是遇见了仙女。忙赶到滩头，寻觅仙女落下的衣裙，却发现那两款仙衣，已化成了两个浅浅的清潭，溪水流过，白浪翻滚，仿如一朵洁白的大牡丹。渔人悔恨自己惊扰了仙女的沐浴，也驱散了这幅仙女裸浴的动人美景。再无心打鱼，忧郁而返。把自己的见闻告诉村人，人们都说遇见了仙女。很多好事者纷纷前来这里察看，可是再也不见仙女来游。从此这里便被人们称为落裙滩。

9月16日，当大风洞乡政府组织我们采风团一行分乘两条木船从平良漂至落裙滩时，已是中午一点半钟。沿河的惊险与劳顿，令大家有些疲惫和饥饿。好在乡政府领导考虑周全，早已组织人员在落裙滩边烧起了木炭，架好了铁架，准备了烧烤。三十多号人，有老摄影家，有青年诗人，有作曲家，有美文作家，平时一个个温文尔雅，文质彬彬，到了这深谷高峡，沾了这狂放的河水，吸纳了山野清风，加上饥肠辘辘，一改平日那种温良儒雅的气质，一下船，便蜂拥聚至烧烤摊，捉了筷子，咬开啤酒瓶，开始吃烧烤。船工与乡干，青年作家与老书画家，作曲家与诗人，大家融合在一起，也不谦让，也不论俗礼，挤成一堆。一边畅快地说着趣话，一边狂吃滥饮。火力不够，烤肉熟不快，就用野草沾了色拉油浇在火炭上，明火升腾，大家愉快的情绪也沸腾起来，一时间，落裙滩边香气弥漫，欢笑声响彻山谷。品食着午餐，享用这河谷自由而清爽的河风，酒至半酣，大家挥筷举酒的动作渐渐迟缓下来，慢慢地恢复了儒雅文明的样貌。待到酒足饭饱，大伙先后散开，最后，烤摊只余下铁架上两块焦黄的馒头和一堆散发丝丝青烟的篝火。

午餐过后，大家又恢复了精力和激情，摄影的摄影，写生的写生，喝一捧清泉，洗一把热面，把落裙滩的景点看个够，想个透。

临别，大家组织人员收拾了酒瓶，清收了垃圾，浇灭了篝火，带一份好心情，携一缕传说的遐思，重返木船。一声呼叫，艄公篙点河岸，船轻轻离开码头，向重安古镇方向顺水漂去。

（2005年9月16日创作于凯里，发表于《黔东南日报》）

看牛坪奇藤

凯里龙场镇看牛坪村，数十户人家，绿树竹林相间，紧密地拥携着坐落在半山腰上。寨后古木葱葱，一派森然。年长的华界村民说，看牛坪寨有一苋护寨神藤，每当夜深人静，如人们听到古藤处有人夜哭，不久则邻近村寨必有小儿死去。神秘莫测，无人能知个中奥秘。

我生性好奇，既知此事，必往一探。告别华界村，我们一行数人步行去麻塘，中途路过看牛坪。行约二十分钟，就到了看牛坪寨背后古木参天的斜坡路段。浅浅的山湾，数十棵古树，枝繁叶茂，遮天蔽日，洒下一大片阴凉。清风习习，好不惬意。路边的石缝里，生长出一株怪异的藤本植物，大如人腿，七弯八拐，形似巨蟒，爬上古树。一路又分生出无数小藤，互相缠络，绕树爬枝，将数棵古树缠绕在一起。树身光滑，显然有不少人常来爬耍。两树之间，垂挂着一根臂粗小藤，距地面约一米，人爬上去，可以荡秋千。藤上稀疏结着扁长豆荚状果实。由此得知，此乃豆科藤本植物。我钻过月亮山，爬过雷公山，黔东南的奇树怪木看了不少，搜遍脑中植物影像，怎么也查不出此藤名姓。同行诸君也说未见过此藤，当地群众也不知其名。

徘徊藤下，我们对古藤产生了浓厚的兴趣。叫村干请来寨中两位七十多岁的老人，为我们介绍古藤的传说。长者精神矍铄，眼含敬意地告诉我们，这棵藤自村人来此定居之前就有了，原来全村共有三棵，均与村后古树密切相连，藤缠着树，树扶着藤。山头还有一口水塘，塘中鱼虾成群。塘水润养古木，古树荫护着山塘，塘、树、藤相辅相依，互相依存，共同护佑着整个村寨。村寨的人们爱塘、敬树、尊藤，不许人随意破坏，使这些古藤枝繁叶茂，无限生长，也使得山塘常年碧水盈盈，四季不消。村子传言，那株古藤暗显其神奇的威力，将远近村落的俊童靓女诱来村寨投生。村中如有久婚不育夫妇，带着香纸酒礼来祭之，每求必应，不久就会怀孕生子。

村人说，二十世纪三四十年代，邻村丧子之家，伤心不已，请鬼师卜问，得知是看牛坪古藤作祟。切齿饮恨，乘月黑风高夜，携铁钉桐油潜入村后，将烧红的铁钉钉入藤中，并浇上桐油灼烧，还斩断支撑古藤的古树根。不久的一个雨夜，雷鸣闪电，山塘崩摧，数株古树拔根而倒。所幸树神有灵，倒向人家空隙，不曾砸坏木屋。仅有一户人家被山塘引发的泥石流冲淹，除两人受点轻伤外，余者皆安然无恙。此后，山塘现底，老树变枯，三株古藤死了两株。村人查看时发现了钉在古藤上的铁钉，全拔之，才留下这株古藤，为我们保留了这株奇特的藤景。古藤春夏开花，分红白二色，状如人形，有头、身、手脚，十分形象。花谢后结籽，状类豆荚，长有尺许，内有指粗黑豆。据村民说，小儿闹夜，患疾，用线串黑豆佩带，可去疾消躁，安好如初。

看牛坪寨多为偻家人，他们有自己的生存哲学和古老文化。人树可相依，藤人能联情，万物皆有知的诠释，听起来虽觉得有些荒诞滑稽，但反映了他们亲近自然、保护生态，与自然和谐相处的生存理念。也许正居于此，看牛坪偻家人才创造出那么多神秘而古老的文化，并完整地传承和保留下来。他们自豪地说，目前正在开发的麻塘偻家风情旅游村，那些群众精彩的芦笙舞，就是到看牛坪请师傅传授的。他们希望有朝一日把看牛坪也开发成农家乐旅游点，让其神秘的生态文化和民族风情的奇葩散放出耀眼的光芒，成为黔东南民族生态旅游村落中一颗夺目的明珠，也希望更多的人来考察和破解古藤之谜。

（2005 年 2 月创作并发表，2013 年 5 月 3 日再改）

走进铁匠村

6月26日上午，前往湾水镇采访。"叮当——叮当——"的打铁声，将我们引进了湾水镇以打铁出名的洋排村。

走进一家小铁铺。老铁匠正用铁钳翻转红炉里的粗铁坯，旁边一位二十岁的小师傅，正不紧不慢地拉着风箱。几分钟后，老师傅用钳子夹出红透了的铁坯，放到铁桩上，两人便挥锤不停地敲打起来。顿时，火星四溅，铁坯子在他们锤下瞬间就变成了月牙儿似的镰刀雏形。

从交谈中得知，老师傅56岁，打了30年的镰刀，年轻人是他儿子，还在镇中学念书，每个周末回家都要当父亲的副手。老师傅介绍，村里大部分人家都能打铁，有的一家有两个红炉。技艺最娴熟的师傅一天可以打50把镰刀。主要产品还有柴刀、菜刀、斧头、马掌、犁板等。

谈到收入，老师傅憨厚地笑着说："没有统计过，每年农闲都打铁，有半年多生产时间，按200天计算，每天平均打30把镰刀，那么一年可打6000把，每把批发价是三块二三，除去成本，每年有八九千元的收入。"

问及销路，老师傅说："这不愁，自有人上门来提货，只愁打不快。"他又介绍，改革开放以来，集体的铁联社瓦解，铁匠们纷纷建起自家的小作坊，一时间发展到100多个红炉。产品多起来，有些人干脆熄了自家的炉火，专门办执照经营铁器销售和原料供应。近几年来将产品销往广西、四川、湖南等邻近省区及省内各地，又将外地收购的废铁拉回村里，以七八角一斤的价转卖给各家铁铺子，很自然地形成了原料供应、生产、加工、销售一条龙的经营体制。

当问到如何把好质量关，老师傅认真地说："谁家生产的谁家包退换，产品上边都打有铁匠的名字，就像城里人常说的防伪标志，一点也假不了。竞争一大，生产时哪家都不敢马虎，否则人家上当一两次再也不要你的货。"

说话间，一把镰刀快打好了，老师傅又用铁章在刀面上錾自己的名字，又放到炉里烧到一定程度，再夹出来，"哧——"地探入水槽里。"这叫淬火，是最后一道工序。"老师傅说，"要把握好火候，过火了或火候未到都不行，这要

043

长期实践才能慢慢掌握。"他夹出水槽中的镰刀，放到竹筐里，一共已有七把。

我们又先后走访了一些铁铺，铁匠们有的在生产马掌，有的在磨刀，有的在打铁坯。找到支书吴朝贵，吴支书热情地告我们，全村200户人家，共有130多个铁炉，村里十六七岁以上的男子都会打铁，打铁业是村里的主要经济支柱。去年仅此一项，收入就达20多万元。近十年来，村里多数人家因此脱贫致富，几乎每家都有彩电、收录机、电风扇等家用电器。

洋排村打铁业起源于何时，已无据可考，年长的老师傅介绍，原来村里无人打铁，后来外乡迁来一户姚姓人家，将此手艺带进村来，带动村人打铁，最后发展成远近闻名的铁匠村。

（1995年6月27日创作于凯里湾水镇，发表于《凯里晚报》）

红军分队过湾水

中央红军万里长征，转战清水江畔，有一支百余人的特遣分队，从剑河、台江方向而来，经过凯里的凯棠、旁海、湾水，前往黄平的重安，最后赶往旧州，与红军主力汇合。这支红军小分队在凯里市的湾水洪溪村驻了一夜，向当地苗族群众宣传了红军的政策，播下了红色的种子，受到当地苗族群众的热烈欢迎和热情接待，红军与当地苗族群众鱼水亲情，演绎了一段历史佳话，至今在当地传扬。

1934 年 12 月底，年关来临，凯里西北部的凯棠、旁海、湾水等乡镇的苗族群众，送走了一年的辛劳，正备办春节的年货，准备迎接新春的到来，村村寨寨洋溢着节日前平静祥和的氛围。

这一天，阴云密布，冷风嗖嗖，天欲雨雪的样子。湾水忽然传来一个不知吉凶的消息——从凯棠、旁海方向赶来一支不明身份的部队。这支部队纪律严明，不放一枪一炮，沿途所过村寨秋毫无犯，只向老乡打探清路况，便马不停蹄，一路疾行。村民们历经了国民党"双枪（汉阳造步枪和烟枪）兵"的骚扰，战战兢兢，满心害怕，但时节已是年末岁尾，也不知怎样躲避，只好怀着忐忑的心情，焦急地等待着那支部队的到来。

那支部队且行且问，一路摸索，行到湾水档谋、翁当，已是傍晚时分，当他们翻越翁当背后大坡，来到湾水镇对面干井坡，在那里驻足小憩。干井坡有一口清泉，旁边古木葱郁，苗族群众为方便路人歇脚，栽了几棵木凳，摆放几方石头，专供过往行人休息。这里视野开阔，迎面俯视，两边高山挟持的重安江，一路奔涌而来，在湾水镇画一个大弯，转身向羊排前方河口咆哮而去。整个湾水镇区及周边大小村寨，在傍晚余晖的映照下尽收眼底。湾水苗族小巧精致的吊脚木楼人家，正炊烟轻扬，平静无声。"好一幅苗乡夕照图！"指挥员正在用望远镜观察，他心里被冬日美丽的苗乡村景所触动，心里发出了一声轻叹，"就到前边半坡上那个大寨过夜。"他向战士们发出了启程的命令。

他所说的半坡大寨，就是湾水洪溪苗寨。这个村寨背山面水，独径穿境，地势险要，易守难攻，是个扎营的理想驻所。他们紧赶速行，进入村子时，天已麻麻黑。部队的几位指挥员通过向导找来村里几位管事的寨老。经过介绍，寨老们才知道，这是一支带着特殊任务的红军小分队，红军是穷苦人民的队伍，为劳苦大众打天下，由此过境，前往黄平，天色已晚，至此借宿。苗族寨老们打量着这支衣着破烂却队列整齐，面色疲瘦却精神饱满的队伍，慌乱的心绪平复下来——这应该是一支有纪律、有秩序的人民子弟兵。他们叫出来部分村民，介绍了部队的情况，希望大家一起好好接待这支非同寻常的队伍。

村民们仔细打量这些红军官兵，大家穿着灰色军衣，有的衣服累叠着补丁，他们有的穿着破旧的布鞋，有的穿着草鞋，一路奔走，泥浆沾满了他们的鞋裤，身上已被汗水湿透，热汗化成淡淡的雾气，在他们肩头慢慢升腾。尽管已疲惫不堪，饥肠辘辘，但他们进入村子，不像国民党的部队那样直接闯进老百姓家，威胁吆喝，抢粮抢物。他们笑对村民，不乱说话，听从指挥，有礼有节，还向村民表示，吃群众的饭，照价付钱。村民们紧张的心一下子放松了下来。

经过村中几位寨老的简短商量，决定把这支队伍安排在村中临近水井边的十几户较为宽敞的人家住宿，由全村人共同出粮、出米、出酒，一起招待这支部队。得到消息，村人马上行动起来，凑米凑酒，杀鸡宰鸭，生火做饭。苗族妇女们为红军战士们热水洗脸泡脚，给红军战士们洗衣补衣，打好地铺。很快，村民们就为红军指战员做好晚餐。当地群众用自己准备用来过年的鸡、鸭、肉、鱼和米酒盛情款待部队官兵。年长的寨老们还陪红军吃饭喝酒，介绍当地风俗，给红军指战员介绍前往黄平的线路，介绍当地国民党军队活动的情况等等。红军指挥员与寨老们倾心攀谈，介绍红军转战原因，介绍红军队伍的性质，为解放劳苦大众的奋斗目标，发动群众志愿参加红军等等。

吃过晚饭，因为要赶路，红军战士们很快安然入梦。村里有的苗族青年出于好奇，想看看红军战士睡觉是个什么样子，悄悄提着灯火到红军打地铺的房间查看。只见红军战士们整齐地睡在地铺上，枪支、水壶、挎包等物整齐划一有序摆放在一边。这些细节，令村民们肃然起敬——这样一支有秩序、守纪律的队伍，一定是一支战无不胜的队伍，是苗族群众值得信赖的军队。

第二天凌晨，村寨还沉浸在黎明的沉寂中。早起的村民发现，那支头戴八角红星帽的部队，不知何时已悄然无声地离开了村子。他们已经把地铺上的稻草捆扎整齐，把地清扫干净。那些不肯收钱的驻军户，发现了红军留下的银圆。在红军指挥员居住的房间，还发现了一封红军首长留下的信件。信中说，红军到此投宿，得到苗族同胞的热忱招待，非常感谢，他们是为穷苦人民打天下的红军，有一天还会回来，希望青年们加入红军，一起打天下，因有特殊任务在身，不辞而别，表示歉意。字字句句，言词诚恳，像温润的甘泉，浸润着村子里村民们善良的心。大家心有歉意——这支那么好的部队，走得太匆忙，大家还准备天亮杀头肥猪好好款待一下他们呢。

村里部分已萌生加入红军念头的青年，也因为红军突然离去而感到很遗憾。

洪溪村的苗族村民后来才知道，这就是"朱毛"中央红军的一个侦察分队，因为执行探路任务途经湾水。洪溪村苗族群众把红军驻扎洪溪的情况向当地群众进行了宣讲，一时间，苗族群众对红军有了真实的了解——这就是劳苦大众自己的队伍。

正如毛主席所说，红军是宣传队，宣传了党和红军革命的目的和宗旨，让百里苗乡苗族群众了解到，红军是一支为人民的军队；红军是播种机，红军小分队驻扎湾水仅一天，却播下了红色的种子，苗族山乡点染了红色的基因，为后来解放军进入贵州，传播红军精神打牢了思想基础。

红军过境后，湾水苗族人民对红军激起了无限的敬仰之情。湾水与重安之间江口岸边现有一个有名的景点——当地苗族群众称为"神仙坟"。相传是当年的一位红军战士途中因急病而牺牲，就地安埋在重安江河岸边。当地群众得知后，自觉组织培土修缮，不论谁经过那里，都要给那座坟烧一炷香，加一把土。年长月久，那座坟越来越大，垒成了一座丈余宽的大坟。据说那坟还真灵验，附近村民，拜祭祈福，可逢凶化吉，心想事成呢。且不管此事真实性如何，但从中可见，当地群众对红军的怀念与崇敬之情，非同一般。

也正是由于受到红军精神的影响，红色基因得到很好的传承和发扬。而红军曾经驻扎过的洪溪村，新中国成立以后，成为凯里市有名的拥军先进村。每年征兵时节，村里的青年们都积极应征报名体检参军。村寨仅一两百户人家，据凯里市人武部相关统计，自新中国建立以来，参军的人数竟达80多人，是凯里市参军人数最多的行政村。20世纪50年代初，党中央号召全国青年参军入伍，掀起"抗美援朝、保家卫国"的运动。当时的洪溪村就有8名适龄青年应征入伍，奔赴朝鲜参加抗美援朝作战，是当时片区入伍人数最多的生产大队。其中，吴学海参加了著名的上甘岭战斗，光荣负伤，后来提升为指导员，复员回乡后在本村参加生产劳动，于70年代初因战伤复发而病逝。健在的吴国荣老人，是凯里市幸存的抗美援朝为数不多的老兵之一，虽然80多岁，但身体硬朗，精神焕发，对党和军队有着特殊的情感。作为村里的义务宣传志愿者，经常向来访的客人和年轻后辈讲述红军过境扎营的故事，介绍抗美援朝经历，最近又在村里宣讲党代会精神，成为村里公众人物，被国内十多家媒体报道。

"一人当兵全家光荣""拥军优属"和"兄弟争相入伍"等理念，在洪溪村形成村民的追求和荣耀，并成为优良传统。这个村同胞兄弟都当兵的有8户之多。吴国荣老人一家就有4个当兵，其中有两人分别参加抗美援朝和抗美援越战争，一人参加对越反击战，一人在部队参加原始森林大抢险，均在战场火线入党和立功受奖。

无论在部队或者在地方，洪溪村的村民都以当年红军精神为动力，不畏艰难，敢于担当，不怕牺牲，无私奉献。

如今，当年红军驻扎过的湾水镇洪溪村，已成为凯里市红色革命老区的重要红色教育基地。全体村民一致认同，要像当年接待红军那样，保护好红军曾经投宿的房子，修缮好红军曾经洗漱用过的水井，传承好红军指挥员传播的长征精神。要为全面巩固脱贫攻坚成果和乡村振兴，团结一心，艰苦奋斗，努力把村子建设成为更加文明、富裕、和谐、美丽的红色旅游民族村寨，让红军精神在村子永远传扬。

（2018年初稿并发表于《黔东南日报》，2022年12月11日改定）

麻塘僳家寨

　　黔东南还有些尚未完全识别的少数民族群落，他们有自己独立的语言，有自己奇丽的服饰，保存着自己古老的民族习俗和生活习惯，并有自己独特的审美心理和民族语言，堪称中华民族大家庭文化沙海中一粒小巧精美的小贝壳，让人们眼眸一亮。凯里市龙场镇麻塘僳家寨就是这样一个奇特的少数民族村落。

　　从凯里北行十余公里，将近龙场镇政府，车右折一公里，就到了这个小巧秀丽的僳家寨。低低的山峦，将村寨围在核心。近百栋木屋，相依相偎，密布在平缓的斜坡上。村中竹木杂生，四季果木飘香，绿荫掩窗，袅袅升炊烟，鸡犬相和鸣，给人一种祥和、恬静、与世无争的感觉。

　　初到麻塘时，与驻村干部黄冰梅等君到村民家投宿，主人很热情也很随和。菜园在院落外，豆荚、黄瓜、西红柿，应有尽有。我们相中了那些鲜嫩的瓜果，便自己到菜园去采摘，捧到厨房，与主人一道下厨，生火做饭、淘米下锅、洗菜炒菜。不一会儿，满厨房飘逸出诱人的菜香。待日影西坠，残阳映山，一大桌色香味俱佳的农家菜肴就摆到了轩敞洁净的院落。宾主欢聚，一边欣赏夏天迷人的晚景，一边慢慢说话用餐。山风惬意，晚霞灿烂，加上主人殷勤的劝酒和悠远动人的敬酒歌，身在席间，却仿若处身世外，其乐也融融。待到饭饱酒足，你将举筷招呼离席，不料，这家漂亮的姑娘从身后一碗米饭盖将过来，不偏不倚，正好倒扣在你的碗里。驻村干部开心地笑起来，说这是僳家传统的劝饭习俗，也是僳家人热忱待客的至高礼节，哪怕肚子再撑，你也得吃下这一碗。相传很久以前，有个古老的山寨住着几百户人家，寨规约定，同村男女不得开亲，违者将受到严厉制裁。可是，村中两位青年却偷偷相恋，不想被村人发现，两青年被逐出山寨，赶进深山，永远不得回归本寨。不知多少年后，那个山寨的村民忽然想起那两位被逐进深山的恋人，就组织人进山去寻找。原以为多年无消息，两青年早已被虎狼吃掉，孰料那两青年扎根深山，凭借爱情的伟力和坚强的意志，战胜重重困难，开土造田，艰苦创业，生息繁衍，发展成了一个小小的村落。见老寨亲人来访，他们感激万分，以丰盛的美食招待来访者。因村人不懂造酒术，没有好酒，只好劝客人多吃饭。这个小村子人口日渐增多，就逐步发展成了今天的僮家。劝饭这一习俗沿袭下来，演变成僮家礼仪中的一道奇异的风景。

当我们还沉浸在僮家动人的传说中，感佩于两青年坚忠的爱情，僮家悠扬的芦笙曲穿透山村的夜空，在村头热闹地响起来。吃过晚饭的村民，穿着节日的盛装，齐聚芦笙场，借着明亮的灯光，跳起自娱自乐的芦笙舞，整个山村顿时沸腾开来。僮家妇女节奏明快朴实的板凳舞，小姑娘们轻盈的庆丰舞，青年男女华美庄重的婚俗表演，那悦耳的银铃，那优美的造型，那绚丽的服饰，无不令人心动神怡，钦羡不已。最为华美最具代表性的当数僮家姑娘的彩饰盛装。整套盛装以红色为主色，红艳艳的大红缨珠帽，衣服上华贵的红色绣片，彩色的红腰带，加上红灿灿的绑腿，乍看起来，似一缕红色的火苗，缭绕着姑娘的周身，将姑娘们打扮得活力四射，靓丽无比。待仔细考究，你就发现这绚丽的盛装豪气横生，更像一套古代战将盔甲的变形。当我们带着疑问向村中长者请教，老者欣然大笑，说我们猜中了。相传僮家的祖先中有一位将军，为国家征战南北，屡建奇功。一次将军因伤无法出征，将军的妹妹穿上兄长的战衣，代替哥哥领兵出征并大获全胜。皇帝闻知，惊叹不已，特意嘉奖给她一套战服。姑娘为僮家姑娘们争得了荣誉，把战衣完好地珍藏下来，但年久锈蚀，无法传承，便依照盔甲的样子又缝制了一套锦绣战衣。由此影响了其他女孩，大家都把这套战衣仿制了一套，作为节日盛装，在僮家重大节日活动方能穿戴。这盛装中深色披肩就是当年战甲中胸背甲主体，背后那个方形兜袋，就是盛放箭头的箭囊。僮家姑娘头顶上的银制抹额，就是古时候弓的造型，穿插在红缨珠帽中心的银簪，就是锋利的银箭。说起这红缨珠帽，又有一个关于僮家先祖射日的传说，这传说与古代"后羿射日"的传说如出一辙。在僮家服饰中，无论红色的腰带，神奇的蜡染制品，还是精美的刺绣，每一件饰品，每一块花纹，无不蕴含着丰富的文化内涵，散发着僮家古老历史的馨香气息。一套盛装，就是一部僮家神秘古朴的史书，就是反映僮家曲折历史变迁的形象描述和生动纪实。

当我们逐步接触僮家的传说与往事，走近僮家悲怆的历史，禁不住对散落在黔东南凯里黄平等地的僮家群众油然生出一种崇敬之情。我们没有理由不关注这些风情奇特的村庄，我们也没有理由不被这些村民保存璀璨夺目的文化光耀所倾倒和迷醉。

（2001年5月创作发表于《凯里晚报》）

神奇的僮家古婚俗

在黔东南州各民族丰富多彩的婚俗文化中，僮家婚俗以其古老神奇的形式成为众多民俗文化中不可多得的奇葩。传统的僮家婚俗中，青年人有自由的恋爱，却难有自主的婚姻。因为僮家人的婚姻多是父母包办，从小就定好了"娃娃亲"。正因为僮家人习俗的独特性，其婚俗文化成为黔东南州旅游文化中的一个鲜明特色，为中外专家学者和游客关注的一道奇异风景。

僮家人的婚姻有严格的婚配制度和完整的形式，一般分为择配、订婚、讨信、结婚几个阶段。僮家父母往往在子女满月以后就为他们选择婚配，订下"娃娃亲"。男方父母物色好门当户对的人家，就请媒人到女方家去联姻。说亲一般要去两次，第一次为试探女方家态度，如果女方家有意，即留媒人吃饭，否则就表示女方家不同意。第二次为"回话"，由两位中年妇女充当媒人，如女方家招待媒人吃饭，就算亲事说合了。媒人说合后，还要选择吉日举行订婚仪式。择定吉日后，男方家请男女各二人，手拿蜡染手帕捆着的雨伞，带一只鸡、一升米、一件衣料（古时候为一束丝线）和相当于一点二块银圆的礼金到女方家订婚。女方家备办酒席，并杀男方家带来的鸡来款待客人，并请亲属参加订婚仪式。入席后，客人要从席间拿一碗菜、一碗酒先交给主人，表示婚约签订，然后当众把礼金交给女方家，举座宾主相庆，开始唱"订婚酒歌"相贺。宴毕，订婚客人要当天从原路返回，订婚就算完成，两家由此成为亲戚，相互走动，等到男女青年到婚嫁年龄才能结婚。

结婚之前，男方家要派人到女方家讨信。时间一般安排在农历七八九三个月，男方家请一位福寿老人，带一只鸡、一升米作为礼物到女方家去商量结婚有关事宜，如果女方家同意，双方父母再商定吉日，准备礼物结婚。如果女方家不同意，婚期推后，次年男方家再请人去讨信，礼品相同。一年内只能去讨信一次，讨信不得超过三次，并规定头年讨信，次年结婚。

结婚礼物必备一只鸡、一升米和四两三钱白银，特定的银两表示一年四季和感谢母亲对女儿哺乳三年的恩情，也表示对女性的尊重。女方家自备新娘的嫁衣，一般准备三套、五套或七套，须准备充足的糯米饭，到夫家时分送给叔伯家各一小篮，还要准备一块猪肉到夫家，以表示衣食富足。在新娘回门时，男方家同样要准备好糯米饭和猪肉返赠女方家，同时还准备一块三斤或五斤重的猪肉，由新娘家转送到新娘的舅父家，而舅父家又转送给自己的舅舅，如此层层追送，直至无在世亲舅为止，以此表示对娘家亲族的追念感恩和母系血缘的联系。

结婚的日子，男方家聘请两位能言善歌、品行贤良、仪态端庄且公婆俱在、儿女齐全、家境殷实的中年妇女，穿上民族盛装，与两位同样穿着整齐的挑夫一起去接亲。两妇女负责交付礼品、应酬结亲事宜，迎领新娘；两挑夫负责挑回新娘家送的礼物。结亲之日，男女双方家都筹办酒席招待来贺的亲友。送亲仪式开始后，先由接亲妇女唱《交银歌》，并把事先准备好的四两三钱白银交给女方父母，女方家也请歌师奉唱《收银歌》，唱毕，宾主共同举杯欢饮，祝贺新婚圆满，夫妇吉祥幸福。接着，迎亲妇女与女方歌师续唱《礼歌》《赞祖歌》《祝福歌》等，男方女方一唱一和，赞美两家婚姻的完美结合，一起追忆僚家悠久的历史，祝福两青年和谐美满白头到老。唱完所有的接亲歌后，女方父母即打发新娘出门。新娘早已由家族姐妹扮靓一新，穿上了华美瑰丽的嫁衣，由亲哥或亲弟扶着手，先围着火炕绕三圈后出到堂屋与众亲友依依辞行，走到大门时，由亲兄弟拿一把红伞交给新娘，一路上不能换手，步行到夫家，由夫家迎亲妇女接伞后方可进门。接伞妇女必须是由夫妻和睦、有儿有女的妇女担任，一般是新郎的母亲，如新郎的母亲不在世了，就请一位贤德的中年妇女担任。新娘到了夫家后，不再举行任何仪式，男方家开宴招待来贺的亲友。贺喜的客人一般都送三升米和一只鸭子，有些亲友还另外送些丝线或蜡染花布，有的至亲送新娘一件衣料等较贵重的礼物。

结婚喜庆仪式结束过后，新娘只在新郎家住几天就返回娘家。送新娘回门时，只能由新郎父母或妹妹相送。要到次年栽秧或秋收等农忙时节夫家才派人去接。此后，小夫妻俩逐步建立感情，到有了孩子，再举行隆重的庆祝活动，约请众亲百戚来庆贺，新娘家又把陪嫁给新娘的木柜、被子及女子坐月所需的活鸡、鲜蛋、糯米等营养品和带小孩用的背带、布片、小儿衣帽等物送去，小夫妻已十分稳定，一对僚家青年的婚姻大事才算正式完成。

（2002 年创作并发表于《凯里晚报》）

闲游金泉公园

冬天的凯里难有几日晴朗天气，得一个晴爽的双休日更难。上周六恰巧就是那么一个温晴宜人的丽日。

早晨起来的时候，艳艳的光影爬上了窗帘，将卧室照映得分外明艳。推开窗，那轮娇羞的初升太阳正在林校那边山头的松林间悄然爬升，已有一丈多高了。心里一喜，当即与国刚、兴盛、春彪等兄弟电话联系，一并到金泉湖公园郊游去。

用过早餐，已近正午。赶到公园，那里已是人头攒动，热闹异常了。规划复建之后的金泉公园比以往靓丽多了。时髦的仰阿莎广场，古朴的凉亭，洁净的通道，绿戎戎的草地，浓荫匝地的风景树，虽皆人工造就，但组合有序，相互陪衬，相得益彰，大方和谐，给人一种亲切舒适的感觉。

也许是有了久未露面的太阳，又巧于这样一个自由的双休日，许多人都走出屋子，到这里冬游来了。三口之家、两口之家，呼朋引伴，扶老携幼，聚到了金泉公园。漫享着温暖的阳光，呼吸着阳光烤暖的清洁空气，品食着零食，赏玩着牵拉的宠物，一家人老少同乐，夫伴妻随，开开玩笑，聊聊闲话，让繁累了数日的心地松弛松弛，舒畅极了。

诸兄友聚齐，合了影，又分头选背景照够了相，就爬上湖堤，到湖畔的植物园漫步赏景。肖兄是企业家，对这里似乎很熟了，导游我们进到植物园里去。好久未到这里登高，这植物园变得很有些情韵了。多年以前，从湖畔到山头烈士陵园，只有一小片果树，但从未进去玩耍过，果园往上，就是杂草丛生、茶树乱长的荒山了。没有路径，也没有什么景致，钻过一次，再也不想重游。这次来游，才知这个植物园已今非昔比，很有些田园山庄的人文气息了。这斜横在湖畔的山岭，已全被改造成梯带熟土，密密匝匝地植满了各种树木。青青的杨梅、女贞，翠绿的柑橘、香樟，墨绿的玉兰、枇杷、野茶油、桂花，各种果树与风景树错落有致地密植在幽径两旁，树干修直，树形美观。香樟散发出淡淡的馨香，和了迟开的桂花的香味，人行其间，觉得神清气爽。很显然，园艺工人是很费了一番苦心。不仅培植了多种繁茂的风景树，还培育了不少盆景。有些树看似老态龙钟，勾腰驼背，但经园林工人精心修整与浇灌，却老树发了新枝，枯老的残枝上发了那么一两枝新绿，植在路边亭旁，也颇有些情趣。园林设计者独具匠心地在林间路旁，置一片空地，建一道围廊，立一个凉亭，可以驻足小憩，也可以下棋打牌。或者就不建亭廊，就地借了邻近几棵树木的树冠，撑起一片绿荫，在树影下面设一块三五平方米的水泥地面，放一张方桌，可供五六人围坐品茶、下棋、聊天。

借着这树林山色，游人就来得特别多。我们转了好些地方，那些桌位都被先到的游人占用了。游人之中，有普通公务员，也有科长局长，还有周边一些县挂任县长、副县长的领导。暂时抛弃了公务的缠绕，都到这园林绿树中寻觅难得的清静与消闲。

好不容易，我们才找到一个叫"茶树林"的一块地方。两三平方米空地，置一张麻将桌，兄弟们围将上来，一边说笑一边打牌。不远处也有几桌人在打牌，但树影如屏风彼此隔着，互不影响，各得其所。有了个安定处所，大家慢品着主人家泡上来的香茶，吸着烟，谈着一周的见闻故事，不紧不慢地玩牌。太阳也不紧不慢地在我们头顶上游移。树荫的细缝筛下斑驳的光点，撒在人身上、牌桌上，明明亮亮，暖暖柔柔，有一种特别的舒适感。

喝了三五壶茶，打过三五十圈麻将，一个下午不知不觉从我们身边溜走了。手气好的肖哥，就决定请我们搓一顿，大家各俱欢喜。毕竟，兄弟们好久没有聚会了。

于是退掉桌位，背着西天那抹灿烂晚霞，高高兴兴说笑着返街区觅酒馆用餐去。

（2002 年 12 月 10 日创作并发表于《凯里晚报》）

六角亭偶聚

一年难有几个好日子，有好日子难有好由头，有了好由头难有好的聚会，有了好的聚会，又因公务驳杂，众友难齐，知交齐聚，却往往因生活维艰，各有自己不快事，难得人人有好的心绪，难求人人开心，次次尽兴。

古往今来，事难尽美，不可苟全。但前日七月半，潘兴盛、姚瑶等兄弟偶然小聚于庭院六角闲亭，不曾预约，不事张扬，心随所想，随机而聚，人境相容，神形同一，大快凡心，自谓千古少有的美事。

那日夜已来临，微雨过后，天气泛凉，秋意可察。关窗之间，忽见天幕有圆月一枚，隐现于薄云暗星之间。便对女友说，好一个清凉月夜，可惜无知交共赏。女友忙着，不曾答我。心里有些许失意，冲了热澡，沐过凉足，踏屐就床，拉亮台灯，准备读书。

忽然姚瑶兄弟打来电话，显然贤弟已有八分酒意，他直呼："老爷，拿酒下来，潘兴盛老哥我们已到门口，夜色不错，快来聚会。"我顿然心性舒朗，一跃而起。到厨房搜得咸菜一碟、炒黄豆半碗、板栗一捧、西瓜数片并米酒一瓶。再寻，却无什么可以现食的东西了。也并不遗憾，因为事先未约，没有准备，朋友们想必也不会责怪。捡了杯盏碗筷，找来篾编花竹篮盛了，向女友打过招呼，便提下楼去。

潘兴盛、姚瑶、周学凯三位兄弟已在院隔墙边的风景亭等候了。风景亭立柱五棵，六角高挑，下有围廊，可以闲坐，为房开商建成小区后所修。亭有明灯，夜亮昼熄，拟方便业主小憩。也许是太僻静，亭平时鲜有人光顾。亭未取名，且叫六角闲亭吧。亭前有竹丛松林，亭后有花椒、芭蕉数棵，还有些杂花绿藤。虽是雨后，人到亭边，花椒树和那些看不清楚的杂花仍溢出脉脉清香。呼吸之间，感到清气浸润肺腑，好生舒爽。借着灯光，我们在亭心铺了报纸，摆上我带来消夜的食品。大家围着简席，无女士在座，不必讲究凡俗礼仪，或蹲或坐，各选其便。

说笑之间，姚瑶酌了酒，把酒杯一一送到每个人面前，唤一声："搞!"众人齐应举起酒杯。第一杯酒向亭子四边，以示祭奠圆月并亭神院鬼，第二杯就倒进了喉里。没有甚好菜，大家就拈酸咸菜、炒黄豆下酒。都是吃过了的，并且几位兄弟刚刚下桌从酒店归来，没有谁会计较酒菜的好坏，重要的是有了七月十五这传统佳节浓浓的氛围，有一个清凉可人的天气，有一轮欲来还羞的满月和兄弟们突如其来的聚叙兴致。借着清风月色，借这幽静闲亭，借这份普通烈酒和无拘无束的心情，可以畅快说着笑话，可以不拘小节骂一通不畅快的人事，可以不用避嫌地评说新闻，并以此佐酒。当然，喝酒是十分自由的，不必计较谁喝多喝少，能者一口干，不能者品一点，能沾上了酒，都是一种满足，一份幸福。贤文曰：酒逢知己千杯少。十年前我信奉那是一条真理，十年后的今天，过了酒瘾并尝够了酒的厉害之后，我觉悟到，酒的确是个好东西，没有酒的宴席的确少了点什么，没有酒的中华文化也一定是不周全的缺少内涵的干瘪的文化，几千年的中华文明离开了酒的滋养，会是个什么样子，我无法想象。那末，像鸿门宴、曹公提槊赋诗、陶潜采菊东篱下、李白宝剑换美酒、苏轼东坡种粟之类的经典意象，肯定是没有了，中华文明很显然就会大打折扣。所以唐贺知章"眼花落井水底眠"着实可爱，晋"竹林七贤"中有人裸饮竹林，当然无可厚非。但酒的确不可过多过滥。以前刚参加工作那阵，下乡采访与农民朋友饮酒醉归，喝过浓茶而酒久不醒，头胀难耐，不知所以然。忽然想探悉醉酒到底是怎么一回事，便找来《辞海》查阅。词典老师告诉我：醉酒乃轻微酒精中毒。才恍然大悟，原来如此，难怪头何其疼痛。便想到今人常说"席间办成事""酒后吐真言"，原来都是中了酒精的毒。诚然，中了毒的人，神志出了问题，说了歪话，做了错事，也就不难理解——都是酒精惹的祸！

品酒谈笑之间，大家提及未能来聚会的众多朋友，说到平常人生，又感受到，人与人之间，是讲求缘分的。缘到了，千里之外，有情人可成眷属；缘分尽了，多年朋友，反目成仇。此类事例生活中比比皆是。山城有众多朋友，潘兴盛、姚瑶我们三个算是住得最近的。我们三人不约而同买房到一个小区，分住三栋相邻的房子。有朋友来了，一个电话，两分钟就可以过去陪客。手头紧了，打过招呼，暂借三五百度过难关。心中有不乐事，也可以吐诉为快。远亲不如近邻，不是亲兄弟却如亲兄弟。这，也许是上苍安排的一种缘了吧。

潘兄忽而又感到了一丁点缺憾，这小区处地高，缺水，更没有溪河了，如果下一场雨，大家在雨中品酒，岂不更加快哉。我侧首望天，天空此时比刚才更暗淡了一些，那轮圆月也消隐于黑色的天幕。我们都期盼能下一场雨来。天道酬诚，也许是老天被我们的诚心所感动的缘故，约一袋烟工夫，天空果真就下起雨来。雨不大，但细匀有声，落在亭顶和四周的木叶上，声音脆脆的，淡淡的，没有韵律，却入耳入心。我们都为知人的雨叫好，又一齐举起酒杯，干了一轮。继续一边听雨，一边品酒说笑，沉浸在这不曾预约却很有创意忘乎所以快意溢胸的临时小聚会里。

　　时间不知不觉过了子时。忽然有人走近，看清时却是小区保安，他文明地走近我们，提示我们小点声，别吵扰了其他居民的休息。我们谢他一杯酒，他辞谢而去。看看时间，已是凌晨两点。这时，雨也歇了，下酒的料也吃完了，还余下半瓶酒，潘兄说留着下次喝吧。虽意犹未尽，但时间的确太晚了，我们便收捡残席，离亭归家。

　　回到卧室，准夫人早已酣眠多时。我不能打扰她的美梦，只好退回客厅，躺到沙发上。心想，这聚会虽发自偶然，却比哪次规模的笔会所获得的快乐和感悟都要多。那么，天亮前的几个时辰，休不休息已是很不重要了。

　　　　　　（2007年农历七月初稿并发表于《黔东南日报》，2023年5月2日再改）

到湾水苗寨过年

春节假期短，难回老家，就近与朋友到她家乡湾水镇岩寨去过春节。

湾水镇是苗族群众聚居镇。重安江穿境而过，风光秀美。而那里更有浓郁的民族风情、古老的传说、香醇的米酒。以往的下乡采访中，我曾在村民家中醉过多次。苗族人民悠久灿烂的民族民间节日文化，深深地吸引着我，这次算是一个了解当地春节活动的好机会。

与女友腊月二十八赶到湾水古镇，这个清水江水系历史上有名的货物集散码头，正值最热闹的年场。狭窄的街道挤满了各种摊点，乡亲们脸上洋溢着笑，或扛纸箱，或背背篓，或提货袋，摩肩接踵，用苗语或汉语交流着节日的信息，热闹的小镇一片闹腾。

经了解，虽然当日不是湾水镇的赶场天，但这约定俗成的大年除夕前一天的年场，却比一年中哪一个赶集天都热闹，这一天生意也最红火。山里人这一天最舍得花钱，衣物、鞭炮、糖果、鸡鸭鱼肉都成了畅销品。小贩们为此做了充分的准备，各家店铺物丰货美，各种摊点货物琳琅满目。这是丰收的一天，也是一年中最欢闹的一天。

除夕的早晨，上午8时开始，村子此起彼伏地传来震耳的鞭炮声。我有些纳闷，在我们侗族地区村子的除夕，放鞭炮一般是在下午。先得用猪头、鸡鸭敬供祖先神位之后，才放鞭炮以示庆祝。探听才知，湾水的鞭炮声是告示村邻，家中准备杀鸡鸭，哪家不放炮，也许那家这年春节不杀鸡鸭，大年过得平淡。也许这是湾水苗族群众春节活动的一个特色吧。

除夕晚宴开始了。席中一口火锅，放在火盆中三脚铁架上，锅中是满满的一锅鹅肉，锅边放一个蘸水辣椒。旁边准备一大盆炖好的猪腿肉。除了蒜苗，席中无别的素菜。家里人都说，春节期间不许吃白菜，哪家吃素菜人家就笑话，直到过完元宵节。吃饭时，每人用两只碗，一只用来装菜，一只用来喝酒。家中不论老少，都得喝点酒，这叫团圆酒。在以前，喝酒都是自家产的米酒，大碗喝下去，高兴时还唱歌。现在有瓶装白酒、啤酒、汽酒等，可以根据酒量大小自由选择，但酒碗都筛得满满的。苗家人"大碗喝酒，大块吃肉"的习俗，让我得到了真切的体会，这种感觉，多么淳朴亲切而又极富温情。

夜幕下，山寨灯火如星，重安江两岸村寨稀疏的灯火互相照映，古老山寨的夜晚如诗如画。年夜饭过后，人们走到门外放烟花鞭炮。一家炮声响，万家呼应，此起彼伏，炮声在重安江两岸回响，烟花千变万化的造型闪现在夜空，给两岸苗族村寨的年节增添了一道独特的风景。现代文明之花绽放在古老山寨节日的夜空，令人振奋和激动，令人欣慰和遐思，山寨在慢慢地发展和进步。

正月初一，村人们愉快地在家休息一天。正月初二，热闹而丰富的民间节日活动拉开序幕。湾水镇村村寨寨都自发组织开展斗牛、斗鸡、斗鸟、赛马、打篮球、拔河等丰富多彩的群众性文体活动。村中老少穿戴一新，汇集到活动场，参加活动或观看比赛。从一个村到另一个村，青年们传送着节日的喜讯，加深了村寨之间的友谊。据说这种由村民自发筹资举办的活动，已开展多年，成为湾水苗族群众春节文体娱乐活动的重要形式。

我想，走近 21 世纪，随着经济社会的发展与进步，湾水苗族群众的春节会更热闹祥和，也更加文明而多彩。

（2003 年春节创作于凯里，发表于《凯里晚报》）

甘囊香芦笙会

　　节日到来，凯里山城彩旗蔽空，歌声撼地，热闹非常。主街道上，万人云集，人头涌动。来自黔东南各县的苗家后生姑娘们，身着不同类型银光闪闪靓丽醒目的民族盛装，在节奏明快的芦笙曲和芒筒浑厚的沉吟声中，亦步亦趋亦行亦舞，欢快游行。整条主街，汇成了一幅流动的画卷，欢乐的海洋。成为中外游客永生不忘的精彩记忆，也是凯里民族文化中一张精美的名片——这就是蜚声中外的"中国凯里国际芦笙节"。

　　凯里国际芦笙节不是人为制造摄人眼球的文化包装策划，而是黔东南作为"百节之乡""歌舞海洋"丰富的民族节日文化的一个集中展现和缩影。凯里国际芦笙节源于凯里市舟溪镇一年一度的甘囊香芦笙会。

　　舟溪镇是凯里市西南方向有名的一个苗族聚居的山镇，距凯里市行政中心约20公里。这里93%的居民为苗族，是凯里市苗族群众比较集中、民族传统文化保持相对完好的少数民族聚居区。这里自然环境独特，云贵高原主脉苗岭穿境而过，海拔相对较高，生态保持良好。也正居于这样一种自然条件，若干年前苗族先祖在从中原西迁的过程中，有一支在此栖居并世代生息繁衍。也正是由于这里远离中原，相对封闭，开发较晚，这里的民族文化得以较好地保存。改革开放以来，尽管现代文明对少数民族文化的影响很大，舟溪片区的苗族文化依然以十分顽强的生命力坚挺地延续。这里的群众依然讲苗语、唱苗歌、自制民族服装、制造民族乐器芦笙，按照数百年来形成的规律赶场，以自己的节奏过着宁静和谐的日子，沉浸在每一个节日的欢乐中。正月十六至二十的芦笙会，就是当地最热闹最有影响的民族节日之一。

　　每当芦笙节来临，舟溪镇村村寨寨的苗族群众酝酿好美酒，杀猪宰羊，抓鸭捉鱼，准备好丰盛的待客礼物，邀请远方亲朋好友来过节。在外打工的青年这个时节也一定会请假回来与家人团聚。这是青年男女们相识相恋的好时节，也是当地群众相互走亲访友的好日子，同时是当地群众发展节日经济的好时机。节日里，当地群众自发筹措资金，举行芦笙舞大赛、民歌比赛、斗牛大赛、斗鸟斗鸡比赛、篮球友谊赛、长跑锦标赛、棋牌友谊赛、赛马、拔河比赛等丰富多彩的文体活动。凯里及周边的群众都会踊跃组队参加。节日从正月十六开始，至十九二十日形成高潮。节日期间，数万村民、游客、商贩齐聚，整个舟溪镇区人山人海，外来车辆在公路边排到数公里之外。拥挤不堪，通行困难，人满为患。但没有人抱怨，没有人叫苦。相反，每个人脸上洋溢着逐开的笑颜。因为大家都知道，这一年一度的节日聚会，可以免费观赏东方最著名的震撼人心的"百牛大战"，观赏动听悦耳的古老民歌，欣赏到丰富有趣的赛马等民族体育活动盛况，同时还可以零距离欣赏来自远近不同苗族村赛形式多样风格各异的苗族芦笙舞，甚至可以邀请那些着装漂亮美丽大方纯朴善良的苗家姑娘们合影留念。如果玩累了，饿了，又可以到舟溪河畔找一家清香诱人的狗肉汤锅摊点，吃一餐可口的稻草烧狗肉火锅。如果有缘，你还有可能逢上心仪的人生伴侣呢。这是苗族群众约定俗成的节日盛会，是凯里传统民族节日的一朵奇葩。她香艳千年，溢芳四海，成为凯里群众和中外游客年年欢聚的一个因由，一个精神皈依的心灵契约。

在舟溪镇政府办公区舟溪村口的再约河畔，有一通古碑——甘囊香芦笙堂碑，早在1986年就被定为省级文物保护单位，是凯里为数不多的省级文物保护单位之一。它记述着甘囊香芦笙堂和舟溪芦笙会的来历。甘囊香芦笙堂始建于明代，至今已有四百余年的历史。"甘囊香"是苗语的音译，意思是河流下游神往的地方。舟溪苗寨脚下长500余米、宽100余米的河滩就是甘囊香芦笙堂所在范围，是黔东南保存至今仍在使用的最大的天然的芦笙场。为舟溪吴氏家族倡议组织兴建。

相传苗族始祖蚩尤在与炎黄二帝中原逐鹿战败后，蚩尤部落被迫撤离中原，开始漫漫西迁征程。作为蚩尤部落后裔的苗族，历经千辛万苦，经过多次分迁，分散到中国西南诸省，有的迁徙到东南亚一些国家，甚至迁徙至美洲，成为世界性的一个民族。其中一支苗族定居在雷公山麓周围，世居在舟溪镇的苗族就是其中的部分。苗族古歌《跋山涉水》里有经漫长的迁徙跋涉，在黔东南榕江县分迁的记载。苗族《贾理》记载一个苗族群落在"石岭坡"分散的情景：把鼓砸成九片，分给九个头领，让他们带着部属分别往雷山、丹寨、台江、剑河、凯里、麻江、黄平、施秉、镇远等地迁徙。

舟溪一带的苗族姑娘因盛装为短裙而被民俗和人类学者称为"短裙苗"。姑娘服饰主要特点为裙纳百褶、上装饰银、围腰绣花、编织绑腿、挑花布鞋等，整个着装古雅大方，简洁朴素。舟溪苗族妇女的头饰特色鲜明，发梳半月，根根叠盘，纹丝不乱，挽髻插簪，油光可鉴，极为奇特。成为舟溪地区苗族区别于其他地方苗族的一个标志之一。舟溪苗族仍保存着芦笙制作、织锦、刺绣等传统技艺，舟溪新光村所产的芦笙畅销海外，手工织锦、刺绣品等，久负盛名。

　　吹笙跳月是苗族自古以来最盛大的集体娱乐活动。迁徙到舟溪的吴氏迷公在"养部灵"（地名）下面建立鼓和芦笙坪，作为苗族男女社交娱乐的活动场所，后被破坏和禁止。当地苗族《贾理》记载：建笙堂，笙曲震天响，帝王心狠毒，砸鼓禁吹笙，七代静悄悄，男女难成亲。

　　由于暴政者的破坏与禁止，曾经热闹的踩鼓堂一度沉寂了下来。舟溪吴氏第六代先祖部奖英、部乜英、部祷英、部雷英四兄弟商议，决定冲破禁忌，重开芦笙堂。到三十里外有数百年传统芦笙会的马田村去请"笙魂"。把那里一直热闹举办芦笙会的芦笙魂请到舟溪，以重新开启芦笙活动，再塑舟溪芦笙节日盛会。

　　经与马田村苗族寨老联系并得到村民的同意后约定，于新年正月十五早上去马田请芦笙魂。当天，部奖英兄弟及子女们做好充分的准备，迎笙队伍抬着猪、酒、鸡、鸭、糯米饭等丰厚的礼物向马田寨出发，赶到马田时已是下午。发现三江村（苗名"落也"）和共和村（苗名"甘养方将"）也为请笙魂同一天来到马田村，整个马田已是人影攒动，热闹非凡。马田村的寨老们以东道主的身份，杀猪宰马，热情款待舟溪、三江、共和三个村的客人。宾主相聚，欢声笑语，饮酒吃肉，猜拳行令，如过节庆。

　　酒足饭饱之后，马田村的巫师和寨老们邀请寨里男女老少以及三个村的客人，带着鸡鸭鱼肉、刀头酒礼、香纸爆竹，并取出各种大小芦笙，一起来到马田村的芦笙堂启堂。巫师将鸡鸭鱼肉摆上桌案，烧香烧纸，祭奠先祖和神灵后，口中念念有词，同时嘱咐三个村的客人注意各种礼俗，举行了隆重的启堂仪式。巫师完成各项祭奠仪式后，鞭炮齐鸣，芦笙响起，篝火升腾，马田村的寨老与客人，年轻后生与姑娘们围着篝火跳起了芦笙舞……马田村的芦笙会启堂仪式结束后，三个村的客人带上马田村寨老赠送的笙魂——两把芦笙和一只马脚连夜赶回各自村寨，在选定的芦笙堂分别进行启堂仪式。

　　三江村距马田只有五里，该村迎笙魂队伍不到一个小时就回到寨子，首先举行了芦笙启堂仪式。和平村距马田有十多里，要走两个多小时，迎笙魂队伍回到寨子后也随即举行了芦笙会启堂仪式。而舟溪距马田有四个多小时的路程，吴氏"部奖英"兄弟带上笙魂赶到舟溪镇藏科寨脚的"当里科"（地名）时，已是次日凌晨子时，大家虽然疲惫不堪，却顾不上休息，立即商议在"当里科"举行启堂仪式。按照马田村寨老的要求，只跳芦笙不踩鼓，并推荐长兄"部奖英"主持启堂仪式。于是，"部奖英"按照马田村巫师交代的启堂事项，在甘田坡举行了启堂仪式。当天下午，吴氏家族的男女老少聚集"当里科"，年轻后生吹起芦笙曲，姑娘们跳起芦笙舞。附近村寨的男女老少听到芦笙响起，纷纷聚集"当里科"吹笙跳舞，整个舟溪笙歌荡漾，一片欢腾。到正月十九，马田村、三江村的青年男女也纷纷赶来助兴，十几支芦笙队把"当里科"芦笙堂挤满，原本不是很宽阔的"当里科"已容纳不下四方赶来的芦笙队伍。"郜奖英"召集几兄弟商量后，决定请部分村寨的芦笙队移到距"当里科"四百米远的甘囊香河坝去跳芦笙。到正月二十这天，甘田坡、甘囊香的芦笙会达到高潮，四面八方前来参加芦笙会的客人成千上万，舟溪河畔人山人海，欢喧沸腾。

不巧的是，这年却遇上旱灾，粮食歉收。大家认为长兄"郜奖英"启堂不吉利，第二年便推选二弟"郜乜英"来主持启堂，并决定把启堂仪式放在甘囊香宽敞的河滩上举行。"郜乜英"主持启堂仪式后，这年风调雨顺，五谷丰登，六畜兴旺，大家备受鼓舞。第三年，通过马田村的提议，三江村、共和村、舟溪吴氏家族与马田村寨老和巫师共同协商后决定：由马田、三江、共和、舟溪同时在正月十五晚上举行芦笙启堂仪式，然后按当年各村寨到马田村请笙魂回来举行启堂仪式的先后顺序，约定芦笙会举办的时间顺序，马田是正月十六、十七；三江是十七、十八；共和为十八、十九；甘囊香时间是十九、二十。此后，甘囊香芦笙会严格遵循这一举办时间，年年如此，代代传承下来。

由于甘囊香位于凯里、雷山、丹寨三县的交通要道，往来便利，人流量极大。正月十五芦笙会启堂仪式举行后，十六、十七已开始有客人来聚，十八开始热闹，十九、二十盛会达到顶峰。舟溪吴氏为了满足当地青年男女自由恋爱、自由婚配的需求，明确规定正月二十芦笙会结束后，又把二十一定为青年人在甘囊香沿河两岸"游方"（交友约会）的日子。通过前边日子的芦笙会，苗族青年男女相互认识，便邀约相会，以歌为媒，相互传达爱恋之情，通过这种自由恋爱方式，找到意中人，直到走进婚姻殿堂。

"郜乜英"去世后，群众便推举郜乜英的直系裔孙主持每年的芦笙会，由郜奖英、郜祷英、郜雷英的裔孙协办，如此代代承接，甘囊香芦笙节得以很好地承办下来，并且不断丰富活动内容，形成现在凯里市乃至黔东南最有影响的民族民间综合体育文化盛会之一。每逢新年正月，各地苗族纷纷开展文体活动娱乐贺新年，也是苗族青年男女自由恋爱配婚的佳期。舟溪一带的苗族在农历正月十六至二十日举行芦笙会，地点就定在舟溪苗寨的河沙坝边的甘囊香芦笙堂。每年正月十六日的清晨，在甘囊香芦笙堂举行庄重的启奏仪式。凌晨，舟溪吴氏家族主持芦笙堂的"芦笙头"扛着芦笙来到芦笙堂，设置好供桌，摆上鸡、鸭、刀头等祭品，烧香焚纸，斟酌水酒，向先祖祷告，新年开始，祈望族人平安、节日顺利，新的一年六畜兴旺、五谷丰登。祭毕，由吴氏芦笙手吹响第一支芦笙曲，表示芦笙盛会正式开始。这时，堂内外几百只芦笙一齐吹奏。戴着银花首饰，穿着艳丽节日盛装的姑娘和小伙子，迎着朦胧的晨曦，随着悦耳的曲调翩翩起舞。小伙子向意中人索取花带，姑娘们则将花带系在心仪的小伙的芦笙管上，选定自己的意中人。

芦笙会几天时间过去，各项赛事活动圆满落幕，青年男女们各自物色到了满意的人生伴侣，远近宾朋慢慢散去，这时主持芦笙堂的"芦笙头"，又组织族人集中在芦笙堂，再次进行祈祷，并向堂神洒酒致谢，在堂中央插上草标。此后芦笙高挂，村人集中精力发展生产，一年一度的舟溪甘囊香芦笙会画上圆满的句号。

（2019 年创作发表，收录入黔东南州政协《名食名节》丛书）

香炉山爬坡节

农历六月十九，是凯里群众非常喜爱的传统节日——爬坡节。每逢这天，凯里城乡居民都要放下手中的活计，呼朋唤友，到郊区固定的几座名山去登高。凯里的香炉山、石仙山、钉耙山、小高山是市民最喜欢登临的几座大山。其中以香炉山最为有名，攀爬的人数最多，节日活动最丰富，影响也最为久远。

节日前夕，香炉山附近村寨的村民拥到香炉山山麓，抢占便道两边的有利地段，垒好锅灶，搭上凉棚，摆好摊点，建成冰镇凉粉、各色快餐、狗肉汤锅等临时摊点，为一年一度的爬坡游人准备美食。相邻村镇的其他小商贩也抓住难得的商机，把百货摊、水果摊、糖果摊、糕点零售摊等转移到这里。从山脚到山顶的山道两侧空地，只要能够用得上的，小商贩们都会充分利用，他们懂得人气旺、生意好的道理。这天是人们登高聚会的热闹节日，也是小商贩们快手挣钱的天赐良机。

万事俱备，只待游人一到，各种摊点的商贩就会热情招呼，请游客去摊点歇歇气，躲躲六月如火的骄阳，趁便从香气扑鼻的饮食摊挑拣点中意的美食，犒劳一下自己的胃。爬坡节的人们，不论男女老少，都是舍得花钱的大方人。节日盛会，总得让自己开心，让同行的亲朋好友高兴。就算是孤身的游人，没什么花销的欲望。但大热天爬山，总会猛汗直流，消耗很多能量，买瓶矿泉可乐解解渴，吃一碗米粉总是免不了的吧。节日的消费就这样产生起来。不过，快乐是最重要的，开销只在其次。有了这样的心境，大方的游客才真正地舒心愉快。于是，太阳还未升到正顶，爬坡的游人早已散布满曲曲折折的山道。那些临时搭起来的各色摊点，都已拥挤不堪。一路有游人上山，也一路有游人下山。远远望去，逼窄的通顶盘山小路，游人成千上万，人流如蚁，往来不息，汇成一道奇妙的风景。

凯里人何以欢喜在六月炎夏不远百里，赶到香炉山聚会登高？诚然，香炉山自有它吸引人的独特魅力。

香炉山，苗语叫"波别纠"，意为砥柱山。距凯里市城西15公里，在万潮镇境内，海拔 1233.8 米。是贵州东部影响很大的名山，目前凯里正着手打造 5A 级旅游景区。它形势险要，壁立千仞，层层堆叠，直耸云天，仅有一条石砌小道可通山顶。早晚远眺，晨雾晚霞中的香炉山，悬浮高天，若隐若现，形如一只香火旺盛的香炉，煞是壮观。"香炉夕照图"，古来被称为凯里十大美景之首，香炉山由此得名。史载香炉山"实属天造地设，集黔山之大成，受颂嘉名，为黔阳第一山"。山上有清光绪十年徐作霖所立石碑一块，上刻"黔阳第一山"五个大字，是香炉山上一个重要的人文景点。

香炉山二屯岩处有环形开阔地，有肥土若干，有泉眼一口，可耕种屯兵。因此，香炉山演绎了多次义军与官兵守攻的重大战事，积淀了厚重的战争历史文化。《黔南识略》记载："明正统末，苗韦同烈者凭险于此，官军讨之，久而弗克。""正德十二年，苗阿向等，复据旧巢，列棚数十里，积粟聚兵，结都力、都兰、大溪、大坝、尤对等诸苗相援。诏湖广兵讨之，至山下攻弗克。"清咸同年间，苗族义军领袖张秀眉、杨大六、包大肚等率领农民起义军于 1855 年 12 月挺进凯里，以香炉山顶为指挥台，聚兵于香炉山周围，曾击毙盘踞凯里的县丞陶文量。1856 年 7 月 9 日攻克凯里后，香炉山及其周围成为苗族起义军的重要据点，长期与清兵对峙。现在，山上仍有古兵营建筑遗址 10 余处，古城墙 7 处，碉堡 1 处，石拱门 5 处，摩崖石刻 10 多处，碑刻 3 块。有清乾隆四十七年（1782 年）刻的"胜境"石碑；石碑上方是二屯崖"城门"，原建有楼阁，已毁，今存石拱门一座。门上有楹联一副："一障保名区雉堞山城千载固；层崖开胜境蜃楼海市两重盘"，横楣刻："是一保障"。石门上去是一块环形台地，名二屯崖，有明清建筑遗址。还有顾家祠堂、观音洞、九十九蹬坎、南天门、石窟庙、古代屯兵兵营遗址、防御工事等。香炉山文物群是凯里重点文物保护单位。很多远道而来的游人登山，就是想从这些丰富的文物和遗迹中寻找一点历史的沧桑感。

二屯崖尽头峭壁绝崖上，有一石洞，称观音洞。青石台阶至洞口，外有钢管栏杆，供游人扶手上下。洞门以条石镶就，横楣石刻"凌云台"，有联："缥缈慈云垂古洞；氤氲甘露溥南天"。相传六月十九是观音菩萨的生日，爬坡节很多人上香炉山，旨在观瞻观音洞，参拜观音菩萨，祈求观音菩萨护佑赐福。

观音洞前，经一段怪石嶙峋的石铺台阶，就到香炉山有名的"九十九道坎"。这是通往山顶的唯一通道。两面峭壁夹峙，犹如刀削斧劈。九十九级青石阶梯在两崖间直上直下，如悬空架起的一道天梯。梯坎顶端是"南天门"，拱形石门上原建有楼阁，因时代久远而毁坏。门脚南北两侧崖壁，刻有"南关""云梯"摩崖。南天门上约 10 米，建有红柱、金黄琉璃瓦顶凉亭一座。往东 300 余米，即达香炉山顶端，地势平阔，面积约 50 公顷。草木繁茂，郁郁葱葱。明崇祯十五年（1642 年）建玉皇庙一座，1962 年拆毁，今存基石、庙门和石墙。在玉皇庙遗址北30多米崖边，新建有红柱、金黄琉璃瓦顶凉亭。香炉山顶怪石林立。顶端西悬崖边上，有一块高约2米兀立硕大巨石，形如棋盘，传为仙人下棋的地方，故名棋盘石。这是香炉山顶峰。登上棋盘石，视野空阔，清风过面，鹰雀无迹，一览众山。远近群峰奔来眼底，凯里山城历历在目，登山之苦累，顿觉消弭无踪，一份坦然快慰的成就感在心底荡漾。

香炉山爬坡节的来历，源于一个美丽而感人的故事。相传香炉山是苗族先祖用来撑天的金银玉柱，一共九层，直抵南天门。天帝的第七个女儿阿碧迷恋香炉山美景，羡慕人间自由的生活，经常下凡来游玩，与淳朴善良的苗族青年阿补一见钟情，结为夫妻，并生下女儿阿彩。惜天地有别，阿碧只能晚上来人间，天亮必返回天庭。一天，阿碧和阿补在甜蜜的聚会中忘记了时辰，公鸡打鸣了。阿碧匆忙返回天宫，慌乱中蹬断了金银玉柱，九层垮掉了六层，香炉山就变成了现在的模样。阿补阿彩父女与阿碧从此天上人间，骨肉分离。阿补思念阿碧，郁郁寡欢，在阿彩十六岁那年，阿补出门后再也没有回来。阿彩独自一人，孤苦伶仃生活，孤寂时唱歌来安慰自己。阿彩的歌声悠扬动听，引得香炉山周围一个叫阿星的青年爬上山顶，和阿彩相会，结成一对恩爱夫妻。后边陆陆续续爬上山顶的青年们围着阿星和阿彩唱歌跳舞，为阿星和阿彩祝福，这天正是农历六月十九日。此后，每年农历六月十九，人们都到香炉山爬山聚会，追念阿星和阿彩的爱情故事。

聚会影响力年年扩大，每年爬坡节，凯里周边的黄平、麻江、瓮安、雷山等地的各民族青年男女云集香炉山，开展爬山会友活动，香炉山爬坡节演变为凯里盛大的民间节日活动之一。

(本文发表于《凯里晚报》)

爽爽的葡萄节

凯里大风洞乡（现已改为镇）的村民自发举办葡萄节，这主意不赖。

节日总是给人美好的印象：有好玩的、好看的，肯定少不了好吃的。香炉山爬坡节、舟溪甘囊香芦笙节就是范例。小时候我总是盼望着节日到来，节日里，母亲会做各色可口的粑粑，还会有肉、蛋、糖果等美食果品可以解馋。记忆里，节日是孩提时代最欢快的时光。

秋来山光增色，四野成画。乡里田园人家瓜果满园，清香脉脉，养眼爽心。大风洞乡杉木林、云峰、黎山等村的葡萄也成熟上市了。加之近来天气晴好，阳光灿烂，日温相宜，清风柔顺，时令正好。大风洞群众真会安排节日啊。

得到市文联邀请去参加节日采风的通知，很是高兴。而儿子比我更加激动，因为长时间拘禁在家里或幼儿园，很久未带他到乡间走动了（儿子跟他老爸一样，也是个酷爱乡间风物的主儿）。

出发的路上，幼儿有些晕车，一路上直喊要回家。惹得一车的文艺家们开心。到了目的地，情况就不同了。一下车，什么都好了。儿子滴溜溜像个小陀螺，带着画家杨韦的女儿到处好奇地乱转乱爬，好像杉木林村早就是他熟悉的乐园。

杉木林村群众做足了节日的准备，不张扬，不扎彩门，不挂彩球，不贴标语，也没设栏门酒，简简单单挂个横幅，标识节日在村里举行。车子直接开到村里。市文联带去的采风团条幅，临时由村民砍来竹竿，现拉在操场边。因为时间还早，客人来得不多，村里还不是十分热闹。但也感觉到了节日的浓郁氛围。有村民在路口摆上了凉粉摊，还有冷饮柜、百货摊点等。在村边葡萄架下，有一位老农正在守候着肉摊。他知道客人来聚，如果村民家里备的肉不够，就会到他的摊点来割肉——挺有商业意识的。村里的头头尚不认识，他们都在走来走去张罗节日的事。也没有人来跟大家欢迎握手，除却多余的礼仪。

刚一到村，村民就抬来了一大筐洗好的葡萄，叫文艺家们品尝。大伙也不客气，都围过来自己取葡萄吃。这是大风洞乡有名的水晶葡萄，绿如玉珠，果实饱满，饱含糖汁。摘下一粒，就着果柄的破口，"叽——"地一吸，甜甜的果肉就到了嘴里。口感不错：没有一丁点酸味，甜而不觉得腻，汁浓而不显过稠。一人吃一两斤是没问题的。见葡萄好，儿子贪多，两只手各拿了一串，却空不出手来送往嘴里。他却也有办法：将一串递给我收管，自己却津津有味地吃将起来。

仪式简单，没什么长议程，大风洞乡党委书记致了简短欢迎辞，市文联王主席简单讲几句话。大家就开始自由活动：摄影家们进果园摄影，作家们找村民聊天。

杉木林村生态不错。村子不大，人家不多，不像西江苗寨那样挨挨挤挤，透不过气。所有的人家都自自然然地安居在峰岭树林之间。人家房前屋后，到处是各种果木、竹林，空气异常清爽。村子周围皆葡萄园，一片又一片，却并不相连。看得出是不同人家的果园，给人以一种和谐有序的感觉。不像有些农场，动辄几百亩上万亩，连天扯地，让人有一种壮阔难管的感觉。当然，这里的葡萄园也有十分宽广的。只是山窄湾浅，像一幅幅皱褶着的园毯，不会让人视觉疲劳。

带着儿子和几位作家来到半坡上的一户安排接待的人家。这是单家独户坐落在平缓山腰处的农家，坐北朝南，背靠缓坡，视野开阔，气场轩朗。有个很安逸的敞开的院落，硬化的水泥地整洁干净。这家人堂屋的门槛很高，儿子四岁，尚不能爬进他家堂屋。这是典型的苗族人家独特的高门槛。不知做这样的高门槛是何讲究。不过有一个好处，把幼儿放在家里，一整天也不会爬出门外去。院子里摆了好几张餐桌，还临时架了一眼铁桶做的灶，有个男人正在淘米蒸饭。一楼偏厦的厨房有几位村民在忙碌：切肉、洗菜，为我们精心制作农家美食。院前是一畦两三分地样子的葡萄园，葡萄的架子搭得很高，葡萄枝叶繁茂，挡住了头顶上的阳光，正好拿条木凳到葡萄架下乘凉。葡萄藤下还余有一些未采收的葡萄袋，里面藏着水晶葡萄，似乎是这户人家有意为客人预留的。或许不是有意为之，只是采收还未完，继续留在藤架的保鲜牛皮纸袋里。葡萄套纸袋真是一项伟大的发明，据说套上这种纸袋的葡萄，只要无暴雨不下霜，葡萄养在果藤上，可以多贮藏一两个月，可以延长人们品吃鲜果的时间。有些葡萄结果较矮，在藤上不到一米高处，悬吊着许多葡萄袋子。儿子和他的朋友见了好玩，便凑近前去撕，剥开纸袋，露出晶莹可爱的葡萄串，他们都高兴地欢叫起来。儿子他们却不摘下来吃，因为他们早已吃饱了。葡萄园里还种有南瓜、黄瓜，瓜藤沿葡萄藤爬到葡萄架上，结有黄瓜、南瓜，从架子的缝隙里垂挂下来。瓜不多，只有那么三个五个，很有诗意，似艺术家特意安置好的人造镜头。伸伸手，可采下一条黄瓜，不用洗，用手抹一抹黄瓜表面的细刺和淡霜，就可以大快朵颐。鲜黄瓜是好东西，脆嫩微甜，嚼在嘴里咔嚓有声，可消暑解渴，是一种很有意思的水果。当然，更是大家熟识的一种蔬菜，肉炒、烧汤、凉拌，均好。

以往知道大风洞乡是凯里市农业大乡，烤烟种植很是有名。若干年前，在每年全市的农业奖励大会上，都有大风洞乡村民扛大屏幕系着彩带的大彩电回家。大风洞乡曾支撑起凯里市烤烟种植任务的半壁江山，是凯里优质烤烟种植基地。近年又兴起种植葡萄热潮，想必老百姓得了大大的实惠，要不然哪个村民愿意花钱耗米来办葡萄节。

借得空闲时间，向大风洞乡领导及村人了解当地种植葡萄情况，还真不简单。乡里的同志介绍，大风洞乡群众在党委政府的倡导下，大力发展葡萄，种植面积达两万多亩，葡萄种植的农户有近二千户。户均种植八亩，每亩纯收入达七千五百元，户均收入六万余元。今年达到盛果期的葡萄有七千多亩，总产值逾五千余万元。到明年，将有两万亩葡萄挂果，年产值将达到两个亿。大风洞的确成了名副其实的葡萄乡。

这是大风乡党委政府以民为本，为群众办实事的结果。多年以来，乡党委政府致力于探索农业发展新路子。根据当地实情，经过多年实践，总结出了种葡萄的许多宝贵经验。大风洞乡属于溶岩性弱溶龚状低山，土壤多石灰石。而中部多黄壤，其中杉木林、云峰、黎山三村海拔高、气温低、昼夜温差大，是种植葡萄的理想山地。当地群众试种的水晶葡萄，皮薄多汁、含糖量高、品质超群，且比其他地方晚熟近一月。一上市，就赢得了消费者的青睐，产品畅销省内外，供不应求，年年脱销。很多农户因此致富。种植大户中，有的人家一年收入几十万元。受到大风洞乡的影响带动，周边炉山、万潮、湾水、凯棠等乡镇农民种葡萄的积极性也被调动了起来，凯里市葡萄种植面积不断增长。

由此看来，大风洞乡群众自发办一个葡萄节，是有充分理由的。葡萄产业做大做强后，今后办葡萄交易会、博览会等也不是不可能的。只不过今年的葡萄节纯属自娱性质。节日期间，村民还将举行吃葡萄大赛、斗牛比赛、斗鸟比赛、篮球赛等文体活动。有了好收益，搞点文化活动庆祝丰收，实在应该。人逢喜事精神爽嘛，丰收了，农民赚了钱，眉眼有了笑，心境舒展了，是应该庆祝一下。

临近十二点，村民们做好了中饭。炒、煮，干、汤各种菜肴备办了满满一大桌，色美味佳，都十分可口。但我认为最好吃的还是淡煮米酸汤菜。想必大家的认识也是一致的，因为那一大钵汤菜最先被"消灭"。在暖暖的秋日下吃农家饭，相当有意味。酒也好，是正宗农家米酒，只不过大伙都不肯多沾酒，辜负了那一桌农家好菜。

饭毕，书画家们集中到政府笔会。画家杨正豪、何春泓、周忠良等都画了葡萄。白宣纸上，紫光烨烨，晶莹剔透，意象可人。虽然不是早晨吃的青皮水晶，想必他们对葡萄的感受也已不浅。

　　笔会程序未完，儿子吵嚷着要回家，不能久待，只好搭了摄影家阳书新先生便车，提前回城。在心里，祝贺当地群众葡萄产业越办越红火，年年赚大钱。

（2014 年 9 月初稿发于《贵阳晚报》，2023 年 5 月再改定）

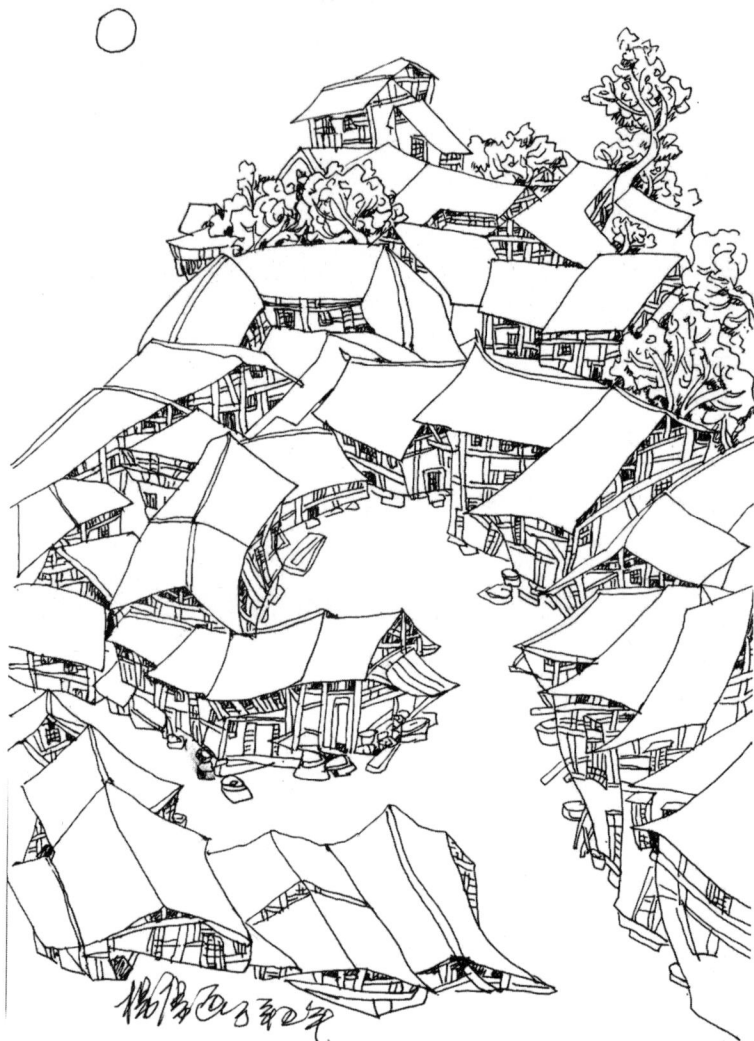

笔会行走

剑河秋旅

顺水乘船到南加

2004 年 10 月 15 日上午，20 多名作家、书画家、摄影家从全州各地会聚剑河，参加"难忘剑河"金秋笔会。开幕式后用过中餐，便乘机动船沿清水江顺流而下，前往因三板溪水电站建设而正在搬迁的南加古镇。

是日，秋雨过后，灰云弥空，天色阴暗。河风游动，很有几分凉意。但采风团的作家艺术家们却谈笑风生，游兴甚浓，人人脸上洋溢着酒力的红晕和欣慰的微笑。分两拨人分别登上两只木船，由剑河县委宣传部、县文联的同志任导游，他们专门强调，这是三板溪水电站蓄水成湖之前，剑河县组织文艺家们进行的最后一次清水江古峡漂游。众人坐定，船家一声招呼，舵手便发动机器，起锚收缆，两船渐渐驶离河岸。待木船扶正航线，舵手加大油门，机船就箭一般冲破平静的河面，激波斩浪，向下游疾驰而去。

船家是剑河清水江下游反迷村人，年纪五十开外，满面风霜但精神饱满且热情健谈。一边指挥航行，一边与我们攀谈。他告诉我们，自己在清水江上奔忙了近四十载，看水涨潮落，运载无数往来文人墨客、米贩木商，见证了清水江沿岸一段曲折的发展史。

以往陆路不通，沿江货物多从水上运来，到沿途码头分发，转送当地村镇集市。山中丰富的竹木与农货，也得从河道下运。清水江成为连接湘黔的重要水运线。随着公路的建设和发展，清水江水运渐渐退出了运输线的主导地位。许多船家就锁船上岸或改事渔业，水运业一度萧条了二十多年。锦屏三板溪水电站开工后，锦屏与剑河之间的清水江峡谷将漾起一个巨大的平湖，包装了奇险沟谷，扮靓了茂林掩蔽的青山，上下七八十公里游程，数百平方公里水域，将造就一个开发价值极大的湖泊旅游休闲经济区。沿岸的村民抢抓机遇，纷纷筹集资金打造游船、修建客店、种植林果，到处一派百废俱兴、生机勃勃的热闹景象。

　　老船家就是把发展商机抓握到手的首批山民之一，他去年筹措 6 万元，从湖南选购优质钢材，打制了这艘机动游船。船长 20 米，铁制外壳，坚固无比。船内为木架结构，木地板、木顶篷、木门、木窗、木凳，做工细腻，漆艺讲究，空间轩敞，采光良好，运行平稳。人坐舱中，如置身农家新建的狭长的木屋客厅，有种温馨舒适的感觉。船家与两个儿子每日驱船往返于剑河与锦屏之间的江流上，为搬迁村民拉货、为游客导游，收入十分可观。

　　正与船家说话间，不知谁惊乍地赞叹了一声，引得一船人转目向船外看去。抬眼就发现清水江沿岸的风景变得奇特美观，散乱而无序。汹涌的河水将河道两边的巨石割锯得条块不一，有的如卧牛饮水，有的似怪兽沐浴，有的像懒汉朝阳，有的如天书堆叠。或峥嵘如犬牙，或丰硕似馒头，形态万千，妙趣无穷。两岸高处，山势陡峻，奇峰林立，修木密植。还有石竹丛生，老树缠藤，繁花点点，飞瀑流泉，令人眼花缭乱，难以取舍。机船过处，偶尔惊飞一只孤鹰，从山崖这边腾空而起，在游人头上打个旋，划一道优美的灰褐色的弧线，便径直滑向远处那片青黑的松岭，消失在密密的树林中。

　　河水总是深绿如玉，深塘表面平静如镜，滩头的浪花似乎也不大。但船工告诉我们，水情险得很哩！河道暗礁密布，河底水急打沙。看似平静无险，实则险象环生，稍有不慎，就有船毁人亡的危险。清水江几乎每年都发生翻船事故，都有人葬身鱼腹。据说 20 世纪 60 年代，还淹死过一名国家级的游泳运动员。老船工说："河神凶得很，每年都有死人指标，开不得玩笑！"直吓得船头的作家把木凳往船舱挪动了两尺。

　　没有工业污染，清水江清澈透底。如不是青山倒影，定然可以看得见水中的鱼虾。船工说，清水江的鱼虾多得很。鲢鱼、青鱼、油鱼、鳜鱼、马嘴、短头、蛇花应有尽有，数不胜数。此外，还有多种珍稀的水生物，如大鲵、鳖、龟、白鳝，等等。小鱼且不说，大到三五十斤七八十斤的大鱼，渔民们也经常抓到。近十多年来，剑河县严格加强河段管理，不准电、闹（药），只许网、钓。因此清水江的鱼恢复得特别快。沿河就不时见有渔民划着小舟在河中张网捕鱼。他们顺着宽阔的河塘下网，用竹竿浮着连片的罩着水体的网墙，等深水中的鱼跳出水面呼吸新鲜空气，就触网中套，苦苦挣扎，拉响渔家连系鱼网的信铃，渔人闻之，飞快地划小舟赶来，用网兜捞起，细心地解脱下来，养在岸边的网篓里，供过往客商选购。或者待鱼积累多了，就用气袋装好，运输到城市去卖给那些经营鲜鱼的饭店。这种传统的守网待鱼的捕鱼方法很有效，清水江剑河河段就有上百渔民靠这种方法每月收入上千元用以养家糊口，也为清水江沿途展览一道道奇异的景观。

　　沿江的峡谷险岭之上，云烟缥缈处不时闪出一个个秀美的村庄。高高的吊脚木楼和独特的美人靠，告诉游人那是苗家山寨。村中不见走动人影，隐约可闻犬吠鸡鸣。深山密林掩埋了进寨山径，也不见什么梯田菜畦。真不明白山寨人何时定居山上，靠什么长久地生栖下来，又怎样与外界交往与沟通。

这时，可忙坏了那些摄影家。凭借精良的装备，他们把那些美人靠边绣花织布的美丽村姑拉入镜头，请求船家放慢速度，咔嚓咔嚓拍个够。作家诗人与书画家不像摄影家们那般好摄，一路轻松欣赏着美景一路聊笑个没完，偶尔也拥上船头，组合在一起合一张影，调整一下游兴。船上没有美酒，就以剑河名泉——仰阿莎矿泉水代酒，喝了一瓶又一瓶，直胀得部分诗人不时摸到船尾去避羞方便。

近五十里清水江峡谷，一路走走停停，又参观了正在新建的苗族移民新村展依。天色就悄悄暗了下来。船到南加古镇码头时，已是晚上七点。上岸才发现，当年繁华热闹的南加古街早已人去房拆。古街两侧空荡荡的屋基上，到处是零乱的杂物和建筑垃圾。迎候在渡口的南加镇负责人告诉我们，今年4月，整个镇区各单位与1000多户6000余居民全部搬到新的集镇规划区去了，距河岸还有一公里路程。

于是，大家又拥上中巴，乘车到新建的镇区去。顿时，南加古镇在我的记忆中倏然模糊和杳远起来。狭险的河道很快将被湖水淹没，水库蓄水之前，也许我们很难有机会再乘船放舟进行一次漂游了。这次乘船清水江古峡之旅，就作为一次永恒的纪念，或者一叶诗笺，粘贴在记忆深处吧！

悬挂在峰岭上的村庄

人类生存能力真是无与伦比。不论终年积雪的冰川极地、沙海漠漠的旷古荒原，还是荒无人迹的海岛，或者高耸入云的山尖，只要有一眼清泉、一撮绿茵，只要人类愿意，皆可在那里定居生栖、世代繁衍，创造无尽的奇迹与文明。剑河清水江边险峻的峰岭上，最近就诞生了这样一个奇丽的苗族山寨，它的名字叫展依。

展依之行不是笔会日程安排。当地苗族群众得知采风团的作家艺术家们要来，特准备了美酒佳肴，蒸了糯米饭，由村中长者守候在村脚河畔，采风团一到，就把全体成员"劫"上山去。

沿小径而上，一座孤峰，三面如削。但松林茂密，藤条缠生，有惊无险。年初，邻近的反迷村苗族群众因电站建设，需举寨搬迁，村民选定这个山峰，决计在此开建新村。他们在陡壁上劈山开道，在山头开挖屋基，通过水道，将原村的木屋家资依次运到山脚，又肩扛背驮，将木料货物搬运上山。奋战半年，初具规模。原先狼虫出没、人迹罕至的原始森林里出现了一个漂亮的山寨。远远看来，整个村子就像一幅传统中国山水画，悬挂在高山陡崖之上。

村民们凭借古木葱葱四季如画的自然环境，和即将形成的仰阿莎湖湖畔的绝好区位，计划开发当地丰富的文旅资源，建一个仰阿莎湖边独具魅力的民族风情旅游村。村民们积极性很高，在修缮房舍的同时，广筹资金，在半坡水位线处修建了泊船码头，从码头到村寨修建了阶梯水泥路，路中搭建了数座极具民族特色的迎宾亭。靓丽的苗族姑娘们在道中设下拦路酒，客人一到，她们就放开金嗓，向客人唱起敬酒歌。一角酒，二三两，外加香喷喷的腌鱼、腌肉，人人有份。山道狭窄，谁也别想蒙混过关。谁若想溜，两三个眼疾手快的苗家姑娘围将上来，生擒活捉，敬上一角酒，还得再罚上一角。这就叫敬酒不吃吃罚酒，让你一次饮个够。每有这样精彩情节，就惹得宾主俱笑，众人开怀。过了一关，又过一关，四道拦路酒，你满以为可以潇洒进村了，可是村口还有最隆重的一道拦门酒在等着你。酒壮英雄胆，喝过数角酒，品味了米酒的馨香和苗家姑娘的热情，客人们个个脸也红了，心也醉了，兴致也就跟着高涨起来。吞罢最后一角，作家文艺家都快然挺胸进得村去。村里，男女老少穿戴节日的盛装，在芦笙堂上恭候多时了。

悠扬的芦笙曲奏起来，村中男女老幼围成圈，踏响舞步，跳起欢快的芦笙舞。"芦笙响，脚底痒"，有经验的美术家摄影家们也大胆地扭着生涩的舞步，加入舞者的行列。那些初到的作家诗人，也经不住姑娘们盛情邀请，缓缓举步，跟在队伍的尾巴上忸怩地跳起来。苗族作家杨秀平先生对芦笙更是情有独钟，他融进吹笙的青年中，借一把丈余长的大芦笙，有板有眼地与青年们一起演奏。一曲又一曲，曲难终意未尽。限于日程安排太紧，导游不得不宣布罢曲就餐，以便赶路。

酒是农家陈酿，肉是家养香猪肉，鱼是清水江捕捞的鲜鱼，都用苗家传统工艺制作，色香味美，诱人食欲。就算肚中还填满食物，你也会不由自主地近前入席，贪婪地狠吃一气。因为，这些环保绿色佳肴，佐以空阔视野中的青山绿水，加上村民们火一般浓浓的情意，你怎舍得不饮而归？

导游一催再催，大家才依依不舍，别寨下山。村民们携手相送，直到河边。待大家登船，向下游航行，乡亲们还站在河岸，举目相望，挥手再挥手。

南加印象

生长在剑河，但古集南加仅去过一次。印象中，南加古镇沿河岸而建，长长的公路连缀起无数的吊脚木楼和水泥建筑，就成了古老而朴素的古镇大街。历史上，这个镶嵌在清水江畔的货物集散码头曾繁华一时。旅社当铺、茶楼酒肆、烟馆歌楼无所不有。商贾墨客，浪子游医，匪众官兵，无不在此留下旅迹。

新中国成立以后，古集镇保存了昔日的繁闹与祥和，并得到一定程度的建设和发展。干部、教师、居民、商贩和谐邻睦，同栖一条街，共饮一江水，共同守护着这一爿狭窄的天地，经营着安静单调而缓慢的日月。赶集天，邻近村落的小贩乘船坐车，将衣服鞋帽、针头线脑、锅瓢碗盏之类百货运来。山民们也把河鱼山菌、猪狗鸭鹅、干柴松明等驮来，一字儿摆成长摊，自由交易。镇长与农民同在冷饮摊吃凉粉，汉族教师与苗族家长一起在酒店饮茶谈心，一派政清民乐盛世景象。闲日，卖鱼郎担活鱼沿街叫卖，打破清早的沉静；晚上，告别了一天繁务的居民，又在简易歌厅单调的卡拉 OK 歌声和江水的低吟中枕着古街潜入梦乡。像电影镜头里古老的集镇，令人向往，让人留恋。就算远乡初来乍到的陌生客人，进入南加，用不到三分钟，这里的居民就接纳了你。旅店的主人热情邀你入住，为你端水上茶，做饭弄菜，为你介绍这里的人情世故。你就会很快恋上这个娇小的古镇。若不是时间不许，你就会长住下来，迟迟不想离去。这是十五六年前南加留给我的印象。

今年春初，南加的老朋友电话相约，叫我抽空到南加去，否则，水库蓄水，南加古镇就消失到水底去了。碍于各种杂务，久未成行，直到这次金秋笔会重返剑河。

船到南加时，夜幕正徐徐垂落。看不见迷离的灯火，也听不见歌声人语。南加古镇的建筑已拆除一空，只余下一条空旷清冷的公路，绵亘在灰蒙蒙的清水江畔。

乘车沿简易公路到新镇区还有一段路程。便道窄小且泥泞不堪，工程车往来不断，会车十分困难。而一辆满载着青砖的货车又斯文地行进于我们的前边。任你怎样按铃，那司机置若罔闻。仔细考究，才知那车已双目失明，司机正借着我们中巴的车灯，摸索着缓慢运行。一车人只好自认倒霉，耐着性子时行时停地跟着那辆车如蜗牛一般行动。三四里路，竟然耗费了近 40 分钟。当我们卸得行李，走进那栋崭新的木楼旅社，洗过一帕热水脸，喝上了主人家泡上来的热茶，忐忑的心才平静下来，路上的疲惫渐次从心底消散。

晚餐过后，采风团的作家艺术家分别被安置到数家木楼旅馆歇息。我与十余位摄影家被安排到后边一户人家去住。借着路灯的黄光，穿过两条泥水横流的新街，走一段曲曲折折的建筑工地，爬上斜坡，就到了霓虹闪烁的新天地酒家。这酒家实际是三楼一底的木楼，是典型的侗族民居。除了那块店牌，其他设施与普通农家别无二致，只是二楼多了个平胸高包了假皮的柜台，客厅贴了五合板，配了卡拉 OK 设备。

店主极其热情，为我们一一配置了房间，各送了一壶热水，又指点了厕所的位置，还问要不要麻将，需不需洗脚服务等。我这才发现，这个刚刚兴起的小镇，不但承袭了古集热情好客的传统，还沾染了城市的一些劣俗。心里就生出几缕感伤，几分忧虑。或许，这也是进步的需要，一种流行的时尚，也罢。

摄影家们洗漱毕，不嫌困倦，又聚在一起交流心得，兴趣盎然。我熬不住困乏，早早地闩门睡下。可是，后窗外一线流泉却在连续地无节无奏地流响，一只夜莺也在后山的树林中不时发声怪叫。我翻卷被子，蒙住双耳，又逼迫眼睛看着书，好久才归入梦境。

醒来的时候，天已大亮。梳洗罢，走出屋外，这才得以明朗地端详这座散发新鲜泥土馨香的在建集镇。无数正在施工的建筑与一些建好的木楼陈列在斜坡上。几条主街笔直地沿着镇中心向两头远远地延伸，运输车满载河石木料在主街上奔忙不停，将一些路段碾起一尺来厚的黄泥浆。在金黄一片的山体开挖工作面上，挖掘机正铁臂飞舞，建筑工人已在紧张地施工。那些专门为建筑者提供服务的小摊贩也早早地摆好了烟酒糖果，专心地等待客人来消费。整个镇区，机车轰鸣，人声鼎沸，建筑工地到处一派繁忙景象，处处洋溢着热闹与生机的气息。

镇党委政府组织召开一个简单的欢迎会。会议室是地铺散砖，顶盖塑料席的粗糙木棚，要不是门口上贴着欢迎标语和会议室字样，谁都以为是建筑民工的工棚。但镇里的干部一个个精神饱满，信心十足。镇长向来客介绍了镇区规划与建设和移民搬迁工作实施情况。为抢在 391 号水位线被漫之前完成镇区搬迁，今年 4 月起全镇干部集中力量利用 20 余天时间，把机关学校和一千余户居民全迁于新址。因时间紧，任务重，市政基础设施不完善，水电供给不正常。困难重重，矛盾繁杂，全镇干部上紧发条，夜以继日地工作。缓和重重矛盾，化解各种纠纷。镇长介绍，有时矛盾迭至，最多的一天竟处理 200 多起纠纷，最终将全体移民妥善安置，各项工程得以如火如荼地有序实施。现城镇轮廓日渐清晰起来了。整个镇区设计科学、布局合理，规划设计相当于一座小县城规模，目前已投入基础设施建设资金计 2000 多万元。镇领导干部表示，将克服一切困难，举全镇之力，广拓融资渠道，利用一两年时间，将新镇建成仰阿莎湖畔最热闹的城镇之一。采风团的作家艺术家向全镇干部的良好精神风貌和战胜困难的信心与勇气致以热烈的掌声。

在镇领导的导游下，采风团参观了镇区建设工地。大家激情勃发，感叹不已，纷纷按动相机快门，摄下南加人勤奋工作、努力新建家园的精彩镜头。当我们再来的时候，南加新镇一定已是万象更新、百业兴旺的另一个模样了。

柳霁古城探迹

10 月 16 日上午，秋日拨云，晨晖明艳，山色净朗。天公作美，为采风团准备了一个多日未有的晴好天气，迎接我们去踏访曾经名播黔东的柳霁古城。

柳霁古城位于剑河县城东 45 公里的南加镇柳基村。南边头枕甘棠山，面北脚踏清水江，东有深涧，西临湾谷，地势险要，易守难攻。是清朝到民国年间天柱县颇有影响的分县驻地，距今已有 260 多年历史。现古城诸门俱在，东门完好，墙基犹存，部分墙体如昔。是贵州省黔东南保存较好，但却鲜为人知的古城堡。1984 年被剑河县人民政府列为文物保护单位。

20 多年前借路匆匆与古城交臂而过。那时尚读小学，不知古城底蕴和文化价值。后查阅资料，才知古城乃不可多得的古城文化遗址。史志记载，柳霁古城原名柳霁分县。雍正年间，清廷大举对苗疆腹地清水江流域用兵征服之后，为统治久计，选定柳霁建立分县，拨天柱县丞驻县。1734 年建造土城，1738 年改建石城。城墙依山就势，用方形大青条石砌就。全城呈鱼状环形，城墙周长 1194 米，墙高 4 米，墙基厚 5 米，墙顶部厚 3 米。设有东、南、西、北四座城门。城内南北贯纵 200 米石阶大道一条，东西横布碎石花街三条。整座古城占地面积 5600 平方米。城中设有县衙、店铺、会馆、书院、兵营、炮台、庵堂、庙宇等，各种功能齐全。建城之初，兵勇在城头练技，书童在书院诵书，百姓在园里劳作，县官在衙内断案，庵堂木鱼声声，寺庙香烟袅袅，兵众和睦，官民友善，城中一派繁荣平安景象。

后来多次发生兵乱，古城毁而复修，修而又毁。至 1938 年撤销柳霁分县，城墙再也无人管理和修缮。新中国成立后，因为无人管理，村民搞建设又随便拆石他用，除城东门仅掉几块火砖外，其他三座城门和墙体都遭到不同程度破坏，但城郭依旧比较完整地保存了下来，城内文物仍残存不少。慰文书院旧址犹在，县衙遗址、江西会馆、兵营炮台、尼姑庵、关帝庙等遗址还清晰可辨。城中还鲜活着 200 多年桂树多棵，保存有各种碑石近 50 块，当年慰文书院报时的古钟还收存在小学校内。漫步城中石道花街，仿佛还闻得到古城阵阵历史脚步的回声。

城中木楼人家错落杂居，果木修竹随处可见。鸡在街巷觅食，犬在廊前睡觉，牛在圈中吃草。人进村来，鸡不惊，狗不叫，一派与世无争的景象。屋中的主人听得人语，纷纷打开门窗探看。有的手端饭碗，有的怀揣鸡食，都带着友善的微笑，好奇地打量着我们。

小学校长谭宏春是村子中的热心人，是保护这座古城的志愿者，多年来为保护与维修古城而奔走呼号，费尽心血，对古城历史了如指掌。县丞在哪里督学，学生在哪里应试，义军又从何处破城，他娓娓道来，神采飞扬，深深吸引着采风团全体作家艺术家的目光。

徜徉古城，在桂树下驻足，在书院里读碑，在古城门怀古，那老桂的余香，那明灭的碑文，那光洁的条石，无不令人遐想联翩，感慨万千。

历史回溯 270 多年，清政府为巩固对黔东南的统治，驱使民众，抬土夯城，并划定田地，迫迁数百乡民来此定居。这样还嫌不够，1738 年又广筹银两，驱石匠民工推倒土墙打制石头城。凭据坚固的城墙，县衙当局者满以为城池固若金汤，高枕无忧。孰料百年之后，剑河县大事记的坐标定格在 1859 年，苗族起义军领袖张秀眉部将李鸿基亲率义军，于十一月围城，号角齐鸣，箭炮并发，发起猛烈攻势。围攻三个月，破城而入，将代理清江通判、县丞沈士瀛及城内清军官兵悉数歼灭。古城烟火映空，血流成河，哀声恸地，惨不忍述，满目凄然。此后，古城又在清兵与义军之间几易其主，几次损毁又几度修缮，但却永远失去了初建时的雄奇与规模，直至被历史荒弃，变成一个极普通的破旧村落，渐渐从人们的记忆中消失。

三板溪电站的建设，给柳霁古城的兴复带来了一次百年未有的机遇。湖面上扬、直抵城脚。2006 年，柳霁古城就成了秀丽的仰阿莎湖畔唯一的古城。热情淳朴的南加人正抢占先机，努力保护和整理古城文物，拟招商引资修复古城，将古城建成仰阿莎湖黄金旅游线上集探古、休闲、娱乐为一体的旅游度假村。

苗族红绣第一村

你到过美丽的苗族红绣之乡么？你听过苗族美女仰阿莎感人至深的传说么？如果没有，何不卸下繁重的杂务，抽空到剑河县观么乡巫包村游走一圈，体味一下那里浓郁的民族风情，浏览一番如诗如画的田园风光呢？

10 月 16 日下午，从南加返县城的路上，剑河的朋友向我们讲述了传说中苗族美神仰阿莎故事的一个版本。相传剑河观么巫包村起伏的山峦之间，有一个幽静迷人的大湖。早晚金辉照射，一片灿红。一群洁白的仙鹅不时从空而降，到湖中游弋戏水，翩翩起舞。惹得湖畔一位勤劳而俊美的苗族小伙子放下手中的活计，傻呆呆地欣赏湖心的鹅群。仙鹅中的幺妹爱上了这位善良而痴情的苗家帅哥。一天傍晚，她踩霞腾云而至，在湖畔化成浣纱姑娘，来到苗族小伙子的身边。两人一见钟情，便结成了恩爱夫妻。天帝获悉，十分震怒，令雷公电母进行惩戒，一番雷劈电闪，将秀丽的大湖变成一片焦土。同时把仙鹅捉回天庭。一对年轻恩爱夫妻，天上地下，活生生含恨永别。

那仙鹅女子就是传说中的苗家美神仰阿莎。当地苗族群众为了纪念她，就将红色的绵绸制成彩裙，绣上美丽的仙鹅图案和精美的花纹，这就是名播海外的苗族红绣。

循着这感人的故事，一路心驰神往。下午 4 时，我们终于来到巫包这个景色迷人的苗族村寨。浅浅的盆地四周，连绵着苍翠的青山，缎带似的小溪，盘绕着宁静的田园人家。平整的村道两旁，竹林掩映，古木参天，分外惹目。热情的苗家姑娘向客人敬毕数道拦门酒，便踏响盛装上悦耳的银铃，笑盈盈引领大家入村。

便道穿林绕舍，飘入盆地腹心。稀疏的屋舍陡然变得稠密起来。秋收的田畦更显得开阔和亮朗。木楼房舍环居于山脚，古老的雕饰花窗，精致的美人靠，金黄的玉米串，简洁的木仓，依次扑入视线。来不及细细欣赏，聪丽大方的苗家姑娘把大家拥入了宽敞的芦笙场。原以为马上要跳芦笙舞。可是不然，村中青年男女却先让初来乍到的客人品尝一盏民族时装表演的艺术清茶。欢快的旋律响起来了，那些俊美的小伙子、靓丽的姑娘款步入场，或挑箩扛犁，或提笼架鸟，或戴笠背篓。时而春耕生产，时而收割庄稼，时而谈情说爱，时而捕鱼捞虾。风情万种，妙趣无穷，苗乡人恬静闲适的自由生活和丰富多彩的风情，让来宾们大饱眼福，羡慕不已。才罢时装舞，又起芦笙曲。身穿艳丽的红绣盛装的苗家姑娘随着悠扬的乐曲翩翩起舞。姑娘们步履协调，舞姿优美，偌大的芦笙场刹那间似盛开了一园灿烂的桃花，蜂蝶翻飞，热闹无比；又似天空栽落了一袭流动的彩云，霞光万道，氤氲醉人。这时你脑中就下意识地闪现出那波光粼粼的巨湖，无数美丽的仙鹅，在晚霞中自由地追逐嬉戏，飞花溅玉，激起满湖的金光，满湖的诗意……

当我们结束当地政府为采风团举行的欢迎座谈会，了解了巫包更多的历史，了解当地干部群众为发展旅游业而创建了冬桃示范基地、黑山羊生产基地，以及当地群众为保护民族文化和自然生态而长时间作出的巨大努力，你不由于心底对这个古老的苗族山寨平生十分的敬意。

南寨品美食

素餐时代，谁也不稀罕大鱼大肉。一钵野菜，一碟泡椒，一盘腌菜，或许就能唤醒你的味蕾，令你拍手叫奇，永生难忘。

我剑河乡人是最善创新与冒险的，在饮食方面亦不例外。青蛙蟾蜍、蜂鼠蝎蛇，天上飞的、地上跑的、水中游的，只要煮得熟啃得烂，都敢拿来尝鲜。于是，就有人吃了毒菌飘然仙逝，也有人因食剧毒蝶螈而身亡。但是，中毒者毕竟只是极少数。剑河人依旧前仆后继，吃兴不减，从容慷慨，实践如故。这样，剑河人的菜谱就不断得以丰富，为人类饮食文化的发展作出了卓越的贡献。

比如前些年流行的清炖龙凤汤（蛇与野鸡合煮，自然是蛇与野鸡皆为饲养的，因为野物在生态保护严厉的禁令，人们已自觉不吃野生保护动物了），干炒田鸡、黄焖螺蛳、凉拌蛇皮等，就是剑河人首先端上筵席的。近年又将蜂蛹、打屁虫等搬上餐桌，还给打屁虫炸干椒这道菜冠以诱人的名字——"九香虫"。为表述其特殊力效，还编了个顺口溜："一个臭，两个香，三个四个顶裤裆！"

在我老家剑河县南明镇一带，有些乡亲对昆虫的青睐程度更是令人咋舌。干活时，乡人一边犁地，一边将那些惊跑的蚂蚱、螳螂、蜘蛛、土狗等一概收入竹篓。回到家中，用滚烫的开水一浇，这些虫一个个撑脚伸腿，命丧黄泉。又被放入油锅一炸，皮黄肉脆，佐以干椒、葱花等配料，出锅上桌。主人就可以下三二碗土酒了。而又有人嫌这吃法工序太繁杂，等耐不及，上坡时揣个火机，发现九香虫，左手指尖拈住虫头，右手打燃火机用明火去烧，待那虫物屁滚尿流，腿脚不再挣扎了，掉过头再熏一气，就投入口中，细嚼一阵，吞入肚中。又惜余味散失，就地掬捧山泉，漱口吞下，这才心满意足地继续干活。我忽然想起，鲁迅先生曾困惑于无法考证谁是第一个吃螃蟹的人，我猜测首吃螃蟹者就是我乡人也未可知。螃蟹算什么，毒蝎、蜘蛛、蝾螈都吃过了。也正是托了乡人口福，每次还乡，都能吃到一两样未曾吃过的美食。生为剑河人，我由此自豪了许多岁月。这次采风到南寨，果然又尝到了一道佳肴。

10月16日上午，探访过柳霁古城，到得南寨乡政府，已是中午1点，大家都有些饥饿盼餐了。

恰巧遇上工作在那里的几位老同学。握手见过面，各俱欣喜万分。多年未见面，他们都有些大腹便便，纹上额头了。一边叙着别情，一边携手入席。餐厅设在政府办公楼一楼会议室。办公桌拼成临时餐桌，宽大而豪气。席心炖着羊肉火锅，四周排满各种盘碟小炒和凉拌泡菜。满满四大桌，香气腾腾，扑入人鼻。显然乡政府领导预知采风团来，早已备办好酒席等候多时了。

介绍了宾主，各自落座，举酒开席。席上还有我最爱吃的粑辣煮青菜。这道菜的粑辣制作十分讲究。选用新鲜辣椒和着糯米一并放入石碓中春，待米粉细均，辣椒熔烂，成了面团，再适量放上米酒、蒜末，拌匀后放到坛中腌放，两三个月后，打开土坛，便可取来食用。用清油煎炒成饼，或当佐料煮青菜均可。煎辣粑糯香酥软，辣度适中，是剑河侗族人家一道风味独特的美食。粑辣煮青菜，色泽鲜美，酸辣得当，健胃消食，也是故乡人人爱吃的一种名食。

冬笋于我是不陌生的，但席间有种泡菜，腌椒拌冬笋。肉质脆嫩，口感极好，是我从来没有品食过的一道绝妙好菜。我到过不少地方采风，吃过不少腌制菜肴，其中不乏令人难忘的珍品，但都没有这道菜让我惊喜和激动。我算不得美食家，但实践得真知，尝过了中国许多地方的风味名食，多品识名菜，比较知优劣，我认为剑河南寨的泡冬笋算得上泡腌菜肴家族中的极品。

惊叹之余，我忙向同桌的乡友讨教制法。任乡党委副书记的老同学吴江微笑着对我说："作为剑河人，你还不知这道菜？罚酒一杯，再告诉你制法。"我连忙端起酒盅一饮而尽。吴江这才介绍泡冬笋制法：先采摘剑河特有新鲜秋冬盛产的石竹笋，剥壳去掉老蔸，准备适量秋末的鲜椒，一并洗净，切成寸余长许，配以姜花蒜粒、陈皮花椒，拌上新鲜鱼籽，浇以少许米酒、食盐和其他几种香料，入坛密封，腌放两月即成。揭开坛盖，冬笋鲜白如玉，辣椒仍然鲜美可眼，香、辣、酸、麻诸味兼而有之，各种味道又皆若有若无，俱不抢味，互相融汇补充，吃过之后，满口溢香，美不胜言。

食过泡冬笋，我便打算，今后有幸改事厨师，一定向客人极力推介，好好开发这道鲜为人知的故乡美食。还暗自构想，返回凯里，试制一坛，如成功，先约那帮未到采风的文朋诗友们来解解馋吧。

沐浴苗疆圣泉

沐浴可祛乏除困，养气蓄神，这道理谁都知道。若要达到驱疾除病，消愁解烦的功效，这恐怕只有到剑河温泉去洗浴方可体会得到。

10月17日一早，剑河县委宣传部部长杨通荣等领导引领着采风团的作家艺术家，驱车出城，直奔320国道旁的温泉山庄，沐浴苗疆圣泉。深秋的早晨，温泉山庄空气新鲜，异常清静。也许是时间还早，只有十来个游人先于我们到庄。门票不贵，15元一人，只要你愿意，可以在池中泡一整天。大家进入露天大池区，不分男女，不避长幼，更换了浴服，趿了拖鞋，走近池边，扶着不锈钢护栏便梯，就可探身池泉。

池水温度适体，水面泛动一层薄薄的热气，有一种淡淡的硫黄香味。水体纯净，纤尘不染。水质凝软，贴在体肤上似有种柔滑细腻的质感。剑河的文友介绍，这是因水体中含有多种有益治病的微量元素之故。据化验发现，温泉中含有硫化氢和铁、钾、钙、氡等元素，其中氡、硫含量较高，已达到我国《矿泉分类法》规定的优质硫化氡泉标准，简称"氡硫温室"。

实践证明，沐浴该温泉可以治疗多种病症。如对慢性风湿性关节炎、外伤后遗症、腰肌劳损、坐骨神经痛、原发性高血压、冠心病、慢性胃炎、汞砷中毒和多种皮肤病有较好的防治作用。史料上记载沐浴温泉可达到"饱浴之忽饥，醉浴之忽醒，郁浴之忽舒，昏浴之日月开朗，劳浴之营卫安和"等功效。

泡身池中，初觉平俗，似跟平常热水浴没有两样。但一刻钟过后，全身毛孔舒张，寒从脚底消，汗从头面发，一种舒坦的快慰感悄然泛起，既而游散周身，气渐匀而心愈静，渐渐就忘却了旅途的劳顿，消释了心中的烦扰，抛弃了生活中的私怨杂念，身心皈依水体、皈依自然，累赘的身体得到一次完美的熨帖，透支的心境得到一回自然的安抚，仰卧水中，昏昏冥冥，飘飘欲仙，若不是旁人杂语相扰，简直就要甜美地沉入梦乡了。

据报道，人类起源于水中，大海是人类与万物共同的故乡，水是生命共同的母体。胎儿栖身母体，在母亲的羊水中沐浴、活动与发育。有医生作过实验，婴儿烦躁泣闹，只要将之放入温水中沐浴片刻，婴儿就得到一次母体的体验，顿然神怡心旷，眉开眼笑，不再哭闹。人们沐浴温泉，不正是一种自然的回归，母体的恩慰么？

　　人置身池中，剥除了西装革履，或者卸去破衣烂衫，一样的胴体，一样的构造，一样的黑眼黑发，一样的嘴巴鼻耳。任你是千万富翁、高官显达，或者破落乞丐、平头百姓，都说着国语，喜爱听带荤的笑话，嬉笑逗乐，无所顾忌，又怎能辨别得出高贵贫贱，官阶高低？沐浴过温泉，人人皆神清气爽，面色红润，和颜悦色，又怎能看出谁的官欲更强，谁的私心更重，谁心狠手辣，谁口是心非？同处一池，共浴一泉，是否甲的脚气吻着了乙的手掌，乙的股癣恋上了丙的贵体，只有鬼才知道。都一样平等，一样凡俗，一样的丑陋不堪。这是自然的公平，也是公正的坦然。沐浴苗疆圣泉的妙处和真谛，也就体现在这里！

　　沐浴了一小时，人人都通体透亮，肤赤面红，心满意足。于是次第上岸冲浴，穿衣离池。回到山庄亮堂的鼓楼花桥处，书画家们就趁着刚刚沐浴的兴致，激情迸发，挥毫狂舞，一幅幅精美的书画作品就瞬间诞生了。

　　　　（2004年11月创作并分节连续在《凯里晚报》发表，2022年3月18日整理修改）

黄平记游

金秋去赶谷陇芦笙会

参加州作协"到黄平去"金秋笔会，首次前往心仪已久的黄平县，首站就是去赶黄平谷陇芦笙会。

成行之前，我曾看过凯里、雷山、台江等县市民间各种芦笙会，那热闹的场面真叫人兴奋不已。然而，看过谷陇的芦笙会，才真正感到其他地方的芦笙会仅算一般的小芦笙会，黄平县谷陇镇的芦笙会才是真正意义的大型民间芦笙会。

2002 年 11 月 1 日，农历九月二十七，正是谷陇芦笙会开幕的大喜日子。黄平县委县政府特别邀请州作家旅游团去黄平，目的就是希望作家们好好体味一下谷陇芦笙会盛况。到黄平的第二天早上，县政府就派专车把我们送到了谷陇古镇。

在平缓的低山之间，有广阔的坝子，谷陇镇古街，如同一匹饱食的长龙，横卧在山地与坝子之间。街两边古新建筑交错，百货与饮食店铺有序排列，各种摊点沿街边密布。不知从什么地方拥来那么多的人，说土语的，说汉话的，讲英语的，或举芦笙，或提笼架鸟，或牵牛骑马，或背背包扛摄像机，人们洋溢着满脸的喜悦和笑意，将大街小巷塞得水泄不通。陪同我们赶会的县政府行政科潘科长告诉我们，这还不算最热闹的一天，芦笙会才拉开序幕，最热闹要数明后天哩。他作为土生土长的谷陇人，向我们介绍谷陇芦笙会的来历：谷陇世居着苗、侗、土家、布依等民族，少数民族占98%，这些民族都能歌善舞，热情好客。很早的时候，当地迎来了一个少有的丰收年，村民猪羊满圈、鸡鸭成群，谷物盈仓。为庆祝丰年，谷陇当地寨老们商定，于农历九月二十六日起举办芦笙会，大庆三天，约请台江、镇远、施秉等县份周边群众前来集会，共享丰收喜悦。会期举办芦笙舞比赛、斗牛、赛马、赛歌、斗鸟、斗鸡等群众广泛参与且喜闻乐见的民间文体活动。四方群众群起响应，集中谷陇赶会。此后，谷陇芦笙会年年承办下来，成为黔东南乃至全世界规模最大的民间芦笙会之一，游客多时将近 10 万人，参赛的马匹斗牛逾千。

今年的芦笙会热闹不亚于往年。谷陇镇政府筹集经费，支持民间举办各种赛事，专门邀约了远近客人，请回当地出去的诸多歌唱家、演奏家，还请来了贵阳、凯里及周边县市的许多芦笙队，真是热闹非凡，盛况空前。芦笙场、斗牛场、赛马道都集中在古镇西北面的一个平坦田坝边沿的开阔地带。四周青山环抱，数万游人散布坡面，耳听芦笙场上传来的优美的芦笙曲，撼人心魄的苗族飞歌，眼看斗牛赛马，视野空阔，视线良好。选景自由，没有影剧院中的局限和压抑，体会着节日浓浓的欢娱氛围，漫享着清新的空气和秋日柔和的阳光，人就忘却了心中的烦恼与惆怅。

斜坡上有当地村民用篷布围建的临时火锅棚，棚中漫溢着诱人的香气。游人看会兴浓时，就约了朋友钻到棚中，主人会及时备好狗肉汤锅，倒上家酿米酒，还配有各色风味凉拌。围桌坐下来，就可以一边聆听节日的歌乐，一边慢慢品酒。酒食皆农家绿色食品，色、香、味俱佳，用多少购多少。价格也便宜，在凯里城一餐的开销，在那里可享用三餐。

酒足饭饱之后，又可到各自喜欢的地方去看比赛活动。斗鸡斗鸟场设在矮山上的松林里，在松树之间横系几条长长的藤索，数百笼画眉、竹鸡、相思鸟就挂在藤索上。林间灌木青青、松影如画、百鸟争鸣。八十岁的白须老者，四五岁的顽皮孩童，凡爱鸟的人都集中到这里。一边逗鸟唱歌，一边欣赏鸟雀打斗。透过林间树隙，随意远观山脚的斗牛、赛马比赛，依然能听到芦笙场上优美的歌声。站久了，又可摘一把树枝或者茅草当坐垫坐下来，静静沐浴着和暖的阳光，那种感受实在妙不可言。难怪这些鸟迷们个个红光满面，满脸堆笑。

众文友刚下车，就被涌动的人流挤散了。没有伴，狗肉汤锅是吃不成了。我到各个赛场转了一圈，不时按动相机快门，收割这世界上盛大的民间芦笙盛会精彩的镜头。从这些淳朴的父老乡亲激动而快乐的笑脸上，寻觅和感悟古老的节日文化给他们带来的巨大乐趣和幸福。

看不尽热闹的场面，拍不完动人的镜头，时已夕阳西下，而芦笙场上依旧热闹不减，游人流连难散。相约集中的时刻到了，文友齐聚到镇政府，每个人脸上都闪现着激动和欣慰。傍晚，告别谷陇时，大伙都注目车窗外，都希望多看一眼古老的山镇，似乎都舍不得辞别这令人心旌摇荡激情澎湃的芦笙会。

参观黄飘古战场遗址

游黄平，不能不走访黄飘。黄飘是黄平县的一个小乡，因清咸同年间苗族张秀眉起义军将领包大肚在此设伏，将清军一万八千余名官兵歼灭，震惊清廷，留名青史。到黄平的第三天，热情的主人就把我们带到黄飘去参观"黄飘大捷"古战场。

黄飘古战场在黄飘乡政府东南五公里的大山之中，通往谷陇的乡镇公路可乘车直达战场遗址。正午时分，我们的专车抵达目的地。秋阳暖照，视野空阔，一带形如撮箕形的大山将两个宁静的村寨裹在里边，两村隔深谷相望。一村依靠崔巍的团仓大坡，一村依偎着险峻的寡蛋坡，两村之间有悬崖绝壁，夹峙着百丈深壑。古栈道从谷陇镇方向逶迤而来，穿过寡蛋坳，滑下深涧，爬过斜坡，绕过困仓大坡，跨过黄飘大坳，直通黄平县城。同行的黄飘乡副乡长张再勇告诉我们，从寡蛋坡到黄飘大坳之间约两公里的坡面和深谷，就是当年"黄飘大捷"古战场。

历史翻回到130多年前，即同治八年（1869年）农历三月，这里古木参天，狼虫出没，大山里仅有三两户人家。古栈道狭窄奇险，人行难联伍，马走难齐驱。这是从施秉经谷陇通往黄平的必经要道。三月二十三日，入黔镇压苗族农民起义军的清湘军席宝田部一万八千余人，由提督荣维善、按察使黄润昌、即补道邓子垣等分别率领。凌晨自谷陇出发，欲经黄飘进发黄平，企图与川军唐炯部会合后围剿雷公山腹地的苗族义军。

张秀眉部将包大肚探悉清军动向，悄悄调集新城、旁海、凯棠、凯哨、革夷等地苗族义军一万余人，于黄飘大坳至寡蛋坡之间的古栈道据险设伏。设定三道隘卡，多备滚石檑木、火枪地炮。并从栈道旁修建两条平直的假道，通往悬崖顶端。并在坡顶隐藏旌旗鼓角，以助声威。精心备战，以逸待劳，期待清军入围予以全歼。

中午时分，清军前哨小分队由总兵苏元春率领，边走边探虚实，慢慢通过险境。见无异常，立即通知后续大部队快速跟进。义军不露声色，按兵不动，待清军大部队全部进入设置的"口袋"，一声鼓响，号角齐鸣，山头旌旗乱舞，喊杀声震天动地，义军伏兵四起，收紧两头"袋口"，居高临下，滚石檑木、火枪火炮齐发。清军被切为三截，首尾不能相顾，一片混乱，溃不成军，鬼哭狼嚎。纷纷着枪中炮，横尸于野，血流成沟。未死者仓皇寻路，一齐涌向义军巧设的两条假道，人挤马踏，前落后续，像鸭群一样一排排坠落百丈悬崖而死。

提督荣维善苦战出围，但黄润昌及邓子垣等将官仍陷于重围中。荣维善命人通知打前哨的总兵苏元春带队回援，以杀入重围，希望救出黄润昌及邓子垣等将领。但未及苏元春赶到，黄润昌坐骑中弹，自己也头部中枪身死，即补道邓子垣、总兵凌子龙、豉永清、副将唐远琛，参将杨洪亮，知府邹泗钟等人皆死于阵中。苏元春赶到后杀入重围，混战中大腿亦中枪受伤。他裹伤死战，部下死伤惨重。慌乱中幸运寻到通往山涧的一条僻静小路，与十数残兵逃脱，他也成为此役唯一幸存的清军将领。

荣维善命苏元春杀入重围后，在前边待多时，无任何消息，又派总兵张宜道回援施救，张亦久去不归。荣预感形势严重，亲率残部复蹈围中，期与其他战将合师自救。而荣维善还不知道，此时各部湘军，皆损伤惨重，严重减员，无法相互支援。当荣维善复入重围，义军获悉，全力围歼。荣维善数次突围不得，苦战一昼夜，弹药用尽，刀矛俱折，全军覆没。自此，湘军一万八千余人，包括提督荣维善、按察使黄润昌、即补道邓子垣以下二十余员将校，皆战死阵中。

义军大获全胜，缴获辎重、土炮、火枪、弹药、刀矛、马匹无数。此役，义军以少胜多，创造战争史上鲜有的奇迹，是史家很少提及的中国古代农民运动史上一战而围歼近两万官兵的惨烈战例。这也是张秀眉咸同农民大起义运动晚期最后的辉煌。战报传出，清廷如闻霹雳，湘湖一片哀恸。

漫步古战场，除了几段石砌假道和令人眩目的石崖，已很难找到古时候战争的痕迹。古战场上已开垦了无数良田沃土，当地老百姓悠然自乐地生息在这块不平凡的土地上，日出而作，日落而息。村中已很少见高大的古木，人家屋舍果木竹丛相围，鸡犬之声相闻，先进的科技普及到村里，农用电牵到村中各户，自来水引到人家院落里。

见我们来，这里的苗族村民都热情地用有些生硬的汉话邀我们到家里去坐。问及"黄飘大捷"，小孩子们频频摇头，上年纪的老人略知一二，但也难详述当时情景。有的说多年前在开土时挖出不少白骨，也捡到刀矛等兵器，有人还把白骨当药治病。似乎那场血肉横飞、山崩地裂的战事早已从人们的记忆中渐渐磨蚀掉了。

观瞻团仓石

大自然的鬼斧神工可谓奇巧绝伦，打造的自然景观往往惟妙惟肖，令人拍手称绝。比如黄平"黄飘大捷"战场遗址上的团仓石，就是天工造就的一例奇景。

团仓石高约10米，形如柱状粮仓，又如规范的圆形层塔，远观还像一个巨大的马蜂窝，白、赭、青、红、紫多种色泽混杂，或深或浅，日光普照，熠熠生辉，十分美观。

地质专家说，这种石系沙页岩千万年来经受风雨剥蚀形成。当地群众却颇不接受这一观点，认为此石形成源于一个古老优美的传说故事。相传很久很久以前，各种谷物皆有生命灵性，农人辛勤耕作，五谷自由滋长。成熟了，就会像蜜蜂一样飞临主人家中。万物皆有耳目，面对五谷，人不能说"粮食太多了""饭吃够了"等语，否则谷物生气，不再飞临这些人家。但是，由于当地人家比较贫苦，屋舍相当破陋，谷物又难得到这些人家落脚，主人家心中极为困惑。夜里，有善良老妪做梦，一仙人暗示为其村营造了一座神仓，只要用香、纸、酒、肉四时祭之，可保五谷丰登，村人富庶。

次日，老妇果见村侧半山上有石如圆仓。大喜，便邀村人群起拜祭，是年果然丰收。之后，村人及邻近村落群众年年来祭，果然岁岁风调雨顺，物阜民乐，不愁吃穿。

又传，古时期有个官员从石前边古栈道通过，客官趾高气扬，目无百姓，过团仓石不知拜仰。刚走过一里许，忽患疾病。轿夫说，可能是惹恼了石神。官人连忙带队伍返回，杀猪宰羊祭奠，乞石释怒，疾病果然好了。此后，凡过往行人，骑马者下鞍，乘轿者下轿，皆徒步前往拜祭神石后才赶路。

据当地村民说，团仓石现在依然十分神秘，村民称之为"神石"。不少人常到石下焚香酌酒祭之，无子者请石送子，有子者望护佑快长快大，易养成人，长命富贵，生病者乞求消灾祛疾。还说非常灵验。

这些传说故事虽有些玄乎，但团仓石经历了太多的沧桑，目睹了黄飘大捷血肉飞溅，刀光剑影的惨烈场面，甚至团仓石还残留着无数枪弹的创迹和死难者彤红的血印。这块奇石凝注了历史的悲壮、阵痛和哀伤，有一定文史价值。相传黄飘大战死亡的清兵将官后裔曾立碑于此，悼念战死在此地的一万八千余将士。可惜该碑已毁，不知所踪。

1989年，黄平县人民政府竖碑于团仓石侧，记述黄飘大捷战事，列为文物保护单位。

锁在深山的圣泉

11月3日上午，黄平县政府组织我们去浪洞乡考察被群众称作"圣泉"的浪洞温泉。主人介绍，浪洞温泉水量极大，每秒流量达6升，出水口水温达47℃，含有硫黄等有益人体的矿物质，可治多种疾病。温泉旁有清澈小溪，四围青山环抱，草木葱郁如画，加上这里有小巧玲珑的民族山寨，极富开发价值。

听了导游绘声绘色的描述，作家们都被那口神秘的温泉所吸引。浮想联翩，热情高涨，希望车快些抵达温泉所在地。由此，我想起了老家剑河县名播四海的岑松温泉来。

1990年秋天，我与剑河民中晨曦文学社的20多名社员，带上干粮，骑上单车，到岑松温泉去秋游。当时的温泉如同露天的瑰宝，还无人发现它巨大的开发价值。它的水口在一大片肥沃的粮田间，当地群众在水中建一个几平方米的水泥池子。劳作之后，就成群结伴到水池中去泡浴。也偶有县城及邻近乡镇干部来此裸浴，戏称"洗农民澡"。同学们去到温泉，男女分池，颇为害羞地泡了一回澡。吸着洁净的空气和淡淡的硫黄香，还真有做了一回"神仙"的感觉。十年之后，再去岑松温泉，那里早已面目一新。开发商营建了现代的宾馆，高档的浴池，抽温泉入池，自由洗浴，更有种说不出的舒坦。因此，远近客人纷至沓来，车辆排满停车场，宾馆日日超载，开发商日进斗金。剑河岑松温泉成为名噪一时的休闲疗养胜地，也成为黔东南州旅游东线的重要旅游目的地。

考察黄平浪洞温泉，这不能不说是令作家们感到兴奋的乐事。

上午11点许，车到浪洞乡温水塘村。秋日融融，清风习习，一带绿水潺潺绕秀美村落而过。四面青山苍翠欲滴，木楼人家炊烟袅袅，鸡犬之声未鸣，村口人影散乱。热情的群众早已在村头迎候。

刚下车，村人就带我们参观温泉。在小溪边稍高的地方，两间约50平方米的红砖房关着温泉，分别为男女澡池。推木门而进，方形池水热气升腾，水质清亮，池底数个出水口喷珠吐玉，不时挤出一串串大小不一的气泡。以手探水，果然十分热烫。作家们大呼宽衣下池。可是谁也不敢蓦然脱衣入水。有两位大胆的诗人，率先脱去鞋袜伸脚入池濯洗，欢叫："舒服极了!"其他作家得了启示，也纷纷捋袖缩裤，到池中洗手泡脚，一时间，大伙发出一片赞美之声，引来无数好奇的村童围观。

洗沐不到一刻钟，作家们的白腿都烫得发红，坚持不住。这才心满意足，一边赞叹一边穿上鞋袜。但仍意犹未尽，就怂恿几位村童入池戏水给大家看。这有何难？孩子们一年四季常到池中游水嬉戏，温泉里游泳那是他们的拿手好戏。孩童们听得"圣言"，一齐脱衣跃入池中，在水中打水仗，互相追逐，仿佛夏天在河池里玩耍一般。一时童声乍起，水珠四射，水池中展现出一幅快乐的"村童喜沐图"。作家们赶紧"嚓嚓嚓"按动照相机的快门，留下这生动的镜头。

出得浴池，又见池边还有几个小池。同样有温泉涌出，村中几位妇女在池旁洗菜洗衣，人人脸上洋溢着自豪的笑意。这真是天赐人间不可多得的宝泉啊!

相传清末时，有一吴姓老者来此地围猎，跑了大半天，口干舌燥，于是下沟谷寻山泉喝，却无意发现了这口温泉。他以为神明所赐，激动万分。回去后，遂率族人迁居于此，逐步发展成现在有100多户人家的村落。

1958年，为方便村人洗浴，全村群众共同集资修了两间浴池，男女各一，四季可用。

现在该村公路畅通，也通了电。村人与乡县各级有关部门正积极招商引资，以期早日开发。期待着黄平浪洞温泉像剑河岑松温泉一样，不久会迎接红红火火开发利用的黄金时代的到来。

（现浪洞已开发成黔东南西北方向旅游线上影响较大的旅游休闲疗养景区）

灵山秀水潕阳湖

黄平曾有诗人叹息："山水是一对亲密和谐的情侣，山缺了水，就少了灵气，显得呆板、生硬，没有生机！"国家说：那么，就修座湖吧！让上潕阳一带的山灵动活泛起来。诚然，修湖的目的远不止这些。湖可防洪、灌溉、发电、供水、水产养殖、开发旅游等等，功能大得很。

1994 年底，国家投资 6000 多万元，潕阳湖综合水利工程上马。施工队进场破土，挖掘机铁臂飞舞，装运车往来奔忙。劈山拦断潕阳河，奋战数年，大功告成。1999 年，一座坝高 43 米，坝顶长 300 米，总库容量 6000 多万立方米，湖面水域达 4 平方公里的秀丽湖泊在国家级潕阳河风景区——黄平县城西北 30 公里处呈现。高峡出平湖，水面将山峦环绕，形成 16 个岛屿和无数半岛，湖水连着一条长约 4 公里的奇美古峡。这里的群山顿然增色，处处美如画屏，美丽的潕阳河风景区锦上添花。潕阳湖的综合效益也随即显现。3.74 万亩良田保障了灌溉水源，装机 2000 千瓦发电站正常发电，年产鲜鱼 16 万公斤，下游以往常见的洪灾不再发生，1.75 万亩良田解除了洪水威胁。成效最突出者，要数黄平旅游业，四方游客云集，当地宾馆旅店、餐饮等服务业如雨后春笋般突现。

11 月 3 日下午，县领导带着作家们兴致勃勃地来到了潕阳湖畔。风和气爽，天高云薄，霞光满天。站在湖东岸西望，深秋的潕阳湖景区分外迷人。湖水平静，渔舟泊岸，白鹭翻飞。小岛松树成林，倒影水中。极目处，远山层层叠叠，仿如国画大师创作的中国画。我心底不由惊叹：人类的聪明才智，加上大自然的天工之巧，就凝练出诗，孕育出美，创造出奇迹。

这么想着时，走在前边的作家们已急不可待地拥到码头，要乘船去湖中赏景，去游览风景奇美的情人谷。

登上快艇，导游是个农家汉子，身材魁梧，络腮胡，十分热情健谈。一边使舵，一边给我们介绍湖中景点。小艇速度很快，风在耳边嗖嗖滑响，水花在飞艇两侧飞溅，小岛向我们迎面而来，又迅速从我们身边向后退去。从未乘坐过摩托快艇的作家们兴奋极了，口中不断欢嚷："爽——爽啊！"

快艇左拐右绕，20 多分钟后，渐渐放慢了速度，钻进一个狭窄的谷道。两岸竹木丛生，奇石疯长，如飞禽走兽，如乱云杂物，令人目不暇接。越进入深谷，水道越窄景致也越奇。最后，两扇石门微开，露一丈见方狭道，仅容快艇擦身而过。这就是有名的情人谷。仰头，只见天如一线，光照暗淡。水虽清澈，但不见底，有游鱼长蛇在艇边游动。谷两岸石壁悬空耸立，似乎触手可及。削壁上点缀着斑驳的杂草野花，壁色灰、红、白多色自然搭配，形成各种自然图案，有"火烧赤壁""苗族蜡染"等等精美造型，画面逼真，巧夺天工。作家们一路拍摄一路叹惜："胶卷带少了！胶卷带少了！"

慢行数公里，峡谷更狭小，快艇已不能前行。导游说："如换小木舟，尚可前进数公里，峡里边的风景更美呢！"没有小舟，且天色已晚，不可能再行进了。大家只能叹惋着返程。细观沿岸奇丽的古峡风光，生怕漏看了哪个景点，反复叮嘱导游："开慢些，再慢些！"

告别"一线天"，游艇慢慢驶离古峡，回到开阔湖面时，夕晖万道，金光洒满湖面，潕阳湖金波荡漾，小岛也全被金辉染得金光灿烂。整个潕阳湖景区显得异常宁静、雅丽。作家们默默不语，别情依依。

有人忽然提议："与潕阳湖合个影吧！"众作家齐应："好！"

太平洞探奇

出黄平县城，沿黄（平）谷（陇）公路东行20公里，公路旁有个玲珑的村子，叫太平村。村畔有面高陡石壁，壁上有个著名的太平洞，是黄平县的重要景点之一。导游介绍，洞口高30余米，宽约10米，洞中有洞，洞景奇绝，异常好看。洞口一侧，有股清流溢出，从壁上迭落，溅玉飞花，形成挂瀑。瀑水积成碧潭，幽藏于修竹茂林之中。水质纯亮，冬暖夏凉。积水满潭，又无声下溢。村人觉得可惜，便拦山成堤，养鱼牧禽。

太平洞不远处有村舍人家，梯田菜园，正好与溶洞、堤塘相互呼应，中有修竹绿树花草果林连缀。鸡在村中欢鸣，虫在林中弹琴，鹅在塘里唱歌，村民悠然耕作于田间地头。山有了生命，水充满活力，村落显得安详、宁静，这真是个名副其实的"太平村"。

其实，历史中的太平村并不太平。清咸丰年间，湘军一路追杀义军百姓至黄平谷陇。千余百姓义军无处可逃，便悬索于危崖，将粮草搬运入太平洞中。村哨探悉清军来扰，百姓义军立即攀索入洞。

清军来到村子，找到太平洞，枪打炮轰，烟熏火燎。潜藏洞中的百姓和义军毫发无损。围攻数十日未果，清军憋屈无奈，焚毁村舍后撤军。湘军走，百姓出，新建村居，继续耕作如初。当探悉清军来攻，义军村民又躲入洞中。如此周旋五年，百姓义军得以保全，湘兵只能切齿怒目，却无计可施。

不仅清朝，历代村民躲战乱避匪患都用此法。太平洞记录着当地群众漫长的避难史，见证过无数次战事与灾难。

新中国成立后，神州大地阳光普照，春风万里。太平村的百姓也结束了逃亡史，开创了崭新的生活。群众安居乐业，同享太平盛世的幸福生活。也许太平村与太平洞原名并不叫"太平"，或因为太平村群众历经了太多的磨难，体验了太多的酸楚，希望生活越过越美好，村民们才将洞名村名改称"太平"。

1989年，黄平县政府在太平洞下，碧水潭边勒石立碑，定为县级文物保护单位。

近年，村民在洞口建起了悬梯，准备作为重点旅游项目开发。作家们到此参观时，不必再悬索入洞。爬上悬梯，直达洞口，但是，仅能到达第一洞厅。洞里鬼斧神工，景观怪异，令人称奇。导游说，后边的深洞里景观要好看百倍哩。可惜设施未全，要入主洞，还得贴石壁扶崖踩着仅一掌宽的石坎挪过丈余宽的绝壁。下面是30多米高的悬空飞瀑，不慎跌落，势必粉身碎骨，性命难保。生命诚可贵，谁也不敢冒着生命危险越"雷池"一步，大家只好抱憾而归。

重安三朝桥

凯里市大风洞镇与黄平县重安古镇隔重安江相望。两市县之间，隔离着重安江，渡口并架着有名的三座桥：分别是铁索桥、钢桁构桥、曲拱混凝土桥。三桥分别建于清代、民国抗战期间和新中国成立以后，人称"三朝桥"。三桥联通峡谷天堑，锁连凯里、黄平，架设起两岸群众商务、物流、友谊的彩虹。至今三桥均保存完好，各自发挥着不同的功用。成为重安古镇一道奇特的人文景观，也是世界桥梁史上罕见的桥景之一。

几次到重安，都免不了到桥上流连片刻，看迷蒙镇景，思历史迁延，听江水轻歌，总有许多感慨和激动。这次随州作家采风团去黄平参加笔会，再访三朝桥，依旧慨叹不已，心底不由又生出向读者介绍三朝桥的念头。

铁索桥建于清穆宗同治十二年（公元1873年）。当年春，贵州提督周达武率部平乱，来到重安江畔渡口。时值仲春，江水暴涨，舟楫不通，官兵受阻，周心急如焚。待水稍退，当地渔民助舟过渡，周迅速平乱告捷，有感于当地渔民无私帮助过渡和群众平常渡江之苦，周提督个人筹银一万二千两，择日修建铁索桥，当年十月破土动工。组织上千工匠，建起数十座熔炉，集中打制铁索。一时间，重安江畔人影散乱，铁锤叮当，热闹非凡。历时十个月，十九条碗口粗铁链制成。民工先用粗麻绳织成索桥，铺上木板，然后从桥面牵运铁链，于两岸将铁链逐条绷紧，穿锁于巨石桥墩，最后再铺上木板。铁索桥建成后，再拆除麻绳桥。重安古渡从此结束无桥历史。两岸群众无不欢欣感激，杀猪宰羊，剪彩大庆，并刻石立碑，以记周达武提督捐银建桥之功。

钢桁构桥始建于1938年抗日时期。国民政府交通部拨款十万银圆，授命著名桥梁专家茅以升亲赴重安江考察。地址选定于铁索桥旁。茅先生亲手设计图纸，委托工程师陈万恭组织施工。当时国内缺少钢材，国民政府专程派员赴法国采购。通过空运送抵越南河内，又用小火车运到云南昆明，再用汽车转运达重安。几经周折，才采备好建桥材料。1939 年 4 月建成，5 月 5 日举行空前盛大的通车庆典。得到消息，重安江两岸百姓云集河畔，庆贺大桥落成，观看首辆汽车驶过大桥。重安江两岸，第一次实现车辆过江。大桥的建成，极大地方便了两岸群众。

1949 年 11 月 9 日，挥师大西南的解放军重兵压境。重安古镇解放前夕，国民党四十九军被我人民解放军击溃。过重安后，为阻滞解放军追击，将两桥同时炸毁。解放军兵临重安镇，当地百姓鼎力相助，集众多木船串连于河面，铺设木门搭成浮桥，让解放军迅速过渡，贵州解放顺利完成。

1950 年冬，解放军二野五兵团十七军高庭树科长奉命率部抢修钢桁构桥和铁索桥。时值隆冬，寒风怒号，冰雪交加。高科长率领战士冒冰雪，战严寒，边勘边设计边施工，次年二月，彻底修复两座大桥。

曲拱混凝土桥建于 1994 年秋。贵州省交通厅拨款 120 万元，由贵州勘测设计院设计，凯里公路工程处承建。1995 年 5 月 1 日竣工通车。

该桥建成后，极大地改善了两岸交通，削弱了铁索和钢桁构桥的交通功能。黄平县政府多次将两座老桥修缮养护，二座老桥都得以完好保存下来。当地百姓和县、镇政府和文物部门多次在桥头立碑，记述三座桥历史和建桥相关人员的功绩。1982 年 2 月 23 日，三朝桥被列为贵州省文物保护单位，永为世人服务和游览参观，三朝桥为作为一道独特的人文风景，魅力不减，永驻人间。

浅游飞云崖

几次去黄平的飞云崖，仍觉得飞云崖尚未明晰地印记到脑海中。也许是飞云崖积沉的文化遗尘过于丰厚，或许是她的禅韵过于神秘，我一时还读不透，还听不清飞云崖胜景心音的律动。就像一场诡诞的刚刚开始的梦，才开启漫漫的孤旅，就被黎明一脚踹出了梦境。揉揉惺忪的睡眼，满心底是迷惘和遗憾。

《黄平史志》介绍，距黄平县东北方向 12 公里地，有条清幽的秀水溪，溪水上飞跨一座古老的圣果桥。桥畔古木参天，遮掩着一壁天造石穹窿。穹窿造型奇巧，如白云飞绕，又如游龙隐迹，鸟兽聚戏，情状逼真。穹窿中有细流脉脉，水珠乱飞，云缭雾绕，灵气森森。明代以后，有僧侣道人选中此境，结庐建寺，名曰"飞云崖"，又称"飞云洞"。

飞云崖地处古驿道旁，过往官宦商贾、文人墨客经过此地，无不驻足小憩。

或烧香敬佛或写诗做文，留下许多墨迹碑刻。久之，飞云崖圣地文化的羽毛日渐丰满起来，就渐次长成了一只令人敬畏的神雕，永远潜藏在黄平东北的一片密林深山之中。吸引过往游客慕名观瞻、朝拜、品读。

每年的农历四月初八，当地百姓自发在此地开展斗牛、赛马、歌赛等民族民间群众文体活动。四方游客集聚，人山人海，好生热闹。

车到飞云崖时，已是晚秋的黄昏。夕阳西下，金辉暗淡，树荫中的飞云崖显得极其幽静。走进嵌有草书"飞云崖"及正楷"黔东第一洞天"的大门，就进入了飞云崖禅境福地。空气异常清新，满眼是参天绿树、古墙、碑坊、碑刻。月潭寺大门的墙上，嵌着一排各种书体的诗词。林则徐等官宦名人有诗作分列其上。

在墙脚下，一堆堆断碑残石叠在地上，残碑上可辨明灭字迹。不知道是什么人留下的什么内容的笔迹，也不知为何这好端端的石刻，怎的就历经了如此惨不忍睹的浩劫。我不忍心走近这些残碑，绕道涉过古老而完整的青石栏杆鱼池，拾级爬到飞云崖石穹窿上边去。

石穹窿下有座藏经楼，掩藏在幽暗的树荫里。旁边还有幽云亭、圣果亭等建筑，皆翘角飞檐，古香古色，充满神秘的历史气息。石崖壁上，有数十件摩崖石刻，曰"云山胜景""普陀圣境""云停水方"等等。字体各异，书法老道，舒张自如，显然皆出自名家手笔。壁间有观音、弥勒像，像前有供桌香炉。香茬密植，纸灰盈炉，可见香火颇旺。

崖下石台侧，有清代大贪官和珅手书碑刻。和先生作品字体瘦柔，笔力稳健，布局工整，字字清朗，书法功底绝非等闲。可惜石碑缺失了一个三角，空缺部分内容，留下了一道令人们难解的谜。为寻找和珅刻石残片，黄平县曾悬赏巨资，让村人觅寻缺失部分碑石，但至今无人领赏，也无人能补齐碑文的缺失内容。

作家们敬立和珅碑前，抄录内容，估猜缺失的文字，但无人能准确补全，大多只能摇头叹息。

石崖一侧有狭窄云梯可通崖顶，但时间已晚，没工夫上去参观了。

回首四顾，只见飞云崖左边一条小河依墙脚向前默默流出。整个寺院树影婆娑，楼阁与绿树互相掩映，飞云崖依靠在一片苍翠的树林覆盖的矮山脚下。听不见蝉声，也没有寺院的钟鸣和僧侣诵经的声音。整个寺院显得异常清静。

大伙走进寺院，似乎都受到了宁静的感染，自觉放低了语音，放慢着脚步，默默地入寺，又悄悄地离去，生怕吵扰了这一方净土禅地。

来时张开双臂，似乎想把整个禅院古迹都拥入心里去，愈是这样，愈是如同捕捉五彩的光束，美丽的色彩就在眼前，可永远也别想抓住一丝一缕。

也正是如此，那一丝渺远的情愫，就捉住了人的心绪，刚刚离开，又希望着找机会再到飞云崖去。

（2002 年 11 月创作并分节在《凯里晚报》发表，2022 年 3 月 9 日整理改定）

黎平见闻

探访禹王宫

红军长征途中，中央政治局在黎平县城召开的黎平会议，是遵义会议前召开的一个重要会议，为中央红军转兵贵州和毛主席的复出作了必要政治准备。黎平会议会址点染了革命的光辉，因而光芒四射，为世人所熟知。而与之相距一箭之遥的禹王宫，因评介很少，虽历史久远，文化积淀厚重，却受读者冷落，今秋路过黎平，特探访观瞻。

禹王宫坐落在黎平古城二郎坡东翘街，建于清嘉庆二年（1797 年），是两湖会馆的主体建筑之一。当年的两湖会馆，除了禹王宫，还有组合建筑戏楼、佛殿，可惜此两处建筑及先前的两湖会馆门楼已被破坏。现存留的禹王宫作为历史的见证，标明黎平古城辉煌的史绩，被省政府列为省级文物保护单位。

史载黎平自明洪武十八年（1357 年）设隶属湖广的五开卫以来，流徙此地的外省人员逐年增多，清雍正五年（1727 年）将五开卫拨归贵州后，楚地军人商旅、文人墨客等云集黎平。"星聚虽属黔人，云游尤多楚客。"身作异地客，每逢佳节倍思亲，为准备一个游子叙旧聚会的合适场所，人们建起了两湖会馆，此后流黔楚人就有了栖身、祭祀、会饮、商旅、救济的固定场所，并长时间繁盛不衰，商旅不绝，两湖会馆也名噪一时。而作为会馆主体建筑的禹王宫，则是至今保存完好最具文化价值的部分。

禹王宫为三间十一檩双步廊式建筑，宽 14 米，高 8 米，进深 13.12 米，宫中悬挂 43 件珍贵的不同书体匾额、楹联，这正是禹王宫幸存下来的主要原因。这些匾额笔法老练，或苍劲雄浑、肥瘦得体，或自如洒脱，气韵流畅，都是名家手书，精工制作而成，是贵州省乃至全国少有的古代书法集萃的经典藏品。清代大书法家何绍基手书"绩著平成"大匾是其中的佳作代表。"绩著平成"匾悬挂在宫内左次间望板下，为白底黑字，匾长 3.9 米、宽 1.3 米，其字气韵雄阔、丰肥润硬、遒劲峻拔，为众匾中的上品。何绍基（1799年—1873年），清湖南道州人，字子贞，道光进士，其书法作品为世存珍宝。该匾题时为咸丰元年（1851年），当时何绍基任翰林院编修，国史馆纂修，甲辰恩科贵州大主考官。匾"绩著平成"出自《诗经·大雅·文王有声》，意在赞颂大禹治水之功，借以歌颂在平世之秋三楚弟子艰辛创业修建两湖会馆的功绩。而悬挂在禹王宫上正中央卷板下的"诞敷文德"匾，长4.2米，宽1.35米，字高90厘米，宽60厘米，亦是众多匾额中突出者，黑底黄字，行书体，结构谨严，虚实得当，稳重敦厚，谦和大度，沉着坚毅，亦令观赏者钦叹。书者石成藻，湖南湘潭人，清嘉庆戊辰中举，后中探花，于嘉庆十四年（1809年）题匾。"诞敷文德"语出《大禹谟》"帝乃诞敷文德"，即大布文德赞颂禹功，以此引申为歌颂当时政治清明，两湖游子以大禹精神从商治业，建成两湖会馆之功德。

禹王宫内还有不少碑记、石刻，都具有极高的文史、科学、艺术价值，是研究历史文化的实物史据，是我国会馆中保存完好的书法精品。

禹王宫内还存放有世界上罕见的阴沉木，其木之大，可谓黔东南州杉木之王，该木生长期在公元前约1514—1684年之间，埋土时间距今约3506—3676年，年轮在1366—1436圈之间，1988年在黎平敖市镇发现，1992年6月县政府组织挖掘，分割运回县城，存放在禹王宫，基径231厘米，胸径208厘米，树皮厚4.5—6厘米，长时间埋藏土中仍不朽烂，也是我州珍贵的文物标本，黔东南杉乡的历史可上溯到5000多年前。

禹王宫的文史价值为当地政府所认知，多次拨款维修并派专人管理保护，管理人员正积极努力研究考证和资料整理工作，拟让这一为世人不甚了解的文物单位在社会经济建设中大放异彩。

绿满东风林场

车入东风林场，就进入了杉乡林海，一个满眼葱绿的世界。满坡满岭的杉树、樟树、玉兰、银杏等等，令人目不暇接。弃车攀山，育林工人们为旅客修建了宽展舒适的山径，皆石块砌就，整洁而平坦。如火的烈日下，到处是高大的林木，林间清风溢漾，空气异常鲜爽。又有野草杂花点缀路旁，百鸟鸣蝉迎人歌唱，一路的风尘与疲乏，都因这良好的自然生态环境而悄然释尽。

林场负责同志介绍，东风林场是黔东南州著名的林场之一。成立于1976年，原为杉种园，约120亩。因该场管理有方，发展很快，现全场共有80个科380多种树木，是黔东南州林木良种繁育中心，也是国家林业局林业良种繁育基地，黎平县林业局各种科技培训活动都在场中举行。林场已成为秃杉、水杉、银杏、红豆杉等几十种国家一二类保护树种栖憩繁衍的理想家园。

漫步林中，香樟树枝繁叶茂，亭亭如盖，清风吹过，一种淡淡的香气浸入鼻中，给人一种兴奋愉悦之感。鹅掌楸嫩叶齐展，迎风起舞。玉兰树娇羞如女，手牵手，在径旁恭待着游人。杉木树列着整齐的队伍，笔立着身子，肃然无声，仿佛训练有素的土兵，撑起一路阴凉。

这林林总总千姿百态的各种树木，占据植物园中不同位置，齐展风姿，竞相比美。很难以分辨哪种树更美观、贡献更大。黔东南俗称杉乡，地灵山绿，杉海腾浪。东风林场成了黔东南林业建设发展的一个缩影。

地扪行

赶到地扪，已是早秋傍晚。斜阳西滑，余晖灿烂，披满彩霞的侗寨透过山口，跃入眼帘。层层密密的吊脚木楼，挟持着溪沟，环绕着稻田，依附在斜斜的坡面上。听不见水流鸡鸣，也没有播放音乐，远远地看来，地扪侗寨异常宁静。

当我们临近村头，走进寨门，穿入村巷，才发现这个古老的村寨非常的热情与热闹。老人们在屋檐下纳凉，小孩子在村道上嬉戏，青年人在家里忙里忙外。无论老人小孩，都穿着古朴典雅的侗族服装，全村人都讲侗语，在愉快地说笑。见我们进村，村民们热情地用生硬的普通话邀我们进家歇脚喝茶。

村里人说，地扪的历史很长很长了。祖先们在此定居后，代代繁衍生生不息，到明清时期建成了一千三百余户人家的大寨。村人勤奋耕织，自酿美酒，自编歌谣，自给自足。后来由于人口太多，资源短缺，物产难以满足村人需求，经村中族长协商，千余人分成几部分，留下三百户居住本寨，余者迁居到附近几个点分散发展。但"千三侗寨"这一美名仍留存了下来，并成为黎平县境内民族习俗保存最为完好的侗族村寨之一，很早就被开发成黔东南侗族风情旅游点。

大歌、花桥、鼓楼，堪称侗族"三宝"。地扪侗寨仍较好地遗存着侗族大歌、花桥和鼓楼。地扪人说饭养身、歌养心，歌比五谷重要。因此，村里人从小就学会唱侗歌。地扪有两座花桥，都架在清波流水之上。花桥不仅可过渡，也是人们休息聊天的最佳场所。桥有栏杆靠凳，两面临河，桥上盖着瓦顶，可避四时雨雪，可享清凉河风，又能欣赏桥下游鱼，也可远观田园佳景。地扪的鼓楼虽然不高，但形如宝塔，层层相叠，做工精细，成为村子的标志性建筑。那是村中群众聚议大事的神圣场所，流溢着神秘的气息，令人生出几分敬畏。千百年来，鼓楼凝结着地扪工匠的智慧与汗水，萦绕着侗族古老、团结、友爱与文明之魂。也许若干年后，我仍不能体悟和读懂它，但它的魅力将长久地存在于村里。

流连河畔，观赏鼓楼花桥，小憩普通木楼人家，一种朴素、自然、古雅、自由的感受悄然袭上心头。地扪不愧是一朵奇特靓丽的民族村寨之花，令人感叹万般，又总琢磨不透。

侗乡第一寨

黎平县肇兴乡政府所在地肇兴，有侗族800余户，3500余人，是黎平县第一大自然寨，也是黔东南州最大的侗族村寨之一。村寨中保持着浓郁的民族风情，有较集中而典型的侗族建筑，1984年被黎平县列为文物保护单位，是黔东南州民族风情旅游村寨中一颗耀眼的明珠。

肇兴距县城68公里，海拔410米，年平均气温18℃，气候四季温润宜人。村寨四周青山环抱，翠竹碧绿，杉松如海，空气优良。村中有小溪潺潺流过。人行寨中，仿佛到了世外桃源。人家连绵有序地紧密相挨，房子一般都是三柱五瓜，五柱七瓜的吊脚木楼。村中还建有禾晾、戏楼、歌坪、鼓楼、谷仓等建筑，可谓集侗族建筑之大全。村口信团鼓楼有联："鼓乐声声雄证当今盛世，楼阁巍巍讴歌天下太平。"肇兴人宁静闲适地度过了太平安乐的漫漫岁月，继续以独特的生活方式演绎着自己的发展史，年年岁岁，世世代代，生生不息，荣盛不衰。

肇兴百分之九十八的人为陆姓，有十二个大房族，衍生出赢、郭、孟、白、曹、鲍、邓、马、夏、满、龙、袁十二姓。同姓中人不可通婚。当地人把这个寨以"团"或"寨"分片区划，分别称作"仁、义、礼、智、信"五个团寨，并建有五座鼓楼，每座鼓楼代表一个团寨。鼓楼是村人集会活动的场所，是侗族人团结友谊和民族文化的象征。各姓之间长期和睦共处，不同姓氏之间可以相互通婚，整个村子不同姓氏亲来戚往，形成了千丝万缕的姻亲关系。

勤劳淳朴的肇兴人有着无尽的聪明才智，世代都有名播四方的农民建筑艺术家。寨中最出名最受人尊重的人是木楼亭阁建筑师，他们的足迹遍布大江南北，他们的艺术产品——鼓楼、花桥等杰作遍地开花，贵阳、深圳、北京等地都有他们创建的鼓楼、花桥等侗族建筑。村中生产的竹器、银器、藤编、刺绣品及机织侗锦等，更是畅销海外，令消费者赞叹不已、爱不释手。

村子节日众多，春节、正月十五、春社节、清明节、鸟米节、插秧节、六月六、新米节、八月十五等民族节日四季相连，周而复始。一如侗家人独特的牛腿琴弹奏的优美旋律，将肇兴侗族群众的生活伴奏得五彩缤纷。

西部大开发的号角在苗岭侗乡鸣响，肇兴侗族人民的发展意识不断增强。黎平机场正式启动，肇兴人勾画了自己美好的旅游发展蓝图，把茶油、大蒜、花生等土特产纳入旅游产品的生产规划。保护古建筑，建设一个文明古老完整的旅游大寨已成为肇兴人的共识。

而今，肇兴人每年接待成千上万的中外游客。到过肇兴，我们有理由相信，这个古老的山寨，已敞开山门，迎接更富足更和谐的美好未来。

神奇的侗族大歌

侗家人说：饭养身，歌养心。心之不愉，体必将衰。可见歌对侗家人是何等的重要。

走进黎平侗乡，或古老山寨，或林场田园，或休闲山庄，只要有侗家人在，无论男女老少，只要你喜欢，侗家人都会亮出金嗓，为你唱上几曲清泉般闪亮的侗歌，为你洗除一旅风尘，熨帖你劳顿驳杂的心。

在风景区飞龙洞，在千三侗族大寨地扪，在万亩东风林场，在风景如画的八舟河畔，漂亮的侗族姑娘们为全国采风团的客人们一路歌唱。在侗家姑娘们动听的歌声里，客人们如沐春风，大地退去浓浓的热浪，丝丝凉意，沁入客人心底。歌声起，人语落，每当姑娘们演唱开始，山雀停鸣，夏蝉休嗓，姑娘们的歌声似一片无形的云岚，滑过木楼，蹚过溪水，穿透稻田与山林，缭绕在客人的心间。那声韵与旋律又似一双温柔纤手，默默地轻轻地将人的五脏六腑悄然柔抚一遍，让人浮躁的情绪稳定下来，让忧郁开颜，让暴戾者息怒，让每位听者身心的每个细胞都兴奋一遍然后归于恬静，最后把所有的快感转化成雷鸣般的掌声。这掌声从 20 世纪 50 年代响起，响彻国内诸多艺术节，漫过中央电视台春节联欢晚会，又萦绕我国最高音乐殿堂南京艺术大剧院，先后多次穿越国界，在法国、意大利、苏联、日本、马来西亚等 10 多个国家传开。

这就是侗族大歌的神奇魅力。她是阳春白雪与下里巴人雅俗结合产育的优秀的艺术佳子。她多声部、无指挥、无伴奏和声的演唱形式，她的众低一高、一引众合的演唱效果，正如行云流水上闪现的一缕轻虹，又如海潮滚动时浪尖上滑翔着轻灵自由的鸥鹭，令人浮想联翩，无比惊羡又琢磨不透。相信不管是那些著名的指挥家、音乐家，还是普通的游人，都能听得懂大歌里的生活，都能得到心身的慰藉。侗族村村寨寨老老少少那样热衷于传唱大歌，难怪那些评论家要把大歌称为"神秘的天籁之音""清泉般闪亮的音乐"。

因为大歌的神奇魅力，全国各地的商旅百客，每年总要云集而来，世界上许多国家和地区的旅客、文化学者，总是趋之若鹜来到侗乡，专门学习研究侗族大歌，有的还在侗寨扎根生活十多年，大歌的感召力有多大也就不言自明了。

侗族鼓楼

鼓楼是侗族村寨的标志建筑。有鼓楼的村落，必定是侗族村寨，是侗族的村寨，也一定会有鼓楼。鼓楼其奇特的建筑形式，独特的文化功用，成为侗族文化中的珍宝，与侗族大歌、侗族花桥并为国家级的三大文化瑰宝，人称"侗族三宝"。以鼓楼为代表的侗族木构建筑构造技艺，2006 年已成功入选国家级非物质文化遗产名录。许多鼓楼掌墨师也分别成为州级、省级非物质文化遗产代表性传承人。

侗族鼓楼文化的历史非常久远。清代雍正年间，就有关于侗族鼓楼的文字记载："……侗人以巨木埋地作楼高数丈，歌者夜则缘宿其上……"历史上鼓楼是侗族人民作为族姓群体的外形标志和集会议事及娱乐活动的场所。一寨一姓一鼓楼，通过鼓楼，可以了解这个村寨有多少个族姓。

鼓楼因为楼上置鼓得名。在侗族历史上，凡有重大事宜商议，起款定约，抵御外敌匪盗侵扰，均击鼓号召群众。平时无事不能随便击鼓，一旦有急事，由寨中"头人"登楼击鼓。洪亮的鼓声响彻村寨山谷，迅速把村人集中起来。现在，鼓楼是侗寨老年人教歌、青年人唱歌、幼年人学歌、民间老艺人传歌编侗戏等集体活动和社交、休闲、娱乐的场所。

从外观上看，鼓楼是一种极富有视觉效果的建筑。一座建好的鼓楼，楼顶是连串葫芦形的顶尖，犹如塔尖直刺苍穹。中部是层层叠楼，楼身形如宝塔。楼檐一般为六角、八角、四角。六角的俗称"六面倒水"，每一分水的突出部分都有翘角，它的重檐层层叠叠，从上而下，一层比一层大。鼓楼底部，多是正方形，四周有宽大结实的长凳，供人歇坐。中间是一个或方或圆的大火塘。基本的轮廓形如巨杉、下大上小、重檐叠加，檐层数量皆为单数，最少的有 1 层，最多的达 21 层，这是由于侗族把奇数视为吉祥之数。

鼓楼是侗族最有特色的代表性建筑，无需图纸，由侗家工匠自行设计，自行施工。通体为本质结构，不用一钉一铆。鼓楼以杉木作建筑材料，选材还有一定讲究。建造鼓楼的主要大梁柱、照面坊，是经过族中长辈德高望重的老人选定。要求木质优良，首尾均称，树形标直，树龄较长。未优先标记，其他木材不得取用。鼓楼榫眼衔接，顶梁柱拔地凌空，排枋纵横交错，上下吻合，采用杠杆原理，层层支撑而上。所有的建筑构件，都是由掌墨师用一根竹竿做的"丈竿"、一把弯尺、一只墨斗、一支墨笔，在原材料上进行丈量勾画标记后，交由其他徒弟加工制作而成。错综复杂的金瓜梁方、斗拱支柱，衔接无隙，严丝合缝，分毫不差。结构严密坚固，可历经数百年风吹雨打，仍不朽不倒。充分体现出侗族能工巧匠高超的建筑技艺。

据有关统计，全国现存鼓楼 630 余座，花桥 500 余座。黎平县境内有鼓楼 320 座，花桥 290 座，均占全国 50% 以上，堪称"侗族鼓楼、花桥建筑博物馆"。其中肇兴侗寨，有五座鼓楼、五座花桥、五座戏楼，肇兴鼓楼群已被列入吉尼斯世界纪录。述洞村独柱鼓楼是侗族鼓楼的雏形标本，也已被列入吉尼斯世界纪录。

天生桥一瞥

一座天然石桥，浑然天成，仿若人造，宽达 138 米，跨度达 119 米，这同类桥为世界第一，载入吉尼斯世界纪录。这座桥就是黎平县高屯镇的天生桥。今夏随全国电台记者团赴黎平采访，再次目睹了天生桥的宏美景观。

早在 1997 年，就从报端阅悉黎平有座形状奇特的天生单拱石桥，后又知该桥报吉尼斯世界纪录并获成功，就梦想有一天去黎平看看我们黔东南的奇绝佳景，体味大自然神工鬼斧的神奇魅力。1998 年夏天，随同省旅游专家考察组同行，第一次观瞻雄奇高峻的天生桥。

中巴车穿过黎平广阔的田坝，滑过低矮的山峦，在一片绿树掩藏的沟谷前下车，徒步走过荒山野径，行几百米远，就来到天生桥脚。举头仰望，天生桥横空而过，飞跨两山之间，如一道蓝灰色的彩虹，遮住了天空，盖住了沟谷。桥下似一个可躲雨避风的宽阔洞天，给人一种到了另一个神奇世界的感觉。桥下有无数乱石横卧，石面干净光滑，最宜静坐小憩和拍照。谷底有一条清澈的小溪，溪水如蓝，倒映着岸边绿树杂草。向远处探望，小河两岸草茂鹰飞。再远处，有些稻田牛棚，水车悠然慢转，浓浓的田园气息漫袭人心，给人一种恬淡自由的愉悦美感。

再到天生桥时，便道已用条石铺就，极方便走动了。天生桥脚人迹重叠，踏踩出多条游人观景的小径。天生桥依旧雄奇如虹，那些寄宿在桥身上的草丛之中的鹰看不到了。

大家依然免不了兴奋，照相机响个不停。记者们大多都走过不少名胜，但对这天然石桥，大伙都惊羡不已，议论不停。石桥架于河谷上空，不知是有了这河才生有这桥，还是先有这桥才透穿这河。大自然的神秘力量，造就这般奇特的胜景。岁月悠悠，已实在无法揣摩明白。总之，黎平侗乡有了这天生桥，八舟河景区就跃升了一个档次，成为世人所仰慕的景区之一。

（1998 年 8 月创作于黎平采风途中，分节发表于《凯里晚报》，2023 年 5 月 12 日再改）

榕江散记

车江大坝

榕江西瓜曾经名播四海，而盛产西瓜的车江大坝（黔东南人称较开阔的山间小盆地为坝子）也渐为世人熟知。车江大坝不仅地阔壤肥、物产丰饶，且为我州罕有的风景名胜区。

入冬适逢小阳春，风和日丽，天朗气清，李文明兄作品讨论会安排在榕江举行。我应邀赴会，欣然得晤车江。

榕江的朋友热忱好客，会期安排我们到车江一游。辞宾馆、出古城、进车江，迎面一马平川，一望三十余里。这是全州最坦阔的一个大坝。黔东南多山，但也不乏玲珑大坝，天柱、三穗、黎平、黄平、剑河等县均有大坝，统观各地坝子，最为平坦空阔肥沃者，莫过于榕江县城边的车江大坝了。

车江大坝之美，在宽广、在平直、在有别致侗族村落人家，在有贵州黔东南最集中的古榕群和古榕掩荫下的弯弯小河。更因地灵人杰，文化积淀厚重产生了珠郎娘美这样优美动人的传奇人物故事。车江之美，不仅集汇了大自然的灵气，更溶入了热情勤劳的车江人创造的坝子文化。世界上最高大的侗族鼓楼——车江鼓楼，曾列入吉尼斯世界纪录。它端庄、古朴，稳坐村中，直指蓝天，极其引目，成为车江大坝一道亮丽的人文景观。沿着车江河畔，无数村寨挨河堤而建。河旁村畔，古榕树四季碧绿如盖，掩映村舍，一派生机盎然。

榕树下是平缓清澈的小河，几道小桥横跨河面，河中停泊着无数敞口小船。据说这是专供游人盛夏泛舟饮酒、观光乘凉休憩而备的。游船那么多，可见这里的夏天十分热闹。村中有古石板道，有修葺一新的萨玛庙，河畔有古亭，有逼真的珠郎娘美雕像。还有百货店、小酒楼和竹片夹制而成的歌舞厅。我们一路观赏，感受着古老车江大坝浮泛着的浓浓的古今交融的人文气息。惊喜不断，感叹不已。

不觉游人村巷中，迷路走进了一户侗族村民的院落。好客的主人闻声，立即热情地邀请我们进入堂屋休息。并捧来鲜美的椪柑，沏上清香的土茶。一边指导我们品茶，一边陪我们聊天，向我们讲述车江古老的传说故事和悠久的历史文化……

会务组的召集人找到我们，说在河边的竹楼安排了晚宴，决意要我们离开。我们这才知道，好客的主人已安排家人捉鱼备酒，正准备丰盛的晚餐。我们只好向真诚的主人表示感谢，致歉辞别。

当我们告别农家，走向河畔的竹楼小店，西天彩霞渐隐，夜幕姗姗垂临。晚风习习，整个车江大坝，已是万点灯火，一弯新月，已悄然挂在车江冬夜云薄星稀晴朗的天空。

对月畅饮

夜幕拉开，弦月斜照，车江河畔灯火阑珊。不知古榕树下哪家小酒楼送来了袅娜的歌声。尽管已是冬日，车江大坝的夜色却分外迷人。榕江文友们热情地邀我们钻进低矮的竹楼，享用榕江侗家人丰盛的晚宴。

竹片夹制的竹厅，轩敞、干净，清爽而温馨。厅里摆上了两桌菜肴。紫红的圆桌分成两个半圆，挟持着两只土炉，各放一口火锅，一为香炒牛瘪，一为清汤猪脚。红红的炭火释放着紫红色的火苗，无声地舔着锅底。锅中弥漫的香气，早已溢满竹楼。桌上侗家腌鱼、腌肉、烧鱼、凉拌，七碟八碗，做工精巧，色泽鲜美，香色俱佳。宴未开，已令人舌尖涌涎，食欲陡增。

好客的主人打开榕江陈酿侗香蜜，斟满大杯，一一递到席间宾主手中。主持者一声招呼，宾主畅然举杯。小小竹楼顿时热闹起来。主人热忱地频频邀酒劝菜。纵是不善饮者，也不能不欣然开戒，鼎力豪饮。三杯过后，席间宾主已放下包袱，不拘礼节，大凡能助酒兴的话题都搬到席面。榕江主人们不但人人能饮，且都是能说善唱的幽默大师，其中又以民族局的杨局长最能。他个子发胖，一脸福相，才思敏捷，是个有名的歌手兼笑话大师。据说他当年下乡挂职，深得村民拥戴，调回县城时，村民设宴送别，他一首精妙山歌，唱得相送的妇女们无以对答。直到时过一年，他再次到该乡调研，那村的妇女们才对上他那首歌。为表达地主之谊，他席间慨然放声唱起酒歌。抑扬优雅的调子，直白淳朴的歌词，表达了榕江人对远道而来的客人们无限深情厚谊。对于不懂酒歌口齿木讷的我，只有尽情饮酒的份。一首酒歌，一杯美酒，一段笑话，让席中宾主各俱开怀，笑声不断。酒香情浓，河畔的小竹酒楼如诗如幻，作家艺术家们沉浸在榕人朋友们热情待客的欢乐喜庆的氛围中。

待到夜深散席，宾主多已醉意朦胧。大家才快然携手相依踏出竹楼。冬月当空，河风拂面，车江大坝，迷蒙如画。趁着浓浓的酒兴，几位文友决定，沿着河边古榕覆盖的小道，徒步赏月回宾馆。

谒侗族慈善家杨素喜衣冠冢

踏着淡淡月影，我与朱法智先生随县政府办杨姹女士一同来到车寨杨姹的家。见客人来，杨母热情招呼我们进到洁净舒适的堂屋，烤火、喝茶、吃水果。杨姹便给我们讲述该村一位女慈善家的故事。

慈善家名叫杨素喜，她一生非常勤劳节俭，家资颇多，田地广阔，是当地有名的大户人家。但她一生却节衣缩食，从来不过一天奢华的生活，不浪费一粒粮食，身着普通家织布衣，终年勤苦劳作，耕种田地，养蚕种麻，牧畜养禽，从不懈怠。通常是一天只吃一个鸡蛋，吃一条泥鳅，很少大酒大肉，常吃白米饭和家种蔬菜。但对待邻居亲友，她却非常大方慷慨，总是有求必应，时常周济生活困难的乡邻和亲戚。她心地善良，行事低调，做好事从不求别人回报。与夫君一生过着平淡安闲与世无争的生活。遗憾的是，她一生未有生育。

因没有子女，她在晚年就把积攒的大量资金，用于请工匠，开凿石板，修建石板路。从车江河边一直铺石板到村中，以方便行人过往。同时她还捐资修造了一些凉亭，以方便村人避雨、纳凉休息。此外，还捐出不少钱物，资助那些贫困人家子女读书识字，培养了村里一批文化人。她的义举深得邻里一致好评，受到乡人的敬重和称赞。

因为没有后人，她在去世前，自己请工匠在村边距其修的石板路约二十米远的空地里，打造了一座精美的坟冢，准备作为她百年之后的归所。

杨姹介绍到此，侗族女先贤让我们心里平生出十二分的敬意。我们决定去看看这位令车江大坝群众至今仍崇敬的传奇慈善家的坟墓。

天空虽有弦月，但光线较弱。杨姹到邻居店铺买了手电筒，我们穿过村里宽直的水泥路，来到村后边的一块荒地。途中，杨姹告诉我们，村中水泥路原来就是杨素喜老人义捐修建的石板路，因原石板路相对窄些，难通车，不久前村里人拓宽路面并用混凝土硬化，并改名为庆丰路。杨素喜老人请人打造的那些石板，村里人都把它们搬走另作他用，原先杨素喜老人捐修的那条平整宽展的石板路，从此永远地存在于村民的口头传颂中。

费了一番周折，我们终于找到了杨素喜的大冢。它高耸于众坟堆之中，周身被圈坟石砌围着，虽然荒草丛生，但我们仍一眼认出它来。它与众不同，坟高两米多，墓碑精美异常，碑帽一米多长，墓门高约70厘米，做工非常精细，图饰多样，碑门内有一层精工细作的镂雕花窗，花窗为红色石英砂岩料，雕龙刻凤，形态生动逼真，实为平民墓碑中极少见的珍品。透过花窗，可见到距花窗约 7 厘米后边的青石墓碑。借助手电光，我们看到碑石正中写着"伯母杨母老太君之坟墓"字样。碑右边标明其生于咸丰十年（公元 1861 年）十二月初四日。但未刻有其辞世日期，这成了一个谜。

从这座华丽的大墓中，我们可以想象，杨素喜老人当年是何等的华贵和富有。

我们带着许多疑问和感叹告别杨太君之墓，已是夜深人静时分。虽知道杨素喜老人还有侄儿后辈在世，但太晚，也没有条件再去拜问了。

过后才知，杨素喜修筑如此华美的大冢，并不是为自己百年之后"安居"，而是为了做个纪念，希望这座坟守候在她苦心修建的石板道旁。坟里只葬下她的一副空棺，实际这只是一座衣冠冢而已。其真身则如普通村民一样，被村民葬到了距村落较远的后山上。

参拜苗王庙

榕江有座苗王庙，是迄今为止黔东南发现的唯一的苗王庙。近年被收入中国旅游词典，逐渐名传海外，每年不少外国游客来黔东南，都要到榕江县观瞻苗王庙。

集体活动空闲时间，榕江的文友邀我们一起攀爬县城西山，参拜久负盛名的苗王庙。到得山巅，但见古木蓊郁，风景如画。两间一楼一顶的水混砖瓦结构的苗王庙就掩藏于古树密林之中。

相传苗族先祖中原战败后，大规模战略转移，逐步往西部迁徙。有一支苗族沿都柳江逆流而上到达榕江，这里是苗族迁徙途中的重要一站。他们到达榕江后，见这里河谷开阔，依山傍水，土地肥沃，就定居下来。开山劈土，休养生息，成为开发榕江的拓荒者，创建过不世功绩。苗族后人建立此庙，以纪念苗族先人迁徙到榕江，并在此再次分支散迁。榕江作为苗族先人们迁徙的站点，为很多学者所认同。在黔东南各县的苗族古歌中，都提到了榕江这一重要迁徙地点。一些地方苗族老人去世后，都要唱古歌，向逝者的亡灵交代回归东方老家的路径，其中就念到榕江这个地名。苗族先民中原战败西迁，在他们的理念中，依然也要"落叶归根"，灵魂要送回到东方故乡去。榕江的苗王庙，无疑是苗族迁徙历史的一个重要见证。

榕江的苗王庙是什么时候建立的，是什么人建造的，供奉的苗王指谁，均无史料可考。据当地民间传说，有人说苗王是指开发古州（榕江史称古州）先祖首领良公，故苗王庙也称良公庙。良公系谁，也是一个永远无法解开的谜。苗族没有保存下来的文字，没有史料记载。一切的文化基因与脉络，皆隐藏于复杂的服饰和口口相传的民族古歌等非物质文化中。

据介绍，榕江县城边山上的苗王庙，以前规模非常宏大。庙中用紫檀木雕制的苗王木像，足穿草鞋，身背战刀，头包绸巾，浓眉方脸，嘴衔烟杆，英姿飒爽，气宇轩昂，不怒而威。他的左右两侧分别站着一名英武的侍卫。

榕江县自古民间每年都要在这一带举行隆重的春耕破土仪式，直到民国年间这一习俗一直没变。新春伊始，当地苗族群众汇集于此，吹芦笙，跳铜鼓舞，用鸡鸭鱼肉、刀头酒礼、糖果糕点、烟叶等物供祀苗王。当地政府官员参与庆祝活动，最高行政长官走在队伍前边，结队开路到县城南门破田，祝福新的一年百般顺遂、风调雨顺、五谷丰登、秋粮满仓，共同迎接春耕节气的到来，当地一年的春耕生产活动亦由此拉开序幕。活动结束后，当地群众收敛春节余下的所有娱乐活动，开始备耕春耕，开启紧张农忙的模式。同时，那些经商的、求学的、卖艺的各色人等，也正式告别消闲的日子，各自奔忙于本行正经事情。千百年来，苗王庙见证着榕江季节的更替和当地百业的兴衰，也成为榕江人文历史的一重要物证。

遗憾的是，最初建造的苗王庙于"文革"期间被破坏损毁。20 世纪 70 年代，当地有识之士带着民间筹款，拟恢复苗王庙，但诸多原因未能建成。到 80 年代，才由民间组织筹款重建木质结构庙宇，之后又改成砖木结构建筑，并仿照原先的苗王雕像重新制作了苗王像。

1994 年，有不知内情者在庙门挂上一个"苗王宫"字样的牌子，所以现在悬挂的牌子不是"苗王庙"而是"苗王宫"。1999 年，县里列为文物保护单位。

作为身上流淌着苗族基因和血脉的一位作家，我为榕江县城留存着这样古老的一座苗王庙感到自豪。站到苗王像前，我们都向这威严的苗王诚敬鞠躬。

相信那些热爱研究苗族文化和历史的大学者们得知此庙，定然会不远千里，寻着苗族文化的漫长根脉，到榕江这座秀美的西部小县城来，一睹"苗王"的尊容与风采。

王公岩漫笔

榕江县城西去十公里，有苗侗杂居村，寨名叫都江，这里是著名的苗族迁徙地之一"五公岩"遗址所在地。它是苗族规模迁徙到榕江后，分成五支系各奔东西的见证地。带着几分好奇与崇敬，我们随榕江文友同往寻看。

都江是一个极普通的山寨，背依高山，面临都柳江，村侧还流出一条清澈小溪与大河相会。村口有数条乡间小路和 321 国道交汇，显然，这里应该是榕江县村镇一个重要的交通枢纽。

都江村看起来并没有什么特别的地方，就像都柳江沿岸那些星罗的大小村寨一样。若不是因为有五公岩遗址，谁也不会太注目这个朴拙而娇小的山村。

就是这山村脚下，河畔平旷的沙滩上，若干世纪以前，曾演绎过一出苗族族群再次分迁，骨肉生生别离，难舍难分又不能不相互洒泪告别的宏大悲剧。

相传有一支苗族部落在五位头领的带领下，扶老携幼，战天斗地，跋山涉水，撷野果、猎野物、捞鱼虾，风餐露宿，饮血茹毛，历经千难万险，沿都柳江逆流而上来到了这里。垦荒种粟，开田植稻，终于过上了较稳定的安居生活。但随着时间的推移，人丁的繁盛，土地等自然资源已没法养活庞大的族众。人们感觉已实在不能在此一起长久居位，面临缺穿少食，无法正常生存下去的窘境。几位头领犹豫再三，经反复的协商，族群必须化整为零，再次分成若干分支，分赴他乡求生存发展。经过艰难痛苦的抉择，五位头领终于下定决心，聚会三天，然后各奔东西。

曾经一路同甘共苦，又要分生离别。而前路漫漫，前途渺茫，吉凶难料。整个族群笼罩着沉闷而悲怆的气氛。

树挪死，人挪活。历经了若干次迁徙离别的苗族长老们选定日期，带着全族老幼来到宽阔的河坝，杀猪宰牛，埋锅造饭，面向东方，祭奠先祖，告慰亡魂，占卜吉凶，选定分期。然后在河畔饮酒吹笙跳月，同乐数日。然后将本族木鼓一分为五，五支部族各领一片。待到预定吉日吉时，全族老幼收拾行装，举族迁徙，洒泪作别。那种畜叫禽鸣，哭喊震天，扶老携幼，欲行还住，边走边回头相互招呼、相互祝福的悲壮场景，足以感动天地，惊动神明，是任何高明的影视大家永远也不能复制的。

所有的亲人都相信，部落血脉相连，永不分离，他们的子孙一定还会相聚。在最后的道别前，为记住这惨烈而无奈的分别，五个部族头领，集中在路口栽种下五块从大河边挑选来的条石。五块石头呈扇形分布，较平的一面分别朝向五支族人所离去的方向。这五块石头就是记载苗族先人迁徙入黔东南榕江后，再次分迁的独特的史实。

五支苗族散布往不同方向，共同约定，在分别后不久的时间里，五支人曾多次组织代表返回分手地共叙别情，介绍别后生存生活和繁衍情况。但随着迁徙地越来越远，再回榕江相聚的约定渐渐无法再实现。苗族后代们只好告知族人别忘记民族的苦难史，记住迁徙路线，并以古歌的形式一代一代传唱下去。那五块石头被当地群众称为"五公岩"。

也不知过了多少岁月，后来的人们又在"五公岩"所在的地方建起了村子，木楼人家炊烟袅袅，人们过着平静自由的生活。当地人尚不知道这里曾经发生过苗族族群分迁的故事，也不知道"五公岩"的巨大历史文化价值，没有进行很好的保护。有一年发生火灾，烧掉了邻近的猪牛圈，"五公岩"也承受了火劫，几乎被焚毁炸裂了。

我们去到都江村"五公岩"遗址寻看时，"五公岩"仅剩其中一块，并且已被烧断了一截，被叠砌在一户村民家楼脚的石坎上。我们几位作家的心中顿时生出满满的失落感。幸运的是，"五公岩"至少还残存有一块，并被村民利用和保护了起来。那块石头像一枚文化符号和物证，把苗族迁徙的苦难历史，深深地镶嵌在榕江村镇民族文化的记忆里。

古榕十景

天下古榕，荟萃榕江，这是榕江之行的真切感受。榕江榕树之多，造型之美，令人叹为观止。这些千姿百态的榕树景观中，犹以古榕"十景"最为出名。

"古榕包碑"是榕江"十景"之一。在车江大坝寨薅河畔，有一棵硕大的古榕，榕身嵌着一块古碑，碑身几乎已隐身榕树体中，碑石上截碑文模糊难辨，其内容难以考证。也许只有待若干年后榕树身死并腐化，才能让读者欣赏碑文内容了。是榕树先栽？还是古碑先立？这永远是一个令人无法破解的谜。

在榕江乔来，有古榕发达根系探入河中，轻舟过此受阻。又因此根系状如泊在河边的小船。村民常常到树下泊船，故称"榕根泊船"。

榕江八开有一古榕美景名曰"苗女开裙"。古榕根部发达，分布有序，形如苗族姑娘旋舞舒展的百褶裙，极为引人注目。这景点也属榕江"十景"之一。

在榕江头塘，有一座古庙被古榕树拥抱怀中，形成"古榕包庙"的绝妙景观。人们推测，可能在数百年前，有一只小鸟叼了一粒榕树种飞落庙顶，无意间树种从小鸟嘴中滑落到庙顶的缝隙中。经阳光雨露的滋润，榕树种发芽生长。因要植根沃土以求生存，榕树根努力向下生长，渐渐把古庙包裹起来，就有了现在令人神往的奇观。

榕江罗乡有古榕根系如瀑，名曰"榕根瀑"，也入古榕"十景"之列。

车江大坝有古榕名景叫"生死恋"。一株古榕与一棵苦楝树死死合抱在一起。相传当地有个瑶族姑娘和一位苗族小伙子相恋，一次发洪水，小伙子被大水冲走。姑娘就驻足河畔苦苦相盼，日久变成了苦楝树。不想小伙子在下游被救起，过了好多年，历尽千辛万苦才回到老家。得知瑶族姑娘已化成树，他来到河边，紧紧抱住苦楝树哭成了泪人。后来也变成了一株古榕，与苦楝树黏合在一起。双双演绎了一个纯真的爱情悲剧。现当地青年夫妇发生了矛盾，便相约到"生死恋"古树下，拥抱一下古树，夫妻双双想起两树恩爱，他们也曾经那般相互倾心，情投意合，才结成夫妻，比起这对树夫妻，他们显然是多么幸运。于是双双携手回家，恩爱如初。

车江大坝古榕最多，古榕"十景"中有几景都在车江河畔。"九龙入海"

和"返老还童"也是其中两处景点。有古榕根型似传说中的龙,齐头伸入溪水中,故名"九龙入海"。又有古榕形已老化,却又长出无数新枝,古榕青春再现,枝繁叶茂。人谓之"返老还童"。传说老年人常到此树下漫步,得古榕之灵气,亦会青春永驻。

榕江八开的"至爱悲剧"是古榕"十景"中的最后一景。一株巨大的古榕将一棵硕大的枫树腾空抱起,古枫脚不着地,渐渐枯死了。相传当地两位青年自由恋爱,冲破重重阻挠相聚在一起。由于悲喜交加,男青年死在姑娘的怀里。双双化成古树,姑娘死死地抱着她的"情人",长期厮守在村头。

古榕"十景",蕴含着许多耐人品读的故事,值得流连玩味。

(1999 年冬创作于榕江,在《凯里晚报》分节连续发表,2022 年 7 月整理)

天柱游记

游天柱鱼塘水库

深秋随省旅游考察团的专家到天柱，游鱼塘水库一遭，遥想着天柱人美好的理想和旅游蓝图，我隐隐感觉到，天柱鱼塘水库将成为黔东南惹人向往的人工湖之一。

鱼塘水库位于天柱县城西南，距离县城 22 公里，坝高 54 米，底厚 12 米，顶宽 5 米，库区形成了 4.4 平方公里水域，库中小山成岛，四周青山环抱，有侗族村落稀疏散布。优美的田园山色，买不到的清新空气，有多条河可以观览的河岔山湾。显然，这里是现代人休闲、赏景、游乐的一个极好的景区。

去时正是水瘦鱼肥的好时节，到水库边，见库水果真消浅了不少，从岸边灰色的吃水线看得出来。这里的山很静，头上白云飘，山鹰慢慢飞翔，燕子还未归去。正是水产丰收的时节，渔民们乘扁舟在库中水面上作业。网撒下去，鱼捞上来，鲤鱼、草鱼、鲇鱼、鳜鱼等许多种，活蹦乱跳，煞是喜人。还有吃了一年水草的虾蟹，在库中养胖了身体，正好做人们餐中美肴。有人介绍，库中大鱼不少哩，大者竟达数十公斤。在湖边浅水处，一些农民正挥锤使斧在打造游船，有几只打好的，正翻露崭新的船底在太阳下曝晒。上游是坪地镇政府所在地。建筑工人正忙着修架大桥，因为怕今后湖水没了镇区，交通受影响，就架一道高而长的水泥桥，以便今后车辆正常运行。而临近水边的人家，也急急忙忙着手搬迁。他们主动退避三舍，让湖水漫进村来。他们明白，湖水形成，水活了，山灵了，游客也就来了，生意就可以做大，发展经济的车轮就会迅速转动起来，就会带来滚滚财源。

建大湖的梦酝酿了两代人，70 年代就开始筹建，90 年代建成坝体工程。就像母亲计划生一个聪明的孩子，需耗几多精力心血，孩子来世了，让他成为有用于社会的奉献者，漫漫成长路，坎坷艰险，很不易呀！天柱的人民准备好了，他们的理想就是要建成贵州名湖，建成具有发挥综合效益能造福天柱人民的重要景区。

专家们看过了，说，真山真水真田园，除了水利电力方面的开发价值外，旅游方面大有文章可做。这里的山，小巧别致，植被良好；这里的水，由几条小溪汇流而成，无工业污染，无生活垃圾影响，水流量大，皆清澈山泉，泉水汇集成湖，还有什么可挑剔的。而四周散布的小村落，更是湖光山色一种难得的点缀。侗族民居本来极有特点，"人"字形屋顶，方形房体，亮丽的木格花窗。加上层层梯田和片片菜畦，翠绿的竹林，飘香的果园。四季鸡鸣鸟唱，花开果结，天然去雕饰。生活在这里的侗族村民，能歌善舞，热情好客，和睦友善，淳朴勤劳。依了这俊美的湖泊，抓住发展的机遇，发挥其才智，酿美酒，备佳肴，种特产，推出传统的歌舞节目。客人游到山里来，不饮美酒自然醉。

三门塘读碑

距天柱县城约40公里的远口镇，清水江穿境而过，两岸田园绿树，散布着许多玲珑的侗族村落，其中古码头三门塘村，三门塘属天柱县坌处镇；历史上木材贸易繁荣，文化因之兴盛。该村保存着明朝以来古碑多通，很早就被列为县级文物保护单位，是值得一游的清水江边寨之一。

三门塘人靠水吃水。因有便利的水上交通，清水江可直达湖南常德、洞庭湖等大市场。黔东南盛产木材，三门塘作为木材水运中转站，承担着迎接下游商客，存积上游木材的任务。商业因此繁荣，百姓因而富裕。有了钱，即可兴办义学，大办公益事业，为记载这些无私捐款者的功德，于是刻石为碑，以铭千古，因此三门塘石碑就多且完整地保存下来，成了天柱县难得的文化遗产。

三门塘共有石碑62块。主要有三种，一是记述兴办公益事业，二是记载修建亭台楼阁及庵堂庙宇情况，三是禁令碑。反映公益事业的石碑占大多数，具体有义渡碑、义学碑、修井碑、修桥补路碑等。其中一块义渡碑记述，从清雍正五年开渡，百姓捐款置义渡田500箩（约12500公斤稻谷），请船夫常年义渡，以方便过往行人。直到土地改革时期才分散义渡田。义学碑载，清雍正年间当地群众兴办义学，村人筹钱购田500箩，并兴建义学堂，从外乡请先生入村从教，发展村里的文化教育事业。修井碑记述的是清乾隆年间几位妇女自筹资金修井的有关事宜。可见当时妇女的地位很高，思想比较解放，可以参加公益活动。凡此种种，足以反映当时木材市场给当地带来的巨大财富，也刺激了文化的发展和人们思想观念的改变。

三门塘还完整地保存多座古祠堂。祠堂设计古朴，做工讲究，雕龙画凤，栩栩如生，材质良好，虽历时久远，仍不败色变质。村人说，村中曾有一座精美的祠堂，墙面上镶制有一条活生生盘龙，龙怒目舞爪，周身风从云生，非常逼真，仿佛活物。龙鳞是从江西景德镇订购的陶瓷制品，色泽鲜丽，光耀夺目。可惜新中国成立后被人为毁坏掉了。村中还有许多庙宇、楼阁，遗憾的是多已损毁无迹，只能从碑文的内容上想象昔日的繁盛景象了。

这众多的石碑中，保存有明碑三块，最早的一块立于明万历三十年。这块碑笔法粗犷，内容简单，反映明改土归流后，汉文化已传入清水江畔少数民族地区，但当时人们的文化程度还不高，书法水平有限。明碑难找，天柱县三门塘存有此碑，实在是弥足珍贵。天柱县已将三门塘作为旅游重要景区进行保护和开发，也许不久，会有更多游人来三门塘，一睹这些古碑的风采。

侗寨祠堂

路经天柱县一些古老的传统侗族村寨，除了鼓楼花桥，部分村寨还建有精美的宗庙祠堂，为这些古朴的少数族村寨，平添一份独特的外来建筑文化的魅力，值得人类学和文史学者们考察研究。

祠堂——这一独特的文化现象，多数在黔东南北部清水江沿岸比较大的村寨保存。这些村落交通相对便利，文化相对发达，经济发展良好。应该说，祠堂是黔东南本土文化与中原发达地区经济文化交流和相互影响的重要物证之一。

有些祠堂虽然在漫长的岁月中遭受损毁，但仍可查找到其遗址遗迹，有些祠堂经过修缮，完好如初，成为绽放在黔东南民族文化花环上的一朵精美奇葩。比如天柱远口镇就保留着不少完整的祠堂，有的被列为文物保护单位，镇政府所在地的吴氏宗祠就是较典型的一例。

宗祠的起源无据可考，据当地群众介绍，大抵在明清年间，当地老百姓大力发展经济，利用便利的水上交通发展商业，南来北往客商云集于此，汉文化与地方文化交汇融合，经济发展起来了，地方文化得到相应发展。富裕起来的群众总要想些办法来纪念盛事，以团结族人，光宗耀祖，流芳千古。除了兴办学堂、修桥铺路等公益事业外，当地人找到了宗祠这一独特的文化载体，以姓氏为单位，筹集资金，大兴土木，兴建了各自家族的祠堂。

祠堂的设计与建筑规模如何，直接体现家族经济实力和姓氏在当地的影响力。所以经济实力雄厚的家族，总想方设法把宗祠建得气派典雅，流光溢彩，夺目耀眼，成为一个姓氏一个家族最醒目的文化标识。

祠堂是一个家族最神圣庄严的文化场所，由专人负责管理，平时不随便开放。除了家族难决断的要事需要集中商定，每年一次的"六月六"晒谱祭祖活动统一举行，平时很少在祠堂开展大型活动。宗祠成为管理处置家庭内部事

115

务，团结本族宗亲的文化场所。有的宗祠至今仍正常发挥着上述功能。

单从宗祠建筑艺术而言，其价值不菲，显示了当地文化程度在建祠堂的时期已达到了相当高的水平。有的祠堂雕工细腻，人物、动物形象色彩绚丽，栩栩如生，高挑的四角飞檐，或龙尾凤羽，或卧狮游鱼，造型之精美，做工之精致，材质之坚实，虽历时数百年，仍不蚀不朽，可谓民间建筑工艺之一绝。祠堂的匾幅和对联，笔法娴熟老练，字体多样，亦达到了相当高的艺术水平。这巨大的宗族文化昭示牌，显示着这个家族对文化的重视和家族兴衰情况。

历史的车轮滚滚向前，宗祠文化逐渐被当代文化所替代，但宗祠文化显示的历史上曾存在的文明，仍可以通过祠堂的古老遗迹，留给人们广阔深远的回味和思维的空间。

游黔东第一关

2008年10月4日，独自翻越黄哨山，临夜时分达天柱县城。秦秀强、游浩波等文友设宴盛情款待。席间问及游黄哨山的感受，我说感受至深，不枉天柱一行，天柱名山名胜古迹大略都已游过，也许不会有什么遗漏了。秀强兄说："黔东第一关你游过了吗？不游黔东第一关，还不算走完天柱哩。"并建议我们次日到瓮洞镇去探关。我掐指计算假期还有富余时间，也就同意了提议。

次日一早，吃过早餐，我们便驱车上路。除了秦秀强、游浩波，还有政协的一位朋友。途中过蓝田镇时，已是上午9时。瓮洞镇政府坐落在清水江边一带状古街的中心。等候我们的是在家值班的人大主席。寒暄过后，也不停留，直下江边，叫了机船，顺流而下，前往"黔东第一关"遗址——关上村。

天有微雨，云气低回，但大家兴致很浓。站立在船头，看沿岸村舍人家自然美景，观淘金船泊水作业。不时有渔舟货船疾驰而来，交会而过。偶见白鹭等水鸟戏水捕食。满眼是水乡鲜活的画卷。

游浩波先生对天柱风物十分熟悉，一路介绍了瓮洞镇的掌故传说。

瓮洞是黔湘交界之地。清水江由此入湘，注入沅江，奔赴洞庭。这里是明代以来的水运重镇，是湘黔交界重要的货物集散地。明朝设立天柱县，委任朱梓为首任县长。朱见瓮洞两岸山势险峻，河滩平缓，又是挟湘黔两省水路必经之地，就组织人员到这里建集镇。设官店几十家，留商旅，聚百姓，形成了一个比较热闹的小集市。明永乐皇帝朱棣登基后，为修建紫禁城太和殿，委派钦差大臣从清水江进入天柱瓮洞，到贵州黔东南天柱、锦屏（时称王寨）采集皇木。各省木商闻风而动，纷纷前往清水江沿岸经营木材生意，各种商贸活动也随之剧增。有了人气，瓮洞关上村便热闹起来。到了清朝乾隆时期，木材市场进一步繁荣兴盛，清水江黄金水道显露出巨大的价值，也吸引了清廷征税的目光。乾隆三年（1738年），在瓮洞渡头坡（今关上村）设木税局，专事抽取木材交易厘金。同治三年（1862），天柱县知事郝元庆改称厘金局，由大宪（行省）直接委任正副总办，实行文武两管，文管税收，武管弹压，并挂厘金局、弹压局两块牌子，全面管理瓮洞地区财政、治安等各方面事务。民国三年，民国政府将厘金局改为征收局，后不久撤关。

自清乾隆三年开建以来的三百多年，被称为"黔东第一关"的瓮洞水关，经历了由原始荒芜到繁荣兴旺到没落萧条的过程。

辛亥革命成功，袁世凯窃取到民国大总统职位后，袁总统感觉大总统还是没有皇帝的名头好听，于是复辟称帝，自称洪宪皇帝。一时激起国人公愤，云南都督蔡锷将军首先起来反对，以维持共和。各省军政领导人纷纷响应。黔军都督袁祖铭随即响应，并屯军"黔东第一关"，筹到军需银圆后，挥师出关，沿清水江直下沅江，北上讨伐袁世凯。在全国一片讨伐声，各地军队开向北京的紧张形势中，才当了83天皇帝的袁世凯暴病身亡。

1927年，国民革命军第十军军长——黔东南名将王天培将军北伐前夕，也是在"黔东南第一关"振武誓师，筹备军饷后取道洪江，攻常德，克武汉，取得北伐一系列重大战事胜利，他与叶挺的部队并称"铁军"，打出了"北伐名将"称号。后来被蒋介石以莫须有罪名秘密枪杀，后又平反昭雪，追授陆军上将，归葬故里。将军追随孙中山革命，一生忠正不阿，战绩卓著，英年遇害，十分可惜。

曾经繁华一时，见证诸多历史大事的"黔东第一关"，经历沧桑变换，而今败落成一个几十户人家的普通小村子。

船行数公里，远见得狭险的河畔有一个带状的临河而居的小村庄。秀强兄说："那就是黔东第一关！"船到村口，但见这里河滩狭长，河床石块狰狞，礁石密布，的确是个不能催舟疾行的地方。河床礁石中，栽着两棵戴冠柱状青石打制的系缆桩，神似男人的生殖器，不知道是哪位工匠的妙想杰作，秀强兄戏称为"亚洲第一雄风"。

泊船登岸，踏石级进村，依次有石制观音神龛、青石花街、古石碑等古关遗景。村中一位70多岁的老人见我们来访，热情带我们参观，为我们讲述关上往事。

在民国撤关之前，这里十分繁华。两岸旅馆、饭店、妓院、百货铺林立。过往木商、盐贩不绝，日行水道，夜宿店中。为确保税收秩序，防止走私，厘金局曾配有一支团级建制连级兵力的正规部队。关口四面山头制高点设有碉堡、炮台、路头渡口设有哨兵。江中部署号船、炮船，每日早晚发炮三响，炮船往来巡查不断，以壮军威。局总办每天升堂断案，受理民讼，驻兵按时操演巡逻，维护关防治安。厘金局还在清水江沿岸的白市、远口、城关、邦洞、大段等水陆要站设卡，全面控制天柱境内税源，收取黄金水道税课。

居史料记载，厘金局每日收取的木、盐等税收的光洋要装几箩筐，每半月雇佣数十个脚夫，挑数十担银圆，并派兵押送到省政府交付。局总办每天个人收受的财宝亦可用斗量。一任总办下来，私囊膨胀，由此发迹，富甲一方。

当年主政的蒋介石也知道此关的重要，1935年特派他的老乡浙江奉化胡为乎千里赴任征收局最后一任总办。撤关之前，留下"黔东第一关"碑刻后匆匆离去。从碑上文稿书法来看，颇具辞彩，胡的隶变体行笔沉稳，字体端庄，书法功力深厚。可见胡总办颇有些学问，并非只是搜刮民脂的酒囊饭袋。

（1998年8月创作，分节发表于《凯里晚报》，2023年5月7日整理）

镇远记行

　　镇远作为贵州为数不多的中国历史文化名城之一，很多地方是值得参观走访的。

——题记

肖家寨印象

　　肖家寨系镇远县江古乡西约两公里地的一个小村落。低缓的远山绵延而来，将大片大片的良田拥到怀里，坦阔的田地之间，有一座平顶小山丘，山丘旁边有一口碧绿的水塘，几十亩水面的样子。四周修竹成林，古树参天，斜坡边伸来一叶半岛，小心翼翼地探入塘中。半岛旁有几方水田，田边绿树竹丛中隐藏着几十户人家。皆青瓦木屋，竹木绿映屋檐，桃梨庭院吐芳。鸭鹅在塘中游弋，闲犬在村道信步，猫躺在树枝上乘凉。见生人来，游狗们羞涩地瞅着我们叫几声，把客人到来的信息传递给屋舍的主人。

　　一位面目慈善、体态丰盈的老大嫂迎出门来，她是春彪兄的亲嫂。这个村子就是朋友们常向我推介的肖家寨。

　　喝过自来山泉，又洗了脸，抹去一路风尘，吸吮着田园山庄淡淡的果木香，人就顿然清爽起来。春彪兄带着我们到村里去看风景，沿着水塘边漫步。塘西岸竹林人家，亦皆肖姓，与春彪兄同族。见我们来，都热忱招呼，邀请我们到堂屋里去坐。那些郁郁葱葱密密植于塘边的修竹，竹节都较长，有名的贵州铜仁玉屏箫笛，就是用这种竹子做原材，每年玉屏那边生产厂家都要到这里来采购。这竹不仅扮靓了村舍池塘，也给肖家寨的村民带来了收入。

　　塘边的古树数不清，树种很多，除了枫香、黄檀、白桦，还有香椿、松柏、倒壳、杨树、刺油、画香、红豆及桃、梨、李、梅等数十种。塘水如镜，倒映

119

白云树影。那些快乐的群鸭，在水中自由泛波，漾起浅浅的涟漪仍无法抹杀那些竹林绿树的倒影。水很绿，看不清底，也不知水里有多少游鱼。村人告诉我们，塘中的鱼可多呢！有鲫、鲤、青、草、鲢、七星、鳜鱼等四十多种。它们和睦相处，和谐共生，组成了水塘中热闹的水生家族。它们也不怕游人，因此，不时打个跟斗跃出水面，似与恬静山村的村民们相乐。树林繁茂，百鸟来栖。刚入村时，就见斑鸠在枝头翩飞，细看时，又有白灵从竹丛中飞到人家屋檐上欢鸣。红嘴绿毛的相思鸟也喜欢凑热闹，叽叽喳喳地一串串飞出丛林，跃上古树繁密的老枝。这些鸟都不惧游人，人在路中走，鸟在四围玩，互不相扰，各得其乐。麻雀嘴馋，常飞到院里偷吃鸡食。犁坯鸟流连在塘边的水田中，舞动着白花花的尾羽，寻觅着自己的乐趣，你走近它，它就飞远些儿，继续在田中玩耍、觅食。

塘边的青草长起来了，水牛携儿带女到池边吃草。一位六十多岁的老农，挂着老花镜，蹲在塘边的石凳上，专注地阅读一份什么报纸……肖家寨真是一个生态良好的难得的安静小村。

夕阳快落下山头，天空霞光万道，村舍树顶披满金辉，肖家寨人家升起袅袅炊烟，村民耕作次第归来，塘中鸭群开始拍翅上岸，鸟雀归隐丛林，一青年划着打谷桶到水塘收网取鱼，村童们提着钓竿临塘边开始钓鱼。夜幕徐徐开启，肖家寨复归宁静，早春的一个白昼，就渐渐被天空那群热情飞舞的蝙蝠驱赶走了。

走近和平村

"和平村"，一个祥和亲切的名字。别以为它是一个行政村——它是抗战期间国民政府设在镇远县的著名的日俘收容所，是中国政府改造日本战犯的地方，也是中日民间友好的历史见证。

"和平村"坐落在镇远古城和平街南侧，背靠五云山，面临潕阳河，占地面积6192平方米，由一组高大土石墙砌就的建筑群组成。前后院之间有小门相隔。整个和平村充满严谨、朴素、庄严的氛围。当年的日俘早已回归日本，曾经在此工作的人员均不知何往，或许多已作古别世。余下的遗迹和展览的一些物品，保存着一些抗战真实的历史信息，如同迷雾中的星火，隐隐约约，在游人的心里浮沉闪烁，令人深思和感叹。

历史翻回到60多年前的4月，中国大地硝烟四起，满目疮痍。饱受日本侵华战争痛苦的中国人民一边积极抗战，一边弘扬传统的文明与美德，努力在改造和优待那些抗战中俘获的日本军人。当时国民政府设有两个大的日俘收容所，第一个设在西安，大多数日俘由八路军送去；第二个设在湖南盐关，集中收容了在长江以南各战区俘获的日本战俘。武汉失守后，于 1939 年 4 月 28 日迁来镇远，其全称为"国民政府军政部第二日本俘虏收容所"。由国民党军统特务部邹任之上校任所长，邹把该收容所改称为"和平村"。

"和平村"先后收容日军俘虏近七百人。收容所本着"化强敌为良友，促世界于和平"（门联）的宗旨，采取各种易于日俘接受的方法，教育日俘洗心革面，改造新生。专程到香港请来日本反战作家、重庆"在华日本人民反战同盟西南总部"负责人鹿地亘、池田幸子夫妇负责翻译和情报工作，组织"和平村"一部分觉悟了的日军俘虏志愿者，成立"在华日本人民反战同盟和平村工作队"，谷川敏三先生担任队长。其宗旨是反对侵略战争，打倒日本法西斯政权。进行广泛的反战宣传，激起日本士兵觉醒，这对瓦解日军起到了一定的作用。中国共产党十分重视帮助和指导"在华日本人民反战同盟"的工作，专门派人到"和平村"协助工作，团结、教育日军俘虏，加强对盟员的思想教育，组织他们学习马列主义、学习毛主席的《论持久战》等论著，教他们学习汉语，唱抗日救亡歌曲，编写对日军的宣传资料。在生活上十分关心和优待日俘，不断改善他们的文化生活。为日俘供应当地特产优质豆腐，允许日俘上山采蕨菜，打板栗，下河捉鱼虾，还组织日俘制作竹雕、木雕、石刻、纺织工艺品、仿制各种乐器并让他们标价拿到市场上出售，获得合理的报酬。工作人员与日俘同吃同住，交友交心，与一些日俘建立了深厚的情谊。

日本投降后，全体日俘返回故乡。反战盟员 100 余人在东京进行最后一次聚会，并决定，不忘中国人民对他们的帮助，今后坚持日中友好，为维护世界和平做出努力。队长谷川敏三曾长期担任日本日中友好事务局局长。新中国成立后，他曾三次携妻子及原反战同盟盟员来镇远进行友好访问，称"和平村"为"参加革命的大学""再生之地"。一些盟员还专门为"和平村"送来了纪念木雕、水彩画、锦旗、题词等，均保存在"和平村"陈列室里，作为中日民间友好情谊永远的历史物证。

走出"和平村"，体味"和平村"名内涵，不禁浮想联翩，这名取得实在太有意义了，当年"和平村"负责人邹任之先生真可谓有远见卓识。60 多年来的今天，"和平与发展"成为当今世界两大主题。人类需要和平，和平才能发展。如中东那些饱受战火摧残，现还在灾难中苦苦挣扎的国家和人民，比我们更真切体味战争带来的巨大悲楚，也更比我们深切感受到宁静富足生活的宝贵。

哪一天，世界上不再有侵略战争，不再有武器与硝烟，人们真正和平共处，尽情在友谊的阳光下享受愉快自由的生活？我在心里默默祈祷着。

拜仰文笔塔

古人信奉风水。譬如风水先生说，某地风水甚佳，但美中不足，便设置人工建筑，或一口塘、一座桥，或一座假山，或建个亭或者立个塔等等。风水顺了，地灵而人杰，就能出产非常人物，就可百姓富庶，政治清明，政绩卓著，当政官员就会不断升迁。因此，历史上在许多地方就留下了这样那样的人文风景。如黔东南施秉、三穗、镇远三县县城边均建有文笔塔或武笔塔。都醒目地作为一道永久的人文风景，成为当地的一种地域标志，一种文化景观，供人们参观、拜读。

学过美学的人都不难理解，所谓的风水学，其实就是美学。讲究的是山水的相互映衬，山势的和谐，峰峦的呼应，给人一种美的感受。让人觉得眼界自由而舒畅，视野开阔而有序，似传统的耐品的中国画。这地就是"阴阳先生"看中的"风水宝地"。地理先生算得是有一定审美眼光的专家，但我不敢恭维其"地灵人杰"之说。同样一个村庄，同父共母兄弟，甚至双胞兄弟，生辰八字一至，有的是文豪巨贾，有的则偷摸扒窃，做了阶下囚。个中缘由，单用"地灵人杰"的常识来套，似有些讲不通。

但是，镇远城东的文笔塔作为镇远历史文化名城的一个重要文化景点，还是值得去参观一下的。因为一入县城，透过浅浅的日晖，它就那么神秘地在山巅笔立，感召着新来的游人。像一支神笔，又如一根充满早春泥土气息生机勃勃的春笋，吸引着客人的目光，激发了我的兴趣和激情。

踱过祝圣古桥，徒步一公里，踏着青青浅草，呼吸鲜爽的空气，众文友登上镇远城东的笔岫山，就来到文笔石塔跟前。它浑身青黑，沾满淡淡的晨露和岁月的风尘，站在顶峰处就那么文质彬彬地迎接着我们。

石塔顶尖腰肥，仿若一位憨厚的开始发福的中年人，那么忠诚而顽强地守候着古老文明的历史文化名城。塔高约 15 米，塔基呈六边形，直径约 6 米，高 2 米多。整座塔全由雕凿过的青石砌成。据说，当年的工匠用桐油石灰加糯米浆为料，镶缝并填实塔心，因此异常坚固，刀尖锯片也难以插入塔缝。

文笔塔的建筑时间已无文字可考。据清代乾隆《镇远府志》记载，明弘治二年（公元 1489 年），石阡知府祁顺来游镇远，曾参观过文笔塔，并诗兴大发，即兴写下五言律诗一首："巨笔卓晴峰，天然制度工。云霞妆五色，风扬助三红。脱颖非囊底，生花似梦中。流年多少恨，终日漫书空。"祁先生看来对文笔塔是很有一番慨叹的，对镇远古城也产生了别样的情怀。他也许从未想到，那次镇远游写下的《文笔塔》一诗竟成了推算文笔塔年龄的唯一可靠的文证，由创作年代推算，文笔塔建成时间应在明弘治二年以前，距今至少有 500

多年历史了。

500多年来，这文笔塔目睹了镇远古城历经无数沧桑变换，迎来无数文人政客的观瞻膜拜。游人走了一波又一波，只是这山依旧，水依旧，文笔塔魅力依旧。潕阳河为墨天作纸，这只文笔千年不歇，默默地记下了镇远的衰微与繁华，创作出镇远灿烂的历史文化，并将一如既往地作为一道亮丽的人文风景，镶嵌在镇远古城永远不老的文脉光环中。

镇远观苏公馆

我是在黄平县黄飘古战场遗址认识苏总兵元春先生的。咸同年间，湘军名帅席宝田指派记名按察使黄润昌、即补道邓子垣、记名提督荣维善、总兵苏元春等清兵高级将领率一万八千余名湘军从谷陇开赴黄平，到黄飘险道处被苗族义军首领张秀眉部将包大肚部队伏击，清军将士几被全歼，仅剩唯一的一位受伤将领偶然绝境逢生，滑下陡壁带十余残兵狼狈逃脱，那位将军就是黔东南史志上提及的重要历史人物——苏元春苏总兵大人。

大难不死，必有后福，这话应了苏元春的身上。也许因黄飘一役过于惨烈，损将折兵过多，令苏元春异常心寒，在以后对张秀眉义军的作战中，苏元春处处小心又异常刚猛，屡战屡胜。苏于是从总兵升至提督，继因病回乡的席宝田统领在黔毅新军，后又出任广西提督，与冯子材等清廷将领一起抗法，获镇南关大捷。不久调任广西军务督办，主持广西边防19年。后因被两广总督岑春煊诬奏，被解入京罚充军新疆，后因赦获释。正准备起程归黔，却病逝于迪化（今乌鲁木齐）寓所，清廷复其旧职，允其棺柩运回镇远县羊坪苏家坡安葬。

苏大人一生大起大落，命运多舛，经历无数磨难，算得上风云人物。且不说他镇压咸同义军双手血迹斑斑，也不论他抗法戍边战功卓著。就他遗留给黔东南镇远、台江等县的一些文化遗迹，也是值得记述研究的。

苏元春在黔为官期间，分别于镇远县城与台江县施洞镇置有两处公馆。施洞的苏公馆整体建筑还比较完好，但内中设施几乎没有什么了。镇远苏公馆多次被毁，仅剩部分建筑。苏公馆依石屏山而建，由南向北逐渐攀升，为封火墙式两进四合院。据史载，原正门有垂花门楼、石条门框、对开双扇大门。据说堂中陈设十分华丽而齐备，嵌螺钿紫檀木架子床、紫檀木雕福寿纹半圆桌、紫檀木嵌大理石桌等。可见当年苏大人的私人生活十分奢华。此外，苏元春曾使用的木漆干支罗盘、军棍及"钦命督办军务署理广西提督行营关防"和"统带毅新各营关防"的木印亦存于县文物管理所。

之所以苏元春死后归葬镇远府，因为黔东南可算得上他的第二故乡。苏先生出生于清道光二十四年（公元 1844 年），故乡广西永安，幼孤，19 岁与胞弟苏元章同时由武童投身湘军首领席宝田麾下。曾因镇压太平天国革命立战功而被保升参将，后又因战功显赫，逐级迁升。作为一个史上有争议的人物，苏元春为镇远的历史抹上了厚重的一笔。其苏公馆作为镇远古城的历史文物留存下来，为该县繁盛的旅游业添增了人文的华彩。

一个人，不管其活着的时候是否有功于民，死如泰山重或轻如鸿毛，也不管他是有心栽花还是无心插柳，只要能给历史给后世留下一点可以凭念的东西，人们都自觉不自觉地会想起他，为他追思为他感慨，永世不变。

我们参观的苏公馆以及当年馆中的主人苏公，也许就是这样。

（2001 年春创作于镇远，分节发表于《凯里晚报》2021 年 11 月整理）

到台江大塘过苗年

初到大塘

2002 年 12 月 25 日, 农历马年十一月二十二日, 适逢卯日, 台江革一乡大塘地区苗族诸村群众迎来了一年一度的苗年节。台江县文联约请四方文朋诗友举行笔会, 州内外数十名作家艺术家齐聚台江大塘, 笔者应约同访。

苗年节前夜, 与十数文友赶到台江。夜息旅馆, 细阅台江文友散发的资料, 仰念已久的大塘在脑海中渐次明晰起来。大塘在撤并建前是个辖数村的小乡, 后归建革一大乡。大塘者, 系村落之间田坝中一天然池塘, 数千平方米水面, 塘底有阴洞连通暗河, 碧水汩汩涌流, 水清透底, 四季如镜, 倒映星辰日月, 白云蓝天。多年前, 一双大红鲤鱼早晚从阴河中游出, 自由嬉水泛波, 与村中沐浴池中老少同乐, 人称"神鱼"。后因塘泥淤塞, 红鱼因而消隐。当地村落依山傍田, 错落有致, 古木参天, 竹林蔽舍, 风光可人。村落之间生就 20 多个奇巧溶洞, 洞中景观奇异, 令人目不暇接。当地苗族群众传承着古老独特的生活习俗, 村村老少能歌善舞, 热情好客, 月月有节日, 节节有不同的民俗文化活动。是台江旅游开发后劲极强, 潜力最大的地区。大塘开发规划还未定稿, 其诱人的魅力引来了远近无数专家学者、文人墨客和游人, 声名日日响亮起来。大塘成为心仪已久宝地。

次日一早, 台江的文友们备好早餐, 请客人们过早后登车前往大塘。天甚冷, 寒风嗖嗖, 碎雪零落。但文友们却心情颇佳, 十分兴奋, 一路畅谈, 赏景摄影不停。

中午时分达大塘, 雪花益密, 飞絮如乱蜂朝阳, 让人感觉到了浓浓的节日氛围。在起伏的苍山绿林之间, 几个秀美的小村寨挟小田坝相邻。在碧绿的天然大水塘畔, 热忱的苗族群众早已扎好竹门, 设好拦路酒, 架好木鼓, 身着靓丽的节日盛装, 弹月琴, 吹芦笙, 敲锣鼓, 在村口夹道恭候客人了。

众文友在主人的导游下，下车次第从竹门入村。

笙歌悦耳，锣鼓催人亢奋，漂亮的姑娘们唱起婉转动人的祝酒歌，双双把牛角酒敬到客人的嘴边。谁也辞不掉香醇的美酒，就是那忙着摄影录像的记者，也避不开姑娘们浓浓的情意，被挡在门外，喝过几角米酒，才引入村去。拦门酒润喉入肠，情绪高涨起来。酒是个好东西，一角美酒，涤荡了一路风尘，融化了宾主间的陌生感，初来的贵客成了节日里村寨中的一分子。因此，不论长幼，不管男女，就是日常最不善饮者都仰起脖子迎着村民的深情厚谊，一道门一道门、一杯一杯地喝下去。

待酒力发作，周身暖和，人人面上绽开桃花，溢满笑意，节日活动的序幕便拉开了。

村里请来当地普通话最标准的老师做开幕式主持。锣鼓歇，笙歌止，村中老少围在小学操场上，参加村里多年未有的盛事。客人们围着红红的炭火坐在主席台上，空中瑞雪更加密乱起来，节日的气氛更加浓密。一声炮响，现代的礼花在古老山寨的上空伴着雪花开放，鞭炮声齐响，震耳欲聋。你别嫌开幕式程序多，来宾按道路远近、职务大小依次讲话，每一句祝词，每一声道谢，都是给村子带来的最好祝福，萦绕并铭刻在村民的心里。宾主讲完话，村里的群众又拿出自编自演的各种文艺节目，唱古歌、弹月琴、跳芦笙、放陀螺。以最古老的礼仪，欢迎客人们在传统的佳节如约而至。

在苗族兄弟家做客

下午，披着纷飞的雪花，作家、艺术家们化整为零，分别打散到望坪、西南、北方诸村，到平常百姓家去过苗年。我与诗人罗国刚被安排到西南寨村民杨晓华家。

杨晓华兄弟三人，兄长在凯里开发区当专职电工，年近四十，热情敦厚，也是当日才从凯里赶回老家过苗年的。其弟在中学读书，学得跳芦笙的好技艺。杨晓华三十多岁，极善言谈，能歌善舞，曾走南闯北，到过许多城市打工，见过大世面，大方热忱，礼节周到。几兄弟共有两栋轩敞木房。进得屋来，但见堂屋、火房明净整洁，彩电、音响、电饭锅等现代家电一应俱全。女主人正忙着准备晚餐，两妯娌身着生活装，皆操一口流利的汉语。见我们来，忙放下手中活计，微笑着招呼我们到铁火炉旁落座。又是倒热水洗脸，又是沏茶敬烟。两个小朋友活泼伶俐，衣着干净，见生人来，也不躲避，却用好奇的眼光看着我们。经介绍，这是杨晓华的两个孩子。他兄长的两个孩子都在凯里读书。

这显然是一户殷实的人家。经介绍得知，一家三兄弟长期亲密无间，团结友爱，共同维系着一个大家庭。老大和老二杨晓华在外打工挣钱以补贴家用，资助三弟和子女们读书，两位嫂嫂共同在家管理内务。大事小事，分工合作，有商有量，妥善处理，兄弟妯娌互让互谅，从未因琐事红过脸，这是当地苗族大家庭的一个特点。不仅是杨晓华家，村中其他家庭也是一样，有的一家三代同堂，四代同堂，十几二十几口人和睦生活在一起。内外事务分工有序，调度得法，很少有因家庭矛盾而吵闹的事发生。全寨 60 多户人家，360 余口老少，人人知礼懂节。老有所养幼有所乐，全寨人家和谐相处，济贫帮困，遵纪守法，新中国成立以来，从未有人因违法违纪被罚款、拘留过。全村的公益事业办得红红火火，村干一声招呼，有钱的出钱，有力的出力。高压电拉通了，拦山水渠已建成，自来水牵到各家各户灶房，闭路电视通了，进寨公路修成了，寨中操场和寨中便道硬化了。乡里干部介绍，西南寨要办的公益事业没有什么办不成的。因此西南寨多年来连年被县里评为文明村寨。

近几年来，西南寨大力推广农业科技，大搞劳务输出，全寨人慢慢告别了贫穷的日子，过上了宽裕的生活，百分之八十的人家都购买了电视和组合音响，古老的山沟融进了现代文明的信息，村民们迈进了崭新的生活。我们问两位嫂嫂读过多少书，为何汉话讲得如此流利。她们粲然一笑说："从未上过一天学，跟着电视学会了汉话。"杨晓华兄弟也笑着称是。

我与国刚兄初到西南，而杨晓华一家把我们当兄弟一样请到家里，我们一下子也似乎成了熟识的常客。

年夜饭前的空闲时间，我与国刚兄到村里转悠。家家火炕上都挂满腊肉，房壁上挂满红椒、玉米，房檐下堆满瓜果，处处洋溢着丰年喜庆祥和的气息。家家主人都在杀鸡杀鸭煮鱼炖肉，准备丰盛的年宴。见到客人，村民们都热情请我们到家里去坐，殷勤地往火盆添加上木炭，又倒上香茶，真诚留我们吃年夜饭。有的还备上火锅，准备先让我们饮几杯，然后再吃年夜饭。

杨晓华兄弟担心我们被邻居留下吃饭，随即过来把我们叫了回去。村民也上前来拉住了我们，杨晓华向村邻说明情况，说是乡领导分配给他家的客人，不能轻易怠慢了，并说次日方能到邻居家做客。一番热情抢让，我们客随主便，才跟着杨晓华回到他家。

下午六时，村里次第响起了热闹的鞭炮声，各家各户的年夜饭开始了。杨晓华全家费了一天的工夫，精心准备好一大桌丰盛的年宴，鸡鸭鱼肉、白酒啤酒、糯米糕点，琳琅满目，香气扑鼻。宾主围着彤红的炉火，人人脸上溢满灿烂的笑意，为古老文明、祥乐愉快的苗年节频频举杯畅饮，相互美言祝福，沉浸在一年一度最隆盛的节日的欢畅里。

迎雪踏歌跳芦笙

入夜，酒酣饭饱兴浓。年夜饭将近尾声，芦笙场上的阵阵木鼓声和悠扬的

127

芦笙曲在村中响起。透过窗户，鹅毛般的大雪还在纷纷扬扬地飘洒着。宾主各俱欢喜，主人一声招呼，暂时罢酒退席，大家激情满怀携臂并肩地踏着飘摇的醉步向芦笙场走去。

大雪纷纷扬扬，飘动的雪帘连天垂地，村舍全白了，路上铺盖了厚厚一层酥软的雪毯，整个村子都成了诗画迷离的童话世界。芦笙场上，全村老幼和客人们正围着擂响的大鼓，踏着节奏分明的芦笙曲点子，冒雪跳舞。

那是怎样的一种振荡人心的镜头啊！笙歌潺潺、鼓点声声，情深深、夜蒙蒙，数百群众邀着客人围着圈，一起欢快跳芦笙舞。广漠的长空雪絮乱舞，飞花泻玉，早已染白芦笙场，扮靓了古老的村庄。雪花点缀了金黄的木鼓，沾了人的睫毛和须发，贴满人的衣裙，抚摸着人们的笑靥，装饰着昏黄的村灯。夹杂在村中青年男女芦笙队列中学跳芦笙舞的客人，难道不心醉吗？

我们打着呼哨，高声说笑，兴奋地踩着柔柔的雪道，走到人群涌动的芦笙场，被村中青年男女拉入狂奋欢欣的芦笙队列中。不管会不会跳芦笙，不管踩着点子与否，一拍手，一踏足，一欢呼，一转身，舞动的人们都共同迸发出激昂的呼喊，交流了心音，融汇了友谊，忘却了烦忧。丰年庆佳节，大雪成人愿。雪夜舞芦笙，百年难一遇。

雪花依然密密匝匝，村民又点燃起熊熊篝火，火光照亮人们红红的脸膛。鼓声不停，舞步不歇。起舞的青年男女笑了，围观的老人小孩乐了。跳舞者迎雪而动，旁观者顶雪伫立，村中老少与来宾们各俱带着无限欣慰之情，在慢慢体味和享受这多年未见的瑞雪给人们带来的巨大乐趣和漫漫情愫……

仅仅跳芦笙舞是不够的，会辜负了这美好的年夜，辜负了这场好雪，会虚度了这千金难买的雪夜时光。对了，得来一场雪仗。当一段芦笙曲罢，场内外的老少村民、男女来宾都投入到一场激烈快慰的雪仗之中。雪是洁净的，一尘不染，犹如村民纯朴的真诚与热情，一钵雪悄然泼过来，洒在你的眉上、颈上、领口上，面门上凉酥酥，甜津津，实在没有一丝儿寒意。或是一位村妇，一位美丽的姑娘，或是一个孩童，送给你的每一份喜惊，每丝柔情，贴着你的肌肤，倏地钻进你的肌体，溶入你的心田，汇入你的脑海。你不能不心潮澎湃，捧起洁白的雪，向着那位关爱你的主人，追过去，赶过去，把雪泼洒到她（他）的脸上、头上……全场的观众就爆发出阵阵酣畅淋漓的爽笑声。这样，你就成了村人中最贴心、最令人欢迎和关注的客人了。

丰年好大雪，天遂人愿，也许是老天专门给这个年节准备的特殊礼物吧。村中老人说，今年的大雪多年不见，妙不可言，是作家艺术家们带来了好运。来宾们说，是村人的热情感动了上苍，天赐瑞雪。宾主都乐了，也不必争论了。天时地利人和，这雪注定要下个整夜，这热情秀美的西南村也注定要热闹个通宵。老年人忘却了休息，孩子们玩兴不减，青年人更是不愿割舍这难得的雪夜良宵。雪仗结束，大家又跳起芦笙舞。加了柴的篝火更旺，有了情的鼓点更清晰明快，感受到了人间真情的雪花更殷勤地密织着。老人们弹起了古老的月琴，村妇吟唱起古歌，年轻人与来宾拥着如诗如幻美妙的雪夜，踏着欢快的舞步，迎接苗族新年第一个黎明的到来。

送新娘回门

新年首日的早上，雪住风停，白光耀眼，整个西南村成了银色的图画一般。下午，村子一位新娘寨上的姑娘们身着盛装来到西南寨，我们同到村中那户新婚青年人家与村中青年男女及众亲百戚同吃过姊妹饭，新郎家就组织村中老少备好礼物送新娘回门。

行前，新郎家给来迎接新娘的同村姊妹们都打发了礼金（十元、五元不等）和纪念品（一方手帕或一把雨伞等日用品），并准备了特殊的礼物：一担糯米饭、一挑糯米粑、一双数十斤重如筛子大小的糍粑、一根新挖的竹子、一只绿毛公鸭等。挖竹子很讲究，得由父母双全、儿孙满堂的村中长者去挖。公鸭用麻丝系脚，吊在竹竿上。出发时，由村中一位父母健在、兄弟齐全能歌能饮的标致小伙子扛着竹竿走在前边，然后是挑着礼品的村人，接着是为新娘背衣裙的姑娘，再次跟着新娘及同村来接新娘的众姐妹，最后是新郎村中数十名男女老少。出门时，参与的人少不了都要饮几碗酒，嬉闹一番才上路。与会的作家艺术家都加入了送新娘回门的队伍。

天还偶尔零落着雪花，大塘地区山川村落银装素裹，分外美丽。新娘村子桃树榜寨就在西南村对面，出得村口就可以望见。近百人的队伍绵延在雪途中，在雪景中显得极为热闹和壮观。

两袋烟工夫，队伍就来到了桃树榜村口。新娘家早已作好了准备，四五道拦门酒迎候在村口。客人一到，等候在村口的主人都端起酒碗，唱起酒歌迎上前来。被敬酒的第一位客人就是那扛竹挑鸭的帅小伙。酒歌柔美绵长而深沉，我们不懂苗语，但听得出那古老的音韵含满了浓浓的情意和哲理。扛竹青年与同村善歌者便同样以歌相答，双方一唱一和，一杯又一杯，渐次闯过了一道道"关隘"，被村人拥往新娘家去。进门之前，人人又都逃不了一碗酒。饮酒前，客人得引吭高声祝福：或说"人财两发"，或曰"久长久远"，或呼"百年幸福""百年好合"等等。旁边主客也都一齐应和，整个村落洋溢在一片热闹喜庆的氛围中。

在新娘家吃过丰盛的晚餐，客人们分别被村中房族请到各家去休息。大塘苗家的婚仪是团结而隆重的，一家嫁女或娶媳，全村相互帮助。从新郎家来的众多客人要在新娘家住两天两夜。这两日分别摊到村中各户房族家中住下，早上到房族家就餐，晚上全部回新娘家吃宴席。

桃树榜寨有 70 户人家，张姓 40 户，杨姓 30 户，两姓以石板路为界，分居在斜坡之上。但两姓和睦似兄弟，从不开亲，以前人家不多时，村中好事都相互一起联办，后来人家多了，开支大，难照应，才分开来办。当时，村中有三位小伙子娶媳，两户人家嫁女，村中显得特别闹腾。新郎家送亲队伍一到，新娘家就把新郎家的礼品一包糖和一个一斤重的糯米粑散发到同姓家族中。家族中每户当即炒好一大碗菜带上一瓶酒，送到新娘家来。

夜色渐浓，刚散布到村中的客人又被邀回到新娘家，同饮开亲酒共唱祝福歌。在新娘家堂屋摆上了三米长的一张长桌，桌中摆上了从新郎家挑来的那只煮熟了的全鸭，围着全鸭，层层叠叠地垒放着家族各户送来的各种炒制菜肴。旁边的凳子上放着一盆米酒，新娘家族中德高望重者及新郎家来的客人围坐在长宴桌边。临开席，由新娘家厚德者向与席中的宾主散发一丝麻线，各人系在头上。席间，村中苗族长老庄重地为我解说，苗家人做好事离不开麻，麻有如能主宰着吉祥的信物，能给当事人家带来好运与祥福。也示追念祖先种麻织线，以麻为衣，艰辛创业的历史功勋。

古歌唱起来了，老人们神情庄严，共同唱起了开亲古歌。歌词说："一年只有三月好，一月仅有三天吉，最好还是数当日，好年就有好雨水，喜雨育得好收成，谷穗大得像牛尾，谷粒大得似苞谷，五谷丰登喜事多，两家有缘来联姻……"我不知能否准确翻译老人们的古歌，但从宏大辽远古朴的调子中，听出了苗家人善良的心境和对美好生活的真诚祝愿。新娘新郎家的能歌者一唱一答，唱开亲歌，回忆苗族遥远和苦难的历史。将近一个小时，观者静静聆听，如醉如痴。直到那位至尊长老一声祝呼，众人齐应，才正式喝酒动筷。席中全鸭化整为零，每人都得一点带皮的鸭肉。

席间只用一双筷，共用一只酒碗。至尊长老先饮一杯，又端起一碗菜，夹一片肉吃，然后将筷子、菜碗递给旁边的人，再依次传递给下一位，传了一圈，席间每个人都同吃了那碗菜，喝了一口酒，才再转吃另一碗菜。席间有一人专门酌酒，也是依次相敬，每人喝酒之前，都要大声喊一句祝词，旁人齐应和。然后再唱歌，再饮酒，再吃菜，再大声祝贺，宴席通宵达旦。

次日一早，村中杨姓距新娘家较远的 15 户房族把新郎家来的客人分别请去，先到各家吃个半醉，然后一家一家去吃串门酒。每到一家，主妇都要唱歌劝酒，每人至少要饮两杯才放行。15 家都走完，酒量小者已是酩酊大醉，酒量大者也基本上醉眼蒙眬，语无伦次。然而不管是客是主，都没有人退却，仍高声说笑，互道吉祥，沉浸在婚仪活动神圣、欢乐、温馨的快乐中。

从早上到下午，客人主人都得不到片刻休息。新娘家又备好了晚宴，分布在房族中的客人又回到新娘家去。又是一个通宵的长宴。第三天上午又重复着头天的喜宴，到另外 15 户家族中用餐。

下午，郎家人要回村。临别，新郎新娘两村宾主集中到村口，对歌劝酒，互涂花脸，嬉闹欢庆。直到夕阳下山，新郎村人才依依离别新娘的村子。

走进姊妹节的传说

大雪封山，交通阻断，笔会返程安排被打乱。热情的村民又专门安排了许多精彩的文体娱乐活动，白日放牛雪中竞斗，夜晚组织飞歌比赛、跳芦笙舞，大塘诸村连日一片欢腾。

趁着活动空歇时间，我与几位文友拜望村中几位白须老人，向他们了解当地丰富多彩的习俗文化，收集流传久远的传说故事，也了解到了台江县每年投入巨大人力物力，隆重举办"姊妹节"的来历。

与西南、桃树榜相邻的望坪村，有一块面积约 8 亩的大田。相传在很久很久以前，望坪寨农业繁盛，人丁兴旺，但同村男女不可相恋成亲，村中男女青年婚姻嫁娶成了一个大问题。村中有 70 位苗族姑娘，个个明眸皓齿，修眉桃腮，妩媚动人，靓丽如仙。姑娘们一起养蚕种麻，纺纱织布，绣裙缝衣，或歌或笑，快乐无比，转眼这些姑娘们都到了当婚年龄。但是，由于山高沟深，路途遥远，交通不便，远处的村落很少有人到望坪来联姻。这可急煞了姑娘们的父母，也焦愁了妙龄姑娘们的心。村中长者们想尽一切办法，但收效甚微。

一日夜里，70 位苗家姑娘聚集一堂，共同为婚姻大事出谋献策。大家你一言我一语，妙语连连，笑声阵阵。姑娘的父母们也在一侧旁听，对姑娘们的点子或摇首或点头，很久未定出可行方案。最后一位年龄稍小的姑娘建议，众姊妹齐力修造一块大田，养上鱼虾，种上糯谷，秋天摘收后制成甜酒、粑粑、酿造美酒，备好鱼肉，定好日期，约请四方青年前来对歌联情，寻觅佳偶。这可谓与众不同的金点子，既包容了苗族纯朴独特的传统习俗，又标新立异，极为可行。姑娘们齐声认可，父母们开颜赞许。

为表示诚心和浓浓挚情，姑娘们不带一耙一锄，携手来到村口，以手扒土，以围腰运泥，一边唱歌，一边劳动。朝阳被她们感动，月亮因她们动情。清风和小鸟把姑娘们的情意传到远近村寨，传到小伙子的心中。冬去春来，姑娘们的围巾破了许多条，换了好多条，姑娘们的手指磨破了皮，流出了血，浸染了田埂，又长出了厚厚的老茧，大田终于修成了，姑娘们希望的爱情的田畦展现在村口。全村老少高兴万分，围着大田，吹芦笙，跳木鼓舞。大庆之日，姑娘们又开始耕种和管理。灌入清清的山泉，施入馨香的家肥，育上谷种，植上禾苗，放养鱼虾。糯禾长起来了，姑娘们心里铺展开一片新绿。禾苗开始抽穗了，扬花了，鱼虾长大了。夏夜的月色明亮而多情，迷蒙的山村萤火乱舞，夜莺翻飞，百虫歌唱，群蛙合鸣。姑娘们结伴来到她们希望的田边，品吸稻花淡淡的柔柔的幽香，听田中鲤鱼欢腾喜跃，姑娘们心中的希望之火灼灼地燃烧起来。她们吹起芦笙，跳起舞蹈，唱起情歌，山村的夜晚充满了柔情，充满了诗意。

秋天，丰收了。姑娘们把金灿灿的谷穗一线线采摘下来，晾晒在村舍的屋檐下，又捕捉了部分肥鱼制作腌鱼，开始酿米酒甜酒，打制粑粑，准备肉菜，等待远方情人的到来。

正月初一，佳期来临，四乡苗家靓仔如约而至。姑娘们穿上最美的盛装，拿出了所有的爱意与真情，倾心相待，与小伙们同桌吃席敬酒，相互赠歌传情，一起下田撮虾捉鱼。无论白天还是晚上，整个山村人影攒动，歌声如潮，情弥山庄，热闹盛况空前。十余天的交谊，姑娘与小伙们爱情火花频频闪烁，70 位美丽勤劳善良多情的姑娘，全部找到了自己的意中人，嫁了出去。

为纪念这次活动，也永远记住 70 位姑娘寻偶奇新创举，村里决定每年苗历的正月初一至十五日举行姊妹节活动。开展入田捞鱼虾，青年男女对歌联情、吹芦笙、跳木鼓舞、斗鸟斗牛赛马等活动。这一节日活动又逐步在相邻的施洞、黄平县谷陇、凯里的旁海等苗族聚居地区盛行开来。

从老人们精彩的故事中回过神来，文友们都惊羡无比，一致要求老人带我们去看看那块融注过 70 位姑娘们热汗浓情的姊妹田。老人满足了我们的要求。远远望去，那丘宽大的姊妹田统领着无数方方圆圆或带状的梯田，静卧在望坪村畔。田已分成若干小块，没有了融融秋水，更看不见腾跃的游鱼，覆盖着厚实如棉的雪毯。

驻足田边，作家们不言不语，静思良久。我突然想，台江县不正计划努力打造旅游品牌项目吗？大塘地区不正是镶嵌在台（江）镇（远）旅游公路旁的一颗旅游明珠？如果能恢复这块大田，放养鱼虾，作为一个旅游项目开发，让四海游客来聚，体味群体捞鱼捞虾的情趣，追念 70 位姑娘苦心追求爱情与幸福的故事，兴许，大塘传统民族民间文明的金光，一定会重新散射开来。

石板古道漫想

大塘桃树榜村与邻近诸村有些不同，村中便道皆石块砌就，如同一道道历史的绳索将不同的村寨紧紧连锁，并从不同方向牵向村口郁郁葱葱的白香树丛。远远看来，蔚为壮观，成为大塘地区一道极其醒目的人文风景。村人说，这是村中网杜公同碟公遗留给后人的恩惠和纪念。村民们每逢重大节日，还常常焚香酌酒到白香树下祭奠呢。

在中国农民起义史上，清咸同年间台江苗族群众起义首领张秀眉的故事，因为上了历史课，为世人所熟知。在历时 18 年的反清斗争，张秀眉与诸部将攻城拔寨，屡克清兵，威震清廷。张秀眉及其战将包大肚、李鸿基等人声名远播。然而这场辉煌宏大的起义，却是由台江桃树榜村两位名不见经传的张姓老者策划开始。他们就是桃树榜村的网杜公、网碟公（村人称告网杜、告网碟）。至今大塘地区群众仍到处传唱着反清起义和颂扬两位苗族老人的歌谣。

网杜公、网碟公本系桃树榜村张姓兄弟，二人有文化，当过清朝的小村官。两人颇有家资，又怜贫爱民，不贪自廉，深得民众拥戴。张秀眉原为桃树榜邻村板凳寨李姓孤儿，来到桃树榜为网杜公网碟公家当放牛娃。二公待之如子，关心备至。张秀眉好气力，肯干活，敬老人，深得二老器重。清同治四年，发生天灾，农田歉收，百姓饥苦。然清廷苛税猛增，以致不少群众为纳税金而不得自掘祖坟，取出先祖葬银纳税。但大塘地区不少灾民仍因无力纳税，被官兵捉囚大牢。网杜公网碟公前往说理，也被施加重刑，关了多日才放回。

官逼民反，网杜公、网碟公回村后即召集村邻头目商议起义事宜，张秀眉也被邀参加议事。起事前，报名造册，人问张秀眉记什么名字，张秀眉说，你们姓张我也姓张，从此更名张姓。后又在不远的掌梅尼聚义，开始发动进攻，并迅速攻下台江古城，将县衙官兵斩杀，缴获大量火器银两。网杜公、网碟公以秤分银，人人各得一份。还余下三撮箕白银，网杜公、网碟公就将这些银两请石匠凿石铺路，将桃树榜村便道全砌成石道，并在村口路头都栽上白香树。

后随着战事的发展，战斗日益激烈与残酷，张秀眉凭其作战的勇猛，逐步显示其指挥与领导的才能，被网杜公、网碟公推举为首领。二公年事已高，甘作军中参谋，随张秀眉南北征战，最后都客死疆场。

历史灰飞烟灭，桃树榜村便道作为历史的见证，完好保留至今。桃树榜村人爱路爱树，从不许人破坏。那些白香树经过数百年的风风雨雨，一株株拔地而起，如伞如盖，托起大片的浓荫，让村人驻足歇凉休息。

踩着厚厚的积雪，沿着弯弯曲曲的石板古道，随村民在村口漫步，抚摸那些苍翠挺拔的白香树，文友们都感叹不已。历史的脚步如同奔腾的河水，一日千里，离我们日日远去，一个人就像河中的一粒沙一滴水，终归汇入大海，消隐于宇宙。短暂的人生瞬间，如果你为群众做了一件好事，哪怕一件很不起眼的小事，群众也将永远记得你，你的精神，就像白香树一样永远常青。

辞别大塘

12 月 28 日，与会作家艺术家们决计要辞别大塘了。尽管当地群众极力挽留，地上积雪还未完全融化，客车还不通行。但年关临近，各自都有一堆杂事在等着要处理，大家只好包便车慢行。

头天晚上，西南村群众得知我们告别大塘的消息，纷纷赶来问讯相留，村民们各自备好丰盛的宴席，请客人们到家里去喝酒唱歌，直至午夜。待客人们休息后，村民们仍不入眠，又聚在一起商议准备客人辞别前的团圆饭。村民们连夜又杀猪宰羊，备办酒席，打制米粑、编制红蛋，为客人们准备赠送的礼物。

天刚放亮，木鼓响起来了，全村老少都聚集到村中芦笙场，与客人们同跳离别舞。舞兴正浓，村干通知开宴。宾主携手走进村口设宴人家的堂屋。

两大桌数十样佳肴，堆山叠海香气四溢。宾主一番谦让，围桌坐定，主人一声祝福，宴席开始。敬酒歌唱起来，香米酒举起来，动人的旋律和着浓浓的喜气，弥漫了整个屋子。宾主人人笑颜灿烂，无比激动与依恋。漂亮的姑娘频频敬酒留客，希望客人们留下来，与村民们过完这愉快的苗年。客人们听懂了村民诚挚的情意，听懂了姑娘们的心意，虽没有随口唱和的能力，但亦有依依难舍的别情。大家没有别离前的豪言壮语，没轻易说声肤浅的谢意，竖起诚实的耳朵，眨动湿润的眼睛，贪恋地听取醉心的酒歌韵律，摄取姑娘们迷人的笑靥，把一张张美丽动人的笑脸，拌和着这别前的烧酒，一碗又一碗，吞到心里去，放到记忆的方仓里。

酒歌洒满了屋子，真情充盈着整座山村，不忍离别，终要辞别。要出村了，姑娘们将编织成裙帘的彩蛋，系在客人们的腰间。老人们拉着客人的手，千嘱万咐，叫客人们一定要回来。宾主手拉着手，握了再握，叙别再叙别，合影再合影。芦笙再吹起，木鼓又炸响，优美的旋律拉着宾主的脚步踏动起来。大家不约而同融进人群，跳起最后一曲芦笙舞。雪地洁白，古树翠绿，村落如画。人在画中舞，情在心中漾。宾主使劲地跳呀呼呀，都倾情于最后一段团圆舞中。

上路了，村民举村相送，把粑粑、红蛋塞到客人袋中。客人们反过来又将粑粑熟蛋塞回主人怀里，宾主你推我让，边乐边行。不知谁抓了一把碎雪往姑娘们头上一抛，这一下顿然触发了宾主所有的热情。老人与顽童，青年小伙与姑娘，共同发起了一场欢乐的雪仗。大家互不避让，一任对方热情的雪泥洒在脸上、头上、衣服上，锣鼓手站在一旁，猛力击鼓敲锣助兴。互相一路追逐，洒下一路欢乐，早已远离了村舍，行进到了数里。

拖拉机缓缓开动了，客人们一齐扭头挥手欢呼，向村民们辞别。村民们追着拖拉机，不停地挥手。拖拉机加快了速度，走远了，乡亲们消失在视线，大塘也从视野里消失。

作家艺术家们一时间都静默了下来，低着头瞑想着什么，似乎都有一种沉甸甸的失落感。数天的生活，热情的大塘村给予大家的情份太多太多，每个人心底都滋长并繁盛了大片大片难以割舍的情愫。一路上，我心里一直在想，大塘真是太美了，大塘的亲人们太热情了，我还会去的，一定得再去。

（2002 年冬创作并在《凯里晚报》连续发表，2021 年 7 月整理改定）

响水岩散记

探观"鬼婆窝"

州作协与雷山县文联将金秋笔会安排在近年声名乍起的响水岩风景区，借这机会，我能够好好一睹景区内"鬼婆窝"景点的尊容。

去年金秋，曾走马观花般随省旅游局组织的考察团到过响水岩，由于时间紧很多景点都来不及细品，加之成行之前对响水岩景区文化背景一无所知，又兼该旅游线未曾对外开放，因此，虽走过一遭，响水岩在脑中的印象还不甚清晰。

后来才知有个"鬼婆窝"。资料上记载：距响水岩瀑布约 300 米的对面，有一堵高 200 米的陡崖石碛，悬空峙立，雾缠云绕，阴森恐怖，传说为妖魔鬼怪出没之窟，人称"鬼婆窝"。当地人说，到此地游猎、观瀑，忌高声说笑、吹口哨，打"呜吼"（喊山的一种，人发出"呜——吼——"的喊声，以告知同伴自己的位置或者向山里其他人问询）、唱飞歌，违此，鬼魔就出来抓人，摄人魂魄，吸人脑髓……读至此，先是不禁有些毛骨悚然之感，又遗憾曾与"鬼婆窝"邂逅而不仔细探看"鬼婆窝"到底是什么样子，其玄秘何在。

10 月 21 日，文友们在响水岩宾馆休息了一宿，养足精神，吃罢早餐，带着愉悦的心情，在雷山县文联朋友的引导下，沿清溪边刚开辟的便道徒步进入高峡深谷。天空十分作美，虽然没有太阳，但浅浅的秋云极为透亮，不热不凉，空气清新而不潮湿，是个极难得的山旅好日子。

大伙走走停停，有说有笑，或跃下溪边嬉水，或散坐石滩小憩，或驻足观远景拍镜头，时而惊赏碧潭游鱼，时而采撷路边野果品尝。行至数里许，山回路转，溪水声响热闹起来，落差 120 余米的三叠飞瀑就在眼前了。与上次所见相比，飞瀑更显一种轻盈娇小的风韵。文友们都一时活跃起来，摄影师们的快门就"嚓——嚓——嚓——"地响个不停。不可高声语，惊动"鬼婆窝"，有人向大伙发出了警告。大伙会意地笑起来，纷纷扭头去寻觅"鬼婆窝"的处所。

对了，在我们前边不远的陡峭山壁上，绿树浓荫遮掩着一些突露出来的灰暗迷蒙的怪石，形象狰狞怪异，虽无山霾雾霭，但依然显得神秘莫测。石崖下似有个幽深的洞口，藏而不露，令人觉得阴沉可怕。雷山一文友说，那里曾栖居着一只巨大山鹰。"鬼婆窝"一下子触及了游者的兴奋点。有人对着"鬼婆窝"大声鸣吼、吹口哨，高声呼叫，还有人用竹鞭狠敲瀑边的铁皮垃圾桶，使之发出巨大的声响，以期引出传说中"鬼婆窝"里青面獠牙、凶猛可怕的妖魔来。但无论怎么努力，"鬼婆窝"都毫无反应，连只鸟也未被惊起。

大伙有些失望，只好在"鬼婆窝"下留张影后继续前行。有文友说，也许是人们的正气压制了邪气，妖魔都逃走了，也许是妖魔不想破坏游者那份难得的畅游情趣，收敛了自己的行迹。

不管怎样，"鬼婆窝"这一美妙玄乎的传说，也许永远只能存在于旅游者丰富的想象中，给人以独特的情趣和感受。不过，我探查"鬼婆窝"的梦圆了。

清溪戏鱼

刘禹锡说：山不在高，有仙则名；水不在深，有龙则灵。仙人神龙是否有，我不敢苟同，但刘先生却道出了个道理，大凡名山胜景，总该有些新鲜物种，方显得生机有趣。

响水岩景区有山溪二道，迂回盘缠于高山深谷间，源头少游人涉足，景区亦少山寨人家。大自然造化其清白之躯基本保存完备，山溪淙淙流淌，纯纯净净流泻，可谓至清之水也。宾馆之侧，亭台之间，有些清潭积水，明澈透底，常不见游鱼，也鲜见蟹类。有文友便说：响水岩之山溪，水至清而无鱼。

起初，我也有些相信。诚如是，响水岩之溪水就或缺些灵性了。但又于心不甘，觉得这活脱脱的自然山泉，不至于养育不出肥硕的游鱼虾蟹吧。就约了文友，捋袖绾裤，临近溪边，去翻石头，触深潭，初无动静，后渐渐发现，在远离路边的一些深水乱石间，也有无数香棍筷子般大小的鱼苗在隐隐游动，便猛然一喜，惊悟："响水岩水至清而无鱼"的结论是错误的。

再仔细深察，文友忽惊喜地发现，有与蜥蜴相类的水生物慵卧水底，其身有细密的褐色斑纹，与水底沙石极为相似，不注意很难发现。用细棍撩拨之，它身子稍移，然后又纹丝不动地伏在水底。经当地文友介绍，这小家伙学名蝾螈，两栖动物家庭成员，喜藏身浅水之中，当地老百姓叫它"水四脚蛇"。这东西有剧毒，一条铅笔般大小的蝾螈足以让数十人殒命。蝾螈的毒性很强，据说，曾有村民中毒，临终前表现为神志模糊，胡乱叫喊，自言被一张席子飘载起来，要飞到云天里去。但蝾螈却不吃鱼虾，与其他水生物和睦相处，互为友邻，所以不少鱼苗就在它周围自由翔游，引得众文友惊奇地驻足参观。

响水岩溪水有了鱼苗，也见到了蝾螈，便引起了游者极大的兴致。大家纷纷涉足浅水，翻动石块，投石探水，希望能发现几尾大一些的鱼。借着这些好嬉水寻鱼的文友逼近溪水的时机，机智者便在一旁搬起石块，击在寻鱼者旁边水面上，激起一串水花，溅得寻鱼者一身。探鱼者倏然跳开，引得大伙开心朗笑。这种游戏儿番之后，寻鱼者便不敢贸然走近水边。沿溪边行进数里，再难以发现大群游鱼。

待到响水瀑脚下，人们都把注意力瞄准了美瀑，我却忽然发现，阴暗的石潭里有无数游鱼在闪鳞群动。我异常激动，呼唤文友们过来参观。悄然走近石潭，粗略清点了一下，这些二指大小的修长的石榴鱼，有二十余尾。也许是这里光线暗，它们没有发现游人，竟在水里双双对对，结伴成伙地游戏得正欢。文友们都满意地欣赏着它们靓丽的游姿，不时发出赞叹。不想哪位调皮蛋猛然向小潭投入一块石头，水面模糊一片，游鱼四散潜藏。待水面恢复平静时，潭底只剩下乱石白沙，鱼群不见了踪迹。用木棒翻石块，也不见一条跑出来。大家兴致大减。但是我们终于发现了鱼群，虽有扰鱼之憾，但已明确知道，响水岩之溪水是有鲜活游鱼的，之所以它们未愿与游人见面，也许是游者不够友善，对其恶意骚扰，所以潜藏水底石窟，或许月明风清，夜深人静之时，它们才游到浅水处，享用那份悠闲的宁静与愉悦吧！

采撷山野情趣

山与人同。山肥壮了，乳汁就多，地灵物丰。

雷公山麓响水岩一带的山山岭岭，四季野花常开，野果常熟，蘑菇常长。有心的游人便时时可采到野果，撷到菌子，从中体味到无穷的乐趣。

沿溪行，我们不时发现些名贵中草药，七叶一枝花、臭牡丹、千里光、大血藤等，不可胜数。文友中有知晓药理者：讲解其功效，大家惊奇不已，恍然进入一个特大的中药园。而最让人惊叹和欣喜的，是捡拾或采撷野果蘑菇。火炭泡、野荔枝、八月瓜、野柿子、板栗、锥栗，名目繁多，数不过来。

而最有趣者，莫过于打八月笋和采蘑菇了。响水岩有竹曰八月竹，纤细、修长、质硬。竹笋在农历八月才生发，人称八月笋。富含多种有益人体的微量元素，其纤维粗，肉质脆，味道纯，有种独特鲜香的风味。将其切碎，拌和酸菜肉末炒制成一种特菜，款待嘉宾，很受人爱。当地开发成袋装礼品，也颇得消费者青睐。

这八月竹长在阴凉的山涧谷底，个头不大，要大量采撷十分困难。文友们一路行一路采，才采了一二小把，但已满心欢喜。

离开溪谷，爬上山岭，就到了蘑菇的家园。一两场中秋的细雨过后，鲜嫩肥硕的蘑菇就从蓬松的枯叶里探出头来。欲露还羞，难以引人注目。但一经发现，则有一大片，一朵连一朵散生在野草黄叶中。没有袋子，我们就学习村人的办法，用细长的藤条串将起来，很快就采摘到一大串。红、黄、白三色都有。松木菌、黄蜡菌、竹荪等，有些还叫不出名字，但以前见老乡挑到市面上卖，知道可以食用。行数里山路，沿途竟采到了五六斤，可谓是大丰收了。

回到驻地，大家清点了一下游程中所获之物，除了笋子、蘑菇，还有板栗、锥栗、八月瓜等野果。野果很快被几位嘴馋的女作家一下子瓜分，笑眯眯一边享用去了。蘑菇则交到宾馆厨房。晚餐的时候，厨师就把我们猎获的竹笋、蘑菇制成佳肴端上桌来。大伙都情不自禁地出动筷勺，夹菌舀汤，边尝边赞。

品味着自己劳动所获的那份愉悦，也体察到了雷公山丰富的物产给游人带来的那份难得的乐趣，对雷公山自然保护区，也就多了一分理解一分敬意。

品味美女瀑

美女瀑是响水岩旅游区最为动人的景点。她幽居雷公山麓的深涧谷底，千百年来锁在深闺无人识。自响水岩旅游区对外开放以来，渐为外人知晓。不少游客因此慕名而来，以亲睹美女瀑芳容为快。

金秋笔会佳期，再度到响水岩，与众多文友驻足美女瀑下，欣赏美女瀑动人的倩影，久久不愿离去。

美女瀑又称三叠瀑，俊美的头饰，修长的腰肢，靓丽的裙摆，正如一位情窦初开的苗家美少女，身着节日的银饰盛装，静坐在石壁上，让观者平生无限的眷恋和遐想。

秋天的美女瀑，似有些瘦了，显得更加袅娜而轻盈。清纯的秋泉涓涓泻下，沿石壁脉脉垂洒，万点水珠碎成绺绺精美的银饰，嵌缀在石崖上，溅落在下边的清潭里，远远地看来，美女瀑有些朦胧如梦了。或似画家们未绘完的一帧《美女闲坐图》，图中美人的轮廓若隐若现，给游者以美的展示。

只是这山太静了，美女瀑怎生消受得了这份百年的孤独？一只鹰飞过来，在美女瀑边的石崖上筑巢，也许它是感悟了美女瀑的孤凄，便筑巢于此，相伴美女瀑度过漫长的岁月吧。

我见过众多著名的瀑布，那些瀑不是过分地俗，就是过分地殷勤，都沾满了商业的种种铜臭，没有些纯洁自然的本性了。只有这美女瀑，独居深山，风雨不惊，洒脱优雅，不遭尘世喧嚣侵扰，保存着千万年不变的本色。

为什么呢？因为雷公山永远是绿的，雷公山的水脉是健康的，没有工业污染，没有村舍人家在其间，美女瀑的水是天然山泉，因为那是山之乳，大自然的佳酿，谁不爱呢？这样的水汇成瀑，自然是清清纯纯，纤尘不染，这样的美女瀑难道还不值得人们亲近吗？

徜徉在美女瀑下的绿潭边，呼吸清新的空气，看淡淡的秋阳斜照山壁杂树，欣赏潭中游鱼自如游弋，听美女瀑杳然悦耳的古歌，整个身心回归于大自然，人也成了大自然的一部分，生活的各种烦恼，此际已荡然无存，听得见自己心的律动，触摸着清泉净柔的质感，什么都可以想，什么都可以不想，人就拥有了一种独特的松爽的体悟和感受，到了另一种自由的境界。

谷野之夜

沿着时间的长廊，走到雷公山谷底九月的秋夜。浅浅的银灰色的天暗下来，高空被山头框划成不规则的几片，没有星辰，也没有月影。风静静地徐徐轻拂。山没有动，树很宁静，宾馆的霓虹在自由闪烁。路边的小溪在曼声轻唱，溪水滩的细浪如银。空气异常爽肺，似乎经过了棉筛的过滤，细腻而甜润，将人的脏腑调和得分外舒坦。文友们沉入了雷公山宽舒柔和的夜晚。

平日，在喧嚣的都市，到处车来车往，浮尘弥漫了时空，小巷邻居，随处有麻将声声。整日里忙着上班下班，四处奔波忙碌，千金难买一静。神经之弦常年紧绷着，偶有闲余时间，也没有个清静的处所，也难聚几个知心的朋友，总难吐泻心底郁闷。

金秋笔会的组织者给我们准备了这难得的机会，秋月虽未圆，文朋也未聚齐，但同行者的心情好极了。我们就奔入雷公山宽广的怀抱，走进响水岩迷人的秋夜，心情先是振奋再是平和，然后归于恬静。

夜色甚浓的时候，几位文友牵手并肩走出宾馆，顺溪边漫步闲谈。路为鹅卵石铺就，平整而自然，溪水就在身边静流。虽未见游鱼涌动，但闻得野草的芳香，虽没有月光，但借着朦胧的灯火，依稀辨得草木路径。秋虫关闭了歌声，夜莺也悄然入梦，只听得宾馆餐厅下的音乐喷泉轻柔温婉的葫芦丝曲在绵绵演奏，伴和着细流在歌吟。

选石板路面坐下，众友都少说话，多用心去品味响水岩秋夜这份难得的淡泊与安宁，生怕人语打搅了溪谷百年不变的韵律。直到夜更深，灯更明。

回到宾馆住处，大伙都毫无倦意，没有睡意，大家都明白，这次笔会的时间太短了，与响水岩相会的佳期将即过去，都珍惜这难得的夜晚，不肯轻易入眠。未带上棋，就到服务员处要了扑克；没有准备好酒，就浓浓地泡了雷公山云雾香茶，大开窗户房扉，让雷公山的气流注满房间，再一边品茶聊天，一边打牌相娱。

输者不罚，赢者不奖，就让雷公山静夜的时光，从我们居所的空间漫流而去，直到迎来响水岩清丽的黎明。

听 雾

再次得会响水岩幽谷，再会响水岩三叠瀑，品味柔柔的轻纱般飘逸而灵性的雾，听到了大自然的蜜语，心有所顿悟，响水岩是一部净化心灵的好书。

早上，雷山的朋友把我们请上中巴，沿着雷公山脚缠绕而行，车到半山腰停下，顺着新修的乡道向响水岩谷底慢行。

天灰蒙蒙的，似疲困不堪欲睡欲醒的人面，俯对着响水岩深谷两侧墨绿的坡面。雾浅浅的，薄薄的，一缕一丝悄然灵动着，如绵绵的飞絮，渐次填埋了响水岩沟谷。

循着雾的翅膀，穿过杉林，走通谷底，踏过洁净的清溪，爬上响水岩宾馆通往响水岩瀑布的平整步道，向锁在雾海中的瀑布方向走去。

两年了，水还是那样纯净，树依旧繁茂葱绿，风凉爽而清润，溪中的游鱼依旧那样自由自在地游弋，只是多了那浓浓的厚厚的活泛着的雾。响水岩深谷显得更幽更静。也许受到了感染，大家都轻轻地放慢了脚步，放低了说笑的语调，或走或停，或掬捧山泉品饮，或拍张照片留念。雾就那么热情友善地游移在我们身前身后，领着我们向前走。

天更暗起来，雾更加浓密，响水瀑的歌悄然传输到大家的耳中，我们就到了三叠美瀑的跟前了。瀑下有潭，潭边有亭，亭上的空间被雾气罩住了。抬头看天，只见一片苍茫的雾色，谷两岸的树被雾气包容了。三叠瀑的倩影被雾气掩饰着，犹如隔着纱窗观烛火，美人瀑更加靓丽迷人了。

是雾塑造了响水幽谷的诗境，是雾用纤纤玉指弹出了响水瀑的旋律。山谷很深很静，只剩下了雾里纤细的潺潺不断的瀑声。响水岩千年奏一曲，吹送了多少皎洁的月色，迎来了多少批远远近近的游客，谁也说不清了。就算十分聪慧的雾也记不清了。因为时空被雾的歌声掩埋，历史被瀑音冲淡了，只是雾依旧热忱而浓，只是那美瀑永远美丽而清纯。

瀑与雾窃窃私语，我听不懂，也没有必要听懂。驻足潭边，雾与瀑就如亲姊妹，大方自由地旁若无人地畅叙着、轻吟着，她们没有孤独没有奢望，永远灿烂的是她们宁静而永恒的无声的理想。一千年，又一千年，人老了，树老了，山鹰老了，但是这瀑这雾，一定青春常在。

那么，聪明的人们，我们的心，可否，多一些洒脱，让心永远年轻呢？

(1997年11月、2003年4月两次到雷山响水岩，创作多篇小文，先后发表于《凯里晚报》，2023年4月整理成一个组章)

魅力村镇

北侗 "博士村" 地良

　　天柱县高酿镇地良村是一个有悠久历史的侗族传统村寨。风景秀丽，地灵人杰，自明代以来，世代崇文，家家重教，因而人才辈出。新中国成立以来，地良村已有大中专毕业生 400 多人，其中本科学子 250 余人，硕士研究生15 人，博士 7 人，是黔东南赫赫有名的 "博士村"。出任国家公职的人员三百余人，其中科级以上干部 50 余人，有副高级以上专业技术职称的公职人员 36人，厅级干部 3 人。真是族族出英才，姓姓有能人。作为仅有 500 余户 2000 多人口的一个村，短短数十年时间，取得这样骄人的成绩，地良村为黔东南乡村教育树立了一棵醒目的标杆，成为北部侗族（黔东南苗族侗族自治州侗族分布很广，专家学者习惯把黎平、从江、榕江南部三县侗族方言区的侗族称为南侗，以锦屏、天柱、剑河、三穗、岑巩等北部方言区的侗族称为北侗）村寨乡村振兴中的一个典型样板。

　　贵州黔东南因远离中原，处地封闭，交通不便，古称蛮荒之地。明清以前很多县文化教育非常落后，民国时期国民教育非常滞后，新中国成立之初，黔东南不少国家干部是 "半文盲"。天柱县比邻湘楚，受湖广文化影响较早，文化教育事业相对起步很早。天柱县文化教育事业相对发达，人称 "教育大县"，高酿镇又是天柱文化教育重镇，文化教育事业非常发达。

　　高酿镇地处天柱县南部，有 "天柱南大门" 的称号。位于贵州通湖广，连接中原，直通京城的重要战略要地。地良村正好处在天柱和锦屏两县交界古驿道上的黄上山关隘。明代，由山顶分别朝南北两个方向往锦屏和天柱建成青石、碎石花街相连官道，其中向南前往锦屏方向的青石板道有 15 华里，青石阶总计三千余级，全靠民工肩扛背驮搬运石材，其工程之浩繁和官道之重要可见一斑。从京城到黎平府就任的大小官员，来往都 "道出皇上山"，地处官道旁边的地良村，成为古驿道历史的见证。

　　黄上山又名黄哨山，海拔 1029.5 米，系天柱锦屏两县群山主峰，也是黔东南文化名山之一。山势险峻，奇峰罗列，古木森森，涧流潺潺，云缠雾绕，景象奇异，是一方风水宝地。明代建有一座古寺，人称"白云寺"。大雄宝殿雄伟壮观、气势恢宏，供奉有释迦牟尼、八大金刚、十八罗汉、四大天王等塑像，皆做工讲究，形态逼真，栩栩如生。明代晃州知府吴赓虞宦游于此，感受白云寺气象万端，禅意森森，灵感乍现，信口创作一联：曲径云封留客扫，禅门月静待僧敲。住持获此雅联，命工匠制联于寺门，又题横批匾额："白云生处"，由此香火日盛。往来仕宦商贾、文人黑客，多在古寺歇足。因此留下许多诗词佳作。清朝光绪年间，曾在国子监任职的京官曾廉，因言获罪黜黔，又徙陕西省任候补道台，途中被黄上山风光吸引，于是弃官归隐于此，游说当地乡绅，捐资捐物，村民投工投劳，在白云寺旁边兴建白云书院。潜心讲学诵经，教化当地子弟。天柱、锦屏两县有志青年，纷纷到白云书院入学听讲，大批学子通过启蒙深造，成为优秀人才。清末举人吴见举，民国护法运动黔东司令龙昭灵，著名学者龙秀三、吴用竹等一大批青年才俊皆启蒙于白云书院。白云书院也成为清末民国年间黔东大地影响较大的书院之一。

1927 年川军入黔，在皇上山关口被当地民团袭扰，造成多人死伤，川军迁怒于寺院，一把火将寺院书院焚毁。一个曾经影响很大的古寺、书院，化成一片焦土。

正因这样一个特殊要地，使得地良村的历史显得非常厚重。当地曾经发生多次兵匪战乱，地良村也曾经受无数战火硝烟的洗礼。民国三十年，时任锦屏县县长的李繁苍及秘书经过地良，遭受土匪抢劫，李县长怒笔一挥，下令保安队到地良村抓人，未经调查取证审判程序，将多名无辜村民杀害，成为新中国成立之前天柱一大冤假错案。

皇上山周围方圆百里，村落罗列，地良村是其中影响最大的一个村子。相传古有皇帝巡游于此，并留下了一个亲民的感人故事。地良海拔较高，平均824 米，地处高台，八方来风，四季凉爽，侗语名"寨地凉"。康熙版《天柱县志》记载："在城南七十里，旧立庵于上，与黔属茅坪接壤，对山有五龙岭，相传唐王巡行至此。"唐王巡游到地良地界，见风景优美，气候宜人，民风淳朴，百姓和乐，感叹道："地凉者，地良也！"地良由此得名。唐王是谁，无翔实文字纪载和佐证。当地群众相传，乾隆微服私访，曾到过地良村作客。

作为古驿道，高官巨贾、文人墨客经过此地，那是很自然平常的事。即便皇上来过，那也不足为奇。老百姓尊敬自己的国主，国君在群众心中的地位至高无上。地良村家家户户神龛上供着"天地君亲师位"，把国君放在天地之后来尊崇。如果皇上真正来过，那自然是件非常荣耀的事。留下些故事，让群众多几许美好的念想和日常的谈资。

地良村由多个自然寨组成，每个小山寨依山傍溪，梯田成坝，四周森林繁茂，人工杉林、竹林、果木等经济林，与自然林交相连绵，人家田园与山川河谷自然依偎，小桥流水、木楼人家、阡陌交通，分布有序，呈现山村烟火的绵远生气和强大魅力。桃李花木、杉山竹海、松林万顷碧浪滚滚的大山岭，沟壑一体，山寨合一，相映成景，成就地良传统村落诗墨交融的画卷之美。

地良之美，源于山奇水丰、文化多元，源于村民敢想敢干敢于创新的精神。

地良山体总体上属喀斯特地貌，但不是发育最完全和典型的那种。有高耸入云端原始植被保存良好的山峰，有百丈石崖下深不见底的大沟谷，而在这两者之间，是山势平缓，可耕宜居的山间坝子，村人占据着这些肥沃的山湾，起房造屋，修造田园。人与自然和谐相处，美美与共，相互照应，相互成就。古来村人取法自然，有序合理利用山间丰富的物产，得以休养生息，代代繁衍，星火相传。大自然的山禽走兽、珍稀物种，也在村民的精心呵护下，保存着原始的生物多样性，自然繁殖，种类繁盛。具相关调查，地良村保持着丰富的野生动植物种，系天柱县有名的野生物种宝库遗存地。

因为植被良好，水土稳固，地良的水系发育较好，水质清澈，水量丰沛。地良村域有大小溪河9条，为村民生活用水，农业渔业生产提供了保障。无论哪一个小寨，木楼人家与田园菜畦之间，古桥与凉亭之下，总会发现有小溪细流、引水沟渠、百年古井、飞泉瀑布，水体纯净，水声轻柔，韵味十足。村民开沟引水养田放鱼，一湾梯田四季碧水盈盈。行人走过，田间稻鱼欢跃，激起一波浊水。田间有村民安放捉鳅的竹篓，可见田中黄鳝泥鳅颇多，给村民闲适的农耕生活带来无尽的乐趣。村中有石砌水井，井沿放着木瓢，路人渴了，随意到井旁舀水畅饮解渴。有了水的滋养，山寨灵气充盈，生机勃勃，村子的文明因此生生不息，不断丰富和传袭。瀑布大大小小，藏在村脚坎下，道旁溪谷，隐入大箐山涧。据统计，全村多个峡谷，有瀑布群十余个，有宽窄不同高低不一的瀑布数十个，堪称天柱瀑布第一村。有了瀑布，山间河谷的美景自然灵秀生动起来，具备了乡村旅游开发的优裕条件，村里规划和开展的旅游线路达八条，总长数十公里。

山好水好，大自然馈赠地良人一片丰饶美丽的乐土。基于天然的良好条件，地良村民乐山乐水，人文基因自然坚挺旺健，民间文化枝繁叶茂，云蒸霞蔚。除了远近知名的教育，民歌、节日、婚俗、宗祠、美食、建筑等传统文化保存非常完整，村中有古碑、古井、古桥、古墓、古歌场等文化遗迹十数处。村子寨门、凉亭、祠堂的精美的牌匾题字和对联，多为村人手创。其丰富的内涵和深厚的书法功底，可以体味得到地良村厚重的传统文化底蕴。寨门飞檐下正面的牌匾，是旧牌匾的复制品，牌匾上"钟灵毓秀，人杰地良"八颗大字，相传为乾隆御题。整个村子，家家户户，大门花窗，均工工整整贴着手书的春联。联意丰富，书体大方多变，无不流溢着浓郁的乡土文化气息。

村民热情好客，个个能说善歌，会下村棋，能摆古。有很多能工巧匠，村里的侗族歌师就有 50 位，民间非遗州级传承人就有 6 人。

村里组建有一支享誉侗乡的"木叶组合"青年民歌队，多次代表黔东南民歌队出访外省和参加央视汇演，夺得各级民歌大赛奖多项。负责歌队的青年作家艺术家汤昌奎是返乡创业杰出青年，他放弃省城优裕的生活，返回家乡开发文旅产业，带动全村发展。通过自己人脉资源，与村干一起积极争取国家投资项目，十多年累计投入各种建设项目资金达 5000 多万元，极大地改善了地良村基础设施。进村公路的美化拓展和村内旅游环线建设前期工程已完工，改善了全村交通条件，供水管网、通讯网站、宾馆酒店、农家书屋、村镇银行、民歌传习所、消防设施、卫生室、停车场、卫生公厕等旅游基本设施，集镇当有的各种功能地良村也都已配齐。不忙时，汤昌奎带着歌队排练，积极传承当地民歌，应邀带着歌队到州外演出参赛。他能歌能写，创作能力较强，还兼任天柱县作协主席，系州级民歌非遗传承人，被省人事厅授予"高级歌师"荣誉称号。汤昌奎不仅歌唱得好，还时常创作新歌，把地良民歌元素融合到歌曲的创作中。他多次接受重大媒体的采访，被人们称为"北侗歌王"。他思想活跃，富有开拓精神，利用当地旅游公路拓展升级的契机，联合公路养护单位，建起了一个乡村公路建设博物馆，收集了上世纪二三十年代以来乡村公路建设的各种施工器具和施工车辆等实物，堪称中国公路发展史的大观园。是黔东南乃至贵州唯一的一座乡村公路建设博物馆。该馆的落成，成为地良村特殊的一处人文景点。汤昌奎与全体村干一道，正积极申报，拟把地良村打造成黔东南知名的"AAA"级乡村旅游景区。随着知名度的不断提高，到地良村来旅游、养身、考察的旅客日益增多，地良村已成为黔东南一个知名的乡村网红旅游打卡点。

村里有一位不能不提的知名画家胡显清老人，90 多岁，身板硬朗，精神饱满，面色红润，思维清晰，每日仍作画不息。他曾是某单位彩陶工艺大师，退休后归隐田园。以创作国画为乐。其作品取材乡土，生活气息浓郁。老先生善用工笔与写意融合的创作手法，其国画构图新颖时尚，主题鲜明，线条细腻，画面简洁明快，着墨空满有致，色彩对比鲜明，具有黔东南北侗风情独特的文化内涵和强烈的艺术感染力，表达画家对时代对家乡强烈的赞美之情。老人家多次参加全省全国美展并取得突出成绩，多次获奖，其中国画《晴雪》1982 年获得湘黔桂三地书画大赛一等奖，国画《鱼》2000 年获中国美术家协会举办的全国书画大赛二等奖，国画《俞老俞甜》获得贵州省纪念建党 80 周年书画大赛一等奖，国画《邓小平像》2002 年获得中国美术家协会举办的"世纪精英"全国书画大赛金奖。老先生回归乡土，几十年创作不辍，积累了大量优秀佳作。他利用自家老木屋办起了个人画展室，只要有客人来访，他就会热情接待，并开心地为客人介绍他的创作和生活。村里有后辈青年想学书画，他无偿指导。他在村子办起的画展室，是黔东南独一无二的村级美术馆，为地良乡土文化建设增添了浓墨重彩的一笔。他积极的创作态度和乐观的精神风貌，成为激励后辈青年的精神动力，是地良侗寨乃至数百里侗乡宝贵的一笔精神财富。

2022年盛夏，当我们采风团的作家来到地良村，浏览地良周村的美景，穿过原始森林到河谷探看飞花溅玉的美瀑，参观过地良小巧别致清静的各个自然寨，喝过清凉的山泉，品尝过当地香醇的油茶。夜宿桃花岛民宿，好客的地良村民为我们准备了丰盛的晚宴。在聆听青年村歌队员们优美动人的北侗民歌中，作家们频频举杯，渐渐沉醉于星汉灿烂、山风猎猎、蛙声四起诗意般的夜色……

（此文发表于《杉乡文学》）

初到西江

　　黔东南的风物应是魅力无穷的吧，否则，千万来宾不会四季关注和痴恋这片淳朴的乡土。西江的风情是迷人的，要不，无数远方的客人怎会不辞劳苦千里奔赴那个锁在深山的苗寨？

　　梦想去西江多年了。跨入新世纪，州作协邀约笔会，终于好梦成真。

　　旅途，文友们一路欢言妙语。汽车爬过雷公山的臂膀，穿过许多苗族村寨，山门豁然打开——西江"千户苗寨"拉入眼帘。西江漂亮的姑娘们摆上了拦路酒。酒香入鼻，歌声畅耳，笑音泠泠，沁人心脾。这是苗家人传统迎客的礼仪。这醇浓暖心的情意，容不得你犹豫与推诿。喝下去吧，否则不得入村。文友们迎着西江姑娘雪白纤指托起的酒碟，依次仰起脖子，美美地把米酒喝下去、喝下去。

　　姑娘们带我们进寨，魂牵梦绕的西江真切地展现眼前。木楼层层叠叠，依山而建，四面青山起伏，中间稻田飘香，田坎边有小溪静静流淌。河岸柔柳婆娑，河中鸭鹅嬉戏。寨脚一条小水泥街有摊点店面，游狗家鸡在自由闲逛。这不正是人们梦境中的"桃花源"么？

　　一阵鞭炮震响，热忱的苗家姑娘把第二道拦门酒摆在宾馆大门前。飞歌唱起来，美酒敬上前，想要进大门，须再喝一杯。人面靓丽，米酒芳醇，铁将军把门，身后小伙们看护着。人往哪里逃去，躲得了那碗酒，避不开那份情，鼓起勇气，接着喝下去，喝下去……

　　简短的欢迎会刚结束，晚宴开始了。文友们被分成三组，安排在不同的村民家吃"农家饭"。三米长的餐桌上，小炒、清炖、凉拌、烧烤等各种方法制作的菜肴琳琅满目，堆满了长桌。宾主齐聚，主人一声热情的招呼，大家酒杯齐举。酒过三巡，宴语交织，酒歌飞扬，温馨、和畅浓烈的欢乐氛围在主人家堂屋里荡漾，浸润着每个人的心田，弥漫到四周的人家，散布到整个山寨。酒歌一首接一首，美酒一杯又一杯，客人们醉了，主人们也醉了。醉了的宾主依旧不离宴席，仍然笑语爽朗，歌声不断，杯箸交错，情深意浓，兴意不减。直到有人捞起坐着的木凳，敲响了欢快的节奏，跳起板凳舞，唱起革命歌，宾主这才携手邀肩，次第散席，步入充满田园诗意的西江早秋的夜晚……

清早，从美酒轻柔的麻醉中清醒过来，文友们仍兴奋无比，散布到村子农家，采访"鼓藏头""活路头"，拜访当地木匠，收集村史资料，考察苗家木屋结构，拍摄山水照片，广泛接触当地群众，了解村民丰富多彩的生活，与苗家人建立更加深厚的情谊。

通过了解，西江还盛产晚熟西瓜、栗子、茶叶等优质农特产品。勤劳善良的西江人拥持着丰厚的资源，正在镇班子的带领下，进行大规模的农业产业结构调整，正用新的彩笔描绘崭新的生活。

笔会结束，我们依依不舍。车子缓缓启动，村民们移步相送。建立了深厚情谊的主人客人凝目相望，挥手再挥手。相信，这个中国最大的苗族村寨，终会有一个美好辉煌的未来。

（2001 年秋天创作并发表于《凯里晚报》，2018 年 9 月 14 日修改。西江正如当年预言，成为名播海外的旅游打卡地。）

郎德怀古

雷山郎德作为贵州东线风情旅游村寨的一颗明珠，早已誉满神州，名播海外。除了当地独具特色的民族风情外，更因这里曾诞生了一名反抗暴政的苗族英雄人物——咸同农民起义军名将杨大六。

历史上有名的清咸同年间贵州省台江张秀眉领导的苗族人民大起义，风云十八年，威震清廷，其中作为起义头领之一的杨大六曾立下汗马功劳。杨大六生于 1830 年，本姓陈，苗名希略，身材魁梧，个性刚烈，胆识过人。青少年时上山放牛，有猛虎咬死牛犊，杨大六大怒，持刀追杀猛虎，虎被他追杀落崖而毙。村人闻之，皆赞杨大六勇悍，苗语称："昂达喽"。此后昂达喽成为杨大六诨名。后在与湘兵交战时，义军呼之昂达喽，湘兵听后，就以杨大六谐音称之。湘将官在书上记上了这位作战勇猛，手刃湘军兵将无数的苗族汉子的名字，杨大六之名由此传开。

太平天国革命爆发后，朝廷加紧对苗族地区的统治，地方官对当地群众盘剥日甚。郎德寨距丹江（现为雷山县）厅城较近，成为官兵肆虐苛逼的重点村寨。一次屯兵逼粮打死了无辜百姓。生性耿直的杨大六挺身而出，将肇事屯兵打死，借此契机，组织当地民众折矛立誓，以郎德上寨为大本营，竖起反清抗暴大旗。

咸丰五年（1855 年）率部与台拱（今台江县）张秀眉会师，揭开咸同农民起义的序幕。此后，杨大六与张秀眉等义军首领相互呼应，征战于黔东各地及晃州（湖南新晃），取得无数重大战役的胜利。同治十一年（1872 年）3月，杨大六与张秀眉、九大白、金大五等义军头领集所率万余义军与清军决战于挂丁河畔，战败后张秀眉于乌东山被设计俘捕。为解救张秀眉，杨大六又率残部杀下乌东山，在陶瑶（今雷山县陶尧）与清兵血战，陷入清兵重围，战事惨烈，义军几被全歼，杨大六也力竭被俘。后与张秀眉一起被押解长沙，于同治十三年（1874 年）4 月被清廷处以骑火铜马折磨而死，杨大六轰轰烈烈的一生画上了句号。

　　当我们迎着凉爽的春风走进郎德，漫步村巷古道，参观杨大六陈列馆里英雄们昔日抗暴反清时用的土炮刀矛，徜徉杨大六桥，仿佛感觉历史车轮訇訇碾过时空的沉闷响音。那惊心动魄的场面，那些民不聊生的历史已远离郎德群众很远很远了。你看，那片片宁静如画的梯田，那自然流淌的小桥流水，那村妇向客人殷勤介绍民族产品时的微笑，再倾听老人们歌吟那优美的古歌，品一品香醇的美酒……你便知道，这里的村民是那样的友好与热情，人与自然的关系是多么融洽与和谐。

　　人们复读历史，回忆往事，缅怀英雄，就一定会百倍珍惜太平盛世赋予人们自由幸福的生活。

（2001 年春天创作并发表于《凯里晚报》）

隆里古城漫步

金秋八月，随州旅游局组织旅游线路考察小组沿路采访，得访仰慕已久的隆里古城。

长期以来，隆里古城养在深闺人未识，近年有学者发现了它古朴、神秘的魅力和非凡的文化价值——它是贵州省遗存最为完好的古城堡。如今被省政府列为重点建设的 13 个城镇之一，也是中国与挪威共同合作在贵州建设的四个生态博物馆之一。隆里古城迷人的面纱开始为世人撩开。

当我们一路风尘，乘车到隆里古堡前的田坝停下。下车探望，这里果然是一处人间天堂般的美好居所。周围远远地依次连绵着起伏的群山，山上松杉碧绿，直接蓝天。在青山环抱间，大自然鬼斧神锄开就一方大坝，面积上万亩，皆肥沃良田。中有小溪清流九曲回肠流过。就在这坝中溪畔，晨曦炊烟下，上千户人家聚集而居。锦屏导游介绍，这就是明太祖朱元璋第六子朱桢始创的古城——隆里。

公元 1385 年，朱桢带兵荡平古州吴勉义军后，见隆里地势平旷，沃野开阔，便带兵进驻于此，开垦良田，一年耕种，三年足食。又遣迁当地农民，长期在隆里屯军驻守，设置"龙里千户所"。驻军的第二年，便大兴土木，筑城垒堡。城堡成为长期驻守黎平、锦屏一带的常备军留守军事重镇。军户们接来家眷或者就地娶妻生子，平时耕田种地，战时取戈上马出征。此后又于永乐年间（1404 年）再次修缮完备。公元 1685 年，清人取"隆盛之意"，把"龙里千户所"更名为"隆里所"。久之，则演化为黔东南一个"孤岛"式的以北方汉文化为底色的历史古城。岁月悠悠，600 多年弹指而过。古城至今仍基本保存着城廓的原始概貌和格局，现为锦屏县隆里乡政府所在地。

古城设计者匠心独运，其城街布局令专家游人拍手叫绝。整座城堡略成长方形，周长 1500 米，南北宽 217 米，东西长 222 米，占地 48174 平方米。全城设清阳东门、正阳南门、迎恩西门三个门，唯北门不开。所有城门皆设计成"勒马回头"式，即进入城门后，迎面一堵高墙拦住进路，一眼看去似无道进城，但勒转马头，却峰回路转，侧边有通道进入城里。这种虚虚实实，明阻暗通的设计，正是为了应对战事的需要。城内有大小石砌花街数条，皆呈"丁"字相连。城里人说，一是考虑风水原因，二是避讳"十"字（"十"与"失"字谐音）。城里民宅布局有序，鳞次栉比，风格相近，楼廊相楔，充分利用了地形和空间。民楼造型美观，家家花窗雕门，做工精美，极具艺术鉴赏价值。

穿古街，进小巷，走家串户，处处可见古城遗留下来的文明印迹和古城居民遗风。人家八字门楼前的门匾上，挂着"关西第""洛阳第""三槐第""科甲第""书香第"等字牌，这些匾牌，显示着房屋主人过往的辉煌历史和特殊的身份，流溢着明清遗风的鲜明特点。令人思绪联翩，感慨万端。

当地《龙标志》载，古时的隆里，"城内三千七，城外七千三，七十二姓人，七十二眼井"。可见当年古堡是何等热闹与繁华。史载隆里文化发达，人才辈出。明隆庆元年（公元1567年）黎平府第一个考中举人者，乃隆里所的王大臣。后又有8人先后中举。隆里之所以人才荟萃，成为黔东南明清时期举人比较集中的一个点，溯其根由，与一位唐代诗人的影响有着某种关系。

隆里曾名龙标，唐代著名边塞诗人王昌龄曾贬谪到龙标，任龙标尉。王昌龄是著名的浪漫主义诗人诗仙李白的好朋友，闻知王昌龄被贬龙标一事，李白曾作诗《闻王昌龄左迁龙标遥有此寄》表示同情与感念："杨花落尽子规啼，闻道龙标过五溪；我寄愁心与明月，随风直到夜郎西。"由此观之，龙标当时的条件应该是相当艰苦，要不然诗人李白不会对好友发出这样的忧思。

王昌龄（698—757），字少伯，河东晋阳（今山西太原）人。早年贫苦，依靠农耕为生，30岁进士及第。初任秘书省校书郎，而后又担任博学宏辞、汜水尉，曾因事被贬岭南。开元末返长安，改授江宁丞，后被谤又贬谪龙标尉。安史之乱期间，被刺史闾丘晓所杀。王昌龄与李白、高适、王维、王之涣、岑参等诗人交往深厚。系盛唐影响巨大的边塞诗人，与高适、王之涣齐名。其诗以七绝见长，被后人誉为"七绝圣手"。"秦时明月汉时关，万里长征人未还；但使龙城飞将在，不教胡马度阴山。"这首著名的边塞诗《出塞》是其代表作品。王昌龄被贬龙标这一公案，成就了唐著名边塞诗人与黔东南一段永不割离的文化姻缘。惜诗人到任龙标尉期间，未留下相关龙标题材的诗文，但其对当地文化的发展和影响，深深地浸染于当地乡土文化的根脉里，为当地群众世代所铭记和追念。

隆里古城还有龙标书院遗址，并有古碑石桥等纪念诗人的大量文物。相传王昌龄来到隆里后，积极推行以民为本的施政措施，为隆里地方人民群众做了许多好事实事，为隆里人民所爱戴。王昌龄北上途中遇难后，隆里人民修建状元桥来纪念他。据《开泰县志》记载："隆里之有龙标书院，创建自唐王昌龄公。"由于战乱，兵焚荒残，仅存遗址。明永乐十一年（1413年）依旧址修建。

清顺治六年（1649 年）地方战乱，郝永忠破所时，书院被毁。后里人张应诒于清雍正三年（1725 年），以鸿胪寺少卿告官归里，"汲汲以培养人才，训导乡里为己任"，联合乡中名士及父老子弟捐金在遗址上重建龙标书院，同年，建成"正厅五楹，大门五楹，廊庑庖湢，甃以石级，缭以垣墙的龙标书院，张应诒奉命任山长（校长）"。重建的龙标书院，旧时号称黎平府八大书院之首，足见它在当时黎平府所处的地位及作用。

明朝朱桢带到隆里的官兵多来自北方，应该多是中原汉兵。入驻隆里城堡后，世代繁衍，生生不息。逐渐与当地苗、侗等土著少数民族和睦相亲，互通婚姻，发展成为今天隆里古城的主体居民。他们保存着中国北方许多汉文化习俗，如玩"花脸龙"就是其主要民俗文化代表。著名学者余秋雨到隆里考察后说，隆里是黔东南的"汉文化孤岛"。

随着隆里古堡的积极保护和开发，这个史上有名的屯军古堡，正以新的靓丽姿容，招徕海内外千万游者。

（2008 年 11 月草于锦屏县城，发表于《凯里晚报》，2013 年 8 月 26 日修改，2023 年 5 月 26 日再改定稿）

牛大场镇印象

　　施秉县牛大场近年十分出名，却不是因为牛。甚至在重游牛大场时，也没有发现热闹的牛市。牛倒是看见了，那是在 12 月 10 日上午在牛大场镇三元药材公司头花蓼标准化种植基地。两头背犁的牛，在民工的鞭策下，在冬晨淡淡的阳光里劳作。那头水牛，埋着头，不声不响，一步一步沉稳而坚定地行进，似乎在很用心地思考着什么，仿佛闲庭信步。那头黄牛却大不一样，昂首阔步，风风火火，傲然奋进，好似胆汁质型的运动员，总想把百米冠军的奖牌揽到自己手中。更远处，一些挥锄揾箕的农民，两人一组，一个打沟，一个点种，配合默契。土地的上空三条笔直的输电线上，栖憩着无数鸟雀，如同五线谱上的点点音符，静静地注视着劳动的人们，好像要为这丰腴而宽厚的黑土地演绎的农耕图伴奏。

　　这宁静的乡村耕种图，在任何乡间的任何季节，似乎都不难看到。区别在于别处的农民往往种下的是麦子和玉米，这里的村民却是种植中药材，并实行标准化种植，亩产值达四五千元，是粮食作物的两三倍。这是牛大场镇成功进行农业产业结构调整的一个缩影。牛大场这些年来之所以叫得响，农民的腰板挺得直，就是因为大力发展中药和烤烟。全镇种植面积已近三万亩，仅此两项，全镇农民人均现金收入就达近 2000 元，牛大场作为贵州省著名的中药和烤烟生产基地名不虚传。

　　在牛大场乡间行走，随处都可以看见那些平整的烟田和沟垄分明的药材园地。虽然已是深冬，仍有三三两两的农民在土地上采收最后一批中药。他们收割的不仅仅是那些色泽暗红的头花蓼，而是收获丰厚的收入和喜悦。当我们来到紫荆村下寨组，就体味了村民生活的宽裕和日子的温馨。组长向荣方家是一个普通的乡村人家，轩敞的水泥院落，晾晒满了太子参、白术、天麻等中药材。走近院子，便闻到了一丝丝中药的香味。堂屋干净整洁，彩电、冰箱、红木家具一应俱全。不用说，这是一户富足的小康人家。向荣方这位刚刚四十出头的汉子热情而自豪地告诉我们，小寨组有六十户三百多人，除了外出打工者，留在村里的仅一百多劳力，今年生产烤烟和中药共赚了一百多万元，人均五千余元。向荣方组长为我们算了一笔账，他家今年种烤烟和中药收入四万多元，还不包括他女儿打工挣的八千多元。他家今年烤烟受了灾，否则收入还高些。他告诉我们，他任组长这几年，小组最大的变化就是修通了进寨公路，并把公路延展到各家各户门口和田边地头。起初群众不理解，意见大，他顶着压力坚持了下来，实践证明，要想富，先修路，这话是永远颠扑不破的真理。群众尝到了甜头，信心更足，积极性更高，团结起来，干什么都齐心了，一个后进小组，跃进了先进行列。向组长大胆地提出了新的发展构想，通过不断努力，一步一个脚印地奋斗，先在全组各户推广马车，而后发展农用车，以后逐步修建宽阔的街道，建统一规划的漂亮砖房，把小寨建成现代的绿色农庄，让全组村民老有所养，幼有所乐，大家都过上文明富裕愉快自由的新生活。

像向荣方组长这样的村组干美好的构想，中央前不久已作好了规划，那就是当前正着手建设的"生产发展，生活宽裕，乡风文明，村容整洁，管理民主"的社会主义新农村。牛大场紫荆村，建设社会主义新农村的基础条件较好，村人发展欲望很强，相信只要再继续努力，全村人实现建设美好家园的愿望一定为期不远。

（2005 年 12 月 15 日创作于施秉牛大场镇，发表于《凯里晚报》）

思州抒怀

人一生总要到过很多地方，有些地方总会给人留下些许美好的影像，然后，在茶余饭后，在工余的少许空闲，或快然于恬美的梦中，下意识地牵念这些故地，那些人事，一缕幽情悄然潜发心间，久久挥之不去。譬如思州，就是一个令我足以用一生来怀想的地方。

我不知岑巩县名由来，也未考证其寓意为何，但其古名思州，溶入了更多的人文因子，很是令人深思和留恋。岑巩朋友介绍，"先有思州，才有贵州"，思州是今贵州辖地"王化"最早的地区之一。思州一名，最早见于《旧唐书》，书中有"思州，隋巴东郡务川县"等语。史料说明，思州大约设于唐武德元年（618年），以此算来，思州确知历史已有一千四五百年了。而不究其名，思州的历史则可上溯到四千多年前的夏商时代，历史更是久远。长时间变迁发展，思州文明一路马不歇蹄，历史的车迹绵延不息，从沧桑的车仓中洒落无数文化的种子，就地生根发芽，滋蔓长藤，开花结果，瓜熟蒂落。然后风吹日晒，瓜肉腐烂籽实入土，然后萌芽，再开花结果，如此循环往复，思州文明之花灿烂一片，又消隐一片。到目今，就残存太多美丽的自然景观和文化秘点，蛊惑文人学者，诱导千万游人，来探幽，来访古，来解密，不一而足。像当地发现的神奇汉砖砚、战国青铀钟、形状丰富的银锭，像千年石壁悬棺，绝世佳人陈圆圆骨墓、蜚声清廷抗法名将苏元春的坟墓，还有神秘的思州傩戏傩技、精美绝伦的思州金星石砚，以及奇形怪状的溶洞"怪鱼"，都极其惹人神思，令人向往探究。

那是几年前一个温热宜人的初夏，应岑巩文友景戈石先生之约，我与诸文友来到岑巩。这个曾经绵延千年有辉煌历史的古思州正焕发新世纪的青春气息。美丽的潕阳河畔，一座新兴的小山城正初现雏形。数座大桥飞跨两岸，锁连秀美群山。依着平缓的山势，拉出了几条轩敞平整的大街。办公区、商业区科学规划，靓丽的现代建筑有序分布，几家大商场建成并投入使用，许多在建工程紧锣密鼓地施工。运输车往来不停，挖掘机铁臂飞扬，到处一派生机勃勃景象，令人兴奋和感动。

当我们参观过老县城，再来思考岑巩县城的搬迁，才明白岑巩县委县政府的远见和明智。躺卧在睡美人山下的思州古城实在太文静俊俏了，的确不能承受现代经济建设发展的重负。"龙钟晓寺""文石涵星""二水拖兰""白鹤鸣皋"等思州八景小巧经典，很难与大规模的现代建筑鱼水相依，且老城区山势狭窄，处地偏僻，交通不便，不利长远发展和小城镇建设。不如留下玲珑完整的古城，今后作旅游文化古镇建设，将悠久的文化，与古老的传说一并保全下来，待时机成熟，注入新的文化血液，激活尘封多年的文化遗产，让思州原有的绚丽色彩重新焕发活力。也许，古思州完整的再现，永远只是人们一个缥缈的梦了。因为，历史潮流永不逆转，当代思州的现代文明已以不可阻挡之势替代了过往，正积极谱写着新的史篇。

吃过晚餐，华灯初上，彩霞映山，沐浴着和煦的清风，与几位朋友徜徉新县城，站在跨河大桥上欣赏岑巩新县城的夜景。脚下滔滔河水不息奔流，两岸灯火如画似诗，整个山城，恰如一幅还未完稿的现代水彩画，令人心醉神迷，遐思万千，几千年或者上万年以前，勇于开拓的思州人来到这片古老的处女地，点燃第一堆野火，营就第一座茅棚，破土造田，春种秋收，种下首粒文明的种子，此后思州就有了活气，有了生机，有了希望，思州发展史就打下了漫长而生动的注脚。思州人先后创造了一个又一个撼人心魄的奇迹，这些奇迹，在历史长河中都如一粒闪烁的流星，在时空划一道耀眼的光焰，又迅速消失在蔚蓝的星空。昨日的思州成了今天的历史，现在的思州也终会成为将来的记忆。但有一点是值得欣慰的，思州的发展将日趋繁荣，思州人民的生活将变得更加美好。我们静静地等待着美丽富饶，宁静祥和，高速发展的新思州一天天向我们悄悄走来。

（2001 年 11 月发表于《凯里晚报》）

施洞苏公馆

　　台江县城北 40 公里的施洞镇，曾系清水江水运线历史上著名的码头，明清时期甚为繁荣。台江、凯里、黄平、镇远等周边县市集镇的各种商品，多于此集散。施洞曾云集四海商贾墨客，也为历代兵家争辖要地。

　　清咸同年间著名的苗族义军领袖张秀眉兵败退出施洞，被湘军将领苏元春占据。苏长期驻兵施洞，建有公馆，现残存木屋，成了文物，游者到施洞，不能不去苏公馆一观。

　　苏公馆位于施洞镇方寨西，面北背南，门临清水江。为三进三幢五间单檐悬山顶木结构建筑，四周风火墙围砌，墙内依次为院坝、前厅、中堂、后院、天井。通面宽 20.5 米，进深 76.6 米，占地 1557 平方米。前门有数十级台阶直达清水江。正门为条石门框，双门合启。前有天井，后有花园。公馆始建于光绪初年，规模不小、非常气派。

　　民国二十四年（1935 年），福建省财务委员张伯修弃职还乡，曾定居馆内。

　　新中国成立后，台江县党委政府将苏公馆改为造纸厂。现残存的建筑，经过多次修缮，基本保持着苏公馆初建时的模样，馆内大门已被砖墙封闭。通过馆后相邻的医院，熟人引道，开启古旧的破门锈迹斑驳的铁锁，便可进入馆内。

　　走进苏公馆，一种世事沧桑、人事皆非的感觉扑面而来。晚秋的残阳下，轩敞的庭院已被人翻新耕耘，肥沃的黑土正滋养着刚刚探出头的嫩黄菜芽。苏公馆黑沉沉的木质建筑孤居院中，被高厚的砖墙挡住了外面的世界。建筑雕窗刻檐，做工讲究，可惜缺窗少门，残破不堪。有些木板已霉烂，要不是房顶盖着青瓦，这木屋早已化作了尘土，霉腐的气息充斥其间。

　　当年的屋主几经变换，皆已不存什么遗物。无数肥硕的大蝙蝠成了这公馆的主人。见生人来访，它们就抗议似的在屋子间翻飞，发出一种令人惊悸的声音。

　　这森严的建筑和宽绰的庭院，见证了施洞历史的盛衰。同治八年（1869年），在黄平"黄飘大捷"一役中，张秀眉所部包大度等将领，将清军提督荣维善以下官兵 18000 余人几乎全歼，逃脱唯一一个清军头领——即后来的总兵苏元春。

席宝田离黔以后，清朝提拔了作战有功的苏元春，并命其留守黔东南。功高位显的苏元春开始筹银造馆、娶妻纳妾，过起安逸舒适的逍遥日子。

除了施洞公馆，他还在镇远古城建有一座公馆。将庭院打理得花香四溢，恬然美观。苏元春一边严格管束侍卫的众多亲兵，一边调和着众多妻子的关系，并希望能安闲自由终老余生。也许是清王朝加封晋职，使他这个孤儿出生的战将感恩戴德，因此他的公馆面向北方清王朝统治中心。但清王朝并非因此领情，后来人生一落千丈——在一位清官以敛财建私宅等罪名的弹劾之下，清廷加罪下来。苏元春虽保住了性命，却被发配新疆，多年后清朝赦其罪，复其官，欲召回重用，苏却突然病死于迪化（今乌鲁木齐）寓所，后归葬于黔东南苏元春第二故乡思州苏家坡（今岑巩县境内，也有人说苏家坡坟为其衣冠墓）。

苏元春在施洞的驻军、生活等情况已无法考证，其家眷及其本人怎样别离施洞的过程也不得而知了。但据施洞镇有关人士介绍，施洞曾经发现苏元春有一品夫人墓被盗，抢救发掘时发现有未盗走的玉镯、金钗、铜灯等物，可见苏元春当时的物质生活是相当丰裕的。

苏元春留给施洞一个永远无法解开的谜，只好让后来者慢慢去揣摩了。

（2001 年 8 月创作发表于《凯里晚报》）

高增风情醉嘉宾

　　游人到从江，不去高增侗寨体会一下那里浓郁的侗族风情，定然是个缺憾。

　　古老的高增侗寨，不仅与众多侗族名寨一样，有享誉中外的侗族大歌，而且有古老的吊脚木楼、雄奇的鼓楼和精美的风雨桥、戏楼等建筑群。那里山绿水美，田园宁静，村寨的各种景观都值得细细品味。热情好客的高增人，会赠给你一份温馨细腻的纯情，让你永远无法忘却。

　　沿从江县城东北行7.5公里，顺山湾田坝走近高增村口，只听得三声铁炮冲天轰响，接着鞭炮齐鸣，芦笙锣鼓同时鸣奏。高增漂亮的姑娘、年轻英俊的小伙子以及村里老人与小孩，都穿着节日的盛装，到村口迎接远方的客人。在悠扬的芦笙曲伴奏下，姑娘们唱起敬酒歌，举杯向客人一一敬酒，并把红蛋、花带、鞋垫等侗家礼品佩挂在每位来宾的项上。这才打开寨门，牵着客人的手一同进村。

　　一路笙歌一路舞蹈，主人簇拥着客人们在村子里间穿行，来到横跨溪流古雅的花桥上。客人们依次坐落在花桥两边的休闲凳后，主人向客人宣读淳朴的欢迎词、向客人介绍高增的悠久历史、丰富的民俗。村中年长的男女歌师，弹起声调低婉的牛腿琴，唱起或幽深绵长或高亢敞亮的侗族大歌……一时间，山风凝止，小河沉吟，会聚在古老花桥上的客人主人，都沉浸在侗族大歌深邃杳远若诗若梦优美的旋律构筑的奇妙意境中。

　　了解一段侗族的历史传说，聆听了侗歌迷人的大歌，虽难懂其真义，但那些忧郁的旋律，那些柔软舒缓的节奏，歌者专注而凝重的神情，给游人展示了高增侗家人千百年发展奋斗历程种种欢娱与忧戚，令人思绪飞驰，浮想联翩。可想而知，侗族先民在同大自然抗争，以求生存发展的漫漫征程中，必定是一路汗泪交流、曲折艰辛。

　　歇下脚来，细心端详这个神奇的村落，便有更多欣喜与发现。这个古朴的传统侗寨，是黔东南州最古老的少数民族村落之一，相传已有600多年历史。山峦环护着田园人家，民居与梯田挨着淙淙溪流边筑建。村舍与田畴之间，生长着许多蓊郁的古榕。鼓楼高耸在楼群中，花桥飞跨在小河上，戏台连缀在广场边、果木修竹、鱼田菜畦与人文建筑互相呼应，给人和谐安闲与世无争的观感，仿佛时光在这里凝滞了。

明清以来，高增侗寨先后建有四座鼓楼，分布在不同的小寨。最高的 17 层，高约 30 米。鼓楼整体呈"古杉"形状，底层吊脚撑柱，外设围廊。每层设青瓦挑角，逐层向上往顶层收缩。楼体取老练杉木为材，整栋建筑皆榫卯穿错，上下粗柱通顶，左右前后木枋连接，不用一颗铁钉，严丝合缝，紧密稳固。经得起狂风暴雨吹打，经数百年不轻易倒塌。低层横枋套板，刻龙画凤，雕花铭竹，将侗家人生活场景、风情习俗等场景描绘其上。画面简洁生动，妙趣横生。艺术地反映了当地群众生产生活情趣和美好的理想愿望。整座鼓楼，构图美观，设计精巧，做工精细，集中体现侗族工匠高超的技艺。

高增侗寨民间节日众多，比较热闹的传统节日有农历正月的春节、燕子节、"吃相思"，二月的"祭香婆"，三月的清明节，四月的"种棉节"，五月端午节，六月初六"洗牛节"，七月的"吃新节"等。每当节日到来，高增村民们家家户户准备丰盛的佳肴美酒，邀请亲朋好友来欢聚。村子在外工作的子女、在外省务工的亲人，都相约回村团聚。节日期间，大杯喝酒、开心说笑，唱大歌、演侗戏，鞭炮声声，吹笙鼓乐，村子一片欢腾。远方的游客来到村子，只要你愿意，走进哪家做客，主人都会用最好的美味佳肴和陈年家酿招待，让客人不醉不出门。

高增是从江的"美女之乡"，高增的姑娘媳妇个个都漂漂亮亮。节日里，穿上独特的侗家盛装，配上精美的银饰，古典华美、顾盼神飞，成为村子最醒目的风景。高增村民喜爱看侗戏，村民自创自编自演的剧目很多。村内尚存百年古戏台多座。每逢节日，村民演员着戏装登台演出，引来全村老少围观。侗戏全用侗语侗歌表演，观众的情绪随剧情变化而受到感染，开心处，众人大笑，伤心时，村民随剧情抹眼泪。正是这样充满生命力的文化艺术，滋养并繁茂着一代代高增人的精神家园。

（1998 年 9 月 4 日发表于《凯里晚报》，2023 年 3 月 11 日再改）

洒满乡愁的苗寨

　　因为作家李文明，我得以认识榕江县两汪乡空申等苗寨。李文明是一位很有担当和情怀的作家，是黔东南本土较早加入中国作协的作家，也是黔东南以文学、人类学相结合而创作并取得丰硕成果影响较大的苗族作家。二十多年来，他以雷公山、月亮山为观照地域，进行大量田野调查，先后创作出版了《远去的风情》《中国秘境之旅——贵州黔东南》《神秘的七星侗寨》《千年短裙》等多部风情浓郁的文化散文，尤其以《千年短裙》反响最好。

　　正是《千年短裙》这部作品，我得以较全面地了解"世界超短裙苗族之乡"——榕江县月亮山腹地两汪乡的空申、加簕、空烈等古老的苗族村寨。在作家李文明笔下，这些苗族村寨自然风光旖旎，民族建筑独特，村民勤劳善良、热情好客，服饰、语言、节日、生活习俗等方面传统文化保持较为完备。姑娘们漂亮的超短裙、尖尖帽，传统农耕文明，古拙的风雨桥、吊脚木楼、百年粮仓，名播海外的月亮山区独有的"茅人节"等等，如一道道奇丽的文化风景，散射着迷人的光芒，吸引中外游客、学者、作家和媒体记者探奇的目光。

　　因工作关系，我曾几次到访空申苗寨。第一次是陪军旅作家《战旗报》原主编李通斌大校重走长征路到空申采访。1930年4月30日，红七军第一第二纵队3000多人，在军长张云逸、总指挥李明瑞的率领下，从广西秘密开赴贵州黔东南，翻越月亮山，经过空申村邻近的九秋、加里、加宜等多个苗族村寨，突袭攻占贵州军阀王家烈的补给重镇榕江城，于5月1日召开庆祝大会，宣传革命道理，征召当地青年加入红军。这是红军首次征战到黔东南，榕江月亮山因此成为一座红色的革命名山。红七军与当地苗族群众结下了鱼水之情，至今月亮山许多村寨还流传着苗族群众帮助红军的感人故事。

　　李通斌是黔东南剑河县人，是一位从普通战士靠摸爬滚打多次立功受奖一步一步成长起来的苗族高级干部，对家乡和本民族有着深厚的感情，专程从成都回黔东南重走长征路开展专题走访调研。我和音乐家吴标陪同李通斌到剑河县柳川，榕江县朗洞、两汪等乡镇走访，还专程走访空申苗寨。李通斌是空申村有史以来到访职位最高的军官，空申村民以最高的礼仪接待了我们，晚上安排在一户村民家里食宿。一到村，李通斌就直接用苗话向村民问好、沟通和交谈。片刻之间，宾主消弥了陌生和隔膜，村民把李通斌当成了自家亲人。满房子聚满了男女老少，簇拥着客人坐在烧得旺旺的火堂边，一边慢慢喝酒，一边叙说村史村事。几位高龄的老人介绍村子的历史，又吟唱起古老的叙事歌，追忆苗族先人艰难的迁徙历程。热情大方的几位妇女，频频向李通斌唱歌敬酒，房子里回响着歌声笑语。了解当地苗族艰辛的过往和长时间在月亮山腹地封闭的农耕生活，体会苗族同胞真挚的情意，李通斌感动得热泪盈眶，不断用手巾擦拭眼泪。当晚，李通斌喝了不少米酒，与村民开怀畅谈，直到凌晨一点才休息。第二天早上，我们匆匆告别空申，这个古老而热情的苗寨，给我们留下了深刻的印象。

后来又几次到空申。作家李文明从州史志办调到州文联任党组书记、主席后，加强了文艺助推乡村振兴工作。在全州建立了30多个镇村文艺创作基地，确定雷山县脚尧、白岩村，凯里市青曼村，榕江县空申村为州文联文艺助推乡村振兴示范点，组织作家艺术家"深入生活 扎根人民"，有计划开展基层采风活动，创作了一系列反映乡村振兴的文艺作品，几个示范点的知名度美誉度得到大幅提升，产业得到进一步发展。

脚尧村是一个自立自强的农业产业村，在村党支部的带领下，很早就自立更生，靠山吃山，发展高山绿茶，在上世纪90年代率先步入全省小康村行列。州文联对脚尧村实施文艺"五个一"工程，创作一部报告文学、一部电影剧本、一部舞台剧、一首歌、一幅大型油画，经过两年多努力，创作全部完成，并取得初步成效，其中由州戏剧曲艺影视艺术家协会创作的舞台剧《大山的儿子》，在贵州省杜鹃书会曲艺大赛上获得了一等奖。脚尧村的知名度进一步扩大，茶产业做得风生水起。经州文联与州生态环境局等单位合作，联系协调贵州省作协、省生态环境局共同在白岩村建成贵州省首个"生态文学创作基地"，成功举办了黔东南首届苗岭生态文学全国征文大赛，并在白岩村隆重颁奖，组织全国获奖作者到白岩村采风。白岩村文旅产业成了黔东南乡村旅游的范例，吸引全国各地旅客。青曼村是贵州省已逝著名苗族作家伍略的故乡，作家伍略一生致力于苗族传统文化的文学推介，以黔东南苗族文化资源为素材，创作了数百万字的文学作品。其中以他的小说改编的电影《蔓萝花》，于上世纪60年代由上海电影制片厂摄制在全国上映，风靡一时，成为与广西的《刘三姐》、云南的《五朵金花》并驾齐驱享誉影坛的三部少数民族题材经典电影。州文联联合凯里市文联，采取州市共建思路，在青曼村建成伍略文学馆，收存了作家伍略的绝大部分作品和手稿，并收藏了黔东南本土作家出版的重要文学作品。伍略文学馆的顺利开馆，填补了黔东南乡村作家图书馆的空白，也为黔东南凯里市青曼苗寨这个知名的乡村旅游打卡地增添了文化内涵和影响力。

相较于其他三个村，空申村的产业发展起步较晚。为打开空申村干部群众的文旅视野，提振群众发展文旅产业的信心，几年来，李文明主席多次赴榕江，与两汪乡党委政府的同志一起到空申村调研，与村两委一起探讨空申村发展方向和思路。除了传统的劳务输出、种养殖业、茶园经济外，鼓励村民大胆引进资金项目，大力发展乡村旅游。2023年夏天，州文联成功推动举办了一届盛况空前的"茅人节"。邀请各级媒体、作家文艺家到空申采风，并举办了一场影响良好的文艺晚会。"茅人节"活动得到新华社、贵州日报社等中央、省、州各级媒体的关注和报道，一夜之间，空申村独特的魅力吸引了全国读者眼球，网上点击量暴涨，空申村迅速在网上火起来，成为黔东南新的"网红村"。文艺家们为空申村创作了一批文艺作品，持续推波助澜，黔东南音乐家以空申"茅人节"故事为背景创作的《茅人坡上唱情歌》等多首歌典，先后在火爆的村超、村BA赛场演唱并引起巨大反响。最近被央视选中，特别邀请黔东南的音乐家到北京录制专题节目，拟安排在央视展播，还推介了榕江县的青白茶等农特产品。两汪空申等苗族村寨养在深闺人未识，一朝成名天下知。

长期以来，空申人农耕四季，祝节过年，养儿育女，生庆死葬，传袭着古朴的文明，按照自己的节奏不紧不慢地过着桃源般的生活。通过多次走访、聆听、亲近、触摸，走进村人的内心和情感，才慢慢体味空申文化绵远的内涵和那份令人动容的情愁。

空申村的服饰非常独特。妇女盛装以黑色为基调，尖尖帽高耸宽展，遮盖住头、发和脖子，上身穿斜开襟银珠纽扣黑色衣服，腰束家织绣带，下身着长不盈尺的百褶超短裙，面前拖一条过膝的精美秀片，腿系花带绑腿，足穿手工布鞋。布料皆特殊工艺手工制作的家织蓝靛浸染土布。除了腰带、绑腿、裙摆用彩色丝线绣编，花饰简洁素雅，其他很少装饰。头身包裹严实，含蓄内敛；黑色超短裙，层层堆叠，微微上翘，在超短裙与绑腿之间，露一段雪白的大腿，充分展示着女性身段的天然之美。整个装束，保持着古老的风韵，简约、典雅、庄重、大方，又不失时尚。较之流行于都市坦胸露腔，人为暴露肢体以吸引观众眼球的T台模特时装，更具一种自然、稳重、高雅的美感。

这正是月亮山苗族群众追溯远古、保存记忆、留住乡愁的一种特殊形式。相传古时候苗族也是有文字的，但未能传存下来。聪慧的苗族妇女往往把本民族迁徙的历史、远古传说故事、生产生活元素、对祖先的思念、对苦难的追忆等等内容，体现在服饰上。因此很多专家学者把苗族服饰称为穿在身上的史书。据空申的老人们讲述，空申妇女的服装，正是依照先人们利用蕉叶、树叶、野草、兽皮做成用以御寒遮羞的原始衣服仿制而成，并按照古时候的形制一代代传承了下来。由此不难想象，洪荒时代最初迁入月亮深山开荒破土的苗族先民们，食不果腹、衣不蔽体，物质极其匮乏，人们战天斗地，取法自然，采摘蕉叶制成帽子遮阳挡雨，用猎取的兽皮制成衣服，采集树叶野草编作草裙，借以抵御风寒，遮羞蔽耻，保持族群的文明和尊严。苗族先人的生存能力何其强大，与天灾、疾病作生死的抗争，不断征服和改造自然，努力拓展自己的生存空间，让本族坚强稳固生息繁衍，血脉相连，将自己的文化基因传承不断。两汪空申村一带苗族服饰，承载着过往无尽的记忆、民族的奋斗历史，浸染丰盈的故事，流溢着万古不断的乡愁。

两汪空申等村春夏一年一度的"茅人节"，也是非常有故事的。在外人看来，"茅人节"也许只是姑嫂回门探亲团圆，远近亲友的一次聚会，是村人客人亲情友情的一次交融。其实"茅人节"原始的内涵里，氤氲着别样的愁绪，是当地老人们为青年人化解"有情人难成眷属"的幽怨，集体思考出的一种生活智慧。

当地苗族群众很早就明白，近亲结婚对后代的繁衍极其不利，为保障优生优育，同村的苗族老人们想出了一个办法，相邻的不同族群都结为兄弟，不许开亲，女大嫁远乡，男大到外地娶媳。很多同村的男孩女孩两小无猜，相伴长大，自然相互倾心，情感交融，到了谈婚论嫁的年龄，也只能谈情说爱而不能结成夫妻。当地有古歌感叹："妈妈同意我们相恋，妈妈不准我们结婚！"碍于同族不能通婚的传统习俗，很多情感深厚的年轻人，活生生远隔两地，各自组建家庭。但那份从青少年培养起来的深厚情感，无法全然割舍。恋人天各一方，尽管各自有了小家庭，难免在心底留存着缠绵的思念。为解除相思之苦，于是村子各族德高望重的老人商定——春夏花繁叶茂的季节，选一个好日子，让远嫁他乡的姑娘再回娘家，白天帮助父母干农活，晚上可邀同村的好姐妹，约上原来相恋的后生，结伴到山上唱歌叙旧，相互倾诉相思的苦情。动情处，执手相看泪眼，藉以相慰心灵的痛楚。节后，各自返回自己的家庭，重过自家温馨的小日子。令人惊奇的是，在空申等村保持这一种习俗的苗族村寨中，年轻夫妇都能理解配偶重晤自己的老朋友。当然，见面叙旧仅限于相互唱歌倾诉衷情，限于一种优雅的精神依恋，不会做有伤伦理出格的事。这样的古老习俗，恰如生活的一种润滑济，化解家庭的矛盾，温暖了彼此的心灵，保持纯净的情谊，互问安好，互道尊重，彼此祝福。这一习俗的逐步演化，内涵也进一步丰富，后来发展成异乡来聚的青年男女，通过节日联谊，对唱情歌，相互认识，加深了解，发展为相互倾心，有情人终成眷属。有意思的是，"茅人节"活动有一个古老仪式，青年男女结伴上山，扎几个草人，栽在山尖。节日活动结束，相互辞别走远，回首反望，看见山巅上的茅草人，如同看见心仪的知己。把彼此装在心里，直到儿孙满堂，人生终老。这样一个和谐温馨、充满

167

诗情画意和人间真情的节日，的确值得探寻、考究和体味。月亮山两汪地区的苗族村寨很少有离婚的案例，一对夫妇守护着自己的小日子，生儿育女，尊老爱幼，厮守一生。也许正是缘于神奇的"茅人节"，给青年夫妇们提供了和谐相处、相互尊重、相互体谅的生活原则和伦理规范吧。

而今，城市离婚率逐年上升，年轻夫妇，动辄反目成仇，一离了之。这实在是件憾事，值得反思。人生难满百，相逢即缘。朋友之间，夫妻之间，手足之情，形如唇齿。即便谨小慎微，如履薄冰地生活。寸有所长，尺有所短，人生不如意者十之八九。特别是缺乏生活经验的小夫妻，常难免因生活琐事日久生怨，产生这样那样的问题和矛盾。解一怨春光万里，退一步海阔天。通过空申"茅人节"启示，是不是很多冷战不断、岌岌可危的年轻夫妻，多想想对方的不易，凡事冷静，多一点沟通，多一点理解，就能化干戈为玉帛，留住难得的情分，重新找回原有的幸福！

这样一解读，空申古老的"茅人节"，是不是就有了人生借鉴的价值和意义！

空申的魅力当然还有很多，能保村子平安的风雨桥，挨着小山包集中修建防火防盗的百年粮仓，村旁溪畔那片碧水充盈鱼儿欢跳的梯田，空申与邻村加簸年年相约集体重修并快乐聚会的"姑嫂路"等等，每一道人文景观，都给人以触手可及的缕缕情愫。

发现了空申文化的巨大魅力，2024年春，贵州云村农文旅产业发展有限公司入驻空申村，利用村民闲置的木房、谷仓打造高档民宿，带动村民投资兴业。空申村这个隐藏在月亮山深处的古老苗寨，焕发出新的生机和活力。

经过几个月的兴建，民宿项目初具规模。近日，两汪乡邀约李文明主席带着我们几位作家前往参观并为民宿起名。大家集思广益，提出了"古枫下""窗外""听竹""梦花""探歌""半山小屋"等富有诗意的名字，希望能给每栋民宿拓展诗化的韵味和情趣的空间。

李文明主席向开发商承诺，民宿开业之前，还要请一批诗人和书法家到空申去采风，给每栋民宿写一首精美的小诗，由书法家书写并刻制在醒目的墙面。有了文艺的加持，相信月亮山腹地空申这个古老的苗寨，开业大吉，一炮打响，迎来国内外众多游客、驴友，感受月亮山苗寨别样的乡愁。

（此文发表于《杉乡文学》）

反排木鼓舞

　　黔东南苗、侗等民族不但能歌，且极善舞。至今保存并不断得到发展的台江县反排木鼓舞、丹寨县的锦鸡舞、凯里市的踩青舞、剑河的水鼓舞等民族舞蹈，不但为当地群众喜爱和广泛参与，还多次代表黔东南和贵州应邀出演，走进央视，走出国门，走向世界，赢得中外观众的欢迎和喜爱，并为黔东南争回不少的荣誉。

　　反排木鼓舞以其独特的木鼓作引奏，舞姿大开大合，全身皆动，踏腾跃旋，张合自如，疾徐有致，雄犷热烈，极具美感，成为黔东南一个影响巨大的民间舞种。因最早发现于台江县方召乡反排村而得名，2006 年已列入首批国家级非物质文化遗产代表作名录。

　　反排苗寨地处台江县城东南面，距县城约 28 公里。全寨 360 余户，1500 余人，皆为苗族。反排村坐落在万山环抱的高山深谷之中，整个村皆吊脚木楼，依山就势，次第攀升，相拥而居。长期的自然封闭和落后的交通条件，使反排村民与外界的文化交流很少，很完整地保存着许多独特的民俗。现村里仍遗存有斗牛坪、起鼓山、议榔坪、藏鼓洞等文化景观景点。每七年一次的祭祖节就是该村最重要的民族文化活动，反排木鼓舞就是祭祖节的重要产物。

　　在苗族民间习俗中，认为万物有灵，人死之后，人的灵魂仍然存在。祖先们的灵魂被当地苗族群众敬奉于中空的木鼓中，并安放于隐秘的山洞里。每到祭祖节来临的时候，由村中长老和族中威望高的老者召集众人商议，拟定时间，筹备钱粮和过节物资，通知远近亲友来聚。在商定的时间在既定的人家，将存放 7 年的木鼓请回村里，隆重举行庄重的祭祖仪式。为表示对先祖神灵的尊重，达到娱神娱人的目的，由村中有威信懂鼓点节奏的长老敲响木鼓，众人就随着乍响的鼓点节拍，欢快地跳起木鼓舞。祭祖活动目的在于不忘祖宗当年创业的艰辛，祈求祖宗护佑赐福，期盼人畜兴旺，五谷丰登，老少平安，生活幸福美满。祭祖活动结束后，村人又举行庄严的送鼓仪式，恭恭敬敬地把鼓送回到山洞。在下一个祭祖节之前，不允许击鼓跳舞。

169

新中国成立70年多来，随着时代的变迁，社会进步，旅游事业的快速发展，这种独特的祭祖舞蹈逐渐演变成一种通俗的文体活动，走上艺术的舞台，成为健身、娱乐的一项文化品牌节目。通过不断的外出演出，不断的推陈出新，反排木鼓舞已成为黔东南广受欢迎享誉中外的民族表演艺术保留节目。

反排木鼓舞启、承、转、合结构完整，舞蹈动作简练，组合丰富，风格热烈豪迈，展现苗族先民的生活场景和生存环境、叙述先民的由来等内涵。舞蹈发展采用递进方式，逐步把情节推向高潮，每个情节过渡自然，层次分明。演员歌舞并进，五体皆动，甩同边手，踏二四拍和四四拍。舞姿粗犷奔放，洒脱优美，头、手、脚开合度大，摆动幅度宽。击鼓采用单击、合击、交错敲击等演奏手法，鼓点错落有致，节奏明快，与舞蹈有机地结合在一起。反排木鼓舞，是以鼓导舞，鼓点是舞音、舞之灵魂，舞随鼓点变化而变化。鼓响舞起，鼓止舞歇，鼓舞相合，水乳一体。

关于木鼓舞的起源，相传是苗族先民在水田劳动的过程中，看见水螵虫在水面上扭转戏水，泳姿十分优美，从中获得灵感，模仿创造了这种别拘一格的民族舞。因为听到啄木鸟啄木时，空木"笃笃笃"发出奇妙的声音，便将树木掏空蒙上牛皮，制成声响宏大的木鼓。反排木鼓舞源于生活取法自然，体现了苗族群众征服自然、利用自然资源的智慧和生活哲学。

反排木鼓舞看似简单，实则需要很高的表演技巧，非人人轻易可学。在以往的规定中，非祭祖节不能跳木鼓舞。这种舞蹈艺术往往只掌握在为数不多的村人手中。能够会敲木鼓，会跳木鼓舞，那就是村中的特殊能人，会受到村人的尊重。

年近七旬的万政文就是反排最有名的舞师。他1951年2月出生于台江县方召乡反排村九组。1963年从反排小学毕业后辍学回家务农。七八岁时就开始学习敲木鼓和跳木鼓舞，是反排木鼓舞杰出的传承者，他也是反排木鼓舞国家级非遗文化传承人。

20世纪80年代以前，反排木鼓舞是七年一次的鼓藏节才能跳。过节时跳木鼓舞不能说话，年轻人只能跟着会跳的人学，寨上平时也不能敲击木鼓。所以，学习舞蹈不仅仅是口传身授，而是要通过有心人眼看模仿、耳听心记的方式传承。这样的传承方式，学习难度很大。随着社会的发展，特别是改革开放后，外出务工的人不断增多，人们的文化素质不断提高，加上外来文化冲击，人们的思想意识不断变化，反排木鼓舞不再是鼓藏节的专属，也慢慢在重要节日里出现。舞师在大庭广众下进行传授，在节日活动中进行广泛的言传身教。

万政文从小受寨里的父老乡亲的影响，非常喜欢唱歌跳舞，大人们在跳舞时，他想尽一切办法在旁观看，默默记着每一个动作，回到家里，自己一人悄悄练习，不会的就向父母或其他长辈请教。由于当时村经济非常落后，人们都忙于劳作，一般节日很少举行活动，所以学习的机会少，从小他就对每一个节日非常期待。改革开放后，农村的经济有了一定发展，人们有了较多的空闲时间走亲访友，以前不常过的节日，也开始举行了庆祝活动，人们唱歌跳舞活动多了起来，老一辈人也开始向下一代人传授，他才能公开向寨老学习。经过勤学苦练，他很快掌握了木鼓舞的全部技艺，成为村里一名优秀的鼓手和舞者，是村子里为数不多能够熟练掌握全套木鼓敲击节奏，并会跳全部传统木鼓舞蹈的舞师。他的舞姿优美规范、动作粗犷奔放、洒脱和谐、层次分明。他还能演唱当地大量的曲艺嘎百福、情歌等民歌。

1982 年本着对这门技艺的热爱，与本寨十来个志同道合的青少年一起成立了舞蹈表演队并任队长。经常应邀外出演出。1991 年至 1993 年他被邀请到贵阳红枫湖苗寨当教练、任队长，传授反排木鼓舞等苗族舞蹈。回到家乡后，万政文利用村里开展的一切活动，向年轻人传授反排木鼓舞。平时外出参加表演的年轻人，自发组织起来向万政文学习。万政文每次都认真传授，直到每个人都能熟练掌握木鼓舞的各种技巧要领，万政文才让他们出师。

反排木鼓舞表演队在万政文的带领下，于 1985 年到凯里参加全州芦笙节表演获奖。1986 年到乌鲁木齐参加全国第三届少数民族传统体育运动会表演受到广泛赞誉，西方媒体把反排木鼓舞誉为"东方的迪斯科"。1987 至 1989 年，他先后应邀到西安、北京、广西、深圳、上海、香港等地演出，在香港演出时，万政文还获得了"舞王"称号。1988 年 8 月，他带队到美国华盛顿参加中、日、苏、美"四国艺术节"，他和他的木鼓舞表演队，把东方古国神奇的舞蹈带出国门推向了世界。1990 年 9 月到北京参加第十一届亚运会艺术节时，应中共中央办公厅邀请，万政文等 10 名苗族农民艺人到中南海表演，受到江泽民、杨尚昆、李鹏等党和国家领导人的亲切接见，并受到参加国庆 41 周年联欢会英模全体代表的热烈欢迎。

尽管年事已高，但万政文仍然为反排木鼓舞的传承工作在辛勤耕耘，现为村里歌舞团团长和反排小学木鼓舞老师。正是有了像万政文这样热心执着的非物质文化传人，黔东南的民族文化才得以根基稳固，血脉相连，代代沿袭，并不断发扬光大。

（2001 年 4 月发表于《凯里晚报》）

两汪品茶

　　茶是个好东西。开门七件事，柴米油盐酱醋茶。茶排位靠后一点，但不失为生活中不可或缺的要物。柴可生成人间烟火，无米不可成炊。这两样是人赖以生存的重要生存物资，是支撑人类不断繁衍的基本条件。除了填饱肚子，还须吃得有点滋味，油盐酱醋就赫然走进人们的生活。没有这些东西，人类的味觉就会大打折扣。营养如何且不必说，每天清汤寡水的不着味，就算有龙肉下锅，也难做出一道佳肴。中国几千年琳琅满目的菜谱，曾经名噪全球的满汉全席，可能会逊色不少。以上种种，都是日常营生必不可少的要素。

　　茶，似乎在生存之外，再添加一点情趣。酒足饭饱之余，筛上一碗热茶，茗香袅袅，缭绕心怀，莫大的幸福感满足感得以升华。茶不是可有可无，而是生活质量的一种体现。

　　茶虽位列柴米油盐酱醋之后，但并非影响茶产业的蓬勃发展。茶经、茶馆、茶话、茶道，茶文化几千年从未衰微过。丰饶多姿的茶文化，成为中华文明的重要组成部分。历朝历代，茶楼酒肆莫不林立于市，成为经济文化盛衰的重要风向标。也许有人会问，为何不把酒列为开门七件事？相传最初酒是入列其中的，只不过到了元代，有人认为酒没有那么重要，或许有人酒喝高了，乱了脾性，闹出了尴尬，权威者于是把酒从开门诸件事中剔除，取而代之以香茗。

　　茶紧贴生活，当然可以大做文章。很多茶商富甲一方，许多地方把茶产业作为带动群众增收脱贫致富的支柱产业。榕江县两汪乡就是近年茶产业发展得风生水起的代表。

　　两汪乡地处清水江源头雷公山腹地，海拔高，植被好，气候适宜。封闭的自然环境，无工业污染，无闹市喧嚣。试种之后，一炮打响。全乡7个村主打茶业，至2019年，发展到8000多亩，3700多贫困人口，人均两亩，从中受益良多并因此脱贫。两汪成为黔东南新兴的一个优质茶业基地。2018年试采，便赢得了消费者的青睐。因为茶品质好，每斤售价最高近5000元，最低450元。2020年效益初步显现，仅清明前后，新茶销售收入达数百万元。有的大户仅清明茶销售收入就达 10 余万元。茶产业带动群众就业，每年为群众创收 800 多万元。到盛产期，预计年产值超过两个亿。两汪乡通过发展茶业，打通了适合当地实情的脱贫带富通道。可以说，一片茶园，连通了全乡脱贫增收之路。绿水青山就是金山银山，习近平总书记的这个论断，在黔东南州榕江县偏远的两汪乡得到了精准的印证。

4月11日上午，州文联组织文军队伍，奔向茶乡两汪。循着密林间的通乡公路，作家文艺家们驱车来到这个流淌着诗意的山镇。到乡政府，时近中午。细雨初晴，山色如洗。两山滴翠，夹持的一湾河水潺潺漫流，两岸木楼人家相拥而居。远远看来，两汪就像一个并非十分惹眼的普通深山苗寨。公路沿右岸穿透村子，串联大小不一的旅馆粉店、百货铺子、肉案菜摊，算不得繁华热闹，亦不乏车马行人。乡政府就在长街中央街后的民居间。街两旁植着红豆杉，均已长到两丈高，树顶越过街面店铺的瓦檐。树荫覆街，绿意盎然。两汪人的绿化何等奢侈，名贵的红豆杉替代了城市的花圃草皮。树影摇曳，街面充满生机活力。停下车来，脚踩两汪土地，深吸一口清新的空气。环顾四面青山，林海莽莽，满眼葱茏，山岚轻拂，喜鹊鸣春。旅途的疲劳和倦意，刹那间从心底疏散开去。

乡政府的同志早已烧好了山泉，一罐热茶送到了客人的手上。玻璃杯可盛水一升，滚水里，早春采制的新茶在慢慢翻身。透过杯壁，可见一芽两叶的茶叶渐渐在热水的作用下慢慢苏醒，重现金质的本色。白白的叶，青青的脉，茶水分明，十分诱人。茶水并不酽，就像老画家饱蘸着清水从画盘干涸的墨迹中刨出来一抹浅浅的绿，淡淡地浸润在干净的宣纸上，微微显现出若有若无的底色。不过，香气已溢漫开来，吊起人喝茶的欲望。小品一口，香而不腻，淡而不散，舌尖缭绕着一种自然舒爽清香的滋味。不像红茶那般热烈，也不像毛尖那样厚实，也不如茉莉那样俊俏花哨。有一种回甜，似有似无；有一种清新，不紧不慢；有一种景致，情韵交融。我虽不是品茶行家，但这种欢喜的感觉，从唇齿间感应而生。再也顾不得斯文，借着热力，一气狂饮一缸。一些书画家摄影家也连连叫好。显然，他们也找到了良好的感觉。两汪的青白茶果真名不虚传。

王方元乡长介绍，两汪乡确定的茶理念：崇尚生态，追求有机，重质轻量。两汪乡的茶种在高海拔大山腹地，不施农药化肥，实行粗放管理。茶种下以后，被虫吃了又长、长了又吃，差不多都是野生状态。茶的叶芽长得不是很齐整，也不肥硕。但营养物质含量却非常高。据专业检测，氨基酸含量达 30.2%，茶多酚含量达 17.4%，均是该茶原产地的一倍多，具有很强的保健功效。也正是如此，在一次有机分析时，还闹出了一个笑话：专家检测后质疑，该茶是不是作了假？言外之意，氨基酸、茶多酚含量如此高，实在不可理喻。送样参检的乡干部和企业管理人员笑笑，不置可否，但心里却有了底气。

两汪乡是榕江县最边远的乡，曾经是贵州省黔东南州脱贫攻坚任务最繁重、最艰巨的地区之一，贫困面广，贫困程度深。为带领群众脱贫致富，两汪乡党政班子费尽心力，作了很多尝试。养猪、养牛，发展林下养鸡等等，均未取得明显效果。两汪乡以往不怎么种茶，发展茶产业，还得提及吃螃蟹的两个人：两汪村的闵继武和近邻平阳乡伍社村的吴德驰。他们俩是老庚，从小志气相投，都曾是当地有名的木商。国家禁伐天然林以后，两人一同去浙江安吉帮老板种茶。通过不断努力，学习到了种茶技术。2012年，两人决定返乡发展茶业。他们把安吉的白茶带回两汪试种，获得了成功，联手发展茶园600多亩。可在事业刚有起色之际，吴德驰却因病去世。壮志未酬，心有不甘，吴德驰临死前对妻子和朋友说，他死后就埋葬在茶山上。因当地群众不同意在山上垒坟，家人就把他的骨灰撒在茶园里。生为种茶者，死做护茶神。这是个催悲的创业故事，为两汪乡家喻户晓，也为两汪乡群众大力发展茶产业打下了坚韧的精神注脚。

两汪的茶叶品质到底如何，没有比较就没有信心，没有品质就没有市场。2016年，乡长王方元到任两汪乡后，他与其他几位主要干部一起，亲自发动群众，亲自到市场考察。2018年春天，王乡长与闵继武把一批尾茶带到浙江安吉的市场。在考察快结束时，他们拿出自家带来的两汪青白茶，摆放到展销台。茶商品尝过他们的茶，当即以每公斤900元的价格将他们的茶全部买走。王乡长悄悄问闵继武："老闵，这个价得不得吃？"闵继武轻声对王乡长说："乡长，像我们带过来这批尾茶就卖到这个价，那是相当可观了。""好，那我们就搞青白茶！"全乡一干人马由此笃定了信心，把脱贫攻坚产业发展目标定在了茶叶身上。经过层层发动，全乡群众热情很高，全乡7个村都成立了茶叶种植合作社，并成立了茶业营销总公司，全乡贫困户抱团发展。

在茶园建设过程中，注意保护生态。充分利用荒山荒坡垦荒种茶。园区内的每一棵乔木，都不能砍伐，很好地保存下来。这成了两汪茶园的一道独特风景。当我们驱车翻山越岭来到大山深处的岑熬茶园，看到陡峭的峰岭上，不太明显的梯带，并不很旺盛的茶树在野草之中顽强地生长。丛丛茶树间，暗绿色的茶树正滋长出白嫩嫩的新茶。这样的茶园推翻了我原来所了解的茶园概念，像名声在外的雷公山银球茶、原来丹寨金钟农场的绿茶、黎平绿茶园等等，这些黔东南声名远播的优质茶基地，茶树梯带成行，整齐有致，不见杂草，有的甚至可以机采。但两汪大山深处茶园里的春茶，仿佛营养不良，生长并不整齐，新长的嫩茶多躲藏在老叶下面。采茶的苗家姑娘们除了采摘面上的新芽，还须翻开树枝，才能采到隐藏在树叶下面的嫩芽。这样的采收费时费力，合作社只能以天论报酬，要不然难以招到采茶工。正值清明茶采收旺季，全乡每天散布在茶园里采茶的民工就有 300 多人，每天人均报酬 100 元，全乡每天可创收 3 万元。仅此一项，群众月创收就达数百万元。

茶园里，那些保留下来的乔木亭亭玉立。有高大笔直的青杠，也有紫白色花开得正艳的杜鹃。茶园对面，就是郁郁葱葱的原始森林。高山青白茶名副其实。茶园里，还零星地散放着一些蜂箱，趁着太阳，蜜蜂正挤出蜂箱，在空气中划一条条细线，忙碌着采花酿蜜。这大山深处的蜜，也应该是蜂蜜中的极品吧！

听说文艺家们要来采访，当地采茶的苗族姑娘们换上了节日的盛装。主色调为黑色，尖尖的帽子，超短的百褶裙，腰束彩带，腿系编花，肩挎竹篓。不着粉饰，一个个面若桃花，顾盼神飞，热情大方，一边采茶一边招呼乡外的来客。墨色的盛装，青春的倩影，在绿色大山茶园的映衬下显得分外漂亮，组成一幅"苗家姑娘采春茶"的美妙图画。难得的情景，画家摄影家们赶紧围拢过去，用手机相机拍个不停，并指导姑娘们配合变换着不同的构图。

有艺术家问采茶姑娘，茶可不可以生食。美丽的茶姑答得十分俏皮："咋吃不得啊？我们天天都吃，饿了就吃茶哩！"几位摄影家就摘下嫩嫩的茶白，放到嘴里品嚼，还一个劲地喊："好吃！好吃！"我也采了一芽品食，果然味道不错，不腥不涩，脆脆的，有种微甜的暗香，有点像小时候吃过的茶油瓣的鲜美感觉。

回来的路上，我突发奇想，这样的好茶，采一把鲜芽，切碎，磕几枚鸡蛋，拌上葱花煎炒，肯定不会输于椿芽炒鸡蛋，说不定还会成为一道特色名菜呢。

（2020 年 5 月创作发表于《杉乡文学》，2023 年 1 月 15 日再改）

蔡伦遗技在石桥

　　在苗岭余脉大山腹地，峡谷里，一湾清溪九曲百折而来，绕着玲珑的村落，缓缓从村脚淌过。两岸奇崖险峰迭出，森林繁茂，风景如画。河谷近岸，田园屋舍交相分布。乡村公路沿河岸向河谷两头延伸。远远看来，这个古老的村子小桥卧波，流水无声。花桥木楼，旅馆闲亭，错落有致。公路街道，人影熙攘，车马不喧。自然山水与人文建筑互衬成景，相得益彰，情趣盎然。一幅彩色的国画，安静祥和，静静的泊在美妙和谐的山谷。这就是将蔡伦发明的造纸术完好传承千年，名播神州的丹寨县南皋乡石桥村。

　　乍看起来，这个村子与黔东南众多山水相依的传统村落并没有什么特别的地方。可是当你走近村子，近距离触摸它的历史和文化，才悄然大悟，惊奇不已——这是一个文化底蕴十分厚重的山村。这个小小的村落，是传统手工"古法造纸"重要基地，获得了"中国非物质文化遗产生产性保护示范基地""法国洛泽尔省乡村旅游合作项目示范基地""中国古法造纸艺术之乡""贵州省100个重点建设景区""贵州省21个重点示范旅游景区""贵州最具魅力民族村寨"等荣誉称号。石桥古寨非遗文化展示基地展览馆，集中展示了古法造纸、苗族刺绣、苗族蜡染、苗族银饰等石桥古寨及周边独具特色的苗族非遗文化和手工制作技艺。石桥村是镶嵌在黔东南西南旅游线上一颗十分奇特的文化明珠。

　　石桥村位于丹寨县北部南皋乡境内，东与偿卡村接壤，南与太平村毗邻，西接清江村，北和凯里市舟溪镇情朗村交界，距丹寨县城35公里，距凯里市36公里。有柏油县道和乡村公路交汇于境，交通十分便捷。从州府凯里出发，有半个多小时车程。

　　全村407户，1900余人。走进石桥古寨，贯穿着整个村子的是一条几百米长具有数百年历史的纸街。一字儿排开着多家古法纸业经营店面，每家作坊都有碎料、制浆、抄纸、烤晒、成品展销等生产工序流程，产品销售、生产体验等配套设施也一应俱全。身着普通汉服的妇女、青年汉子，表情不温不凝，动作不疾不徐，操持着独特的工具，在各自的岗位上舒张有致地劳作。游客不问，他们也不言不语。他们仿佛是看惯秋月的隐者，桃花源里的居民，心境平和，荣辱不惊。这样一种古老而神奇的场景，游人感觉到一种古拙而浓郁的文化气息扑面而来。仿佛这不是一个普通的苗族村寨，而是从远古飘逸而来的一段画面。这正是石桥村的独特文化魅力所在。

据有关专家考察，石桥古纸制作技艺属于唐代造纸技艺，它是石桥苗族先民借鉴汉民族的造纸技术，利用当地构皮树、杉根和清澈的河水为原料制作古纸的传统技法。现石桥村还遗留两个数百年的古纸生产作坊遗址。一处是在村子侧边大岩脚古法造纸作坊遗址，已被列为省级文物重点保护单位。大岩脚石崖是卡斯特岩层的一个断面，高八十多米，宽百余米。崖壁前倾，临空斜生，探入高天，能遮风避雨。崖壁岩层折叠，色泽丰富，沧桑可见。小树、苔藓、兰草、水渍点缀其上。又有燕子建窝，马蜂筑巢，浑然一壁巨大的天然图画。崖底宽展，晴无晒，雨不淋，冬暖夏凉，四季皆好。有一股清泉从壁底溢出，汇集成流，从壁下潺潺淌过。当地村民就借助这良好的自然条件，在崖壁下建造纸作坊，生产古纸。今遗存的十来个百年抄纸池，仍在正常使用。另一处古作坊，在距离村子约一公里的一个溶洞里。当地人称穿洞，洞里空间很大，可摆放数百桌酒席，洞里一股清流喷薄而出。善于利用自然的石桥村民，就充分利用这溶洞的优越条件，建立古纸生产作坊，一代一代传袭。相传民国年间最为热闹，几十户人家，几十间作坊，生产的纸畅销全国各地。

古纸生产除了需要特殊的原材料外，对水的要求十分苛刻，水的酸碱度要适当。石桥两处古作坊延续至今，历久不衰，与两个点溶洞里流出的地下水有着密切的关系。经检测，石桥两处造纸作坊点利用的溶洞水，都呈弱碱性，是古法造纸绝佳的用水，为作坊生产优质古法纸提供了品质保障。

石桥古法造纸历史无文字记载可考，从当地村民保存的古纸测定，约有1500年历史。村人说石桥造纸源于蔡伦的造纸术——那是中国古代四大发明之一。蔡伦是中国古代造纸术的研创组织者。这项技艺的发明为推动我国乃至世界文明的进程作出了重大贡献。石桥村人口口相传，当地造纸术是学习引进汉族的古法造纸术，通过实践不断改进，形成自己独有的生产工艺，并完整地留传下来。在大岩脚造纸遗址的石壁上，村民们至今供奉着有造纸鼻祖蔡伦画像的神位。每年春天，村民都要选择吉日，举行盛大的祭祀活动，来追念和感谢为村人带来巨大财富的古代造纸术发明人。

随着市场需求量的增大，现在石桥村古法造纸生产能力得到进一步提升，形成了相当规模的产业，村子有将近三分之一的劳力从事古纸业的生产经营，每年有几百万的产值。在以王兴武为代表的古法造纸传承人的努力下，积极利用当地丰富的植物资源，开发出了数十种厚薄不一、色彩丰富的各类传统纸。可用于书法、绘画、装潢、装饰、工艺美术、古籍修复等。村民从山上采

177

撷不同的花草，依照独特的工艺，将花草树叶点缀纸上，形成自然美观的特色装饰用纸，以其手工制作、产品唯一性、用材源于自然等特点，很受消费者欢迎。纸产品深受国内外顾客的青睐，除在国内销售外，还远销东南亚国家，石桥古法纸已是驰名海外。石桥生产的古籍修复纸非常有名，薄如蝉翼，绵柔似绢，经久耐存，品质特佳，是石桥古法纸中的精品。受到国家图书馆、国家博物馆古籍修缮工作者的欢迎和好评。并长期订购石桥的产品，现每年保持着一定量的订单。

石桥村民还推出古纸生产传承演示旅游项目，向国内外游客和中小学生开放。游客们可以在当地技师的指导下，利用作坊提供的工具和原料，按照自己的喜好和构想，自行设计制作各种精美的手工纸。待纸成型晒干后，由作坊邮寄给作者，作为作者珍藏的特殊纪念品。这项服务吸引力很大，每到假期，很多家长就会带着孩子到石桥，让孩子们自己动手制作古法纸，真切感受这项传承千年的造纸技艺的神奇魅力。

石桥村除了古法造纸外，还有许多不太为人们所熟知的旅游资源。石桥村处于第一批国家级重点保护古生物化石集中产地"贵州黔东南化石产地"的化石最富集地带，寒武纪古生物三叶虫化石随处可见。地质学家考证，石桥三叶虫化石形成于距今约 5 亿年的早寒武纪世（黔东世），地质归类属黔东杷榔组。在石桥景区的化石群中，曾发现寒武纪时代腕足动物、软体动物等多种古生物化石。石桥造纸遗址所处的穿洞，是石桥古寨景区的著名景点。洞中有洞，暗河流淌。目前已探索部分洞深 2000 米以上。洞中有石柱、石笋、石花、石牛等钟乳石，形态万千、五颜六色、美不胜收，是待进一步开发的高品质旅游项目的宝贵资源。

石桥苗族传统节日众多，每年过 10 多个隆重的传统节日。石桥的民族建筑很有特点，其中遗留的一座花桥，已有两百多年历史。造型美观，古朴大方，保存完好，为村人休息交流的重要场所。

随着旅游业的逐步发展壮大，石桥村这个埋藏在大山深处的古老苗寨，必将焕发出勃勃生机，迎接更加热闹、繁荣、富庶的未来。

（2019 年 5 月创作发表于《凯里晚报》，并收录入黔东南州政协编撰的《名镇名村》文化丛书）

南猛歌舞惹人醉

　　踏着初夏柔和的阳光，我们循着公路，涉过小溪，走进田园，渡过木桥，爬上斜岭，到了山势逼仄、绿树红花、古木修竹扮掩的南猛村。勇敢勤劳的南猛人把小巧的村落筑建在半山腰。古老的吊脚木楼密密匝匝而有序地筑建在山岭上，弯曲的村道温柔地牵引着我们的脚步，进入神奇的山寨。

　　未入村，歌声传出来了，芦笙曲响起来了。那悠远的曼妙的苗家笙歌，从古朴的村舍中传来，从心灵深处传来，又仿佛从远古的深谷的嗓子里传来。慢然袭入游者的心。是感动？是兴奋？是叹惜？还是忧郁？你一时忧喜万端却又无法顿悟。

　　我们怀着这样一种绵长喜郁的心绪，走进村巷，走进笙歌，拦门酒一道又一道，靓丽的苗家姑娘身着盛装，手捧牛角酒，唱着动人的迎宾歌迎上来。那歌声是一种真诚的诱惑，一种美丽的力量，伴着清香的米酒一角又一角输入客人胃里，溶溢到每位来宾的心田。虽然听不懂歌词内容，当你诚恳地饮下酒，就很快读懂了南猛人那份热情与真诚。

　　姑娘们又一曲清唱，虽无指挥，却那样整齐和谐，高低婉转，九曲回肠，如画眉催晨，又如夏蝉晚唱，把所有在场观众的心调理得舒舒畅畅，服服帖帖，村中歌舞表演的序幕就在这一刻拉开了。

　　村中男女老少人人能歌、个个善舞。近20个节目，全是村民日常自编自演自娱的作品。那些青年男女，舞姿翩翩，轻捷如燕，腾跃翻飞，令人眼花缭乱。而那些年长者表演的青蛙舞，或蹲或跃或挪，一招一式，状如群蛙聚会，异常精彩。每个节目构思奇妙，形象生动，令人拍手叫好。我想也许是有了这些神奇朴素的艺术杰作，山民们才永葆开拓进取的精神和力量，劈山开土，挖石造田，伐木建屋，在这高陡的深山峡谷中一代又一代坚毅、自由、愉快地生存下来。也许正是因了山民们乐观、顽强、奋发向上的精神，不但改造了山川河谷，创造了自己的物质文明，也完完整整地保留下了这些令人赞叹与遐想的歌舞文化。南猛村的酒，可将人醉一周，南猛村的歌舞，会醉人一生。要不很多客人不会来了又走，走了还来。看过一场南猛歌舞，就在心中产生割舍不绝的情结，永远将游人的心与魂牵系，哪怕走过千山万水，过海漂洋，心境中脑海里，总会荡漾着南猛人动人的影姿，总会萦绕着南猛姑娘们清越的歌声，直到一百年一千年。

（2001 年 5 月 14 日创作于凯里，发表于《凯里晚报》）

森林公园里的古老苗寨

　　格头村地处黔东南雷公山国家级森林公园腹地，是贵州省雷山县方祥乡一个非常独特的行政村。境内多秃杉，有大小不一的秃杉群。其中有一棵高十余丈，胸径要由五六个成年人才能联手围得过来的老秃杉。主干直插云天，老枝盘曲横生，一副仙风道骨模样。远远看来，亭亭玉立，鹤立鸡群，耸立在村子中间，分外引人注目，被称为"秃杉王"。为一睹芳容，无数游客不惜舟车劳顿不远千里趋之若鹜。

　　格头村是一个传统苗族村寨，初建于 1605 年，至今已有 400 多年历史。全村总面积约 2121 公顷，其中，有林地面积约 1768 公顷，森林覆盖率高达95%，是雷公山自然保护区内森林植被保存最好、动植物种类资源最为丰富的村寨之一。

　　村人介绍，他们的先人以前是居住在几十公里以外的一个村寨。有一年村子里两个猎人趁农闲时节到雷公山来打猎，猎狗追逐一只野羊来到格头村现在的地方，发现这里有一口水塘，塘面覆盖着浮萍。猎人仔细查看四周环境，发现河谷边沿有不少开阔空地，可以开垦成良田。在苗家人长期的耕作经验中，不论高山深谷，只要有浮萍生长的地方，这里的气候环境都适合种植水稻。这里古杉成林，风景如画。小河清清流淌，水质清澈，水里游鱼成群。这里地处深山，远离喧嚣与战争，真是个美丽宜居的桃花源啊。猎人惊喜万分，回村后立即邀约家人邻里，举族结伴搬迁到这里。刚迁来时，见古秃杉虬枝横生，茂密成荫，就把相邻的古秃杉树枝牵联起来，用藤条捆绑在一起，形成一个巨大的屋顶框架，再铺上一些树枝，形成屋顶，可以挡雨遮光。再在树下搭建一个简易木棚，就算安下了家。格头村由此得名。"格头"是苗语音译，意为把树枝拉来捆绑在一起建窝棚，村名旨在纪念开寨先人辛苦建村寨的功劳。经过数百年生息繁衍，格头村由最初几户人家发展到现在有数百户的苗族村寨。

　　雷公山森林公园内以格头村为代表的村民生态环保意识很强，尽管在大山里生活了数百年，村民对村子周围的环境保护得非常好。村里人靠山吃山爱山敬山，取伐有度，人与自然和谐共处。由于山民们很早就有生态保护意识，雷公山国家森林公园得以物种丰茂，成为国内森林公园中的佼佼者。据相关统计，园区已鉴定的植物有 1390 种，分属 273 科 679 属，属中国特有的 16 属，其中列入国家重点保护的珍稀植物有红豆杉、秃杉、南方红豆杉、钟萼木、异形玉叶金花、水青树、马尾树等 18 种。分布在格头村四周的活化石植物秃杉林，总面积约 15 公顷，其中最大一片面积约 2 公顷，是国内仅有的 3 个天然秃杉群落分布区域中面积最大、保存最完整、原生性很强的一处。据统计，胸径在 10 厘米以上的秃杉现存 5000 多株。因此，雷公山国家森林公园成为中亚热带唯一的天然秃杉林研究基地。森林公园里还盛产天麻、党参、雷五加、三七、杜仲、白芨、蛇连、血藤等名贵中药材。雷公山森林公园动物种类繁多，已鉴定的动物有 518 种，分属 132 科 39 目，其中国家二类保护动物的有大鲵、鸳鸯、黑熊、穿山甲、猕猴、藏酋猴、大灵猫、小灵猫等 23 种。雷公山森林公园是动植物生栖的理想家园。

走进格头村，漫步村畔河谷，呼吸清新空气，观赏河里嬉戏游鱼，看群山万壑彩色的原始森林，清风轻拂，阳光朗照，人家安静，这正是沧桑人间难以寻觅的桃花源。

（2003 年 4 月发表于《凯里晚报》）

诗意苗寨猫猫河

丹江雷山，百里苗疆，每个村庄，都有不同的个性特色、有不同的标识符号，如西江的洒脱浩大，郎德的古拙玲珑，格头河的幽静雅致，白岩村的现代时尚。而猫猫河村，与众多苗族村寨相较，显得别具一格，因为有了文学的加盟，墨香飘逸，诗情画意，近年来成了乡村旅游的网红打卡地。

黔东南苗乡侗寨，因远离中原，地域封闭，开发较晚。加之清代民国战乱不断，新中国成立以后，经济社会发展相对缓慢。大山里山风猎猎，小村子酒歌阵阵，苗族村寨的民族民间文化却非常发达。但较之于现代诗歌，自然是件新鲜物事，绝大多数乡村很难与汉诗发生姻缘。

也正是如此，猫猫河村的独行特立，显得异常抢眼，常常令旅游者叹赏，留下难以抛卸的情怀。

认识猫猫河村，也正是缘于诗歌。在我的记忆中，由一个村举办全国性的征文大赛，并形成一个品牌，把一个村子捧红，猫猫河村剑走偏锋，算个特例。由作家李江富等人发起的猫猫河征文大赛和颁奖进行的诗歌节，连续举办了五六届。因为诗歌活动，多次组织州内外作家诗人到村游访。看村寨优美的风景，喝猫猫河香甜的美酒，吃村民备办的长桌宴，体味村子古朴的风情和可心的情意。客人们灵感乍现，诗兴大发，一首首诗歌佳作由此诞生。猫猫河诗歌村庄的名声一年年响亮起来。

去年春夏，因猫猫河村征文颁奖会的邀请，第一次亲临村寨，得以真切体会那个诗意盎然的村庄。

车过郎德苗寨，不远，便沿着猫猫河的寨门，一路盘山而上。路是窄了点，但并非险象环生。村民见有客来，都主动让道，给我们优先通行。车子缓缓开进村中的停车场，下了车，端详这个声名远播的古寨，一下子被这里的风物所吸引。

一条诗歌小巷从操场向上延伸。历届征文的诗歌佳作，被村民用朴拙的木框镶嵌在巷道两边人家的墙上，诗歌与作者简介点缀成画，构成了村子一道精美而独特的人文风景。品读这些诗歌，觉得诗馨灿烂，意味深长。作为一名诗人，见诗如见人，那份亲切、那份通灵的美感，顿时让心底升腾起丰盈的情愫。便感觉，这是一个诗歌庄园、一个诗化了的王国，就有了回到老家的那种柔和与温暖。州内外一批批文朋诗友不远千里来聚，其动力和缘由自然很快就找到了。

诚然，仅仅有一个诗歌小巷是不足为美的。猫猫河的诗意散布在整个村子。

在村里漫步，那古老的吊脚木楼，窗下、美人靠下悬挂着的金灿灿的玉米棒子、红艳艳的辣椒串、肥硕的大南瓜，盆栽的正开着的炎黄的野水仙或者大红的杜鹃，人家屋檐下探出来结着沉甸甸果实的梨枝或者核桃，从人家仓寅院墙悬垂下来的葫芦串，等等，都让人产生无限丰饶的诗境的联想。

这显然是一个殷实、厚重，情趣盎然且魅力十足的山村。

走上村后的山冈，成片的古松蓊郁成荫。高大的松干托举着茂盛的绿枝，直插云天，盘虬的老根抱紧土地，纹丝不动。有的松树太大了，两三个人才能围得过来。不用说，这些树陪伴着村民，在这里生活了千百年，是村寨沧桑变换的见证和庇护者。置身松林，顿觉周身清凉酥爽，山风拂过，松枝轻轻摇曳，我们仿佛听到了老松呢喃的密语和杳远的诉说。

留一张影吧，有朋友提议。

站在古松下，每位作家都希望生命的活力像老松一样万古常青，更企盼每个人的精神也如古松那般坚挺笔立，风霜高洁，处尘世而不染。

感谢村民对这片老树的呵护，让我们得以观瞻这样苍劲的松景。同样，也感谢大自然为我们留下这样一片难得的林荫，游人到此，避离尘嚣，抛却烦扰，让心灵得到一次短暂的净悟。

站在高处，再看看这个仰慕已久的山村的全貌。层层叠叠错落有致的吊脚木楼人家，依山傍园，树林阴翳，像一幅写实的油画，被人挂到半山腰上。望向远方，四面苍山推耸，层层叠案，直接天际；鸟瞰，在坡边斜谷，在林间沟畔，有金色梯田和果园菜地，山村公路像一匹银灰色的盘龙，绕梁过涧，把郎德苗寨等多个大小不一的村落串联在一起。秋分已过，天高云薄，山色多变。极目八方，满眼皆是迷人的秋景。

这个处在雷公山麓的古老村子，在林莽繁密、交通闭塞、狼虫出没、人少烟稀的时代，村子的开创者在这里开疆破土，需要多大的勇气和胆魄啊。是的，人类的生存潜力有多大，苗家人的勇气就有多大。在古代苗族的迁徙历史中，苗家人逢山开路，遇水架桥，随遇而安，在哪里插一枝枫，树活了，那里就是人们安身立命的乐土；随地掘一口井，泉水溢出，潺潺湲湲，流淌不息，那里就可以筑建他们幸福的家园。对了，面对宇宙洪荒，应对挫折苦难，苗家人的字典里没有"退缩"两个字。在古老的传说中，无论五谷六畜，还是草木百兽，与人类都有着共同的基因——都是共同的祖先蝴蝶妈妈一并孵化。老虎、水牛等等兽畜，都曾是人类的兄弟。兄弟之争，本非世仇，一时矛盾，调和即好，相互敬畏，相安无事。

由此想起村名，猫猫，并非人们养来捕鼠的宠物，乃是《水浒传》里与武松生死决战的吊睛白额大虫。但在猫猫河村民的眼中，那不过只是猫猫一样的小玩意儿，不足为惧，他走他的阳关道，我走我的独木桥，井水不犯河水，人有人道，兽有兽路，人兽有别，不直呼其名，是为尊重，尊重在前，各不相扰。这也是苗家人普遍信奉的与大自然相处的智慧和哲学。猫猫河村的起名，是很有故事极富深义的。

走进二十一世纪的猫猫河，有村民漫长而执着的奋斗，又有了诗歌的装点，物质文明和精神文明都得到极大的丰富。摆脱贫困已是老生常谈，早成过往。村容村貌的改造、村民自治、乡风文明建设等等方面，也走在众多山寨的前列。中国传统村落、全国民主法治示范村、全国文明村寨等多个响亮的牌子，亮闪闪地摆在了村里的荣誉台。循着这些荣光的足迹，村民还在进行更富想象的美好的探索。

诗文之下，什么都有可能。香醇的米酒、营养的稻米、野生的天麻，山珍特产，可成为奖誉诗人作家的精美奖品，也必定会成为犒劳海内外旅游爱好者的暖心慰藉。

傍晚，夕阳辉映，参加过颁奖活动的作者和村民一起到村活动室举行诗歌座谈会，品鉴诗歌，共话桑麻。乡味的主持，真情的道白，宾客们直击人心的发言，分享民间诗歌盛会的喜悦，共享乡村经济社会繁荣发展带来的美好时光。

临别，村民准备了地道的欢送晚宴。村民用一天时间精心准备了丰盛的长桌宴，鸡鸭鱼肉、家肴野菜、鲜腌辣麻，香气溢满了整栋木楼。还未动筷，已令人垂涎欲滴，食欲骤增。酒过三巡，村里漂亮姑娘唱起动听的敬酒歌。隔着桌面，几位年轻漂亮的苗族姑娘，一边唱歌，一边用长长的竹筒酒笕，把土壶里源源不断筛出来的米酒，流水那样传到对面贵客的酒碗里。被敬酒的客人也被两位姑娘把持着，逃是逃不掉的，只能乖乖就着酒碗咕咕地把酒喝下去，引得一桌人山呼海叫，笑声连连。这种敬酒礼仪叫"源远流长"，与亮欢寨的"高山流水"有异曲同工之妙，都是苗家人敬客的至高礼仪，一下子就把席间宾主的情绪带入高潮。

辞别猫猫河，参加诗歌盛会的人们多有醉意。握别村民时，整个村子已是灯火阑珊，似与天上的点点星光遥相呼应。猫猫河诗意的夜晚，悄悄拉开了帷幕。

（2023年8月，应雷山诗人李宇斌邀请参加猫猫河村笔会而作）

江口屯怀古

"昔闻江口名，今见江口水，江水长悠悠，千古知有李。"这是后人凭吊剑河县南明镇江口屯古战场死难者的一首诗。李即弹压侗族农民义军的湘军将领李光燎。

江口屯是剑河县南明镇区大坝西南方向八卦河畔的清末侗族义军屯军城堡。同治七年（1868年），湘军名将李光燎率锐字六营会同湘援提督龚继昌、副将李金榜等合围江口屯，侗族义军首领陈大禄、李子金、李子银及士卒侗民万余人被惨杀于此。距屯一箭之遥的河口红岩洞壁中立有一块"天河洗甲碑"，简记其事。碑文为李光燎题写："江口屯，一名九龙山，咸丰年间，李（子金、子银）陈（大禄）诸逆踞为巢，僭号召苗教，荼毒楚黔。同治戊辰，提师拔之，江水为之赤流，时十月甲子日也。吁！予本不嗜杀，然为勘乱计，遂使万余之众同归于尽，后之人，其于顺逆存亡之理，试仔细思量。"

时间逝去不到140多年，就在这雄奇险峻的九龙山上，八卦河边，万余义军、清兵及侗族群众尸列山头，血染大河，其状之惨烈不难想象。当我们漫步河岸，爬上河壁，读完天河洗甲碑文，登上江口屯，这里的村落安静祥和，田园如画，老人小孩在阳光下尽享天伦之乐。年轻的农民夫妇双双劳作于田间地头。谁也不会想到百余年前的这座九龙山上，曾发生过惊天地泣鬼神的一场恶战，万余生命定格于此役。鲜血渗染的青山，如今滋养着青青林木和四时庄稼。

举足山上，放眼四望，九匹青山如巨龙腾空而来，聚首于江口屯，偃饮八卦河水。清纯的八卦河如同一条飘移的玉带，绕九龙山悠然流过。那些忙完夏日农活的村民，划着小舟，提着渔网，一边游舟一边下网。撒下傍晚的欢娱和希冀，收获一天的喜悦和激动。网住肥美的鱼虾，遗下满河的落霞。他们用诗意的方式，经营着自己温馨的日子，却很少人知道日夜奔流的河段曾经演绎过悲怆的往事。

历史是一阵风，或者是一阵雨。风过去了，雨飘尽了，山依旧清朗，天空依然金光灿烂。要不是那些史志和碑刻，纵使有天才的想象力，我们也无法悉知过往的历史。当我们静下心来，怀以崇敬的情思，认真研读那些冷峻的文字，感觉历史的信息，一种忧伤，一种凄凉或是一种郁闷之情就不由于心底萌生。

封建统治的冷兵器时代，朝廷腐败，苛税繁重，民不聊生。镇压与被镇压，反抗与被反抗，不仅是一种生存哲学，也是一种惨痛的现实。不在沉默中爆发，就在沉默中死亡。鱼死或者网破，二者必取其一。就如水之于火，矛盾不可调和，更无他路可走。侗族雄杰姜映芳呼应苗族义军首领张秀眉揭竿举义，被擒就义后，部将陈大禄、李子金、李子银和苗族义军将领李鸿基团结一心，以江口屯九龙山为根据地凭险设营驻军，拟与清军长期抗衡。九龙山三面环水，山高势险，又有田地可以耕种，易守难攻。

湘将李光燎采取步步为营战术，如铁桶般将九龙山团团围困数年。义军长期受困，粮草奇缺，又无外援，岌岌可危。多次突围无果，指望姜岩林率领的另一支义军增援协同破敌。没想到李光燎威逼利诱，使用反间计离间义军，暗中劝降了姜岩林。还编造民谣到处散布："欲破清军营，要等姜岩林！"义军将士把突围的希望寄托在姜岩林身上。殊不知姜岩林早已接受了湘军贿赂，叛变投靠了清军。1868年农历十月甲子日，姜岩林派人给九龙山上的义军送信，称从后山增援九龙山，协助义军并力突出重围。义军大喜过望，开山门迎接姜岩林。清军骗义军打开后营门，姜岩林趁势率重兵杀入义军大营。李光燎也事先做足准备，得到姜岩林突入义军大营消息，迅速指挥清军主力分数路渡河，从正面攻击江口屯。义军腹背受敌，阵脚大乱，顷刻之间，经营多年固若金汤的江口屯大营土崩瓦解。义军将士浴血奋战，终寡不敌众，除了义军将领李洪基率少数人马突出重围走脱外，陈大禄、李子金、李子银等义军将领先后战死，清兵也同样死伤无数。

战斗结束，义军将士及家眷、清军士兵等共一万余人着枪饮刃，暴毙战场。九龙山上尸横遍野，滚入八卦河的死尸，把江面都堵塞了，八卦河水化成一片血红。同治年间侗族农民姜映芳领导的农民起义彻底落下帷幕。

收受清军好处叛变投敌的姜岩林也没有好下场，后来也被清军所杀。

和平与发展，乃当今世界两大主题。和平真好啊！没有和平，就没有老百姓渔歌互答此乐何极的逍遥日子；没有和平，也就没有繁荣昌盛的太平盛世，也就谈不上卫星上天、深海科考和经济腾飞。试想，中东那些啸啸弹雨，那些民族争端，哪一天没有人饮弹离世，哪一天无人举目洒泪为战争逝去的人们哀号、祈祷？忍者无敌，中国人民在纷繁复杂的国际风云变幻中，受屈隐忍，韬光养晦，蓄存力量，赢得了改革开放数十年经济快速发展的大好时机，百废俱兴，百业俱举，国力不断增强，国际地位显著提高，老百姓的日子过得越来越好。

战争于苍生百害而无一益。特别是非正义的战争，除了毁灭文明，绞杀生命，没有半点积极的意义。如果非迫不得已，谁轻易发动战争？江口屯，战死一万余人，在人类战争史上，算不上什么典型重大战例。但它作为一个悲怆的例证，如云烟飘过的历史，当足以警醒后人。哪里有压迫，哪里就有反抗，哪里有反抗，哪里就是刀光剑影、鲜血四溅的战场，哪里有战事，哪里就是后来者无限感慨和沉痛拷问的凭吊之地。

江口屯九龙山还在，八卦河水依旧悠然漫流，历史被时间慢慢淘洗，灰暗或者明亮，渐渐被时光所遗忘。但是，那些战场遗址，那些石碑史志，血字沥沥，足够游者凭叹千年。

（2004 年创作发表于《黔东南日报》，2022 年 12 月 17 日再改）

秋游小赤壁

有点文史知识的人，对"赤壁"皆不会陌生。三国时候，蜀吴联手，破曹操八十万大军于赤壁，这就是史上有名的赤壁之战。历代文人墨客临江感怀，写下不少吟咏赤壁的佳作。宋文学家苏东坡多次畅游赤壁，一首《念奴娇·赤壁怀古》把咏怀赤壁的作品推向了巅峰，成为响彻古今的巨制宏篇。当代艺术家又在诸多影视作品中把赤壁战事搬上荧屏，演绎个酣畅淋漓，家喻户晓。但赤壁古战场准确定位究竟在哪里，众多学者曾争论不休。但传统学界普遍认为，赤壁古战场遗址，在今湖北省赤壁市西 25 公里的江岸边。

然而，黔东南州也有赤壁一处，在锦屏县敦寨镇亮司千户苗寨西北的亮江河畔，人称"小赤壁"，还鲜为人知。今夏荡舟一游，不觉眼目一亮，快然称奇，发现是我州不可多得的一处胜境，不枉锦屏一游。

10 月 4 日，我与朋友干子驱车去龙池游归，将过亮司，已是下午 5 点，干子向我介绍，相传三国时诸葛孔明五溪平蛮，其部将马良军进亮司，见这里土地平坦，古木森林，风景优美，清流潺湲，沿坝中蜿蜒而过，两岸土地肥沃，芳草萋萋，少有人迹，是个驻军屯田的好地方，就下令部队驻扎下来。建营盘，垦荒地，很快就把这个万亩大坝经营成了一个富庶的部队补给基地。诸葛亮平定叛乱，安抚百姓，广播福泽，引导当地土著少数民族发展生产，重建家园，留下老弱伤残军士与当地百姓和睦相处，融合通婚定居于此，而后班师回朝。为纪念诸葛亮给百姓带来的福祉，当地群众就把那条清水河称为亮江。后来官府在此设置管理机构，把军民融合生活的屯军大坝称为亮司。又经若干年代，逐步发展成了今天的千户苗寨——亮司。据亮司年长老人介绍，当年留下来的老残军士多是荆楚赤壁地区或者参加过赤壁大战的军人，他们见亮司河畔有一面形似赤壁的石崖，每每行舟至此，看到石壁景象，回忆赤壁大战，追念征战中死难的兄弟战友，触动思乡情怀，想到自己年老身残，身处异地不能归乡，不禁悲从中来，潸然泪下。久之，这块石壁就成为老军士们思乡念旧寄托情感的一个特殊场景，人们索性把石壁称为"小赤壁"，并沿用至今。亮司

189

大坝中还残存着十余个如星布列的大土堆，有人说是孔明设置的棋局，有人说是当年驻军的点将台或者演武指挥台，有人说是防止外来攻击的观察哨。种种猜测，不一而足。但实际情况如何，因无文字记载，土堆竟成世人永远也无法解开的谜团。听了干子介绍，我经不住诱惑，虽然时间已晚，还是决定与他一起去小赤壁看看。

干子是亮司的常客，与村干们都比较熟悉。他当即打电话与村干联系，恰巧村老主任龙家亮在家。干子把车拐进亮司大坝的机耕地，泊在寨边的田地间。沿阡陌走进村子来到龙家亮老主任家院落。这是一个轩敞朴素而又充满生机的农家园地。菜畦里种着青青的蔬菜，临家门口植有梨、橙等果木，满身暗绿的橙树上挂满了圆实待熟的橙果。迎着傍晚的阳光，梨树上开着点点洁白的梨花，还散发着淡淡的香味。在果木之间，又攀爬着许多葫芦、南瓜藤条，也悬挂着许多金黄的瓜果。院子里还晾晒着沾有青苔的渔网。很显然，这是一户勤劳温饱的人家。老主任与妻子正在院落里忙活，老主任在木马上削木板打制木船，其妻子在窗前用簸箕筛捡刚收获的大豆。见我们来，他们都热情地放下手中的活，上前跟我们打招呼。搬出木凳给我们坐，又从堂屋的冰箱里取出一可乐瓶冰冻的泉水，倒到碗里端给我们解渴。

寒暄过后，当龙老主任知道我们的来意，立即打电话通知老支书龙胜康，约他与我们一起去游小赤壁。老主任从屋里提出船桨，领着我们走向河边。河岸葱郁的树木下系着数只小船，有乌篷渔舟，也有轻便的敞口舢板。老主任家的是一只竹篷渔舟。船呈桶形，丈余长，宽二尺许，中间是竹篷罩着的卧舱，是老主任每天驾驶捕鱼的水上交通工具。老主任轻巧地跳上小舟，揭去舟上竹篷，将卧舱中的棉被抱上岸，又用木撮舀尽残余在舱底的积水，再跨回岸边用手支稳木船，才叫我们上船。我从未坐过如此小的木船，刚踏上去，感到小舟摇晃得厉害。老主任说不用怕，蹲下就好了。我与干子坐到船舱底的枕板上。这时，老支书龙胜康也赶到了。虽说已是六十四五的人，跟老主任一样看起来不过五十来岁，他敏捷地跨上船，蹲到我旁边。待我们坐稳，老主任也踏上船，用木桨轻点河岸，小船调过头，撤离河坎，滑出水巷，慢慢驶向河心，溯亮江往小赤壁方向飘然而去。

河床平缓，水面开阔。小舟吃水尺许，我们的视线紧贴着河面，向上游远望，那轮血红的夕阳正低低地挨着山脊，似乎就要滑落到山那边去。余晖斜照，远处的山峦、树林、人家，河岸边牧马饮牛的村民，都镀上了一层粉红的色彩，显得安闲、恬静。老主任是个极有经验的船家，很有节奏无声地划着桨，小舟平稳地行进。没有波浪，要不是河中水草轻轻地摆动，人是感觉不到河水在流动的。老支书龙胜康极健谈，不停地给我们讲述这里的故事传说。他说，这河中有各种游鱼，鲤鱼、鲫鱼、鳜鱼、鲇鱼等几十种，这里有百十户人家以打鱼为生，每天晚上下网，次日一早收鱼，可获十几斤几十斤不等，镇里的鲜鱼都是从河中捞上来的，深受食客欢迎。在二十世纪四五十年代，这段河岸两边一字儿排列着七八十部水车，四季滚动，日夜长歌，浇灌着大坝万亩良田，是亮司最壮观的一道风景。有趣的是，一天有位卖布客路过水边，听水车发出"姑爷——姑爷——"的声响，货郎大惊失色，以为前世孽缘未了，有水鬼向他索要物资。他连忙向那水车投入许多布匹。但水车仍然转动不停，叫声不绝。货郎吓出了一身冷汗，赶紧将扁担箩筐一并投向水车。水车被扁担卡住，不再转动，中止了鸣唱。货郎认为满足了水鬼的要求，才仓皇跑到附近人家投宿。听了这个故事，我们一船人都禁不住笑了起来。可惜那些水车全部被拆毁了。

上行二里许，河对面渐渐宽泛起来，形成了一个宽深的长潭。老支书介绍，这潭从前有一条巨大的红鲤鱼，平时不轻易现身，一旦翻身现背，就预示着村邻很快就会出现灾难。或者洪水泛滥，或者发生火灾，或者盗贼入村，十分应验。后来鲤鱼化成了一块巨石，伏在潭底，只在天旱水浅时才偶露脊背，人们把这潭叫鲤鱼潭。紧逼着潭面，右岸陡然立着一面红褐色的石壁，宽约二百米，高二三十米，壁面有水流滑落印迹，杂生着些杂草瘦木，远看似一幅巨大的印象派风景画。这就是当地人万分敬畏的小赤壁。

行舟壁下，临近潭面的地方，石壁突然呈弧形向里边凹下去，直浸入深水里。凹处被河水冲刷得光滑干净，色泽明丽，纹理清晰，布满了不规则的凹陷斑点，仿佛技艺精湛的石匠有意刻凿的一般。石壁凹陷处可容小船避雨。我叫老主任把船靠近石壁，进入凹陷穹隆处。这时夕阳坠落，光影暗淡，天空被石壁遮住，脚下潭水黑不见底。老支书说这儿是全潭最深处，最好的水手也无法潜到水底。我们仿佛无意中进入了巨兽的嘴里，阴森森有种恐惧感。赶紧叫老主任把小舟划离壁下。刚要远离石壁，老支书忽然指着水面说："看，那就是鲤鱼背。"我们借着晕黄的光线，向老支书手指的水体探看，果见小船不远处水面下约两米的水里有一方大石，形如龟背，若隐若现，棱角峥嵘，有些吓人。如果那真是一尾红鲤，恐怕我们一船四人也只够它打一回牙祭。难怪这尤物能够翻云履雨，预知凶吉。天色太晚，光线更加昏暗，不宜久留，我们催老主任把船划到对面浅滩去。

老主任划动着木桨，将小舟推到浅水处，我们感到了水草与船底摩擦的哑哑声响，心中的恐慌才渐渐平息下来。回头再看赤壁，已是黑魆魆模糊一片。远处人家的灯火次第亮了起来，天上也闪现出几颗稀疏的星星，月亮还没有升起来，水面泛动着淡淡的光影。老主任依旧不紧不慢地划着桨，小船仍旧很平稳，载着我们匀速缓缓往回漂去。

老支书与干子饶有兴致地闲聊。我一边听他们说话，一边在想，为什么小赤壁下面那样阴森吓人，也许是光影大暗，制造了恐怖的氛围；也许是这里聚积了太多古军士们思乡的灵魂。不管如何，这里总归算一处难得的胜景罢。

（2008 年 10 月 7 日于凯里并发表于《凯里晚报》，2009 年 4 月 15 日改定）

被 "金钉子" 拴牢的美丽村庄

屯州不是州，是很有特色的乡村旅游村寨。剑河县有两个很出名的屯州村，一个地处岑松镇，以产李子出名，其果色味兼佳，品质优良，人称"屯州李"，是剑河农特产品之一；另一个屯州村地处贵州黔东南苗岭国家地质公园革东园区古生物化石景区核心地带，近年与相邻的八郎村合并为南沃村，但两村仍然分开进行管理，各自名称不变，印章分用，在两村交联处被成功钉了一枚地质专属标识的"金钉子"，因而蜚声海内外。屯州村成功入列贵州省乡村旅游重点村。本文介绍的就是这个被钉上"金钉子"的屯州村。

剑河是我的故乡，有名气的镇村多已去过。但屯州村却是第一次走访。五一收假的第二天，我约了剑河县文联的张德冲秘书长和作协主席蒋国波一起前去。

一

有"金钉子"钉住的村子自然魅力无限。学生时代我就知道，革东镇的化石非常有名，相传那些奇形怪状的化石满坡都有。一些同学曾经到化石区找寻，用手轻轻掰开那片状的石块，就会发现精美的石虫，有完整的，也有残缺不全的。三叶虫化石就是典型的代表。当然，以前的孩子不知道化石的价值，只是出于好奇，采集到那虫儿样的石头，把玩腻了，很可能随手就丢弃，并不会好好珍藏保存。后来国家划定了保护区，乱采化石的情况才得以终止。

"金钉子"并非纯金打制的钉子，而是一个地质科学概念，是全球年代地层单位界线层型剖面和点位标识的专用名词，由国际地层委和地科联以正式权威公布的形式确定，是为定义和区别全球不同年代所形成的地层的全球唯一标准或样板。"金钉子"钉下后固定不动，成为地质科学一个永久的标识。因为金子贵重，表示意义重大。"金钉子"一词源于美国的铁路筑建史。1869

年，美国首条横穿美洲大陆的铁路钉下最后一颗枕钉，这颗钉子材质非同一般，是用18k金制成，表示这条铁路的意义非同小可。后来地质科学界发现，在全球年代地层单位界线层型剖面和点位在地质年代划分上的意义重大，与美国铁路修建史上"金钉子"的重要历史意义和象征意义具有异曲同工之妙，所以地学上也称"金钉子"。"金钉子"的确定十分严格，要满足诸多条件。它的成功确立往往标志着一个国家在这一领域的地学研究成果达到世界领先水平，其意义和价值甚至胜过获得奥运金牌。1977年于捷克确立的全球志留系与泥盆系界线层型剖面和点，是全球第一枚"金钉子"。到目前全球地层年表中一共也只有约"金钉子"110颗，截止于2013年4月，已经正式确立的只有65颗。1997年1月，在中国浙江省常山县黄泥塘确认的达瑞威尔阶"金钉子"，是我国第一枚"金钉子"。目前中国仅有11颗"金钉子"，是世界上拥有"金钉子"最多的国家。2018年6月在剑河县八朗、屯州区域内钉下的"金钉子"，是中国确定的第7枚也是贵州省的第一枚。该"金钉子"课题由贵州大学、南京古生物所等共同研究完成。该古生物化石景区是研究6.8亿年前到5.08亿年前地球生命大暴发的圣地，因出土的寒武纪古生物化石种类多样且精美而享誉世界。这颗"金钉子"，不但确立了黔东南苗岭国家地质公园革东园区古生物化石景区的特殊地位，也为当地干部群众认识古生物化石的价值，上了一堂生动的地学知识普及教育课。

屯州村化石陈列馆，展览着数十种古生物化石标本、图片和解说。那些稀奇古怪的化石，让人眼界大开，惊奇不已。无法想象，亿万年前，剑河县革东镇屯州、八郎一带沟壑纵横的群山，曾是神奇的海底世界——是那些千奇百怪的古生物栖居的美好家园，是地球生命大暴发的地点之一。

村支书张鸿告诉我们，村子到处都可以挖到化石。以前，村民们见怪不怪，习以为常，不知道化石的价值，开凿山上的石块来作建材。村子豢养牲口的猪牛圈、石板路、巷道、田坎、屋基、水井、灶台等，多用条块状的层岩砌成，这些页岩里面，多含有古生物的化石。村里信步，一举手，一投足，都可能触及古生物化石。整个村寨，简直就是一个隐蔽着的天然的化石博物馆。

进入新世纪以来，随着地质科学研究工作不断取得进展，作为苗岭国家地质公园剑河革东园区的影响力和吸引力越来越大，来自美国、加拿大、瑞典、法国、澳大利亚、俄罗斯、新加坡、印度等几十个国家和地区的地质学家，先后到剑河县参加学术交流大会，并到化石带核心区的革东镇八郎、屯州实地考察和采集化石标本。本来名不见经传的屯州山寨一下子名播海外，吸引着越来越多的专家、学者和游人。

二

诚然，屯州村的魅力远不止"古生物化石村"这一张醒目的名片。屯州村良好的生态环境、传统的民族建筑和民族文化保护意识等，汇聚成屯州村散发着多元文化气息的闪亮的金色旅游招牌，广揽四海宾客。

村子四周的山峦如一把皮垫肥厚的沙发，村子就坐落在沙发中央，背枕西北大坡，面向东南层峦案山，远朝是苍莽的大山。在案山与朝山之间，是清水江流经的河谷，剑河县城就在河谷的旁边。登上村后的山头，剑河县城尽收眼底。屯州村民层层木楼依次筑建在缓缓的斜坡上，葱翠的林莽包裹着整个村子。高大的古木、翠绿的竹丛、青青的枇杷林点缀在村子周边，整个村子被绿色的植被裹挟。甚至看不到大山村落常见的梯田和成片的菜园。村寨仿佛是入行不久的画师创作的构图不太规整的一幅乡村水彩，无意间忽略了小桥流水、田园炊烟，只把无数木楼人家挨挨挤挤地涂抹在一片深浅不一的绿里。

环绕寨边，有青冈、侧柏、红榉、白榉、枫香等数十棵古木，其中不乏国家一二级保护树种。村子四围的天然林保持得相当完好。村子空气质量良好，人行村间，一点也感觉不到山村惯常的烟火味儿。能够保存近原生的自然生态，得益于村子古老的护林民约。若干年以前，村中的长老召集全体村民约定，凡山林古木，是先辈们为村子遗留下来的宝贵资源，任何人不得随便采伐，如有违规者，罚一百二十斤肉、一百二十斤米、一百二十斤酒，请全体村民吃"警示饭"。为表示诚意，长老杀鸡沥血于酒，每家户主都饮过血酒盟誓。改革开放分山到户后，有三户村民认为山分给自家，树当然归自己，可以根据需要进行采伐。三户人家擅自上山伐木，激起全体村民强烈反对。村干们商议，按照村子古老规约进行处罚，并请来林业部门领导见证和监督。除了根据当时市场肉、米、酒价格三个"一百二"进行计罚外，还根据采伐木材量的多少进行了另外的罚款，三家分别处罚 3200 元、1800 元和 1200 元。这个处罚数目，在当时是一笔不小的数额。这次处罚，起到了很好的警戒效果，再也无人敢乱砍滥伐，屯州村的山村得以有序地保护和发展，成为剑河县城周边村落中最有名的生态文明村之一。警示教育带来的影响是多方面的，村子社会治安情况也非常好，偷牛盗马、偷鸡摸狗的情况村子极少发生，新世纪以来，村子无一例违法犯罪案件。

三

到村子时，已近中午。村子很静，初进村子，听不见鸡鸣犬吠人语。明艳艳的阳光下，喜鹊静栖高枝，人来不惊。看不见其他牲口，也少见村民。虽然已是下厨的时间，但家家的瓦屋楼顶，并没有山村常见的袅袅炊烟。村支书张鸿说，电器的普及和用上了液化气，村民已告别以往早晚炉灶演绎的烟熏火燎。村口道路，进户巷道，干干净净。偶遇两三个游人，或躲在树影下享受着春日的和美，或静静地漫步在村巷拍照赏景。屯州村虽然已是贵州省乡村旅游名村，却保持着古村落难得的安闲和恬静。

时间到了这个村子，仿佛奔跑的脚步顿时放慢了下来，人的心率也似乎跟着放缓了节奏。

村子里有石桥、石圈、石仓、石巷、石渠、石板路，一应沧桑古拙，保存着岁月的印迹。山上隐藏着流泉，在村旁汇泉成水沟，沟滋养着村中两块水田里浅绿的浮萍和浮萍下游动的田鱼。田坎之下，沟谷之间，停车场里边，树荫下有石砌古井，井水从暗道下溢出清凉的泉水，在古井下边再酿成一个露天方池。清泉漫过井沿，再漫溢到下边的沟渠，无声向下流溢。显然村人不再常用这个古井。井边苔痕斑斑，凉气袭人。我从包里取出折叠旅行杯，汲一杯纯净的井水，慢慢润喉喝下，凉、淡，无异味，硬度适中，却很解渴。井边立有一通青石碑，上有"你秀井"三个手书楷体字，下边又有几行小楷，介绍井的来历。原来这个井是村子张姓人家纪念开山始祖张你秀而立。

张鸿支书介绍，村子156户人家，767口人，基本上是苗族，是个典型的苗族山村。村史两百六七十年光景，生息了十余代人。除了六户唐姓、四户万姓外，其余的全是张姓人家，都是张你秀的后代子孙。张你秀是台江施洞镇四新村人，四新与屯州相距数十公里，两村张姓现在仍保持着良好的房族亲缘关系，屯州张姓人家每年清明还到四新村去祭扫祖坟。

屯州村原是革东镇张姓地主的山地。当年张你秀携家带口从四新沿清水江撑船而下，到革东镇为张家地主打长工。因为张你秀为人勤快能干，深得革东张姓土豪的喜欢。一笔难写一个"张"字，张你秀就认革东地主为本家长辈，张你秀长期在革东张家打工讨生活。土地是地主的，张你秀没有自己的生产资料，打工终非长久之计。一年插秧时节，张你秀乘革东地主高兴之机，进言道："公，我看这块田秧栽得很稀，空着太浪费，我再到中间补一行秧，秋收也得点米让几个娘崽吃！"张姓地主不知是计，应道："好嘛！你各去插嘛，崽！"地主亲昵地把张你秀当成了自家的晚辈。

可是随着秧苗的长盛、抽穗、结籽，张你秀栽的水稻与地主家原来的水稻已长成一片，无法再分出彼此。秋收时，地主只好与张你秀平分整丘田的谷子。这时，地主才猛然醒悟，发现自己吃了亏，让张你秀占了便宜。地主感佩张你秀聪明机智，又可怜他长年为自己打工，却没有半分土地，一家人生活贫困。张姓地主有良田千亩，有些边远的田地管理不过来。他想，好歹也是本家，不如送他个人情。地主拍拍张你秀的肩头说："好小子，你鬼精明，我算不过你啊。"于是就把屯州那带的山地划送给张你秀。张你秀千恩万谢，就把家搬到屯州村现在寨子两三里地的山地居住。开山造田，辟土种粟，靠山吃山，一家得以安生下来。一日，张你秀带着猎狗到山中打猎，发现山湾处有一口泉眼，水体清冽，水质良好，附近地势平缓，三面相围，一面通透，视野开阔。是个适合居住的风水宝地，于是举家迁居于此。经过十多代人的繁衍，村子就发展到了现在的规模。那口老井，就是张你秀用石头砌成的。吃水不忘挖井人，后人为了纪念张你秀的开山之功，于是勒石立碑，永记自己先辈的创业功绩。

四

也许是承续了张你秀聪敏勤苦的优良基因，屯州村人非常勤劳朴实善良，坚守着祖先的遗训，在这个相对僻静的山地，脚踏实地，靠诚实劳动，一代一代坚挺顽强地生存发展。进入新世纪以来，屯州村经济社会各项事业都取得了不俗的成绩。在许多同样边远的山村还在为摆脱贫困苦苦挣扎的时候，屯州村率先迈进小康村行列。先后获得了"贵州省民族团结进步示范村寨""全省法制建设示范村""全省民族团结创建活动示范村""全省文明村寨""全省县域文化产业示范村""贵州省乡村旅游重点村""中国少数民族特色村寨""全国乡村旅游扶贫重点村"等诸多含金量很高的荣誉。有了这一系列奖证作为铺垫，国家在新农村建设和乡村振兴实施过程中，许多政策和建设项目得以在屯州村顺利落地。屯州村基础设施得到极大改善，一条宽展的柏油旅游公路一直从县城通到村口，村里停车场、给排水系统、村内绿化、寨门、景观长廊、垃圾处理、路灯等基础设施建设基本完善。整个村子既保持着原始村落的古朴之美，又流溢着现代文明的时尚气息。

村子的文化教育也取得了可喜的成就，这个并不大的村子，培养出了数以百计的大中专毕业生，任国家公职的人员就达 90 多人。

有了文化基础，村人的发展致富意识自觉而强烈。村子涌现出了一大批致富能手，村干随口就能数出十几位。村民普遍靠种养殖业和外出到县城就近务工发家致富。其中养猪大户张德雄就是一个典型的勤劳致富能手。2020 年，因为猪肉价格猛涨，他家一年养殖收入 40 多万元。果品业是屯州村的一个特色，村里人家有几亩十几亩果园的情况比较普遍。有桃、李、枇杷、杨梅等多个品种，尤其以杨梅最为有名。盛产的年景，杨梅亩产值 2 万元以上。有十亩杨梅，一年轻轻松松就可以居家创收 20 万元。屯州村果业有一个特点，就是以批发为主，杨梅每公斤批发价约 10 元，批发商拿到市场上零售每公斤可卖 30 元。好酒不怕巷子深，好果不愁销路窄。村民们下好水果，一篮篮码到村口，外地果贩自己用车来拉。果贩子一到，三下五除二，一下子全部装车，结账拉走。春夏卖完水果，村民们又腾出大量时间来经营其他农事。屯州村人能够发展农业产业，因屯州人相信科学。县里推广科技农业，在其他镇村干部口干舌燥发动，成效不佳；在屯州村，只要有农业产业项目，村民争着要，并且严格按照农技人员培训的技术规程实施。短平快的项目吹糠见米，村民尝到甜头。村民跟着农业科技的脚步走，脱贫致富走向乡村振兴的脚步一步步迈得坚实。

剑河县城周边有些村子就在高速公路边，出产的果品并不是特别好销，就到屯州村批发了水果，套本村的水果一起卖。只要水果有销路，财源滚滚，得到实惠，屯州村民从不计较。

随着村子的知名度越来越高，到村里参观旅游和考察调研的专家学者日益增多，许多村民办起了农家乐。现全村开办农家乐和民宿的就有 7 家，村子可同时接待千人同时就餐，民宿接待能力也得到很大提高，已配标准床位近百个。

五

屯州村虽地处县城边缘，但传统民族文化保持得十分完整。两百多年来，屯州村人代代相传，沿袭至今不变。传统的苗族吊脚木楼几乎没有遭到破坏。村子仍保存着自己独特的民族习俗和节日文化，春节、二月二敬桥节、二月十五姊妹节、清明节、六月吃卯节、九月重阳节、十月的苗年节等主要节日，都有着自己的特点。屯州村众多节日中，尤其以六月吃卯节最具特色。每年农历六月，正是水稻打包抽穗的时节。卯日，村人备办酒肉，杀鸡宰鸭，通知远近亲友来过节。节日中有个神圣的仪式——家家户户都要到自家稻田里抽取三根稻穗，拿回自家中堂用酒礼敬祭。主人将白生生的稻穗剥下一点，给宾客象征性的品尝一下，所以这个节又称"吃新节"。主人家接受客人"五谷丰登""发财发富"等美好的祝福，将稻穗寄挂到火炕上边。这是中国传统民族文化中很有意思的一种民俗活动，反映苗家人对农事和五谷的感恩和尊重，值得人类学和民俗学家记录和研究。

良好的自然生态环境，涵养着丰富的山泉。山村虽高，却流泉不断。村民把山泉水引到每家每户，用泉水灌溉田地，浇灌果木。也许是村民天天喝山泉、吃无污染自产的五谷杂粮，时时呼吸着饱含负离子的空气，屯州村的村民都非常健康长寿。七百多口人的村子，现健在的九十多岁的老人就有九人，八十多岁的老人有二十多人。就在我们到访前一天，村子最长寿享年一百零八岁的张扬明老人刚刚去世下葬。这是我听说过的剑河县最长寿的老人。此前曾有剑河县中医院有名的老中医吴定元，他十四岁拜师学医，十八岁独自行医，在儿科、妇科和一些疑难杂症方面有特别专长，且医风医德高尚，年轻时曾一个人到疫区治救百姓，行医八九十年，治救患者无数，不少外国人都来找他看病治病，是国宝级的老中医，他在养生方面有自己独到的理念和心得，活了一百零五岁。屯州村这位刚刚去世的老人，竟然还比老中医吴定然多活三岁。我一时感到非常遗憾，如果早几天到访，我们还能见到那位百岁老人的风采。

我们走到古井边的凉亭时，两位看起来六十多岁的老人站起身来，乐呵呵地笑着与我们握手。两位老人家精神饱满，笑容可掬，耳聪目明，说着感谢我们来支持村子建设一类的话。当支书介绍两位老人均已年过八旬时，这又让我吃了一惊。再认真端详两位耄耋老人，身板挺直，不带拐棍，面色红润，皱纹不多，也不见一颗老年斑，显得十分健康，只是稍稍清瘦一点。这方净洁的水土，平稳的生活节奏，平和的心境，与世无争的乐观态度，也许是他们健康长寿的原因吧。

六

走上村子的后山，从村民的枇杷树下穿过。枇杷果已有拇指粗细，一串串挂满枝头，正吸收阳光雨露，成长待熟，十分惹人喜爱。我们又爬过一片高大的松树林，来到山后面的杨梅基地，那些枝繁叶茂的杨梅树高低不一，但都结满了青青的杨梅果。张支书说："再过一个多月，杨梅就要成熟了。到时候欢迎你们再来吃杨梅。"同行的剑河县文联秘书长张德冲高兴地说："支书一定记得通知我们啊，我们干脆来组织一次笔会！"

听张秘书长这么一说，我突然领悟，这么幽雅美丽小山村，正适合建一个文学创作基地呢。与这里朴素的村民谈心交心，喝山泉、品水果、吃农家饭、饮村里家酿的重阳酒，作家们创作的灵感，也许就如山间清澈的流泉，源源不断，叮咚有声。

（2021年5月19日创作发表，收入《贵州作家》丛书，2023年5月1日再润色）

去那桃花盛开的地方

　　出得岑巩县城，车在前往客楼镇九曲回肠般的公路颠簸慢行。70多公里的山区公路，想想都那么维艰。加之岑巩的朋友们前夜又打过招呼：路不怎么好走，因公路正在拓宽。好在路上有一弯溪水，紧紧相随着客车，不急不缓，时隐时现，在车道旁静静地流淌。虽距离远了一点，仍感受得到它的清爽与洁净。山涧开阔，农事多多。河两岸有梯田菜地，绿树人家。虽看不见多少人影，却一点也不觉得冷清。不时还有点点桃花，似画家有意无意点染在人家田边地角，很是惹人喜欢。

　　每树桃花，都会喜得儿子大呼小叫："爸爸！爸爸！桃花桃花！快看哪！"引得同车的作家书画家们也不禁把头扭向车窗外。

　　是的，此行的目的就为桃花——去参加客楼镇举办的桃花节。桃花是春的使者，是山野春天美的标志。唐诗人白居易诗云："人间四月芳菲尽，山寺桃花始盛开。长恨春归无觅处，不知转入此中来。"在诗人眼中，桃花谢了，春也就走了。在四月天无意在山寺中看到迟开的桃花，就大为惊喜：春原来转到这里来了！那一刻，诗人该是多么幸福啊。

　　得到岑巩县委宣传部部长陈永祥先生的邀请，去客楼镇过桃花节，那是一份美的约定，与春天相晤。失了约，就错过了春天，错过了美丽，错过一份浓浓的真情。接到陈部长的电话，我不假思索就答应了。为了让儿子也一起感受春日的美好，我把还在幼儿园的儿子也一并带去。

　　有儿相伴，有十几位作家文艺家同行，一路还品味到了春的气息。路虽远了点，但一点也不枯燥。仰慕桃花的游人多着呢，一路车来车往，我们的车走走停停。有几分的艰辛，让心生出几许期盼，更体会到季节的美好，觉察春光的珍贵。一车的文艺家们想必也与我有同感，没有一个人在路上打瞌睡。一株两株桃花，已让观者钦叹不已，何况那是一万亩的桃园。头天晚上，文友张维军君说，时节最佳，桃花盛开，我们来得正是时候。回味着古人一首首桃花诗，我无法想象，一万亩怒放的桃花，那是怎样一种动人心魄的盛况啊。

　　车到客楼，已耗去了大半个早晨。客楼镇区早已车流交拥，人满为患。成千上万的村民游人，把整个镇区填得严严实实，山镇已经沸腾起来。我想马上就可以看到桃花，挤点也值。但岑巩的朋友却有意在客人心底埋一个伏笔：别急，慢慢来，先到下寨村看看千年红豆杉，欣赏岑巩有名的傩戏傩技表演。

　　这当然也是件美事。红豆杉是国宝，是植物中的大熊猫，是值得好好看看的。据说还是中国西南最古老最高大的一棵，要好几个人才能围得过来。傩剧傩技是黔东南民间文化的重要遗产，已被列入国家级非物质文化遗产保护名录，早已蜚声海外。虽已领略过，再看看也无妨。

　　专车慢慢驶过拥挤的街道，折进一湾坦阔的田坝，下寨村就在眼前了。人家并不太多，也不拥挤。依山就势，安然而居，散落在空阔的田畴边。一带清流将坝一分为二，四周青山环列，竹木成林，环境幽美。也有点点梨花、李花，照映着人家门廊谷仓，虽不像陶潜笔下的桃花源，倒也十分清静和谐。

　　步行千余米，穿过田间阡陌，沿新修水泥路拾级上坡，绕过一户人家背后茂密的竹林，就到了古木森森的小山坳，这就是上寨人家的神秘圣地——飞山公灵位所在地。举目环顾，但见数十棵高大的各种古树杂生，其间那棵千年红豆杉很醒目地挺立在树群中心。数十米高，身形硕大，枝粗叶绿，生命力仍十分强大。由它引领着百十棵枫香、银杏、杉木等高大古木，并肩携手，相拥相护。浓荫匝地，凉意习习，有几分庄严的感觉。在群树之间，留有一小片空地，二三十平米，村民已打成水泥地。边上有一方古老的石碑牌位：上写"飞山公主威远侯王神位"几字。游人至此，谁也不敢高声浪语，担心惊扰了这一方神圣。飞山公系何人也，相传是唐朝人，累建武功，官至威远侯，尊为杨姓始祖。村民们介绍，若干年前，有吴姓村民做了一个神奇的怪梦，说飞山公路过此地，他的头巾遗落在那棵古老的红豆杉上。次日，村民闻之，连忙结伴前往探看，并未发现什么头巾。有村民猜测，可能是飞山公暗示他将在此落脚，提议大家为飞山公树一个牌位，四时祭祀，以求飞山公给村民赐福。大家议定，由吴、梅两姓筹资修建了这牌位。每年农历十月二十八日，大家杀猪宰羊，搭台唱戏而祭奠。果真年年五谷丰登，人畜旺盛。这个习俗因此一直沿袭下来。

　　接近中午，这里聚了上千名游人。村民中长者恭恭敬敬摆上祭品，烧香焚纸祭奠古木和飞山公后，几位傩技傩戏传人就开始了表演。傩戏傩技交替进行。戏有唱有对白有舞有对打，风趣幽默，妙韵横生，充满神秘感。技则神奇无比，颇现功力。下油锅：一锅菜油在炭炉上烤出青烟，表演技师洒几片土豆干，油花乍开，只几秒钟土豆片就炸开花从锅底浮上油面。大师在油锅里"洗手""濯脚"，示给游人看，却不伤不损。口衔红铁：技师从炭火堆里扒出烧得通红的铁钉，在手心搓，在嘴里咬，人也不受伤。脚踩犁板也是异曲同工，令

201

人叫绝。更奇特的是喊竹：由两个游人拿住两片长竹片的两端，两竹片间有尺余距离，两游人各不用力，保持静止状态。表演技师焚过纸，念过咒语，手指竹片，连声叫唤："合——合——合!"那两片竹中段竟然很听话地合在了一起，引得在场观众掌声不断。每个技艺，都极为奇特，令人敬服又百思不得其解。大家意犹未尽，但主持人已宣布表演结束。游人只好恋恋不舍地离开山林。

中饭过后，阳光更艳。大伙也不休息，想乘车直奔大龙塘畔的万亩桃园。心急不得，欲速而难达，因为前往桃花园的路堵塞严重。尽管有交警在维持秩序，终因为人多车多，车辆走得很慢。还有几百米才到桃园进口，可是车怎么也行不通了，大家只好徒步行进。

下得车来，园外已是人山人海。整个园门口人声鼎沸，热闹非凡。游人扶老携幼，缓缓而行。进入园门通道，翻过一段不长的便道，跨过不高的山岭，左侧眼前倏然闪出一片桃花。树还不大，枝条还不算丰满，还未能覆盖住园地。有的树还挂着压枝的土包。看来这桃种的时间还不长。花似乎也还未完全怒放，有些骨朵浮在枝尖。同行的张维军兄怕我们失望："这里海拔高些，还未完全开放，那边基本上盛开了。"见到桃林，大家早已忘记了上午的疲劳，一个劲地往园心赶去。

儿子更是万分兴奋，在我不注意的时候，一溜烟钻过人流跑离了我的视线。当我追上他时，我们已身处园心，与其他作家文艺家们离散开了。捉住儿子，又在路边摊点给他购得一个小喇叭和一小桶爆米花，终于拴住了他机灵的脚步。我这才好好地察看这人潮涌动桃花如海的桃园。

硬化好的水泥便道牵着一大片桃林，横岭过湾，铺展向前方渺远的山头。云淡风轻，阳光正好。桃花仿佛昨晚相约，今天一齐为游人开放。灼灼桃影，满坡满岭，遮天蔽日，夺人眼球。这真是一个花的海洋，春的闹会。置身其中，心绪不由腾动起来。山湾有一清潭，碧水盈盈，深不见底。潭边空地上，搭有舞台，已围满了看热闹的游人。那是桃花节开幕式和"桃花仙子"选美的现场。歌声阵阵，喇叭声声，已挡不住桃花的魅力，我牵着儿子奔向桃园深处。许多游人比我们先到，处处都是人面桃花相映红的镜头。或者情侣双双，或者一家老少，在桃林里徜徉、赏花、拍照，手机相机嚓嚓响个不停。

我与儿子也舍弃便道，钻进桃林，尽情赏玩开来。儿子从未到过桃花园，我也是头一回来到如此规模的桃园，都有一种说不出的兴奋。那么大的一片桃花，地上杂草除尽，干净平整。桃枝无一片细叶，盛开的粉红色的花儿一朵朵，一簇簇，全长在灰褐色的枝丫上。整个桃园宛如天上落下的一张大梅毯，把周围的山山岭岭罩在了一起。又像热忱招展的樱花，化成被太阳点燃的火海，漫山遍野，直蔓延向遥远的青山，似要把远处的松林和山野人家一齐点燃。桃林中处处人影攒动，笑语振天。每个进入园中的游客，心中的激情都被这艳红的花海点燃。

儿子把他好玩的天性无拘无束地释放了出来。一会儿爬上桃枝，一会儿又跳下树来，一会儿又把红扑扑的小圆脸凑到桃花前，闻闻桃花的香味，对我不停地欢呼叫唤。我把他的举动用相机一一纪录了下来。我们舒心地玩乐，不停地跑动。我追着开心的儿子从一棵树晃到另一棵树，从这片山窜到另一片山。累了，坐在桃枝上小憩片刻；渴了，与儿分享一瓶矿泉。儿子向我问这问那，蝴蝶哪里去了？怎么没有蜜蜂呀？等等。问题天真可爱，有的一时让我答不上来。当儿子再次把花朵放到鼻子前闻的时候，我问他："儿子，桃花香吗？"儿子说："香呢！""那怎么我闻不到香呢？""因为爸爸笨得很嘛！"我不禁笑出声来，我不知道这笨与嗅觉有什么关系。又想，也许幼儿的鼻细胞比大人的灵吧，或者儿子真能闻到桃花的香气呢！也许我闻过了太多的人间烟火，嗅觉已经蜕化，桃花的香味永远不可能再闻到了。

想想人生走过的岁月，看着儿子天真快乐的样子，我心底不觉又生出一丝淡淡感伤：儿子永远那么开心快乐就好了。儿子母亲在他两岁多的时候，就因事别我们远去了。杳无消息，生死未卜。如果她还在我们身边，一家人幸幸福福，开开心心，一起到万亩桃园来赏玩，那份快乐也许会更柔和更充实。生活多险碍，世事难料断。只有在心底祝愿她在遥远的他乡平安、吉祥。

几个小时很快过去，儿子真有些玩累了。他毕竟太小，又跑动得太多，脚力快用完了。我只好背着他沿着便道往山下走。元彬兄弟接着了我们，与桃林中创作的书画家们会合时，他们的创作已是尾声，作品都已收卷结束。虽不能一饱书画家们乘兴在桃林中挥毫创作的大作，也没有什么遗憾了。

告别桃园，已近下午六时，园中游人依然很多。有的在邀请刚刚荣获"桃花仙子"的青春女孩合影留念，有的还在小吃摊边大享口福。看来游人们对这片桃花仍旧依依不舍，游兴未尽啊。是的，春天的脚步很匆忙，桃花的美丽也短暂。再过不久，桃花落尽化成泥，人间芳菲不再，桃的使命就会转为专注抚育桃果，桃园将慢慢变成另外一种景致。像今天这样阳光明媚，清风宜人，桃花怒放，适逢周末，样样碰巧的好日子实不在多。过了这个村，就没有那个店了。在桃园多待一会儿，也许就多一份幸福和满足啊。

而我，没法再依恋桃园了。儿子已在我背上睡着，大家又都要一起赶回客楼镇政府，同车返回县城去。那么，只有等到水蜜桃果实饱满，果香满园的时候再来吧。那时，公路修好，蜜桃已熟，桃园里当是另一种喜人的景象。

（2013 年 4 月于岑巩，发表于《黔东南日报》，2020 年 12 月 5 日改定）

少寨 "红军桥"

　　一座拙朴的简易木桥，粗木插河成墩，宽枋接续为梁，连山傍岸，横卧在滚滚清波之上。走村民，过商贾，渡农货，栉风沐雨，经霜历雪。洪水冲毁再建，建后又被水毁，新旧反复更迭，倩影千年常在。像一道永远不变的虹，溶合于侗乡群众的惯常生活，深铭于乡风文明沧老的记忆。这样的桥，在黔东南南部黎（平）从（江）榕（江）数百里侗乡，随处可见，再普通不过。

　　然而，正是这样一座普通的木桥，八十多年前因为中央红军走过，因为毛泽东、周恩来、朱德等中央红军领导人留下了足迹，这座桥，桥所在的这方水土，便打下了红色的烙印，熔铸了红色的基因，长征精神、红色文化在那里生根发芽，茁壮成长，绿树成荫。这座桥，是镶嵌在万里长征路上的一个路标、一处景点、一段插曲，让黎平县少寨村口那条普普通通的小路，和与小路交会名不见经传的八舟小河声名远播。八十多年来，中外无数旅客游人、专家学者慕名而来观瞻考察。这座桥——便是黎平县西北高屯镇上少寨村的"红军桥"。

　　1934年12月，对于中国工农红军，正是血雨腥风生死抉择浴火重生的艰难岁月。经过浴血奋战，红军将士付出惨痛的代价，冲破国民党第四道封锁线，突破湘江天险，红军由8万多人锐减至3万余人。12月中旬，中央红军从黎平县洪州镇进入贵州，15日夺下黎平县城后，得到片刻喘息时间，在黎平县城进行短暂休整。周恩来、博古、毛泽东、朱德、陈云、刘少奇、李德等红军领导人先后进驻黎平县城。18日，为了解决红军的进军路线问题，由周恩来主持，召开了中共中央政治局特别会议，博古、毛泽东、朱德、张闻天、陈云、刘少奇等领导人出席会议，史称"黎平会议"。在一天一夜的会议中，与会领导人进行了十分激烈的争论，最后大多数人接受了毛泽东的正确主张，通过了《中央政治局关于战略方针之决定》，决定放弃北进湘西与红二六军团会合的原定计划，改道敌人兵力薄弱的黔北遵义，寻找战机和开辟新的革命根据地。会议决议指出："鉴于目前所形成之情况，政治局认为过去在湘西创立新的苏维埃根据地的决定在目前已经是不可能的，并且是不适宜的。""政治局认为新的根据地区，应该是川黔边地区，在最初应以遵义为中心之地区，在不利的条件下应该转移至遵义西北地区……我们必须用全力争取实现自己的战略决定。"决议还指出："在向遵义方向前进时，野战军之动作应坚决消灭阻拦我之黔敌部队。对蒋、湘、桂诸敌，应力争避免大的战斗，但在前进路线上与上述诸敌部队遭遇时，则应打击之，以保证我向指定地区前进。"决议最后说："为着保证这个战略决定之执行，必须反对对于自己力量估计不足之悲观失望的失败情绪，及增长着的游击主义的危险。"会议还决定在适当的时候召开政治局扩大会议，以便审查黎平会议的决定和总结第五次反"围剿"以及长征以来军事指挥上的经验教训。毛泽东提出转兵贵州的战略决策的正确意见终于被党中央采纳，避免了红军陷入重围的危险，争取了进军的主动。黎平会议是长征以来具有决定意义战略转变的关键会议，为遵义会议的召开作了前提准备。会后，中央军委立即转发了中央政治局的这一决定，要求各军团首长将中央的决定传达到师及梯队首长。为执行新的战略方针，决定对部队进行整编，撤销八军团编入五军团，军委一、二纵队合并为军委纵队，刘伯承任司令员、陈云任政治委员、叶剑英任副司令员。12月19日，中央军委根据黎平会议的决议又作出了《关于执行中央政治局十二月十八日决定的决定》，将中央红军分为左、右两个纵队，向以遵义为中心的黔北地区前进。黎平会议是中共中央从江西中央苏区突围出来之后召开的一次政治局会议，这是在中央全会闭幕后，党内第一次召开最高级别的会议，决定了当时红军长征战略转折的大政方针，决定着中共中央和红军的命运和未来。会议第一次否定了博古、李德顽固坚持的使红军遭受巨大损失错误的战略方针，以决定的形式否定了博古、李德顽固坚持的已经过时的错误军事路线；改变了北上湘西与红二六军团会合的原定的不切实际的战略方针；会议开始形成了中央绝大多数领导人赞同、支持、拥护毛泽东同志的正确主张的局面，从而为遵义会议重新确立毛泽东同志在党中央的核心领导地位奠定了坚实基础。会议闭幕后，中央红军新编后的左右两个纵队，迅速向遵义方向进军。

　　早在红军攻占黎平县城以后，红军的先遣部队一路马不停蹄，向黎平西北探路前进。当他们来到高屯镇上少寨村渡口时，一条正在涨水的河流拦住了去路。先前横跨河面上的木桥早已被国民党民团破坏，所有桥板被拆毁，只留下空空的十数个桥桩。红军先头部队向对面少寨村侗族群众喊话，但无人应答。因为国民党民团的反动宣传，村民对红军产生了误解和恐惧，躲进深山老林去了。

　　英勇的红军工兵以大无畏的革命精神，逢山开路，遇水搭桥，勇往直前。面对汹涌澎湃冰冷刺骨的寒流，红军官兵毅然泅水过河。带着向导进入少寨村，向留守在村子里的老人宣传红军政策，介绍红军是为劳苦大众打天下，红军是人民群众自己的队伍。当地老人看到这些头戴红星帽，衣着破烂，但说话和气，对群众秋毫无犯的红军战士，他们意识到这是一支与国民党军队有着天壤之别的好部队，是人民的子弟兵，他们打消了疑虑，纷纷把亲人从躲藏的深山叫回家来。村民们拿出家中最好的美食，招待红军将士。少寨的侗族村民吴廷真、吴之运、吴之焕等组织发动群众积极捐献圆木和枋板，与红军官兵一起，在八舟河渡口两岸点亮火把，连夜赶修木桥。第二天上午，一座长70多米、宽1米的稳固木桥重现在八舟河上。红军先头工兵部队安排一小部分力量守护木桥，等候后续大部队过桥后，继续开路前进。

黎平会议结束后，中央军委作出转战黔北的命令。周恩来、博古、毛泽东、朱德、刘少奇等中央领导人，率领红军主力右路纵队2万多人，经过数天日夜不停行军，顺利通过红军桥，穿过黎平西北的敖市镇，向锦屏、剑河方向挺进。

少寨村侗族群众目送红军大部队远去，村民们感慨万分：这是一支多么神奇的部队啊，官兵一致，不进村扰民，不拿群众一针一线，买卖公平，这才是一支真正为民的好军队呀。若干年以后，正是这支部队，为人民打下了红色江山，推翻了压在人民头上的三座大山，缔造了中华人民共和国。红军官兵在少寨八舟河渡口与侗族村民并肩联手连夜赶修木桥，红军将士与当地少数民族同胞建立起来的鱼水真情，像无声细雨，滋润着沿途村落，深深地感动着当地群众；革命的火苗，像满天飞花的种子，播洒在清水江畔、苗岭山乡，落地长根，生生不息。

长征路上，很多侗族和苗族同胞，纷纷加入红军的队伍，走向革命的征程。据黎平县相关统计，在红军桥所在的少寨邻近的村寨，参加红军的侗族青年就多达数十人。大多数侗族青年一去不返，杳无音信，估计大多牺牲在艰苦卓绝的漫漫长征途中。

黎平县活下来的有据可查的侗族老红军叫何国恩。他出生在红军桥所在的少寨村西北不远的敖市镇一户雇农家庭，从小帮地主干活。于1934年，红二六军团经过敖市，何国恩与村里青年共22人参加红军。他跟随红军爬雪山、过草地，到达陕北。后加入八路军参加了抗日战争，期间参加了彭德怀指挥的百团大战；解放战争期间参加了辽沈战役。他忠于革命，参加红军两个月就加入了中国共产党。他作战勇敢，每次战斗都冲锋在前，经历大小战斗数百次，多次受到部队嘉奖。多次负伤，身上伤痕累累。他也从普通战士先后升任班长、排长、连长。东北解放战争时期曾担任东北保卫部管理股股长、鹤岗煤矿管理局材料科长等职。新中国成立后，到鞍山焦耐设计院工作，先后担任科长、办公室主任、党委监委书记等职。因为战伤影响，常年带病坚持工作，终因伤病缠身，旧病医治无效，于1973年7月2日在沈阳空军医院去世，享年54岁，安葬于沈阳公墓。他的后人多次从辽宁省回到黎平老家探亲祭祖。何国恩作为追随红军的侗族青年的优秀代表，成为当地励志人物典型，他奋斗成长的先进事迹，在黎平侗乡长久传颂，激励着一代代侗族青年积极向上、奋斗前进。

平安渡过中央红军主力的红军桥，作为当年红军与群众鱼水亲情的物证，被少寨村侗族群众当成重要红色文化载体，很好地传承和保护了下来。当地侗族群众对红军桥倍加珍惜，并形成了一套良好的保护红军桥的惯例和机制：木桥朽坏了，村民便凑钱采购木料重新维修；每年暴雨引发洪水之前，村里的寨老一声招呼，无论是白天还是夜晚，所有青壮年立即赶到渡口，齐心协力拆卸桥板，搬放到安全的岸上。等洪水退去，再组织群众重新修复木桥。有一年连续发生三次大洪水，村民们齐力救桥，反复拆卸和安装了三次。据相关统计，80多年来，村民为保护和修缮红军桥，自筹款物多次，无偿投入工日一万六千多个。这座小小的木桥，倾注了村民太多的心血和情感。

尽管这样太不方便，曾有人提议改木桥为钢筋水泥桥。但村民始终不赞同，认为如果在渡口架起了水泥大桥，不但毁坏了原来的木制红军桥，还破坏了八舟河景区少寨村原有的自然生态和农耕文明的美感。红军桥因此得以长期完好地保存下来，并成为黎平县八舟河湿地公园最具纪念意义和人文价值的一个景点。

1995年，高屯镇人民政府在红军桥桥头刻石立碑，正式命名"红军桥"，并要求今后如果洪水冲毁木桥，重建时一定按照当年红军与村民搭建的木桥的样子进行复建。1998年6月，红军桥被黎平县列为县级文物保护单位；2011年2月，黔东南州人民政府将少寨红军桥列入州级文物保护单位。至此，这座始建于清代，全长70余米，宽约1米，占地面积70余平方米，用数十根圆木支撑，由上百块4米长的杉木枋板铺成桥面的便民红军桥，得到了州级法律层面的规范管护。并作为红军长征进入贵州第一站的重要站点，永久地保存下去，为后代子孙们参观。

80多年过去，弹指一挥间。红军黎平转兵，两万红军将士从八舟河红军桥上铿锵走过的足音早已渐行渐远，但红军与少寨侗族群众结下的深情厚谊却扎根乡土，经久不变。红军留下助民爱民的故事，依然在群众中间流传。

新中国成立70余年，通过不断的建设和发展，红军桥所在少寨村一带侗族群众的生产生活早已发生了翻天覆地的巨变。在红军桥遗址下游不远的地方，当地政府建起了一座水泥大桥，两岸村村寨寨都修通了便捷的通村串户路，为八舟河两岸群众经济社会快速发展插上了腾飞的翅膀。八舟河两岸群众过河难的问题已成为历史。通桥典礼的当天，两岸侗族群众欢聚一堂。为纪念红军桥和红军在当地留下的感人故事，主持庆典的领导宣布，那座新大桥命名为"新红军桥"。传承在少寨侗族乡间的红色文化，又焕发出新的活力，书写出新时代"红军桥"崭新的篇章。近年，通过脱贫攻坚和乡村振兴战略的实施，黎平侗乡人民群众，早已摘除贫困的帽子，与全国一道同迈进小康社会，古老的侗乡，旧貌换新颜。

2020年10月27日下午，随同省作协"红线"采风团的作家们再次来到少寨的红军桥遗址。这是我第三次到黎平八舟河景区参观红军桥。是时，斜阳西坠，暮霭低垂，晚风轻拂，给旅途劳顿的作家诗人们带来丝丝舒爽的快意。

走近渡口，在苍郁的古树林荫下，一道石阶路伸向河畔。石道边一通通石碑，一块块宣传牌，似乎在向路人诉说着古渡口绵长多舛的过往。

红军桥还是原来的样子，朴素、简洁、别致。像老画家国画里常见的剪影，安闲地横跨在青山与田坝之间，静卧在轻歌漫流的河面上。偶有路人挑担引犬悠然从桥上走过。河水稍涨，已可行舟，但水依然十分清净，河底沙石，透光可见。

大家沿着桥面走到对岸。桥头河畔有村妇在埋头洗衣洗菜；一位侗族汉子在清洗刚刚耕作还沾满鲜泥的农机车。桥头顶着开阔的千亩良田。秋收过后，田地还未来得及全面翻犁，满田是凌乱的稻茬和草垛，显得有点萧索和落寞。更远处依稀有侗族木楼人家。回首再看刚走过的对岸，才发现与脚下的田园大相径庭。陡峭的崖壁，危石高耸，嵯峨怪异。但却林木荟郁，藤蔓缠悬，绿意盎然。一边是土地平旷的肥沃田野，一边是怪石嶙峋原始植被覆盖的陡峭石山，似乎是人为用一条静柔的小河，将两者巧妙地分割开，又用一道木桥将两岸连接起来。形成阴阳交合、和谐互应的奇观，陪伴并滋养着这一方友善和睦的侗族群众。

三次来访，红军桥都迎候在渡口；八舟河两岸美丽的风景依旧，村民的热情不减。只是，来访的客人不同，过往的行人在变。

见有客人来访，一位年近古稀的侗族老人把一担红薯放在路边，与风尘仆仆赶来采风的客人搭话。老人非常热情，用方言解答着客人的提问。有作家想吃生红薯，他连忙递过来锋利的镰刀，指导客人削薯皮，还一个劲地劝大家随便吃。但对当年红军与村民共同修建红军桥的事儿，他已经不太清楚："那时候我还没有出生呢！"他的语气中带着一种淡淡的歉意和遗憾。但从几位村民交谈中，我们已充分感受到，村民们走进小康的日子，从内心深处流溢出来的那份自信、从容、安闲和满足。

我们有千种理由相信，随着乡村振兴战略的实施，黎平八舟湿地公园会得到进一步有序的开发利用，生活在这块浸染着红色文化土地上的侗族同胞，一定会迎来更加富足、更加幸福的生活。

（2020年11月创作发表，收录入《贵州作家》丛书）

"枪手部落"岜沙村

从江县岜沙村以沿袭明清遗风闻名。该村苗族男子头挽发髻，身穿自织的无领右开衽铜扣青衣，常年挎锋利腰刀，肩扛火枪，极其雄俊。岜沙村节日多且独具特色，是贵州乃至全国保存明清遗风民俗最为丰富的村落。今年金秋，与州旅游考察团赴从江，到岜沙一游，略见其村风民俗之一斑。

当日风和气爽，清晨从从江县城出发，车沿321国道行5公里，上一座郁郁葱葱的斜坡，古松林立处，依稀现人家，那就是著名的从江民族风情村落——岜沙村。下车沿幽径入村，四面皆参天古木，碧绿满眼，遮天隔日，清风宜人，空气爽肺。古老的岜沙苗寨完好地保存着丰茂的原始森林。县旅游局的同志介绍，这里的乡规民约规定，为保护森林，造福子孙后代，村人不得滥伐林木，贩柴入城，不得用车拉马驮，仅允许用肩挑一担换点油盐钱。违者，村人罚其备席置酒请全村人吃喝一顿，作为严厉的经济制裁。村人皆恪守民约，不敢违规，致使该村植被完好保全。

正评说间，果见一老汉挑着一担木柴迎面健步而来，其身着宽松青布衣，腰别带鞘短刀，头顶挽着发髻，一如报章介绍一般。上前打听，男子简洁地说声"进城去卖柴"，便风风火火地赶往县城去。一担柴，百余斤，换成钱，约五块，也许就是他家一月的油盐钱！岜沙村村民生态遗风令人慨叹。

岜沙村人家疏疏落落地散布在一面草丰树密的山坡上，这里的人家木屋不甚高大，但建筑古拙，很有特色。屋旁边有粮仓，粮仓边有禾晾。"梯"字形的禾晾上，醒目而整齐地晾挂着金黄耀眼的糯米穗。村子处处果木挨檐，竹林映窗，移步见画，随便选个角度都可以拍到一个典型的民族风俗的极佳镜头。村里鸡犬之声相闻，有的人家屋里传来阵阵捣物之声。随行的从江朋友说，村里的农妇，自织丝棉布，自行浸染，染好后用木槌捣柔软，穿起来周身感觉舒适。村中漫步，不时见村中男女在自家院落劳作，听他们欢快地说着苗语。上前问询，他们也能用不太流利的汉语与客人交谈。大凡成年男子，都是嘴叼烟斗，腰挂佩刀，但都和颜悦色，亲热地招呼客人。岜沙苗族村民以其古老的生活方式，几百年平静地生活在他们自由和谐的那片土地上，一代代传承着先民的遗风遗俗。

岜沙村口，有一座小巧的纪念亭，亭中存放着一个硕大的古树蔸，树蔸直径约1.5米。村人介绍，那是当年修建毛主席纪念堂时，岜沙村村民敬献香樟树的树蔸，村民作为圣物存放下来，后来县里专门拨款修了纪念亭存放。村民对毛主席的崇敬之情可见一斑。与纪念亭相隔半里许，村后山脊上有片平整空地，四面长满青松古柏，落叶满地，随便捡个地方坐下，都觉闲适坦然，顿生远离尘世之感。

村人说，这是村里的芦笙堂。村里十几个重大热闹的节日，男女老少都汇集于此，载歌载舞，共享节日欢乐。在老树斜枝上，有许多绳索悬垂着——那是村人留下的秋千绳。节日期间，村人在众多古树叉挂上草绳，青年男女客人主人结对爬到草绳上荡秋千，引来观众阵阵喝彩。一时秋千晃荡，歌声飞扬，欢声笑语便在这莽莽丛林间回响。浓浓的节日风情一如温馨的岜沙家酿，迷醉了四海宾朋，陶冶着远亲近友的情趣。

通过秋千节，许多青年男女找到了自己的终身伴侣。岜沙古朴传统的遗风遗俗散发出诱人的魅力，每年吸引来国内外众多的游客。

临别，从江旅游局的同志热情地相约，来年的秋千节，请大家再到从江来。

（1998年9月发表于《凯里晚报》，2023年1月5日修改）

放鹞记

首次听说放鹞，十分惊奇，村民们却不以为怪。因为放鹞的民俗在锦屏县龙池一带是沿袭了千百年平常不过的事。

10月3日，我与干子到达他老家龙池，已是晌午时分。村干们早已备好酒菜，在村长家灶房的短桌上摆了满满一席。我们刚进家，就围桌坐下吃饭。喝酒吃菜之间，村长热情地邀请我们品尝席间一盘野味："这是鲜鹑子，我找了好多家才得这点，蛮好下酒。"他端起酒又补充说："别看这两小盘，花了六十多元哩，大家来干一杯吧。"听了村长介绍，我拈了一小块品尝：香、酥、脆、嫩，果然味道不错，不由又吃了一筷。细看这道菜，炸得焦黄的鸟肉，配上油炸干椒，佐以姜丝蒜苗，色味兼好，是不轻易吃到的一道美食。村干们说，这是龙池人招待贵客的一个特色名菜。

我产生了兴趣，打听起鹑子的来历。龙池一带村落都有放鹞的习惯。每年农历四五月间，村人爬到鹞子经常出没的山坳，支起一根木条，安上套子，等到鹞子们飞来木条上歇脚，踏动机关，树条弹动，套子锁住鹞的双脚，被村民捉回村子，经过一二月训练，就成了捕鸟的猎鹰。等到秋收过后，村民们有了闲余时间，就三三两两结伴上山，走狗飞鹰，捕捉鹌鹑。

龙池处在黔湘山地向丘陵过渡地带，地势平缓，百草丰茂，是野生鹌鹑迁徙驻足之地。每年秋初，成群的鹌鹑到山野落脚栖憩。早晨或者傍晚，鹌鹑从山间丛林走向低地，到田间地头觅食。小雨过后，正是鹌鹑进食的最佳时刻。村里放鹞爱好者便腰系皮篓，手托猎鹰，牵了猎狗，来到山边。见草地边有鹌鹑觅食留下的粪便和爪痕，就将猎狗放出。猎狗训练有素，扑进草丛，将正在觅食的鹌鹑赶飞起来，猎者见有鹌鹑惊飞，果断将手一扬，抛飞鹞子。猎鹞饿了一日，见有鹌鹑飞起，立即追赶过去，爪子一探，就将鹌鹑擒下。但还来不及动嘴吃鹑子，已被主人快速收拢线丝，拖了回去。猎人从鹞鹰爪子解下鲜活的鹌鹑，放进背后的皮篓里。然后又捕捉下一只。如此反复，到得日时已晚，山地的鹌鹑捉得差不多，鹞疲狗困时，放鹞者才带着收获的鹑子，呼朋引

211

伴，携鹞带狗回村。这活动就叫"飞鹰走狗"。看了村民放鹰活动的表演，我才真正理解"飞鹰走狗"这个成语的原始含义。主人得了鹌鹑，或者杀死烹调待客下酒，或者以三元一只的价格卖给别人换几个盐钱。

回到家中翻开词典：鹞，雀鹰的通称，是鹰中体型较小的种类，以捕杀小鸟为食。龙池村民介绍，鹞的品种很多。据其毛色、爪子、个头、嘴形、眼睛、捕猎能力等方面，又分为十多种。有的鹞子生性刚烈，被捕获后，虽被套住手脚，却不受主人威逼利诱，不从主人驯化，不停拍翅挣扎，直至气竭身亡。而有些天生就是鸟的杀手，也好训练，对主人指令心领神会，配合默契，娱了主人，也为自己挣得一顿美餐。这些没骨气的鹞鹰，经不住饥饿的困扰，吃了主人的肉食，顺从主人训练，为主人抓了一季鹌鹑，等到冬季来临，鹌鹑都迁走了，少数滞留的都逃进深山，再也不敢到浅草地寻食。鹞子们无事可做，主人也玩腻耍够了，就解去鹞子脚上的丝线，将它们放回山野去过冬，次年夏天又再将它们捉回来，开始新一年的走狗飞鹰活动。

尽管鹞子的数量基本保持不变，但鹌鹑的数量却大大减少了。龙池放鹞爱好者说，十多年前一天可抓几十只到几百只，现在却一天只能捉二三只，有时候苦跑一天，转了若干坡地，却连鹌鹑的影子也没有看到。放鹞者的兴趣也日渐减小，以前几乎家家都有人放鹞，现在村子放鹞者已经寥寥可数。我想，再过一些年头，恐怕放鹰这种活动只能从这则文字中略知一二了。

（2008 年 10 月 2 日创作于锦屏县城，发表于《凯里晚报》）

五河祭飞公

老家剑河县五河村有飞公坟，以灵验闻名乡里。久闻大名，亦多次前往奠祭。儿子出生后，外公说，须拜个干爹，便找了个朋友，认了干亲家。外公还说，如再找个有名望的古人更好，于是又到五河拜祭了飞公。此后连续三年清明，都到五河去上坟祭扫。再后来，又在家门口为其立个香位，平日初一、十五早晚上香，按节日祭家祖标准一样祭祀之。儿很少生病，偶有感冒，打两银针即愈。如实在拖久未好，选择吉日，祭一下飞公，慢慢也就好了。

今值中秋，自然同样祭祀。备祭品，化冥财，作了平安祈祷交代。儿子这次感冒拖了一个多月，仍有点咳嗽，昨日交代，今天已止。心中感念，因记此文。

人生百年，总与些人事有着说不清的缘分。如唐三藏之于佛教，苏东坡之于赤壁，王羲之之于书法，泓一大师之于禅道，人之父母、兄弟、朋友、夫妻等等。成一家，就一事，茂一物，显一名，获一趣，都因为缘。要不众生芸芸，朋友是他而不是他，美女如云，妻子是她而不是她，原因为何？缘也！

佛家说，一夜夫妻，修候了五百年。这话不一定那么准确，但因缘而聚，这是有道理的。为何又有恩爱夫妻，半途而别。或生死两地茫茫，或反目成仇，面皮撕破，各走天涯，缘尽了啊。世间很多人偶尔之间，或日进斗金，一夜暴富，家资千亿；或一朝上榜，成名成家，名利双收，成众人喜爱的名媛歌手。都是因了一个"缘"字。歌唱家与艺术有缘，政治家与权力有缘，木匠与手艺有缘，船家与江河有缘，球星与运动有缘，农学家与土地有缘。世间万象，概莫能外。人一旦失去了缘，一切就变得力不从心，万念俱灰，梦想灰飞烟灭。轻者疾病缠身，家财散尽；重者身败名裂，身首异处。这都是好缘法已经过去了。所以，人生在世，缘来不易，不可当儿戏。缘来当好好珍惜，缘去了更要好自珍重。缘来缘去，自如高山流水，只可顺不可逆。

吾与儿，似与飞公有点缘分的。

若干年前，四弟曾对我说，五河有座神仙坟，有求必应。有应必还愿，诚心还愿，一切就通顺了。他还说堂妹曾去拜祭许过愿，结果生意走红了，也考上了教师。就按许的愿去还了，还真有那么回事。

起初，我并不怎么在意。后来，有机会与朋友一并去五河一游，才大有所悟。

五河在剑河县城革东镇清水江上游七八公里的河畔。早些年知道那里是出产人物的地方。五河是剑河的民间武术之乡，代代出民间武术家。新中国成立以后还出过一位野战团团长。五河名声在外，早就想去看看。

到达五河，隔江远望，五河寨子面对清水江，背靠绵远大山，一大簇砖房木楼依坡蜿蜒在雄浑开阔的坡面上，是一个依山傍水的美丽村子。有人指点，飞公坟就在村左边几户人家聚居的小山嘴后面的山岭上。远远望去，果然气势宏大，云雾缭绕，灵气森森，俨然一个风水佳城。

过了河，走近村口，沿小道走向村边的田园，上了一匹小山，绕过几户人家房脚的斜道，转过山包，一眼就看见了那座彩红环挂、十分醒目的土坟。走近，坟并无什么特别。一方墓门，三尺多高二尺多宽，已被香熏得漆黑，只依稀辨别"飞公潘杀虎"几个字样。也许由于时间太久，整个坟丘似乎与后边的山连成一体。在坟后边不到一丈处，全是粗壮笔直的原始乔木，且多是木质坚硬的青杠树。从插满坟体的香笺，还可以看出坟的轮廓。因为来烧香的人太多，香笺插得层层叠叠，墓门前也积满了厚厚的香灰。一张张香客还愿送的红布幡围挂在后边的树干上。很明显，来给飞公还愿的香客不少。看来四弟所说不虚。

香火那么旺，肯定有它的原因。大凡名川大山上的古寺庙宇，香火旺者，无不与它的灵验有关。而灵验的名寺庙，则多占据风水宝地。所以人们常常感叹：天下名山僧占多。

站在飞公坟头，仔细查看飞公的居所。门前一个小山包，可谓伸手摸着案，这是中国风水吉地的一个要素。再往前有"一"字大河，从右边过堂，水势前行，又被大山阻滞，关锁甚严。所谓水口严紧，不见水流出处。前面朝山周正，形如巨马。可谓好水过堂，客山顾我。左边青龙山虽不明显，但再过去一个弯忽起一个岭相围，青龙山护卫紧要。右边白虎砂也是一匹岭，也不为空。后山来得正宗绵远，祖山高大雄厚。真是一个难得的风水宝地，难怪如此神验，香火旺盛。

我们初去访时，不是什么节日，祭拜的时间虽然不长，但仍然看见有两三拨人来此祭祀。

我想飞公坟能得到民众钦敬，肯定有些值得了解的故事。因此，我们几个朋友又到附近人家去进行了采访。经与一些上了年纪的村人摆谈，再查阅了《五河村志》，飞公的传说渐为众人了解。

相传以若干年以前（据村民推算，大约是明末清初时期），五河潘氏人家出了个聪明的儿子。此人聪慧过人，长到约十岁，有异术，长于奔跑，山后有虎，能降伏以为坐骑。一日，其母叫他与大人一起到近百里远的邻县镇远去买盐，他答应了母亲。拿了钱，出门去片刻就回来了，又与村里的小孩子玩得欢。母亲见之，责备他为何不去买盐，强调家里无盐吃了。他对母亲说盐买回来了，放在碗架上某处。母亲不信，去一查看，果然有了盐。母亲大惊，去问儿子："崽，你这么快就买盐回来了，难道你是飞去来的？"儿子笑笑，不置可否。此后，小子声名大噪。村里人都知道这小孩会飞，因他能制伏老虎，人们就叫他潘杀虎，后人就叫他飞公，真名就渐渐无人记得了。

潘杀虎的名声传到京城，皇帝坐不住了，就请几名风水大师带人马前来查证。风水师从清水江下游查找而来，遇两条河交汇处，就取两条河水来称，哪条河水重就沿哪条河往上查。查到了五河，风水师看这里风水旺，龙气重，就停了下来。见有若干小孩子在玩耍，就取了糖果去测试。每次飞公都跑得最快，糖果归他一人赢得。风水师使个眼神，官兵就把飞公捉住，当天就杀害了。没想到官兵一走，飞公身体自然愈合，人又活了过来。风水师又组织官兵来捉住，再次把他杀害，并把尸体分成几大块，分别抛弃到不同的地方。但是，过了一夜，飞公仍然活了过来。后来官兵捉了很久，也未抓到飞公。风水师就动了阴招，断了飞公家的龙脉，又一次把飞公捉住了。这次把飞公押到镇远杀害，还把尸身火化了。家人悲痛欲绝，赶到镇远去收尸。有个好心人把飞公的辫子留了下来。家人就把飞公的辫子带回五河，随意地埋到现在飞公坟的地方。飞公坟里实际上只埋了他一条发辫。

飞公死后，又过了若干年，人们铭记着飞公的故事，怀想着他的能耐和奇异，但也只不过是口头传颂罢了。真正对飞公肃然起敬，是后来发生了一件不可思议的大事。

五河人自古靠水吃水，年年有不少人放船下湖南洪江做生意。大约在民国时期，有人下湖南贩货。不想在洪江一带突遇水匪，几条匪船从四面围攻而来。船老板大惊失色，"这回麻烦大了，也许只有飞公能救我们了。"他暗自祈祷：希望飞公显灵，设法搭救他们，等他们平安回到村里，一定杀猪羊去感谢飞公。他刚发愿念毕，奇迹发生了：瞬间昏天黑地，狂风大作，飞沙走石。不知从哪里吹来一阵怪风，把他们的船直往上游吹，却把那些贼船往下游吹。一刹那间，那些打劫的船被吹得无影无踪，他们的船也被大风吹到了上游几十公里远的地方。风渐渐平息下来，大家惊魂未定，又喜绝处逢生，认为是飞公显灵帮助了他们。大家一齐跪拜在船头，感谢飞公救他们脱离险境。他们不敢停留，日夜兼程，一口气赶回了五河。一到家，第二天就约了亲朋好友，备办香烛酒礼，杀猪宰羊，到飞公坟上去感谢飞公的救命之恩。至此，飞公声名大振。

凡村里人有什么难事，就到飞公坟去许愿。愿望实现了，就按所许之愿去还愿。果然人们盼子者求子得子，生病者祈求祛疾消灾。于是飞公坟名声远播，还有不少外省人慕名来祭。

听此故事，真被飞公义举感动。想当年他自己因聪明无端引来杀身之祸，后又专为人们消灾送福，成为造福一方群众之神，也算功德圆满。这样的人成神，可钦可敬。

后来，我又多次造访飞公坟，许愿或者还愿，或者只是祭奠。儿子出生之前，我也曾到飞公坟许愿，如果我家添个男丁，我一定送头猪去给飞公还愿。儿子满月后，我就带着几位朋友去五河，与当地一位朋友一起安排还了愿。再后来，我想儿子既与飞公有一定福缘，不如拜之为干爹，在家门口为他设一个香火位。不能常到飞公坟去祭奠，逢节过年给他烧点香纸，敬一杯酒，也算一分敬重。也就选了吉日，写了拜祭之表，到飞公坟上去搞了个简单的拜祭仪式。

儿子倒也非常健康，人也聪敏，机灵可爱，很是讨人喜欢。一日上街，有位小姑娘见他可爱，就对我说："叔叔，你家小弟弟太可爱了，可不可以让我抱一下啊？"这小姑娘多有意思啊，我笑笑："小姐姐，想抱就抱抱嘛，怎么不可以呢！"那小姑娘就非常高兴地抱了下儿子，然后开开心心地说声："拜拜！"满意地挥手与儿道别。

儿子能博得人家喜爱，除了他自身的福德，恐怕与飞公的护佑有一定关系吧。不管如何，我想，对一个人或者一个神充满敬意总不会是坏事。不管是对古人，对长辈，对后生，还是对亲友，或者对自己，常怀有敬畏之心，想想人生的不易，时时提醒自己，什么事可以多做，什么事决不能做。这样，人一定会少犯错误，就不会丧失良知，丢掉灵魂，失去自我。人的一生即便不会有大成就，想必也不会有什么大灾难。

（2013 年创作并发表于《杉乡文学》）

江口有座"神仙坟"

　　凯里湾水、龙场和黄平重安三镇之间，有个颇有名气的江口大峡谷。谷底绵延着秀丽的重安江，两岸风景优美，田园风光旖旎，是凯里尚未开发的资源丰富的旅游景区之一。近年龙场经江口至重安新修油路全线贯通，不仅缩短了黄平到凯里的距离，也给江口古峡的开发带来了机遇。江口峡谷口，修造了一座大桥，如长虹飞跨两岸，为江口风景区平添了一道亮丽的风景。

　　桥旁不远处有一座孤坟，相传是清末至民国年间，有一支部队路经此地时，一名士兵患急症不治而死，也有人说是过路病逝的红军战士。由于当时正值深夜，来不及安葬，部队只好把他的尸体放在路边，准备次日再埋。天亮时，人们发现，蚂蚁已搬土把士兵尸体覆盖了。将士们觉得奇怪，认为是战士自己选定了葬地，亦不再移动尸身，就地撮土垒坟，立个简单的墓碑就继续前行了。此坟不知何因，年长日久，自身慢慢膨胀起来。邻近村民觉得十分神奇，就时常到坟上去烧香化纸，祈福祈财，久婚未育者请求送子，经商者乞求财源广进，还果然有了验应。于是此坟名声乡外，许多香客不远百里慕名赶来拜祭求福，因此四季香火不断。

　　公路开通前，坟地处是湾水通往重安和龙场的便道必经之地。凡有人路过，必奉上一把柴火，或烧上一炷香，如未事先准备，到坟前须默默祭念，拜上几拜，算是对坟里人物的尊重。如非如此，甚至不礼不敬，至坟前高声说笑，一旦"神仙"动怒，生病蚀财在所难免。

　　湾水群众曾说，江口大桥原设计方案是横跨在"神仙坟"之上。施工人员在修建桥基时，连建连跨了好几次。夜里，一位施工负责人做了个梦，梦中一白发长须老者告诫，大桥必须从他的屋顶上移开，否则修几次垮几次。此人大惊，梦醒后向其他负责人讲述，大伙觉得"神仙"显灵，就将原设计点下移几十米，使桥不再跨过坟的上空。此后施工十分顺利，按时交付使用。

　　这故事的真实性值得怀疑，但传播这些故事的湾水、龙场的群众对那座孤坟的敬畏是不容置疑的。在湾水朋友家过了除夕，我们正月初一呼朋引伴来到江口游玩。站在大桥上俯瞰，那座巨大的坟堆就在不远处的河岸边，还有一些游人正在烧香纸祭奠。走近坟墓，但见这座乱石垒就的孤坟长宽各四米，坟前有块约一米五高、一米二宽的石碑，碑上密密地粘满了鸡毛鸡血，以致墓碑上的字迹都辨不清了。碑前的拜台上，层层叠叠地堆满了香烟、酒瓶，甚至还有用石块压着的小额人民币。来祭扫者果真不少。

在坟前徘徊良久，不管所听到的关于这座"神仙坟"的故事是否实有其事，如坟中躺着的尸骨果真是一位士兵，那么他追随部队不辞辛劳，转战千里，客死他乡，受到群众如此尊敬与供奉，这无名战士九泉下有灵，他会感到几分慰藉。回到江口大桥上，看见"神仙坟"面前的重安江与龙场镇区流来的一条浑黄小河静静交汇。两水一清一浊，一黄一青，形成半边黄水半边清水的奇观，暗合了风水先生常说的"二龙相会"的风水宝地，显得灵气森森。两岸山势峻拔，奇石突兀，竹林密植。村舍人家，鸡犬轻鸣，自然和谐，是个摄影创作、作画写生的好处所。如有商客投资开发，岂不是一处绝好的避暑胜地？虽然我知道神仙是不存在的，但我又希望，"神仙坟"能真正显灵，让江口古峡得到有效开发，使当地群众借着这条刚开辟的黄金旅游线便利的交通，能尽快地富裕起来。

（2003年正月初一草记于湾水岩寨，发表于《凯里晚报》，2004年12月18日再改定）

山水抒怀

攀爬雷公山（外一篇）

几次去雷公山，都在雷公山山麓穿游。仰望着高高的雷公山头，在云中雾里，如空中楼阁，几分陌生，几分神秘，就期盼着有机会爬到山巅去。

六月盛夏的双休日，一帮朋友聚齐，大家鼓足干劲，去亲近那座古老的我们心仪已久的大山。清风做伴，百鸟相迎，我们爬上缓缓伸展的斜坡，走进幽静的沟谷，涉过山溪，浏览瀑群，钻入高大的原始乔木林，一路热汗涔涔，从清晨到正午，才抵达雷公山半山腰。满眼是郁郁葱葱的竹林和人工林。那些生命力旺健的松柏，坚挺着身板，舒展着硕壮的手臂，一棵依着一棵，一片挨着一片，从眼前一直蔓延到那边很远的山岭去。这是雷公山山腰的人工林与自然林杂生带。这些树比山脚的灌木丛林壮实，比刚才穿过的原始乔木林矮，又比山顶上的灌木林粗大。雷公山从山脚到山顶，呈梯级大略有四个植物分布带。两千五百多种木本和草本植物，选定了各自的生活地域，自由竞争共同生长，成为雷公山特有的自然景观，组成雷公山自然保护区多姿多彩的植物园。

继续攀高，将临山顶，路边的灌木枝繁叶疏，一株株一丛丛，艰难地扭曲着身子，努力地伸向天空。这些矮树浑身都长满了青苔，毛茸茸的，如同国画大师用重彩浓墨点染而成，沉甸甸的，肥硕硕的，树儿们又好似披裹了厚实的灰黑色棉衣，臃肿得有些夸张，成了雷公山一道奇异的景观。

风大吹动，雾厚重起来，气温降低了下来。当我们登临极顶可以触摸高耸的电视发射架，可以随心所欲地放眼四望时，所有的山都在我们眼界下面。浓浓的游岚在我们脚边飘移，风肆虐着掠走额头的汗粒和我们的声音。催动着空中的电线和铁架发出尖锐刺耳的嘶鸣，让人体会到一种张扬的威慑力。正思想着，风更大了。周围的浓雾翻卷着、变幻着滚动而来，渐渐地遮住了远处的群山，填平了周边的沟壑，转瞬间变成了连天的茫茫云海。而头顶之上，那轮骄艳的太阳仍在懒洋洋地拖着沉稳的脚步，放射着柔和的光芒。那一刻，我们站在高高的瞭望塔上，看万里苍茫的云海，听山风劲吹，吸雷公山湿润的带着草香的空气，一种豪迈自由而又万分激动的感觉涌上心间。

该下山了，我们驻足在山顶那块标注着雷公山海拔的青石碑前，记下了那个醒目的数字：2178.8 米，那是苗岭主峰的高度。爬过了雷公山，我想，有机会，我们应该去登更高的山。

杜鹃扮靓雷公山

五月的雷公山是热情的，因为雷公山杜鹃绽放了。最是那满岭满谷的艳红，山活了，水秀了，远远近近的游客携伴来游了。

我们怀着激情，拥着梦想，带着企盼，迎着初夏的清风和淡淡的阳光，驱车驶近雷山县城，爬上雷公山麓，钻进主峰褶皱里的情人谷，走进雷公山腹地的苗族村落。一路兴奋，一路欢畅，心旌荡漾，情思如潮。看山势的雄力，赏古木虬枝，听鸟的轻歌，或在洁净的巨石静坐小憩，或在深幽的溪潭里洗脸濯脚，或在山寨花桥边思古，或在村姑的刺绣摊边徜徉，或漫步山庄田园，只要一抬眼，那嫣红的灿烂的微笑着的杜鹃就跃进眼底，热忱朴实真诚和又善良的杜鹃似乎永远伴随在你身边。从雷山县城边的浅草斜坡到雷公山主峰两千多海拔处的灌木丛，从苗族英雄杨大六故乡郎德苗寨到世界最大的千户苗寨西江，田边、沟坎、岩壁，睁开眼，就看见一簇迷人的艳色；闭上眼，那团炙热的火焰就燃烧在你心田。这是苗岭主峰雷公山特有的杜鹃，这是苗乡山寨最为诱人的景观，一簇连着一簇，一片连着一片，一坡依着一坡。放眼四望，远山近岭一派鲜艳，仿若一团团醉人的野火，沿着游客的眼界自由浪漫温柔地燃烧，燃烧出一片花海，燃烧出一弯纯情，燃烧出一溪的酒，燃烧出一地的诗。

因这秀美的花，摄影的相机快门响个不停；诗人的歌吟掷地有声；画家驻足野径，倾墨舞笔在忙着写生；书法家苦啊，墨是黑的，怎样也无法准确地表达对杜鹃的赞美，一时怒起，哗啦啦一下子就喷发出无限的激情，许多似乎与杜鹃无关的优秀作品顿时诞生，巨大的创作室也似乎散发出脉脉的花香；作家非常地沉稳，似乎步履飘摇，一派醉意，但他们最善珍惜杜鹃了——饮酒。酒是杜鹃热情的魂，一杯温酒，一份真情。他们在雷公山的日子最能饮了，因为他们最能理解杜鹃火热的情愫。一杯又一杯，那是靓丽的苗族姑娘敬上来的美酒啊。苗家姑娘个个艳如杜鹃，能说、善舞、喜歌。一句祝词，一首酒歌，一杯米酒，连同那一串迷人的笑声，迎上前，敬到嘴，客人们能不喝么？最易于感动的作家诗人不喝么？不喝酒对得起像靓丽的姑娘一样热情的杜鹃么？

于是，山寨热闹起来，大山活泛起来。客人们激情涌出了嗓子，虽不会唱苗歌，现编三五句词儿，循着姑娘的曲调，乱唱一气，博得的不是一片热烈的掌声，却招惹来一杯杯香醇的浓烈的米酒……这就是雷公山杜鹃一样热情的礼俗，这就是杜鹃一样大方、美丽、诚挚的南猛苗族姑娘们的待客情意。

百名文艺家算不了什么，就算一千名一万名外乡客人，她们也会一个个把你招待得舒心、动情、心醉，百般留恋却终得抽身逃酒，边跑却不能不边回头挥手频频致谢。这就是杜鹃一样的苗族姑娘的热情和魅力。

古老的雷山因雄峻的雷公山因有那样美的民族村寨而增色，瑰丽的民族风情点因出产那样漂亮的姑娘而生动。杜鹃扮靓了苗岭，苗岭孕育了那样感人心魄的杜鹃。杜鹃年年开，游客岁岁来，一千年如此，一万年一定也如此。

如果你有情，难道还不去雷公山赏杜鹃？

（2000年、2003年两次登上雷公山，得两篇短文，分别刊发于《凯里晚报》，整理成一组章）

走过月亮山

接近贫困底线

在几天的时间里，姚瑶我们跋山涉水，深入月亮山腹地榕江兴华、计划等乡的八蒙、摆乔、计划、摆拉、摆王等贫困村采访，虽然看到村民生活有许多可喜的变化，但贫困面依然很大，贫困户还多，一些人家的贫困状况令人触目心惊，感到月亮山扶贫工作依旧任重而道远。

2002年5月3日上午，我们从榕江县城赶到兴华乡，副乡长杨渊热情地给我们介绍了情况。该乡共9个村51个村民小组，人口约1万，水族、苗族占90%，农民人均耕地0.49亩，全乡三分之一的人家吃油有困难，还有200多户特困户。全乡年财政收入约40万元，仅是全乡财政支出数的一半多一点。

摆乔村是兴华乡的一个特困村，我们走访了一些特困户。孤寡老人李老英，65岁，家住6平米左右的茅棚，她家除了两条国家救济的棉被，一套破旧的锅瓢碗盏，再看不到其他贵重东西，整个家资总计约250元。潘老罗老人75岁，无儿女，自己种田种地，家有两张破床和一套炊具，家资折合人民币约400元。冷老无，19岁，父早逝，母改嫁，有个17岁的妹妹和一个9岁弟弟，三兄妹住在两间计8平方米的窝棚里，家有几只土碗、一个铁锅、一口铫锅、一头牛，另有榕江县电力局资助的一台小型打米机，粮食仅够吃半年。我们又走访了一位退伍军人家，村民说退伍军人妻子智力低下，有3个小孩，田少，每年欠8个月粮，一家5口住在一间破草棚里，四季门不上锁（村民说小偷也不会光顾他家）。天正下雨，我们打开他家屋门，见黑洞洞的屋顶到处漏雨，地上积水四处流淌，已无干处，实在难以容脚。草棚人去物空，村民说，他一家5口搬到邻村帮人种地度日去了。杨渊副乡长心情沉重地告诉我们，这些仅是该乡贫困户的一部分代表。

5月4日下午，我们从兴华乡赶到计划乡。与兴华乡相比，计划乡贫困面更广一些。乡长李勇伟告诉我们，该乡是全县面积最大的乡，地阔村稀，山高坡陡，村寨海拔都在七八百米以上，生存环境极其恶劣。除了乡政府所在地加两村，其他村寨都还未通公路。全乡30%的村民还在温饱线下徘徊。乡里去年财政收入仅27万元（全乡每年财政支出约72万元），乡政府连部三轮车也没有。到该乡计划村采访时，潘老妞家的贫困状况令我们震惊。潘老妞51岁，有一个9岁的儿子，其爱人被人拐走。木棚四壁空空，屋顶如筛，下雨时地上积水成塘。家里只有一口破锅，两只塑料桶，一个鼎罐，一把火钳，一个破盆，1.6个碗（其中一只碗缺了一个大口），全部家产不足100元。同村贫困户朱老力家有8口人，5个小孩，大崽是睁眼瞎，一家人住在一楼一底木屋里，睡地铺，以草为被，家产不足500元（含木屋折价），每年缺3个月粮。在计划乡摆王村，我们来到贫困户麻土生家，麻土生部队复员回家，老婆神智不清，有3个孩子，一家5口人仅有一个人的田，粮不够吃，几乎全靠政府救济度日，现在已买粮吃两个多月了。

我曾到过许多贫困乡村，采访过许多贫困户，但所见老百姓的贫困程度都没有月亮山区所见情况严重。乡干部告诉我们，该乡其他地区的贫困状况也好不了多少。由于时间关系，我们不能到更多的贫困村去采访，怀着十分沉重的心情离开那些贫困村寨。月亮山腹地贫困状况虽引起了各级政府的高度重视，但扶贫攻坚任务仍十分艰巨而繁重。作为记者，我不知自己能为山里的贫困村民做点什么。如实记述这些见闻，以期更多人了解实情，能伸出援助之手。

夜宿摆桥村

月亮山区村民的住房比较窄小，食宿条件很差，我们到月亮山腹地，走村进寨，深入百姓生活，随遇而安，所见所闻所感，无不深铭于心，终生难以忘怀。住在村民家中的难眠之夜最是值得怀想、感念。

5月3日，我们从兴华乡政府赶到摆乔村采访，途经深沟谷、陡坡高岭，几十里崎岖山路，到摆乔寨时，人已是热汗流尽，精疲力竭。许久未有长途跋涉了，我感觉浑身如同散了架，困倦异常。到雷支书家已是晚上七点。

热情的主人做好饭菜，大伙一路奔波，个个都已饥肠辘辘，便狼吞虎咽地吃起来。由于太累，感觉吃不下饭，我草草吃了一碗，叫同行的姚瑶、杨渊副乡长与村干继续喝酒畅谈，我就到雷支书家客房休息去了。

支书家客房倒比较宽敞，一个大通间摆着两张床，两床之间放着米桶、方桌和其他一些杂物，比较沿途所见的一些人家来，住宿条件算比较好的了。但因客房与客厅（堂屋）仅一壁之隔，众人热闹的说笑声清晰入耳。和衣上床，人虽非常困倦，但辗转难眠。

我关上电灯，试图强制自己入睡，可是总觉迷迷糊糊，难以成寐。关灯几分钟后，不知从什么地方爬出来几只老鼠，它们也不管隔壁话语声大，竟肆无忌惮地在房中跑动开来。有几只在床脚下打闹嘶鸣，有一只则在不停地啃咬米桶。我拍打床枋，以期将它们赶走。但这些家伙一点也不怕人，稍息片刻，又继续活动。隔壁客人主人兴致正浓，人语热闹，房中鼠患严重，怎样也睡不着。无奈，我只好爬起来，打开房中电灯。老鼠怕光，遁入地洞。我躺下后不知何时终于睡着了。

半夜，我被老鼠的厮打追逐声吵醒。到处一片漆黑，在另一铺床上，姚瑶睡得很香，发出颇有节奏感的鼾声。

睡前关了电灯，老鼠在房中又恢复了活动。我听见一只已爬到我枕边，就势举手一击，没打着，老鼠滑到床底去了。拍了几下床，老鼠们依旧在房中频频跑动和啃咬。我怕灯光把姚瑶弄醒，也不敢下床去开灯。就静静地躺着，倾听老鼠的活动声和大雨击打屋顶的巨大声响，默默等待黎明的到来。

真情倾注贫困村

进山第一天，由梁经志老人为我们做向导。梁老 60 多岁，是榕江县人大退休干部，因为他热心公益事业，精力旺盛，被榕江县电力局聘为摆桥村帮扶专职干部。他常驻深山扶贫点，与群众生活在一起，对当地情况十分熟悉。

见面时，梁老脚穿解放鞋，身着普通夏装，背着个挎包，肩头搭一张毛巾，戴一顶时髦的遮阳帽，活像一位经验老到的乡干部。他声音洪亮，走动轻松自如，白净的方脸总是挂着温和的微笑，看不出他是已经退休数年的老人。头天晚上县电力局何局长特别向我们推荐了他，说梁老比年轻人能吃苦，该村的所有扶贫项目几乎都是他在具体组织实施。为群众购买香猪崽、开辟药材基地、为村学校修堡坎、动员失学儿童复学、指导特困户建新房、兴修自来水池，每件事他都注入了大量汗水和真情。特别是那些失学儿童和特困户，他总是倾其所能资助他们，电力局每月给他的聘薪是 300 元，他都用在这方面了。不够，就贴上自己的退休金。

走进摆乔村，天色已晚，村口的人都认出他来，热情而尊敬地跟他打招呼，向他介绍自家帮扶项目实施进展情况等，并招呼他到家里去吃饭。因临时有其他工作，一个月未到村里来了，他对乡亲们有一种强烈的牵挂。顾不上旅途劳累，梁老就带着我们一家一户地去看望那些帮扶户。去年的洋芋收成如何，缺粮户口粮问题是否解决了，香猪崽长得怎样了，帮扶户还有何困难，这是梁老最希望了解的问题。到各帮扶户走访了一圈，详细了解过各家情况，回到支书家已是晚上九点了。

看到帮扶户的变化，老人家脸上泛动着欣慰的表情。他告诉我们，初来帮扶时，这里未通电，没有自来水，许多困难户的贫困状况令人触目惊心。他与村干分别到各家各户进行了详细的调查，提出了一些可行的扶贫攻坚方案。最大的项目就是及时完成农网改造。现村子通了电，一些人家买来了电视机等家电，村子的夜晚热闹起来了。通过宣传，群众对脱贫致富充满了信心。

吃晚饭时，梁老再次向村干问及村里辍学儿童复学的情况。当村干介绍有几个儿童因家贫辍学，雷支书的满女也是其中之一的情况后，梁老的表情霎时变得忧郁和严肃起来。他认真地对支书说："老雷，你这人有个毛病，自己有困难也不向我们反映，自己的姑娘辍学了，你今后怎样动员其他村民的子女入学？你这个头是这样带的？"严肃而充满真情的责备，令雷支书有些不好意思地低下了头。梁老话锋一转，问支书姑娘读几年级，要多少学费，他当即把身上仅有的 50 元钱掏出来递给支书爱人，并说："姑娘一定要复学，学费有困难我们大家想办法。"

他又对在座的村干说："请你们马上统计一下，看村里类似情况有多少，学费问题我去想办法。"

村干们答应去落实这事，但他仍不放心，次日一早，他又赶到村小，叫老师先把失学儿童叫回学校上课，随后他再把学费补交上。村干告诉我们，梁老真是摆乔村的大恩人，村民总想请他吃顿饭，但他从来不随便吃人家的饭，他理解贫困人家的困难。驻村期间，他就住在学校与老师搭伙。要到村干家，他就拎上一块肉，以免主人破费。当日出发时，他就从兴华乡政府集市买了几斤肉到支书家。

许多人家在他组织的帮扶下自强不息，慢慢地改善了贫困的生活。

我们问梁老，年事已高，可赋闲在家安度晚年，为何还如此为贫困村操劳。梁老笑笑说："我不图那几个钱，一是人老了还望有所为，国家对月亮山扶贫工作倾情关注，我能做点事，也高兴；二是走村串寨，空气好，也不失为一种最好的锻炼。"梁老朴实的自白，令我们生出无限的敬意。

月亮山上的星灯

5 月 5 日傍晚，我们吃过所谓"九菜一汤"（实为韭菜煮清汤，当时月亮山群众生活很苦，只能常年割韭菜煮清汤蘸辣椒下饭，"九菜一汤"为当地干部对韭菜煮清汤的幽默戏称），告别摆拉村，踏着初夏迷蒙的夜色，打着手电筒，前往距月亮山主峰最近的摆王村。

成行之前，乡干部告诉我们，去月亮山考察一定要去摆王村，那是一个非常独特的苗寨，那个寨子与黔南州的三都县相邻，生活条件相对比较好，群众靠养牛吃穿不愁。村民家家窗明几净，纤尘不染。村中待客热情，客人不论熟生，一到家妇女便倒热水洗脸，奉上热茶。席间大块吃肉，大碗喝酒。妇女们敬酒唱歌，如果你不胜酒力，抓一把硬币，投几枚在酒里，可以请妇女们代喝，人称"放鱼"。如此奇异的风情，似个世外桃源。这也是促成我们攀爬月亮山的一个诱因。

穿湾过涧，攀坡爬岭，经过近三个小时的疾行，来到摆王村污讲寨前。

几盏迷人的灯火远远地跃入眼帘，同行的石乡长告诉我们，那是污讲寨村民自家小水电的灯光，我们为之一振。大山深处，在海拔近1300米的大山之巅，村民用比较简捷而实惠的方法，解决了自己的照明问题。

陪同我们采访的计划乡供电所所长谭启华风趣地对我们说，这个村的群众盼电心急哩，听说第二批农网改造正准备实施，村民向乡里多次去信，要求一定把电网扩建到他们村。县电力局已把该村列为改造对象，这次随行采访，也算是一次实地勘察。

小水电，有人称为"洒尿"水电，意思是只要有人撒尿那样一股水流，便可以发电。这话虽有些夸张，但也说明了它在某些山区的实用性。但其发的电电压低，只有170-180伏，且极不稳定，除了普通照明，不能带动其他电器工作。

一天十几个小时的奔波，早已人困马乏，在漆黑的山野看到星星一样醒目的灯火，就像绝境中看到了希望，令人精神一振，我们不禁加快了脚步。电灯光把我们引领入寨，来到年轻支书麻新华家。热情的支书正借着小水电的灯光在用柴油机帮村民打米。支书妻子是位贤淑知礼的苗族妇女，她用一口流利的汉话向我们介绍村里的情况。她说村中有小水电的人家也不多，全寨40余户，仅有五六家用上小水电。水旺的季节灯光比较亮，水枯的时节灯光很暗，但比起那些用松明和煤油灯照明的人家来要好得多。

麻支书忙完活，送走客户，很快约来了会计龙岩林和另外几个年轻人。杀了一头香猪，为我们准备晚宴。他们淳朴而健谈，生动地向我们介绍村情和许多美妙的传说故事。谈到今后发展，他们都充满信心。山区有丰富的资源，有香猪、牛、羊等，有的人家养牛达20多头，还有许多丰富的资源可开发利用，但最大的障碍是交通和电力问题。

谈到农网改造，石乡长和谭启华所长就与他们认真地探讨起来。从摆王到计划乡政府所在地有70余华里，到最近的水尾乡政府（为黔南州辖地）所在地也有35华里。如从计划乡政府拉电，路程太远，他们建议从邻乡水尾寨拉过来，可以节约大量人力物力。谭所长认为这个方案可行，石乡长也表示把实情向上级相关部门反映和协调。

支书会计对农网改造抱有极大的信心，希望近日动工，并表达了群众的意愿和热情，一旦动工，全村劳力将全身心投入施工，一定让农网改造工程在该村顺利实施。

支书还表示，有了电，他们的柴油机马上可换成电动机。往返 100 多里远挑油的苦差就可以避免了，还可搞些农产品加工，办简易作坊，让山里的资源充分发挥其潜在效益。

背靠支书家古老的木走廊，一边休息一边静听支书与石乡长他们畅谈村里的发展蓝图，我思绪万千，相信这个年轻实干富于开拓精神的村班子一定会带着村民披荆斩棘，不断进取，不久拉通国家电网，像月亮山腹地其他已通电的村寨一样，给全村带来一片光明，一份希望。

穿越原始森林

5 月 6 日上午 10 点，我们辞别月亮山主峰下的摆王村，返回计划乡政府所在地加两，途经计划大山。这座月亮山支脉的主峰，海拔约 1200 米，有一片保持完好的原始森林。以前没有路，只有当地猎人涉足这片深山。1997 年，当地群众为了缩短去乡政府的行程，辟开丛林，修了一条简单便道，现成了摆王村群众通往加两的主要通道。从摆王到加两约 35 公里，徒步得走六七个小时。

沿着崎岖的小路，我们顺着平缓的斜坡，向计划山主峰巫朗坡行进。迎着坡面，有一大片的人工杉林，由于海拔太高，种在坡顶的杉木长势不好，枝干枯瘦，植了十多年，有的还不及手臂粗。没有树木的地方，浅草如毯，到处生长着各种野花。野草莓、四块瓦、马蹄香等中草药随处可见，指尖大小的粉蝶四处翻飞，动听的鸣虫迎风歌唱。站在山头，视野空阔，众山皆在脚下，远山重叠，垒上天际，阳光和煦，清风习习，让人感到十分惬意。随行的计划乡石乡长告诉我们，这个天气进入箐山是比较安全的，旱蚂蟥怕光，躲在阴暗处，如是下雨天可就麻烦了。但我们还是把随身带的风油精涂在身上，做好穿越森林的安全准备。

中午 12 点，我们钻进茂密的原始森林。原始森林有两层植物，高大的乔木枝干粗壮，遮天蔽日，乔木下是密密匝匝的剑竹。各种藤蔓攀爬着乔木往上长，毛绒绒的青苔依附在藤蔓上，青苔上满是亮晶晶的露珠，构成奇异的景象。显然上午的雾气很重，加之森林繁密，到正午时露珠还未完全气化。地面是一层矮小的阔叶草本植物，像一层浅浅的绿毯，软软地铺在地面上。人行走在上面，感觉就像走在地毯上。阳光在树巅上浮动，雾气在林中溢漫，群蝉在枝头弹琴，各种鸟雀躲藏在树林间唱歌，整个原始森林，显得异常神秘、幽静。万籁交响，空气清新，在原始森林中前行，那种感觉特别舒爽。

石乡长告诉我们，山中生存着各种毒蛇，有猴子、野山羊、野猪、熊等野生哺乳动物，村民经常在这条路上与这些动物邂逅。林中还有多种珍禽异兽，同行的一位村民告诉我们，这里有一种浑身雪白的野鸡，尾羽一米多长，如家鸡大小，非常漂亮，为月亮山独有。

为了让我们体会以前猎人的生活，拍些好照片。进山一小时后，石乡长带我们避开新路，沿着一条洁净山溪，走一条通常只有猎人才行走的野径。这条路实际上就是一条浅溪。溪水不知发于何处，也不知流向哪里。水质异常清纯，溪边长满了繁茂的水蕨叶和其他各种水草。两岸枯朽的古木横七竖八地躺在地上，有的直径约有一米，成为我们前进要翻越的一道道障碍。我们在溪边跳跃前行，最终还是避不开流水，老是脱鞋过溪，很不方便，只好穿着皮鞋踏溪水前进。石乡长介绍，这条溪水生长着无数的石蚌和山蛙。山蛙头上长有两只触角，十分奇特，是月亮山的特产。也许是天气还不太热的缘故，我们沿溪没有发现石蚌和山蛙，倒是惊动了无数的游鱼。据说石蚌和山蛙都是极佳的野味，民国时期榕江县一位有名的地方乡绅，专门请人在那里拦溪设堤，饲养野生山蛙供奉他食用。途中我们看到了那口已被开掘的山塘的遗址。

几个小时后，我们终于走出溪谷，重新走到新开辟的便道上来。沿便道前行，途中我们发现了当地猎人遗留的几个简易窝棚。相传，以前每个木棚里猎人都备有油盐柴米、锅碗瓢盆，以方便迷路的人投宿煮饭吃，次日好继续赶路。但获得过帮助的路人，一定要及时把食物带回去补上，以方便其他路人。当地人朴素的互助理念由此可见。

沿着新路继续行走，我们很少看见砍倒的树木。同行的村民说，群众保护森林的意识很强，他们修路时避开了那些参天挺拔的大树。他还告诉我们，月亮山村民的生活条件比以前改观了，以前的猎人早已放下猎枪，山中的珍禽异兽又得以自由地生息繁衍。

当我们意犹未尽依依不舍地走出原始森林时，已是下午2点半钟了。石乡长很有信心地对我们说，将来这里交通条件改善了，可开辟一条绝好的探奇旅游线，一定会迎来众多的山外游客。我们都非常赞同。

走进动物乐园

沿着崎岖的山路，穿行在月亮山腹地村落与密林之间，倾听夏蝉鸣唱，漫享鸟雀的歌声，察看各种飞禽走兽爬虫的行迹，在疲困劳顿的旅途，从同行者口中了解山中有关动物的种种见闻和传说，体悟大自然的勃勃生机，发现人与自然有着千丝万缕的联系。月亮山腹地仍不失为一块动物生活的美丽家园，应该充分重视和保护。

成行之前，我们从各种资料上获悉，榕江兴华、计划、水尾等乡的森林覆

229

盖率达 70% 以上，境内仍存有大片的原始天然植被，天然次生植被。广袤的原始森林和人工林中，乔木灌木交错混杂、阔叶林与针叶林友好并存，木本植物与草本植物互相依存，组成了月亮山区各种动物生息繁衍的良好的生态环境，形成了天然阔大的动物自由乐园。

据资料介绍，月亮山区脊椎动物哺乳纲中，就有华南虎、金钱豹、云豹、华南豹、狼、华南野猪、猕猴、川西短尾猴、穿山甲、野狗、华南狐、貉、熊、狗熊、獐、华南小灵猫等 7 目 18 科 50 多种；爬行纲有平胸龟、鳖、盲蛇、钝尾两头蛇、赤链蛇、王锦蛇、金环蛇、银环蛇、眼镜蛇、眼镜王蛇、烙铁头（五步蛇）、蝮蛇等 2 目 6 科 37 种；鸟纲有栗苇鸡、白鹇、雉、红腹锦鸡、董鸡、火斑鸠、绿鹦嘴鸭、红毛水鸭、红嘴相思鸟、太阳鸟、鹭鸶、点水雀等 6 目 27 科 83 种；鱼纲有 6 目 15 科 190 种；两栖纲有大鲵、石蛙、黑眶蟾蜍、泽蛙、虎纹蛙、大树蛙、竹叶蛙等 3 科 24 种。如此众多天上飞、地上走、树上栖、水中游的各种动物，分别占据了深山地盘，组成了梦幻般神奇的动物群落。令游者神往，令学者惊异。

在山区跋涉的日子里，动物们总给我们制造许多兴奋、慨叹和思索。

蛇是行程中常遇的动物，在山中数天的穿行中，我们共看见了 5 条蛇。蛇自由地穿梭于草丛间，也不时溜到路上来纳凉小憩，因此，就与我们邂逅上了。我们先是在计划乡政府前往摆拉村的途中遇见两条青竹标。这蛇全身青绿，色如绿叶，如其藏身绿草之中，是很难一眼分辨出来的。我们从路上走过，惊扰了路中的蛇，它们扭动着灵活的身段，滑到草丛中去。我们好奇地追逐了好远，欲细观其尊容，但它们似乎不热情，三下五下就钻入密林草丛中去。这家伙脊上有条红色的细线，据说是剧毒蛇，人被它咬可麻醉神经，如无特效药救治，中毒不久便身亡。因此，尽管我们十分猎奇，也不敢随意沾惹这尤物。

在从摆拉到摆王的路上，我们又遇上了两条蛇。夜晚时分，它们梭到小径上来溜达，就被我们的手电筒照见了。蛇都不太大，米余长，比脚拇指稍大，身上长满赤红的花纹，方扁的嘴摆动一根闪动的舌头，很是有些吓人。好像它们也并非与人作对。发现挡住了我们的路，它就自觉退避开去。虽然有惊无险，我们总有些提心吊胆。开路者总要用棍探路。相传山中有种毒蛇喜欢像蜘蛛那样织网放丝，什么小动物触及丝线，蛇都能敏锐地判断动物位置，然后闪电般进行袭击。山里一些村民就是被这样的毒蛇咬伤过。但我们遇到的蛇都还是比较友好的，主动退避三舍，让我们通过它的"势力范围"。在从摆王返计划乡政府的路上，我们又在路边的水渠遇到了一条灰黑色的小蛇，这家伙见到我们，吓得屁滚尿流，一猛子扎到小沟浅草里藏身，一点也没有斯文大方的风度，我们也不理会它，继续赶我们的路。

山蚂蟥与蛇相较，要隐秘且讨厌得多。在月亮山区深山密林中穿行，最值得提防的就是这家伙。小蚂蟥会弹跳，如钢笔尖大小，可轻松钻进衣服、袜子，它的嘴能吐出一种麻醉皮肤的毒液，人被咬时无法知觉，它沿肌肤打一口隧道，整个身体便钻将进去，美美地吸食人的血液。当人感觉身体发痒，发觉它在皮肤下边蠕动时，它已吃饱喝足。你只有用烟屎涂在皮肤上，才能将它驱赶出来。可是它的身体已在你的皮肉里长大了一倍。你若动了怒，将它砸成数截，它的再生能力特强，被砸碎的蚂蟥身体每截都可以再生成一只小蚂蟥。有经验的山里人告诉我们，若要出怨气，就得不怕脏，不怕恶心，将蚂蟥捉到手心努力地搓揉，待它昏死过后，捡一棵小草，像屠夫们翻猪大肠那样将蚂蟥从嘴到尾整个地翻过来，再插到路边向阳处曝晒，这蚂蟥被打下十八层地狱，永世不能翻身。

在前往摆拉的半路上，我们到一口清泉边饮水。泉边有不少鲜肥的水草，蚂蟥就在水草叶下等待猎物。我们刚饮水，这些嗅觉灵敏的家伙活跃起来，在水草叶上攒动它们的头。很显然它们久未进餐，个个都已饥肠辘辘。只是我们没有怜悯它们，很快抽身离开。但一路上不时察看身上，唯恐不小心附着了一条。总算一路顺风，没有人被蚂蟥"亲近"。向导告诉我们，当天，火辣辣的太阳帮了我们不少的忙，因为这样的天气，蚂蟥都隐身藏形，躲避光线去了。

蝉歌是诱人的。我听过许多地区的蝉鸣，但没有哪里的蝉鸣比月亮山的更热情诱人。蝉歌的曲调复杂多变，声调时高时低时缓时急，近如急弦，远似游丝。当我们艰难地行时，蝉歌总是迎面而来，温柔地滑进人的耳腔，撩拨着人的耳膜，漫润到人的心底，把人的每粒憔悴的细胞都给调动得兴奋起来。人也无端生出些许唱歌的冲动，虽并未启口，你却顺着这股冲动，产生了一种亲近大自然的美好愿望和力量，两只腿就会坚定地向远处村落奋然迈进。蝉歌给了人无尽的启迪和暗助，你没有理由再埋怨月亮山的小路为何那样坎坷而漫长。

蝉是善解人意的精灵，山中的百鸟同样令人欣慰和振奋。

一路行进一路有鸟雀相伴。我们不知道这些鸟分别属何目何科，但它们都有一个共同的特点：自由热忱而善歌。从山中密林走过，不时总要惊起一些大大小小的飞鸟。它们有漂亮的羽毛，不同的嗓子。跃上梢头，滑过丛林，跟着你鸣叫好长一段路程，让我们有种"夹道迎宾"的幸福感。数天时间里，我们看见了认识的画眉、青菜雀、白颈鸦、相思鸟、大山雀等20多种鸟类，还听见了传说中的叫"哥害我"的鸟叫声。

"哥害我"是儿时长辈们通过一个凄伤的故事介绍给我的一种鸟。相传许久以前有一对孤儿，父母去世后，无亲无戚，兄弟俩就靠河边打鱼度日。哥哥关心弟弟，每次都把肉多刺少的鱼尾巴给弟弟吃，自己吃肉少刺多的鱼头。有一天弟弟吃腻了鱼尾，以为鱼头好吃，就向哥哥要鱼头吃，哥哥拗不过弟弟，就给弟弟一个鱼头吃，弟弟被鱼刺卡住喉咙而死。哥哥悲痛万分，把弟弟埋在河边。弟弟化成了一种鸟，在河边飞来飞去，嘴里叫唤着"哥害我——哥害我——"的鸣声。我不知道这故事是否虚构，但这种鸟真的存在。但30多年的生活中，我到过许多山区，听过许多鸟鸣，从未听见这种鸟叫，更不知此鸟长成什么模样。可是在月亮山腹地却听见了它的哀鸣。我的心里有几分感伤，亦有几分欣慰，月亮山中的珍禽实在不少啊。

我们也期盼着在路和碰上其他大的野兽如野猪、野狗、猕猴、狼什么的。但似乎运气不佳，没有发现什么巨兽来欢迎我们。但沿途却发现了许多动物经过留下的印记。野猫的粪便、野猪的脚印、野羊的便道等等。随行的当地群众也告诉我们，在山里行走，几乎每次都会遇到一两种走兽，还经常看见猴子。前些年还有人在月亮山主峰看到了熊。摆王村支书麻新华告诉我们说，一次他们在山里采笋子，见有一只大熊带着两只小崽子在觅食。熊妈妈在拱刨树枝，两只小熊跟在后面行走。熊崽距母熊很远，他们曾几次试图悄悄赶上去将蹒跚学步的熊崽抱走，又担心老熊攻击，只好看着它们悠然远去。更早些年月，摆王村有村民被熊厮打，逃得性命，却留下嘴歪眼斜的终身残疾。种种见证说明，月亮山区仍生存多种珍禽异兽，它们是月亮山上另一种名义上的主人，是值得我们保护和尊重的物种。

然而，月亮山村民对三都那边猎人潜入月亮山滥捕猕猴的介绍，却令我们感到异常的痛心和忧虑。摆王村支书麻新华说，月亮山主峰一带生栖着一群群活泼可爱的猕猴，最大的有40余只，猴群与山民们互不侵扰，和睦友好地生活。去年农历九月，三都那边结伴而来20多位捕猴者。他们背上帐篷棉被，携锅带粮常住深山，跟踪猴群活动，渐次将猴群包围在狭窄的范围内，周围布上铁夹，然后将鞭炮放到木桶里点响。猴子最怕枪声，机关枪似的鞭炮声把树上活动的猴子赶下地来，猴子们就踏上了捕猴者安置的铁夹，被他们捉到铁笼里关上。被关住的猴们不肯就范，砸笼挣扎，捕猴人就随手捉来备好的家鸡，举到猴子面前将鸡头一刀两断，鸡血四溅，来个"杀鸡儆猴"，笼中的猴子们吓得咧嘴呲牙，恐惧异常，就服服帖帖，不敢再撞笼挣扎了。捕猴人将它们运下山去，到黑市中以每只1000元不等的价格卖给猴贩子。山中的猴群就这样被这些捕猴者分割包围，依次捉拿，幸免逃掉的已为数不多了。这是件令人感伤的憾事，应该引起相关部门的重视和警觉。

(2002年5月黄金周，与作家姚瑶前往月亮山探险，沿途创作一组纪实散文，陆续发表于《凯里晚报》，2023年7月25日整理)

畅游龙泉山

第二次游过龙泉山，时间已过去数月，总想为那座灵秀的山、美丽的杜鹃写点什么。于是，借这细雨周末，静坐窗前，提起笔来，回思那座今生注定割舍不断、情牵梦绕的名山和满山靓丽的杜鹃。

5月1日上午，与范君及杨姐一家预约成行。天气晴好，太阳柔柔的，也有浅浅微风，是个旅游的好日子。杨姐开着自家小车，载我们一路欢快地行进。到丹寨县城，已是中午时分，老远一眼就望见傲立在丹寨县城边的龙泉山。赶到山脚，登山者把车辆停在山脚公路边，已排到两里开外。游人站、坐、停、行，早已在山道沿线拥挤成景。未到正午，龙泉山就十分热闹了。我们顾不上休息，便开始爬山。

山道不宽，人来人往，皆热汗淋漓，满脸兴奋。有外地游客，也有丹寨县城居民。男男女女，老老少少，呼朋引伴，各得其乐。道旁有清流，水不大，却清清亮亮，潺潺不绝，也许这就是人们常说的龙泉吧。以手探水，冰凉透骨。有些下山的少年见水而乐，跳入清流洗手濯脚并捧水敷脸，很是惬意的样子。

山腰有开阔斜坡，马鞭草形成一张绿毯，无数游人坐在草地上乘风歇气。大家多不认识，呼吸着新鲜空气，各自与亲友谈笑相娱。举头仰视，高陡的坡面直逼云天。山上长满青葱松杉，绿意逼人。高耸的崖面上有"龙泉山"三个醒目的白色大字。山路隐埋于林荫之中，乍看却难发现。山顶隐约可见一片嫣红，那就是令人心骋神往的杜鹃林。下山来的游人评说，今年杜鹃开得太旺了，是几十年难得一见的胜景。我们听得心动，加快了登山的速度。

半坡处有两条路通往山头。一条人工石道，从山弯曲曲折折向上，相对好走；一条从陡坡笔直而上，是昔日樵夫猎人走出的山径，可攀藤附树而行。趁着浓浓的游兴，我们选陡坡山径登山。一路攀爬，倒十分顺利。范君女儿与杨姐的小女孩比大人还行，不怕苦不叫累，争相攀到我们前边去。钻进松杉林，穿过灌木丛，沿路也稀植着杜鹃。静静的艳艳的舒枝开放，好像是迎客的靓女，向我们微笑，激励我们努力攀登，给我们奋发向上的力量。

爬抵险峻处，就到了龙泉山题字的崖台上。丈余大的工整楷书，紧紧贴在并不怎么平整的崖壁上。感觉不到这字有什么神韵，仅觉龙泉山热情地向山下游人招呼："喂！我在这里！"回眸远望，山下人群如蚁，在密密蠕动。远处县城明明朗朗，尽收眼底。摩崖下方，悬空百丈，令人胆寒。崖两边有青绿灌木斜生，修枝细叶，仿若盆栽，不知何树。忽而传来声声鸟叫，却不知鸟隐藏在哪里，是何模样。悬崖之上，山险路窄，不可久留。大家相呼着很快离开。再往上，山包突兀处，有亭临风而建，佳木环生，是龙泉山一个好景点，人称望城亭。亭不大，能容一桌人，可远眺城景，也可围桌品酒下棋。因亭有人，我们不便相扰，拍些照，便继续登山。

上行数百米，翻上小山头，猛一抬眼，似乎一道红光闪过，心境顿然透亮，古庙后面，漫山的杜鹃如同蔓延的野火，毕毕剥剥燃烧得正旺，直燃到天边的云彩里去。这就是我们等待了两个世纪的绚烂的杜鹃，这就是龙泉山最热情地怒放的映山红。我们的激情陡增，欢呼着，赞叹着，感动着，奔向小庙后边那条专为游人开辟的赏花便道。我们来得正是时候，所有的花蕾似乎都在刹那间绽放了，花拥着花，簇挨着簇，红衬着红，浓浓艳艳，密密匝匝，铺天盖地，我们赶上了百年难遇的杜鹃盛会。早一天，也许还有花蕾在梦中沉睡，晚一日，或许会有花朵凋谢零落。杜鹃不高不矮，恰好与游人比肩。每行一步，都感觉前边的花树在向你招手；回过眸来，每一簇鲜花都似乎坦诚地向你微笑。一抬手，你就抚摩着柔嫩的花枝了。闭上眼，你就感觉到杜鹃馨香的鼻息了。去哪里体会这种美妙的感觉呢？置身花海，你怎能不被杜鹃漫天的温情所感动呢？再细细品察这些热闹的花树，你会发现这满山遍野的花儿并非美丽如一，她们好像都有不同的个性呢。有的特别艳红，就像那些能说爱笑的青春美少女，对谁都大大方方，红扑扑的脸蛋，明亮亮的眸子，性情率真，口快心甜，一颦一笑，仪态万方，活力四射。而那些微略粉白的杜鹃，十分娇羞，犹抱琵琶半遮面，总是躲在众花的后面，与游人欲见还躲的样儿。而那些紫色的杜鹃，肤骨冰洁，风姿绰约，恬静儒雅，应该算杜鹃中的淑女雅士了，她们立身在陡峭的石崖之上，游人只能远观不可亲近。难道这聚会繁花，也如芸芸众生，中有平头百姓，凡夫俗子，也有高雅名士？读懂了杜鹃，也就读懂了人情冷暖、生活的哲思，也就会更加珍爱这些在千仞山巅迎风盛开的花木，也就感觉龙泉山魅力的巨大了。

龙泉山成为黔东南名山并非空穴来风。山脉千里联牵，逶迤而来，到此突兀临空，形成峰脑，龙盘虎踞，雄视八方。周边山峦低伏，朝拜有情，溪河环流，缠缠绵绵，是一方难得的风水宝地。据丹寨县的文友介绍，相传民国年间，有两位风水大师分别从广西和湖南寻龙而来，到龙泉山头心腹处，找到了点穴佳所。广西先生扒开浅土，埋了一枚铜钱，暗做标记。不久，湖南那位风水大师也找到了该穴位，也在佳穴处插下一根铜签，作为标识。两位大师同时算定，某月某日某时将先人骨骸移来安葬。不想两人同时来到现场碰面，为争穴地闹起了官司，分别把诉状送到了县官那里。县长问：你们都说佳穴是自己发现，有何依据？广西先生说自己埋了一枚铜钱，湖南先生说自己插了一根铜签。县长立即安排专人与两位先生前往现场查验。待刨开浮土，发现湖南师傅那根铜签，正好插在广西师傅埋的那枚铜钱的钱眼中，现场的人都大吃一惊：两位高师心有灵犀，点穴何其精准！衙差与两位地师回报到县长那里。县长知悉，认为两位地师所说情况均实。于是作出如下判断：地是好地，但两师傅均为外省籍人士，无权到龙泉山安葬先人。两地师只好遗憾而归。县长当即下令，在龙泉山两地师发现佳穴处，兴建一座寺庙，以期今后不再有人因为安坟问题扯皮。且不说县令断案水准高低，但经此官司，龙泉山名声大噪。年年引来赏花观景者络绎不断，并形成了游人在龙泉山杜鹃花期攀山赏花的习俗。现龙泉山上还残存的古寺，相传就是当地群众在旧时古寺遗址上复建的。每年香客趁登山看花的时机，烧香许愿，期求好梦成真。

想不到龙泉山还发生过这样一个好玩的风水故事。

山灵景美，百花争艳，草木有情。难怪山上杜鹃品种多样，气质各异，颜值上乘，令人仰慕。

惊叹之余，我们赶紧与杜鹃合影留念，拍了一张又一张，生怕再没有重逢佳期。因为杜鹃的盛景不是年年都有，人花相映的情景，绝非人为安排，也不是人人都有机缘相遇。正如第一次来龙泉山，虽适逢花期，却花朵稀疏，游人寥寥，冷冷清清，令人好生失望。人景相和，多为天缘。过了这个村，已无那个店。

果不其然，告别龙泉山的第二天，就下了一场暴雨。风雨辣手摧花，想必龙泉山一日之内，百花凋零，景象惨不忍睹。也不知那日是否还有游人上山，见此惨景，游人岂能不心生怜悯、满怀殇情？

（2006 年 6 月发于《凯里晚报》，2023 年 2 月 25 日再改）

夜上南泉山

"郊原远胜向南行，赢得山光雨后晴。鸟带湿云飞忽破，蝉因霁雾响逾清。三庵缥缈仙缘迈，万木虬盘古气横。步行流泉浓荫里，灵机一片陡然生。"这是先贤张文谟咏赞南泉山的诗。南泉山位于黎平城南三里许，海拔853米，山貌峻奇，古木葱茏，因有好水曰南泉，故名。山上有三座古寺，"文革"时期毁二，现仅存一。明代忠臣何腾蛟早年曾就读于此，当时寺院叫天香书院。何腾蛟聪颖好学，又沾了南泉山的灵气，考中举人后辗转于陕西、山西任职。明后期任武英殿大学士兼兵部尚书，加封太师，晋定兴侯等要职，死心塌地扶明抗清。后不幸被俘，自断水绝食。清军多次诱降，许以高位，何腾蛟不为所动，拒清军曰："汝何劳神，吾头可断，心可剖，欲降不能！"清军以其家老少四十余口性命威胁，何腾蛟说："为天下者不顾其家，为名节者不顾其身……欲挟吾顺不能也！"清军知其不屈，令其自缢。康熙十四年，清廷表彰已故明朝忠臣，谥"忠诚"，让其骸骨归葬故里，又建祠祭之。南泉山则成为人们怀念何腾蛟的重要景点之一。

采访之余，约作家石干成等君去攀爬南泉山。临夜，黎平古城万家灯火，晚风习习，好生惬意。沿古道出城，途中人来人往，或情侣双双，或老幼相携，皆手提温水壶或肩挑塑料桶，都是借着浅浅的月色上南泉山打水的居民。干成君说，黎平人的福份，就在于有这口好泉。南泉冬暖夏凉，四季皆旺，城中老少早晚提壶挑桶上山打水。既得泉水饮，又锻炼了身体，两全其美。

通往山上有两条便道。一条是新修的取水便道，爬上百级石阶，到烈士陵园，再左行百余米即到。另一条沿山脚左行，绕山湾进入密林，穿古道，到寺院再右行，也可达南泉。干成君提议沿山脚穿过密林上南泉山。

月淡风轻，夜露初上，草木散发出淡淡的清香，令人心畅神爽。沿石阶慢行，山脚有数块古碑植于路边。因光线太暗，难阅字迹。干成君说此为历代功德碑和有关南泉山历史的碑刻。再前行，山道九曲百折，两侧古木参天，难见月影。林间黑魆魆的，空气虽好却凉气逼人，给人一种庄严肃静的感觉。树隙间撒下斑斑暗淡的光点，约略可辨路基。我们一边赏景一边慢慢探路行走。上行两百米，山腰处，有古亭掩藏于林荫中。干成君说此亭叫"点蛟亭"，相传当年何腾蛟在此读书习文，一日晨，何腾蛟来上早课，见有一条巨蟒横卧路中，何腾蛟连忙取出笔砚，沾墨撒在蛇身上，祝曰："一点十年，十点百年，百点万年。"巨蟒似有喜意，将身立挺成个拱门，让腾蛟从下穿过。此后何腾蛟学习更加勤奋，学业大进，仕途一路顺利。后人为纪念何公，便立亭于此，长年祭之。此处山险林密，长蛇猛兽极易藏身，何腾蛟遇蟒的传说极可能实有其事。同行的另一位朋友说，数年之前，他也曾在此处遇一条丈余长的大蟒，可能该蛇就是何公所见巨蟒的子孙。

驻足点蛟亭，怀想何公恢宏坎坷的一生，了解其宁可玉碎、不可毁节的忠义人格，我们都不禁扶亭感叹不已。再往上行，不到百米，就到了天香书院。透过夜空的暗淡光影，可以看见从墙头伸出掩身于古木枝梢间的庙宇飞檐。寺门紧锁，悄无人语。门隙里隐见一线昏暗的灯光。干成君说，那是守寺人点着的烛光。里边存放的古籍早已荡然无存，当年书声琅琅，书香缭绕人气极旺的热闹书院，变得一派死寂，令人感伤万分。但是，天香书院能较完整地保存下来，已是南泉山的大幸，它作为历史的见证，作为南泉山文物残存至今，不能不使游人为之欣慰。

夜太黑，我们无法进入天香书院参观，除了那一角高挑的飞檐，天香书院依旧十分朦胧地潜藏于我的想象中。正遗憾间，那边的流泉如音乐般在招引我们过去了。

从天香书院右行数十步，就到了南泉出水口。时间已是十一点过，南泉处依然十分热闹。无数游人流连于此，掬水解渴，洗手濯脚。通过闪光灯的照耀，我们看清了南泉水口。一只雕刻得十分逼真的石龙，口中汩汩吐出清泉，溢满方形石井。人们用可乐瓶、罐头盒、水壶迎着龙口，水很快就灌满瓶壶。干成君用事先准备的矿泉水瓶汲来清泉，大伙分别猛喝一气。泉水凉透掌心，滑入喉管，凉酥酥地融入胃里，把脏腑中的郁气与湿热从浑身毛孔逼出来，实在舒坦之至。黔东南山明水秀，好泉比比皆是，我喝过不少名井泉水，但感觉最甜柔凉爽的还是南泉水。也许是因有这口好泉，才哺育出何腾蛟那样的一代忠正贤臣。何公忠骨早已化土，何公浩气却常留人间。正如南泉潺潺清流，古木常青，泉水长流。人们时常品味好水，就会时时记起何公。

南泉山色永不老，四海游客常来聚。我们喝过南泉，回想南泉山的往事，徘徊在南泉山古道，感慨万千，久久不愿离去。

（1998 年 5 月发表于《凯里晚报》）

鼠山邀月

　　人们常说十五的月亮十六圆，今年的中秋月亮却圆于十六之月。科学家说，今年中秋之月，是三百年来最圆的一次。也许，许多人跟我一样，盼着中秋月明，盼着家人团聚，期盼着生活永远圆圆满满，吉祥幸福。

　　中秋之月善解人意，晚饭过后，就静静地悄然从东山那边爬上来。我一个人正在凯里山城的街心散步，等待着观赏月景，看车流人流如潮涌动，似有些无聊。手机突然响了，是周祖亮君打来的，约我到师专后山上去看月，邓友军、文玉琛等君一并在那里等着了。远离故乡，栖身城市，一个人漫步街边，心里有些茫然，接到电话，自然是高兴万分，欣然前往。

　　师专是我母校，别母校已十年。身事新闻，形迹飘摇，无所成果，自惭形秽，无颜面母校师友，很少光顾校园。借得中秋月色，我硬着头皮返回母校。风轻轻拂动，师专校园里灯烛闪现，人影绰绰，热闹如昔。但人面皆疏，没有识者。爬到图书馆，会合了周祖亮等君。也不握手，都那么快慰地看着月亮，一阵爽笑，就融会在一起了。

　　文玉琛、周祖亮君为诗人，邓友军是以直抒胸臆为风格的散文作家，都是情纯心坦之人。邀了秋月，难免激情勃发，出些奇招。果然，他们手捧葡萄、花生，怀揣酒盅、酒瓶，准备把我一并约到后山之巅，去亲近今晚预约的满月。酒气从他们快乐的言谈中吐散开来，很显然他们已豪饮过了。他们说，先在祖亮君居里用晚餐，月光透过窗户时，他们就舍了残席，提了酒瓶、水果等物走到院子续饮，这样还嫌不够，就打了电话，约我一并爬到后山顶去。

　　母校师专依附在凯里城东的麻子坡上，各栋建筑散布在浓荫之中，放了假的学生三五成群或双双对对，在捧烛聚会，闲谈赏月，全然没有了紧张的治学氛围，到处洋溢着轻松、自由、愉快的气息。十年前刚入校的那个中秋，我也与众同窗一样如此愉快地度过。师专后坡的体育场更是热闹异常。那些刚入校的新生，在班主任的带领下正沐浴着月光，围在烛火旁举行烛光晚会，到处传送着欢乐的群体的笑声。这富于浪漫的诗一般的镜头，已成了我永远怀念的记忆。

几位文友走进运动场，远远避开那些欢乐的人群，继续走向青山。麻子坡植满青青柏树，夜色里只看见黑魆魆的平滑的山头。祖亮君说，这山似一只静坐的老鼠，他因此给取名叫"鼠山"。麻子坡两座山头分别如鼠身鼠头，拖着一根长长的懒洋洋的尾巴，果然像鼠极了。我不禁佩服祖亮兄诗人的慧眼，在师专读书三年我竟一直看不出来。

我们沿着运动场侧边的一条草径，绕过老鼠的脖颈，爬上更高山峰去，到一块坦阔的草地坐下来，开始心平气静地赏评秋月。这时，没有山头树梢遮挡的月亮，就如舞台上高雅端庄的丽人，大大方方，款款地踩着稳健而轻盈的步子向我们走来。天边没有云，野地没有风，浅草无露，夜莺不飞，秋虫潜声，远山如墨，城灯似星，整个山野繁城，全披上了轻轻如纱的月影。一切都那么宁静，竟诗化得似有些不真实了。人置身在山野世界，显得是那样的渺小，似乎可有可无。按理大伙应对月当歌，开怀畅饮。但是，都被沉静的月亮镇住了，谁也没有起兴捉杯，沉默着，浮想着，偶尔发些漫无边际的评论。天深蓝如梦，没有了星云的衬托，圆月似乎十分孤独与单薄，又显得那么热情执着、一往情深。多少双眼睛盯着的中秋圆月，多少个苦苦企盼的梦想，也许，都在蓝蓝的天幕中划成了圆圆的句号。

月宫中真有嫦娥么？古人的脑际中是曾经存在的。科学家说，那月实际是一堆冷土，一片死寂的沙漠。据说某国曾有科学家想将之炸掉，然后再造几个月亮。感谢人类未实施这一愚蠢的计划，让苍穹余下这一盘美好的明镜，完好地保存我们心中残存的那些美妙传说。有，或者没有，这早已不再是要不要争论的问题，月亮于人类实在太重要了。若干年后，不管孩子们还是否相信嫦娥奔月这类故事，但美好的月色始终月复一月，年复一年地伴陪着我们，给黑夜以光明，给人类以智慧、哲思和神秘感。

三百年前的满月中秋，这片杂草丛生的鼠山之上，不知有无人来此探月，三百年前的我等也不知魂飘何处，不知是否曾经相约今夜携手攀山赏月。送走了这个满月的中秋，要等下一个中秋满月，还得再等三百年。三百年之后，世界不知又变成什么样子，我们几位文友的尸骨连同这则文字，也许早已化作尘埃。

不管如何，与几君同会一季满月的中秋，生难百年，纵使仓促老去，也大幸矣。

（2004年中秋创作于凯里，为几位文友中秋赏月有感而作，发表于《黔东南日报》，原师专已迁变成现在的凯里学院，师专原址也变为商业小区。）

故乡画眉坳

剑河南明镇西南 10 余公里有个秀美的山寨，名叫高略，寨西一华里的半山腰上，有多条山道交汇于坳，坳边有数围粗两叉古杉一棵，统领着数十棵果木和青杠等风景树，浓荫匝地，清风四溢，是村人和路人歇憩的理想场所，这就是我家乡人称铜钱坳的著名鸟市。

树荫下有石砌土地庙，道旁有木制懒板凳。乡亲干活归来，都要在此放下肩头柴草，歇下来抽袋烟，聊聊天，解解乏，养精蓄锐而后挑担回家。过往客人到此，也要驻足小憩，或给土地公公上一炷香，或到山湾喝一顿山泉，待气力恢复再继续赶路。在山坳四周的树木上，横系着一排排木条，那是故乡的鸟迷们赛鸟挂鸟笼用的晾杆。每逢赛鸟日，四邻八寨的乡亲三五成群，提笼架鸟结伴而来。数百笼鸟雀，一排排挂在晾杆上，一鸟开叫百鸟唱和，山坳鸟歌如潮，热闹异常。鸟迷们互相递换叶烟，扯把野草垫着屁股坐下来，一边漫卷着烟，一边品评着画眉。谁的鸟打架凶猛，谁喂鸟方法得当，他就成为众人关注的焦点。

聊扯半个时辰，有的鸟迷就耐不住性子，怂恿那些斗鸟主人组织画眉打架。而那些血气方刚的斗雀，在百鸟争鸣的过程中，早已怒气冲天，用钢锥一般的硬嘴在囊囊地啄笼了。将两笼鸟相互接近，掀开笼布，两只斗雀在各自笼中上下翻飞，振翅示威，跃跃欲战。主人将两只鸟笼门一靠，抽掉一方门签，两只鸟就隔着笼门打斗起来。嘴砍脚抓，勇猛无比。直斗得一方败退笼角，分出胜负。这叫隔笼斗鸟。若要更精彩，最好采用"滚笼"打法。将两只鸟笼门签全部抽掉，让一只画眉杀入对方笼中，两只鸟在一个笼中滚打厮杀。有经验的画眉脚抓翅扇嘴啄，精彩纷呈。如是两鸟棋逢对手，斗技相当，甲用爪子揪着乙的头，乙用爪钳着甲的颈，双双伏在笼中，一边喘息一边拍翅，难分难解。看得围观的鸟迷们一个个伸脖直睛，宁神敛气，默不作声。僵持许久，两只鸟忽又分开，上蹿下跳，你劈我杀，直斗得羽毛飘飞，血溅竹笼，最终有一只鸟逃向另一只鸟笼，鸟主才关上笼门，将两只鸟分开。失败者虽败犹荣，因为血战

240

使之成了鸟之英雄。战胜者则引颈高歌，尽展王者风采。鸟商如在现场，随手就甩出数千元上万元，将独占山头的"坳雀"买走。人们称这样的集会叫"赶画眉坳"。

铜钱坳赶画眉坳历史久矣，据传已有近两百年历史。父亲介绍，昔日曾祖随其叔父从湖南避难来黔，辗转于黔东南天柱剑河等地，最后在高略发现有荒田无数，便定居下来。安居才三天，带来的大黄狗出门走失。曾祖与其叔父寻找数日，不见踪迹。来到铜钱坳处，曾祖见山坳地势开阔，古木葱葱，有几分灵气。就对其叔说："叔，这里莫非有位老者（土地神）？我们乞求土地公公保佑黄狗回家，狗若回来，我们就为土地公公献上酒礼，并为他建造新居。"发愿毕，又点袋草烟供于山边才回家。次日一早，大黄狗果然返家。曾祖与其叔父认为是土地神显灵，非常高兴，就捉了雄鸡，备了香烛酒礼到铜钱坳拜谢土地神，又用石头砌了座土地庙，并在道边栽了一棵杉木，每每逢年过节，都带祭品到土地庙祭祀。据说那土地神十分灵验，有病者祭之祛病，无子者求之得子，铜钱坳土地神的名气渐渐传开，远近村邻都有人来祭拜，香火四季旺盛。

曾祖是个鸟迷，极善相鸟和驯鸟，大凡斗雀，他一眼就能识别，别人喂的鸟不打架，曾祖父接过来调教数月，就打斗得凶猛异常。驯鸟、斗鸟、谈鸟是其日常生活中不可或缺的重要内容，他因此也结交了不少的鸟友。铜钱坳土地神香火日渐旺盛，曾祖就向鸟友们倡议，每隔十日鸟友们带鸟来集会一次。四方鸟迷群起响应，每场要有数百笼鸟上千人来聚。山坳上鸟歌阵阵，人声鼎沸，热闹非凡。祖父把曾祖相鸟驯鸟之法承传下来并将之演绎得淋漓尽致。祖父养有一只坳雀，独霸一方，称雄多年，无鸟能敌。赶坳之日，百鸟群集，祖父的坳雀一打鸣，其他鸟全都收敛声息，默然称臣。数百只善战斗雀与之决斗，皆一一败下阵来。

民国初年，邻县有个国民党老县长甚爱鸟，也养有一只斗雀，骁勇无比，曾一路过关斩将，战胜斗雀数百，还斩杀善战坳雀两只，也未有战败记录。闻听祖父画眉名声，邀约了部属十余人，骑马坐轿，牵着两头大水牛，带其战鸟专程来找祖父坳雀决斗。会集坳上，两鸟相遇，各自开鸣示威，音调洪亮，威震空谷，此住彼唱，互不相让。而另外的数百笼鸟，皆屏声静气，萎缩笼中。引得鸟迷们全场叫好。县长也是个相鸟行家，走近祖父鸟笼，仔细端详一阵，眉展眼笑，赞道："好雀！好雀!"问祖父卖与不卖。祖父说："不卖。"县长又说："用我这两头水牛跟你换，行不?"祖父不为所动。县长有些不高兴了，说："两头水牛另加我这只斗雀，怎样?"祖父仍旧不依。县长拉下脸来，说："那好，就让我的鸟与你的坳雀决斗，我的鸟输了，我赔你两头水牛，如果你的鸟输了，我不要你赔一分钱，如何?"祖父说："县长大人，小民养鸟为乐，不为名利，徒有虚名，哪敢与大人的鸟打斗。"县长大为恼怒，说道："你这人太不像话，用两头牛跟你换你不同意，约你打斗你又不许，今天你斗也得斗，不斗也得斗，我千里迢迢而来，难道你让我扫兴而归吗？"祖父再三推辞不过，就说："县长这样说，我也没有办法，只怕两雄相斗，总有一伤，我怕县长的鸟受伤，小民实在赔付不起。"县长说："我说过了，两鸟相争，生死概不负责。"于是又叫随从取来纸和笔，立了字据，叫几个年长鸟迷画押作证，这才开始决斗。两只鸟果然是马超遇许褚，猛虎逢雄狮，滚入一笼，上下翻飞，相互砍杀，斗了一个小时，两只鸟都战得伤痕累累，血染羽毛，气喘吁吁，仍打得难解难分。祖父急得热汗直流，向县长请求道："大人，我的鸟输了，就打到这里吧。"县长说："不许动，斗下去！"围观的鸟迷从未见过如此恶战，一个个惊得目瞪口呆，直冒冷汗。又斗了近一个小时，两只鸟仍旧酣战不休，不分胜负。忽然，祖父的鸟眼角中了一剑，倏然调头退却到另一只鸟笼。县长的画眉掩杀过来，双方又在笼中苦斗了五六十个回合，仍不分高下。眼看着祖父的画眉渐斗渐闪，似有败北迹象。祖父再次请求县长罢战。县长不许，并喜上眉梢，大叫一声："好！"不想叫声刚落，祖父的画眉趁县长斗雀大嘴啄来时机，轻轻一闪，就势蓦出一只爪子，一把将对方头颅擒住，揪到胸前，就其后颈，连续砍杀三四十嘴，砍得那鸟血流如注，吱吱直叫。等祖父的鸟松开爪子，县长的画眉挣扎着不能站起，翻了两个跟斗，两腿一伸，就死了。祖父的鸟则飞回本笼，站在脚架上，振动羽翅，放声高歌起来。祖父大惊失色，连连向老县长致歉。县长愣了半晌，才回过神来，黯然地说："算了，你把牛拉走吧。"祖父连忙说："小民哪敢要县长的牛，县长大人开恩，不叫小民赔鸟就是了。"县长也不多说，扭头上轿离开，那些随从也灰溜溜牵牛走了。

祖父以为闯了天祸，也赶紧收鸟回家。众鸟迷皆惊骇不已，亦纷纷走散。不过，从此不见那位县长再来。祖父的斗鸟由此名震四方，再也无人敢放鸟与之一战。没有了对手，那鸟显得很孤独，年长月久，嘴壳变长，也就"封了侯"，歌声变得沙哑，羽毛变得蓬乱，祖父怜之，放之于山上。隔数日，那鸟又飞回笼中。祖父养了一段时间，又复放归山。坳雀不再飞回，但常听它在铜钱坳一带鸣叫。又过两年，再也听不到那鸟的叫声，也许那鸟已老死山中了。

铜钱坳赶坳活动持续了许多年，到"文革"时期中断。改革开放以后，乡人有了闲余时间，又才逐步恢复赶坳活动。

（本文为参加第二届"新视野杯"全国文学征文而创作，2008年5月被评为一等奖，发表于《杉乡文学》，后入选《新时期中国少数民族文学作品选集（侗族卷）》）

重游七姊妹坡

剑河县敏洞乡新槐村西面，放眼望去，有七座人形山坡并列站立，中间五座修长苗条，靠边的两座矮胖丰满，状如美人并肩，人称"七姊妹坡"。相传天上七个仙女游历人间，走遍千山万水，十分饥渴，到新槐村时，见这里山明水秀，百姓和乐，被这个美丽的山村深深吸引，七姊妹饮过山泉，相依相拥，化成七座山坡，永远依伴着这里的村寨，欣赏着村民自在悠闲的生活。

也许是七仙山有灵，不知何时生长着满山遍野的毛板栗。板栗树矮籽多，虽然个头细小，但非常香甜。春天开花，秋天结果。板栗籽晾晒到半干，果肉绵软，糖分增加，剥三粒五粒放口中细嚼慢品，甜香满口，美不可言，百食不厌。那种细腻回甜的风味，令人终生难忘。那是我儿时吃过的口感最好的一个原始的板栗品种。

正因为如此，到了板栗成熟的季节，四方近邻村寨忙完秋收的村民就背着背篓，头戴斗笠，成群结伴上山，捡收板栗。有青年男女，也有老太老翁。这山一声呼哨，那山歌声回应，七姊妹坡充满了欢歌笑语。下得山来，每人都采得一背篓指尖大小的毛板栗。大家互相检阅着采收成果，说着快活的笑话，品食着香甜的板栗，人人脸上洋溢着幸福的快意。

再回新槐，已是阔别多年的一个金秋。母校新槐小学旧貌换了新颜，木楼校舍换成了水泥砖房，当年年富力强的老师多已进入暮年，退休回家。在学校已看不见他们的身影，母校于我已显得十分陌生了。几位老同学见面，谈到七姊妹坡，大家依旧有些兴奋。因为，那里曾经萦绕着我们童年的许多快乐和往事。

深秋一个晴朗的日子，在老同学家吃过午饭，便与两位童年的好友一起去踏访七姊妹坡。走过狭长的田坝，爬过纤细的古道，来到七姊妹坡脚下。秋天的七姊妹坡，依然风姿袅娜，妩媚迷人。山依旧明朗如昔，满山的树叶已黄透，地上积垫了一层叶毯。那些密密匝匝的板栗树多已枝残叶败，衰老蜕化了，但依然还是结有不少果实。毛绒绒的板栗球缀满枝头，都张开了口，吐露出细匀的褐红的籽实。山风吹过，板栗籽簌簌地洒落下来。厚实的叶毯上，散乱地积了一层板栗籽。那些嘴馋的山鼠，三三两两，在树下来往穿梭。填饱了肚子，又一粒粒偷运到地洞里去储存，作为过冬的口粮。

走进板栗林，老友将宽大的被单铺展到地上，用木棒猛击树干，树上顿时落下一阵板栗雨。待板栗籽落完，收起布单，每棵便可收获一大把板栗籽。采收六七十株，收获半背篓板栗籽。还能收获板栗，这让我们都心满意足。老同学说，现在板栗树老了，结籽也少了。以前村人秋天采收了板栗，挑到乡场上卖，换几个油盐钱。现在村里的劳力多数下海打工去了，留在村子的，都自己种植了果木，这些个头不大的毛板栗，因为产量低，效益差，也就很少有人问津了。没有多少人来踏山，杂草长得很茂盛，野径也几乎被掩埋了。板栗成熟的季节，七姊妹坡已远没有以往热闹。缺少了笑语欢声，秋天的七姊妹坡显得十分寂静。

儿时顽劣，对学习一点兴趣都没有，只要有机会，就约了伙伴去安麻雀、捉鱼蟹，忘了学习主业，成绩很不理想。在大洋小学读过五年级，未考上初中，就准备辍学回乡跟着爸爸种田。妈妈为了我的前途，用一个新书包和几枚煮鸡蛋，动员我再次踏上求学路，带着我翻山越岭，将我送到相距十多里远深山里的新槐小学，把我交给严慈兼备的班主任杨炳滔老师，我得以在新槐小学继续学业。那一年，我依然玩性不改，边学边玩，课余约了一帮爱玩的同学，到山上采竹笋、打蕨菜、吃野果，下河沟摸鱼虾，到村民的水田里抓黄鳝泥鳅，几乎爬遍了新槐的山山岭岭，也把新槐村口的那条小溪鱼儿摸遍，把新槐村一湾梯田的泥鳅黄鳝也捉得差不多了。因为有杨老师的严格管束，成绩还是得到了很大进步，第一学期期末考试，取得全学区（当时新槐小学和高丘小学为一个学区）第一名的好成绩，期末考试那篇叫《初雪》的作文得到高丘小学改卷老师的高度赞许，他一边改卷一边推荐给其他老师看，给予了满分。语文老师杨炳滔非常高兴，特意把我叫到他家里，做了餐丰盛的美食招待我，还自己掏腰包买了个笔记本奖励我。那是我人生第一次在学习上获得一点成就感，发现读书也是很开心快乐的，开始比较自觉认真地学习，毕业时以优秀的成绩考上了初中。

在新槐村学习的那一年，是我人生的一个转折点。少年朋友不少，山野的情趣很多，欢乐的记忆深刻。时过境迁，许多美好的记忆也渐渐变得模糊。但七姊妹坡留给我的印象仍然十分清晰，她依旧安详地站在逶迤的群山之间，守望着古老的新槐村，平静地守候着这僻静山乡清宁拙朴的日月。

岁月不居，仙山不老。回到新槐，我已由一个懵懂少年变成了村人未识的中年。七姊妹坡风韵犹在，她恩育了山民千百年，成就了溪谷沃土，山村田园，滋养了大山的文明。凡到过新槐村的人，凡品尝过七姊妹坡板栗果的人，无不对大山感恩于心，永生难忘。相信有一天，村民除却山上老树荒草，植上新的优质果树，七姊妹坡一定重现众人入园开心采果的热闹画面。待到秋来果飘香，满山遍野现金果，金灿灿，黄澄澄，到处是喜人的丰收景象。

那时，再邀约旧友新朋会集于新槐，一边品果，一边叙话，其乐也融融，心头定然别有一番滋味和感受。

(1998 年秋创作，发表于《凯里晚报》，2022 年 3 月 3 日再改)

春游石仙山

　　暮春时节,炉山石仙山应该相当地丰腴而具韵味了。这时,市文联组织一场笔会,去炉山镇一游。凡游炉山,自然要上石仙山。炉山曾是有名的清平古镇。清平古镇之闻名,因有"清平十景"。而十景之中,石仙山顶的"仙人下棋"颇有盛名。石仙山风光秀丽。很迷人的美景往往惹得神仙偏爱,三位神仙常来山头观景下棋。其中二人默默酣战,一人观棋不语。一日被樵夫发现,三仙竟坐化成石头。有了这三仙石,石仙山就有了名姓,也有了生机和魅力。明朝有人来此开山建寺,念经拜佛,香客游人四方来聚,十分热闹。后佛寺几番毁损,几次重修。跨入二十一世纪,石仙山成了凯里市省级森林公园之一。石仙山虽远离城市,处地偏僻,但因这里有寺院,又有满山如海碧林。空气质量好,视野空阔,日日有若干游人来此烧香、游山、赏景。石仙山恢复了历史上曾有的旺盛人气。据说,石仙山公园由炉山镇几位颇有远见的农民企业家投资,修建了门楼、寺院、凉亭等,并由当地一些村民管理。游人来此,吃的是农民自家地里种的蔬菜、山中采的竹笋,喝着家酿的米酒、酸汤,一概的农家环保食品。故有人戏称,这是中国大西南地道的农民公园。天然无雕饰,正因为它的自然朴素,倒是一个十分值得踏访的舒心处所。

　　第一次游石仙山,是九年前的农历六月十九。六月十九是观音菩萨的生日,也是炉山镇群众一年一度最热闹的爬坡节。每到这日,远近村落的群众穿戴一新,呼朋引伴来登石仙山。有为烧香许愿而来的,有为约见年轻恋人而来的,也有为趁聚会吃一餐狗肉而来的,或者什么目的也没有,单为看看山道上摩肩接踵的人流,凑个数万群众集会的热闹。我们来游,除了看热闹,就是搓顿狗肉火锅。山头有佛寺,当然不能经营荤食。狗肉汤锅设在半山腰茂密的松林里。朋友们从坡脚攀山,一路走走停停,看满山翠绿,看斗牛斗鸡,看如潮流动的陌生人。老者须发斑白,红光满面,精神饱满。年轻人男女双双,共撑起一顶遮阳伞,悄悄说着甜蜜蜜的情话。那些走乡串镇的小贩,沿路摆摊吆喝揽客。冰糖葫芦、糕点水果、针头线脑等应有尽有。石仙山果真热闹非凡。

　　登上节日里的石仙山，你才知道什么叫群众聚会，什么叫玩山游乐，什么叫自然之趣。游累了，想歇憩一会儿，最好的办法就是到青松密林里去吃狗肉汤锅。邻近的村民很会犒劳辛苦的游人，一大早就搭好石灶，把一口大锅烧得鲜汤翻滚，香气四溢。那些煮好的土狗，皮色焦黄，质肉脆嫩，一副副摆在案桌上。客人一到，选定一块，割下来，过称，切片，装入土钵，浇满鲜汤，配酒薄荷、葱花，端到松树林荫下的炭炉上，客人就可以开心享用了。朋友们围着火锅坐定，分配碗筷，打开啤酒，一边说笑一边用餐。狗肉汤锅热气腾腾，冰冻啤酒爽口爽心，直吃得众人脸膛红亮，热汗微微。兴起时，剥去上衣，袒露上体。一阵清风徐来，周身舒爽，万分惬意。有人提议碰杯，大伙响应，皆举起酒瓶，咕咕咕一气灌下一瓶。喝毕，大呼一声："爽！"仿佛人生最大的幸福，就在这千年一聚林下痛饮的快慰之中了。整个松林，数十桌游客，千姿百态，人语嚷嚷，各得其乐，互不相扰，场面壮观。这就是初游石仙山的印象。

　　这次游石仙山，少了些豪气和繁闹，多了些儒雅和平静。除了石仙山正值清静的春季，还因此行之中，约了多位漂亮优雅的女士。上到山腰，石仙山松林仿如刚刚从昨夜的酣眠中苏醒。林间空气洁润，草香阵阵，蝉鸟不鸣。整座山似乎那样安详、沉稳而宁静。树林里，石道边，处处可作背景摄影留念。走到山寺处，有一些游人先到，在凉亭边打牌休息。寺院的农妇十分热情，听说我们要吃斋饭，都在厨房忙碌准备。穿过寺院，前往后山，道两边是密密的茶油林和其他灌木。嫩叶浮在枝丫上，千树万树展新绿。嫩嫩的绿叶盖在老叶上，给人多层次绿意的美感。李文明兄不知从哪里采得一撮茶油瓣，那应该是石仙山春天最美的水果了。我也乘兴钻进密林，果然也采到不少。分给范、吴等君及小朋友品食。茶油瓣甜甜的、脆脆的，极其可口。这是我童年时代最喜欢吃的野果。品味着甜美的茶油瓣，就是品味着童年快乐的往事，品味着甜甜鲜鲜春天的滋味了。石仙山的春天给人许多惊喜和感动啊。

　　奋力爬到山顶，来到神仙曾经下棋的地方。坐化的仙人还在，呈三角安坐在凉亭边，静静地沉思着，注目辽远的天际。登上亭阁，就到了炉山古镇周围的最高点。展眼四方，众山皆在身下。坡连着坡，绿连着绿，一波一波浪一般碾向远方。风不动，气息凝，游者无言，眼界无限。那些远近稀疏的村落，炉山镇区的各种建筑，油画一样在阳光下静静地展览着。那一刻，人的感受瞬间变得很奇怪。体悟自我的渺小？感触心境的阔大？还是思考人世的沧桑？好像都是，又好像都不是。无法明了，难以禅透。于是只好仓仓促促返身下亭，去钻一回神仙洞。几十米洞道，东面进西面出。没有遇上神仙，倒是洞中塑有几尊鬼怪，有些怕人。光线太暗，洞景如何无法看清。

　　十二点过，返回到寺院就餐。席上有豆米、辣辣菜、干豆腐、鲜笋、盐菜、

247

酸汤、油炸粑粑等，清一色素菜，却恰好下饭。众人分成几桌，在凉亭廊边，借清风丽日，人人都饱食数碗米饭。稍事休息才乘车下山。

（本文 2009 年 5 月创作并发表于《杉乡文学》，曾获得全国征文三等奖，2013 年 11 月 5 日改定）

夏游青山界

  青山界、老山界、天堂界,俗称剑河三界,都是海拔较高,生态良好,风景迷人,人迹罕至的人间胜地。三界之中,又以青山界最为神秘、奇特而壮观。青山界面积 20 多平方公里,横亘于剑河、锦屏、黎平三县交界处,最高海拔1334.7 米,有雄奇峰岭,有山塘土丘,有竹丛草甸。从山脚到山顶,呈带状环生着阔叶乔木林、针叶林、灌木丛和高山浅草,称得上贵州不可多得的一个玲珑的植物园。

  一个晴朗的仲夏,迎着清晨的弥天雾霭,踏踩晶莹的露珠,与几位朋友带上干粮去登青山界。道路崎岖难行,依次可欣赏到无数奇花异草,佳木修竹。不时还逢上觅食的山羊野兔,惊起野鸡鸟雀。虽然行程艰难,但有这些活物和花木为伴,人觉精神百倍,信心十足。一路走走歇歇,待到烟云尽散,红日当空,大伙都走得口干舌燥,汗流浃背之时,我们终于来到牵念已久的青山界顶上。平缓肥实的山头,放眼望去,满眼是青青箭竹浅草,低矮的山包一个连着一个,无数大小不一的水塘毫无规则地散布在坡面上。这哪里是苗岭支脉,分明是边疆草原,不知被谁裁了一片贴在这边地懒坡上。登临山头,视野空阔,清风吹衣,热汗渐歇。借着那阵惊喜和兴奋,深深吸一口馨鲜的草香,对着长空大呼一声"我来了",然后身呈"大"字仰躺在松软的草毯上,整个身心就与青山界完美地融为一体了。

  在山塘边信步,在丰腴的糍粑山徘徊。青青野草,生机勃勃。山塘深不见底,冷气森森,令人生畏。一位朋友介绍,青山界上有大小水塘九十九口,最大的一口长 700 米,宽约 300 米,没有人准确探测过它的深度。小的山塘一丈见方,积水减少,余下一汪淤泥,滋养着茂盛的箭竹和草丛。俗话说,山高水高,青山界果真如是。

  相传青山界上共分布着四十八个热闹的村寨,仅卖肉的摊点就有七十二个案桌。一家大户有个如花似玉的姑娘,与她家长工暗暗相恋,并山盟海誓私订终身。富人发现后大为恼怒,又不好硬性拆散这对恋人,就给青年出了一个难

249

题——叫青年当夜五更前在山头建成一百口山塘，否则，两人不能成婚。青年领命，当夜赶到山头修造山塘。只见他大脚一踏，地上就出现了一个大坑，用手抹把汗水一洒，大坑顿时就溢满了一潭清水，一口山塘就造好了。如此反复，不到三更，就造成了满坡的水塘。小伙子舒了口气，清点自己的成果，已完成九十九口，仅差一口就大功告成。一看还有充裕的时间，青年脸上露出了喜悦的微笑。他稍息片刻，计划养足精神再一鼓作气建造最后一口山塘。不想小伙子一打盹就睡着了，醒来的时候已过了五更。富人带着随从验收来了。小青年贪恋睡觉，未造完水塘，因有约在先，不能与富人千金成婚，后悔莫及，觉得对不住恋人，就纵身溺死于自己建造的山塘中。他的小情人闻讯，也饮恨自尽。一对恩爱情侣双双告别人世。两青年坚贞而悲惨的爱情故事一代一代流传下来，警示后人做事要有始有终，善作善成，不可功亏一篑，否则后悔晚矣。后来物事变迁，四十八寨不断衰败，昔日繁荣的青山界头变得荒草萋萋，沉寂苍凉。

听了这个悲怆的故事，在我的心头，突生一种莫名的遗憾和惆怅。两青年生不能成对，也许，他们两人死后灵魂会聚在一起，或化成一双小鸟，或化作两只彩蝶，自由自在，双栖双飞，形影不离，在这美丽的山塘四周，在这宽阔的青山界上，无忧无虑地欢度着他们平静、快乐、浪漫的日月。于是，我们默默地举起酒瓶，把醇香的美酒洒在水塘畔，奠祭那对殉情的恋人，对他们的真爱表示敬意，为他们的情殇深表惋惜，也为我们来此烦扰表达歉意。

（1997 夏游青山界后创作此文，后发表于《凯里晚报》）

凭祭大广坳

  剑河东北 60 余公里的侗乡磻溪镇大广村,有一座雄峻的大山,仿如一匹奔腾的巨龙,从百里之外长途奔袭而来,到此疲困伏卧,形成一道天然屏障,阻隔了南北交通要道。人要过山,需爬上山湾,越过关隘。山坳上林木阴翳,岚绕风吹,给人一种神秘感。坳边立纪念碑一块,记述着 70 多年前的一场惊天血战,这就是有名的红六军团先头部队于大广坳同桂军遭遇战的战场遗址。

  1934 年 9 月,贺龙、萧克带领的红六军团转战黔东南,打前卫的第十八师五十二团、五十四团于 9 月 24 日开到剑河南明凯寨,与早已布阵山头的湘军李觉师六九四团三营七连发生激战。湘军居高临下,红军采取迂回战术,攻克敌人阵地,毙伤敌人 50 余人,也牺牲了 24 名战士。战斗中,探悉湘军在北面三穗、天柱一线布下重兵,于是调整行军路线,向西南磻溪方向转移。

  桂军谭联芳师获得红六军团动向,调集重兵在磻溪大广通往谢寨的大广坳上设伏,架起多挺轻重机枪,以逸待劳,专等红六军进入伏击圈。9 月 26 日晨,红军前哨与关隘守敌交火,一场恶战拉开序幕,大广坳顿时枪炮轰鸣,谷震山动。红军处于仰攻的不利地形,负责主攻的几个突击小组都几乎伤亡殆尽。两个团的指挥员们心急如焚,亲自组织强攻,激战半日,伤亡惨重,但仍未攻下山口。最后请来老乡带路,安排一个突击小组翻越陡峭的山壁,绕到敌后侧击,才将敌人击溃,夺取关隘。枪声渐歇,残阳如血,大广坳战场狼藉一片。碧绿的草坡皮开肉绽,硝烟熏鼻,翁郁的乔木枝残叶摧,弹痕片片。五十二团、五十四团以牺牲一名团长两名营长、重伤团政委二名、牺牲 140 多名战士的惨重代价,为红六军团杀开一条血路,为红六军安全转移赢得了宝贵的时间。此战亦击毙敌排长一名、敌兵 20 多名。殷红的鲜血染红了山前的野草地。

  这是红六军团长征途中损失惨重的一场战斗。时间过去几十年,除了地方县志和纪念碑简略记述当年战事外,当地年轻一代的村民和远道而来的游人已经无法详尽地知悉当时的战况。历史就像一阵不经意袭来的风雨,转瞬间从人们的视野里飘过了。只是这山依旧,水依旧,不管历史上曾发生过什么事,都成为杳远的记忆。山依然芳草萋萋，细水长流。这坎坷不平的山路，依旧人来人往，回响着匆忙的脚步。那些长眠在山坳上的英烈，虽然人们很难记住他们的名字（因为有些战士姓名和籍贯实在无法考证），但他们的英勇事迹，永远会留在世人的心里。你看，每当逢年过节，远近侗族群众都要带上香烛酒礼，来此祭奠长眠此地的英魂，并祈祷生活富足，企盼清明盛世永远太平。

（2000 年 5 月创作于磻溪，发表于《凯里晚报》）

陪关仁山老师游云台山

　　7月，河北著名作家关仁山老师因创作"山乡巨变——中国式现代化贵州实践"长篇小说，专程来黔东南州施秉县采风，州文联安排李文明主席和我陪同调研。7月9日，我们陪同关仁山老师完成对施秉绣娘的采访任务。次日下午，关老师将赶飞机赴京参加中国作协的一项大型活动，尚有半天闲余时间。施秉县委宣传部县文联的同志邀请我们陪同关仁山老师一行到世界自然遗产地、西南文化名山云台山考察。关仁山老师难得到黔东南一趟，施秉县的同志希望这位名播四海的文学巨匠能够在云台山这座文化名山留下足迹。

　　关仁山老师1963年生于河北唐山，系中国作协主席团委员，河北省作协主席，中国作家书画院副院长。1984年开始文学创作并发表作品，著有长篇小说《白洋淀上》（三卷）、《日头》《麦河》《天高地厚》《唐山大地震》等近10部，中篇小说《大雪无乡》《红旱船》等35部，短篇小说《苦雪》《醉鼓》等20余篇，著有长篇报告文学《感天动地》《太行沃土》《执政基石》等多部，出版十卷本《关仁山文集》，计千余万字。曾获鲁迅文学奖、中宣部全国"五个一工程"奖、中国图书奖、庄重文文学奖，香港《亚洲周刊》第二届华人小说比赛冠军等大奖。其长篇小说《麦河》和《日头》分别入选2010年、2014年中国小说学会年度排行榜。长篇小说《白洋淀上》获2023年吴承恩长篇小说奖和《人民文学》特别奖。部分作品被译成英、法、韩、日等文本，多部作品被改编拍摄成电视剧和话剧、舞台剧上映。

　　关老师个子高挺，方脸短发，面带笑容，和颜悦色，给人稳重可亲的形象。作为文学名家，他非常谦谨低调，从不在年轻后辈面前耍大牌乱说教，喜欢"张老弟、李老弟"地称呼陪同采风的年轻人。2019年春夏，关仁山老师参加中国作协组织的"著名作家采访团"到黔东南台江、雷山等县采风创作，黔东南州文联也组织几位作家跟团采风学习，我有幸参加，因此得以结识仰慕久已的关仁山老师。在雷山县完成脚尧、西江等村的采访任务后，晚上，我与李文明主席一起邀关老师和中国作协创联部主任彭学明老师去吃烧烤。我们来到县城临河畔的一个门面烧烤摊，围桌而坐，无拘无束，一边欣赏雷山这座玲珑的旅游城镇绚美的夜景，一边吃着夜宵，慢慢品酒聊天，直到接近 12 点才返回宾馆。

除了文学成就，关仁山老师在书画艺术方面同样造诣很深，享誉文坛。到全国各地采风创作，有人求其赐字，他都爽快答应，不假思索，应景而制，挥毫而就。令收藏者如获至宝，满心欢喜。

7 月 9 日下午在施秉舞水云台公司召开座谈会并参观了公司的产品展厅后，关老师应我们恳请，给在场的每位成员都创作了一幅书法作品，赢得大家一片掌声。借此机会，我请关老师为我即将出版的散文集《黔东南漫记》题写书名，关老师慷慨应允，还建议书名竖题为佳。关老师大笔饱蘸浓墨，行龙舞凤，一气呵成。

7 月 10 日上午 9 时许，早餐过后，我们驱车进入云台山景区。山谷森林阴翳，遮天蔽日。下了车，一股清凉的风扑面而来。山涧鸟鸣蝉唱，不绝于耳，却都隐身密林，始终不见形迹。我们沿景区的一条石板小路徒步上山。虽然林间光照不强，但走起来禁不住热汗直流。关仁山老师虽年过花甲，但精神抖擞，兴致很高，走起路来不输年轻人。

我们穿湾过岭，约莫一个小时，爬上了向两边绵延的山脊。从这里开始，便进入云台山景区核心地带。大家都已热汗满脸，但游兴不减。选几处好背景拍了合影，大家又兴致勃勃地沿着山边的曲折小径，通过悬空的水泥栏桥，登上绝壁边上的印斗阁。印斗阁系从山梁边生出去的一座小山峰，三面绝壁，峰顶像一方斗印，上建有亭阁一座，由此得名。亭中置有石桌石凳，可供一桌人休憩、观景。此处眼界空阔，远山近树，尽收眼底。面前的深壑林海万顷，绿意盎然，不见谷底。近处悬崖石峰林立，远处群峰突兀起伏，在太阳的照映下熠熠生辉。左侧山崖延伸到印斗阁对面，依次从绝壁边探出五座笔立并列的石峰，形如人掌指天，景称"五指峰"。人在阁楼上，身临千仞危崖，俯看万丈深壑，观近景远天，只见雾腾岚绕，光耀在云顶隐现，游移着迷人的光芒。清风从四面习习吹来，顿觉周身爽畅，仿佛远离尘世，置身仙境一般。

大家坐下休憩，听导游慢慢介绍云台山景区自然资源和云台山的历史故事。尽管我已不是第一次来云台山，有关云台山的文史资料也看阅无数。但导游的讲解，还是让我听得津津有味。

施秉县云台山是世界自然遗产地，是中国西南集道教、佛教文化于一体的文化名山。古来许多官宦商贾、文人墨客路过施秉，都要邀朋结友，来此一游。进入新世纪以来，到黔东南的很多游客，领略了黔东南的民族风情之余，还喜欢往云台山游览观光，领略世界自然遗产的风采，探寻云台山文化遗韵。

云台山之名，洋溢着仙风道气，中国许多地方的名山都起这个名字。据相关统计，称为云台山的名山全国至少有 19 座。或为佛家道场，或为道教名山，或为自然景区，贵州省施秉县的云台山就是其中影响较大的几座之一。

　　较之于其他云台山，施秉的云台山无论是山名的由来和自然人文资源都有自己独特的地方。云台山在施秉县城西北约 13 公里处，处在 1988 年国务院批准的潕阳河国家级名胜风景区内，系该景区的 9 个重要核心景区之一。云台山方圆约 210 平方公里，主峰团仓岩海拔 1066 米，东、南、北三面如斧劈刀削，悬岩绝壁千仞，鲜长草木，纵是野猿猕猴，也不能轻易攀越。远观如同农家鸡罩，独耸于群山中间，终年烟云缭绕，故又称鸡罩山。鸡罩山西面与邻山相连，凿石成道，通达顶峰。石顶平坦，宽达 9000 平方米，真是个天造地设的好道场。清康熙《贵州通志》记载："山形四面削成，独迥出于云霄之半……绝壁有白云洞，如哆吻张腭，盘旋而入，朝夕闲云往来，山巅如台隍，然因得名焉。"

　　云台山的得名，还有另一种说法，与云台山开山鼻祖徐贞元和周惠登有关。《贵州通志》记载，云台山开山于明隆庆元年（1567 年），为偏桥（施秉县古称）卫千户徐贞元邀约好友周惠登始创。徐贞元生于明嘉靖六年（1527 年），号白云道人，曾任偏桥卫，系明朝五品地方官，相当于现在的厅级干部。这个职级应该不低了，放在今天可是地方炙手可热的人物。但国家长期战事频繁，民不聊生，官场应酬冗杂，贪腐已成常态，徐贞元厌倦了官场生活，乞习黄老之术，常有归隐之心。终辞去公职，欲邀好友周惠登一起上山修道。周惠登系当地屠夫，靠杀猪宰牛为生。一日徐贞元到访，周惠登准备杀两头牛卖给官兵。牛一大一小系两母子，周惠登准备杀母牛时，发现小牛悄悄将屠刀衔跑了。等周惠登追上小牛把刀拿回又将杀母牛时，小牛伺机又将刀叼跑。再把小牛捉住带回后，只见两牛泪水涟涟，哀鸣不止。徐贞元感叹道："畜生尚且如此有情，何况人呢？"于是劝好友周惠登放了两牛，劝说周放下尘念，与自己一起出家。两人来到云台山修道，并修炼成腾云驾雾之术，只是周惠登道法略浅。一天，两人驾云游玩，来到茶店河上空，忽闻河畔传来姑娘美妙的歌声。周惠登动了凡心，低头探看，只见一美丽村姑在河畔一边唱歌一边浣纱洗布，周惠登一时神情迷乱，不幸跌下云头。徐元贞急忙伸手搭救，只抓住了周惠登一个断指，周坠落谷底陨命。老友不幸，徐贞元伤心不已，择地埋葬。周为报好友徐贞元情谊，托梦给徐，将到云南某制台大人家投胎转世，并约定时间叫徐贞元前去看望，可借制台大人财力，拓建云台山道场。制台系总督别称，为一省或者几省地方军务大员，那是能呼风唤雨的大人物。云南制台大人老来得子，自然喜不自禁。然婴儿天生一指残缺，一直哭闹不休。满月那天，一位白眉道人飘然而至。制台叫人抱出小儿，小子见了老道，顿时手舞足蹈，眉开眼笑，哭闹即止。老道取出一截指头轻轻给小孩子接上，瞬间残指修复完好，了无痕迹。制台一家惊奇不已、喜极而泣，对老道千恩万谢。老道辞别，说自己是贵州偏桥云台山道长，与小孩有缘，因此专程前来看望，望小孩长大成人后，到云台山探望还愿。制台大人非常惊异，想不到儿子竟然与道佛有缘。待儿子长到十八岁后，制台捐出巨资，安排儿子到云台山兴建殿宇，雕塑佛像，以期云台山道佛事业光大。为酬念云南制台的慷慨资助之功，道士们将原来的鸡罩山改名"云台山"。

相传徐贞元道长非常神奇，其终老坐化之后，肉身不腐，指甲年年还长，其妹每年三月初三都上山为其修剪，直到不能走动。最后一次修剪时，其妹祈告兄长，请他不要再长指甲了，她已爬不了山，再长就无人给他修剪了，徐贞元的指甲才不再生长。

云台山自徐贞元、周惠登开山之后，宫、殿、道观、佛塔等庙宇建筑不断增多，也由原来单一的道教场所发展成为道佛合一的宗教文化圣地。

随着云台山声名越来越大，外地僧尼不断慕名聚拢，据有关记载，云台山香火鼎盛时期，僧尼多达 260 余人，拥有庙田多达 1360 亩。每年农历三月初三，石阡、余庆、黄平、台江、镇远等周边县市的善男信女，成群结队，结伴来此朝山拜佛，路上行人摩肩接踵，热闹非常，成为当地有名的万人赶会活动之一。

民国 20 年（1931 年），云台山钟鼓楼因燃香烛起火，大佛殿、祖师殿等建筑化为灰烬，供奉的佛像也一烧而光。后地方乡绅又联手筹资，修复大佛殿、祖师殿、钟鼓楼等建筑，雕刻了各种佛像数十尊，差不多达到鼎盛时的规模，香火依然十分旺盛。

新中国成立以后，僧尼还俗，寺庙田土全部划分给邻近村寨的农户。云台山庙宇无人管理，香火日衰，后又遭多次雷击，逐渐破败。1966 年开始的"文革""破四旧"运动中，云台山庙宇被全部拆除，佛像被彻底捣毁。云台山曾经恢宏盛大的道佛文化由此衰落，留下遗迹若干，在空旷的山野静静地沉寂。

尽管后来当地群众又筹资重建了部分建筑，复建了徐公殿、周公殿等建筑，但都不及明清的规模和气势。云台山早晚声震四野的钟鸣，万人朝圣的热闹场景，已经成为过往，道佛名山曾经的辉煌不再。

但山上的文化遗存还不少，其中有明代民族英雄邓子龙游云台山的题诗摩崖，笔力雄劲，气势磅礴，赞叹云台山的巍峨与神奇。诗曰："万山高处云结台，崔巍鼎立真奇哉。乘风步虚一搔首，白云散尽青天开。穿崖出洞二十里，宝塔三五涧中起。巨木枯藤石上生，夜来挂月朝飞雨。石钟石鼓数声静，野鹤时啸烟霞里。天门玉籁天孙语，织女银河罢机杼。下界山神知我来，功成羽化蓬来主。"

邓子龙祖籍江西丰城，生年不详，殁于 1598 年，字武桥，号大千，别号虎冠道人，明朝杰出的军事家、民族英雄，文武兼备，是明朝难得的儒将之一。先于福建、广东沿海抗击倭寇，由小校升至把总，万历十一年（1585）于攀枝花痛击缅甸军队，升任副总兵，在万历二十六年（1598年）的朝鲜战争中，邓子龙率部参战，在露梁海战中英勇殉国。邓子龙擅书法、喜诗词，著有《风水说》《阵法直指》《横戈集》等作传世。

云台山脚遗有古桥一座，名曰"渡云桥"，又称"皮家桥"，皆上等石材建造，设计精妙，做工讲究，如长虹卧波，飞跨在茶店河上。这座桥系明末另一位名将皮熊所建。皮熊生于1596年，死于1664年，字玉山，号太鸿，原籍江西临江，出生于贵州乌罗府乌罗司（现铜仁市松桃县）。幼孤，被姨父收养，改名罗联芳。少年曾考取贡生（秀才），后多次考举人不中。成年后投身军营，逐步发迹。初任偏桥卫守备，南明时屡立战功不断擢升，历任镇守贵州兼制湖北、河东等地总兵、前军都督府左都督、太子太师、太子太傅，成为一品大员，封定番伯、定番侯、匡国公。皮熊成名之后，为光耀祖宗，奏请朝廷批准其改回原姓，明帝准奏并赐名"皮熊"。

相传皮熊迷信风水，曾先后找风水先生寻佳城迁葬父母。初入职时官运不顺，有人建议皮熊在自家祖坟前不远的茶店河上修拱桥一座，以藏风聚气，改善风水。此后皮熊官运亨通，越做越大。地师因点拨皮熊葬对好地，因此失明。皮熊过河拆桥，对失去生活自理能力的地理先生百般虐待。地师捎信叫来徒弟，假扮名师告知皮熊，说桥是一张弓，有弓尚缺箭，不能做到文武双全，建议皮熊再在对面山上建高塔一座，这样弓箭搭配，装备齐全，就可以文能安邦，武可定国了。对风水十分笃信的皮熊听信地师建议，花尽家资，打造了一座雄壮的高塔，即现在的姥塔遗址。地师在施工紧要关节念动咒语："桥似弯弓塔似箭，箭箭射到皮家院。"经地师这么一番作造，皮家风水格局被破坏。皮熊最后兵败被俘，清廷官员及皮熊旧友反复劝其降清，皮熊大骂不绝于口，直到声嘶音哑，无法言语，终绝食七日而亡。

老实说，皮熊还算是明末很有气节、忠贞不二的明臣之一，与明代晚期重臣官至兵部侍郎、英武殿大学士满门抄斩也不肯降清的何腾蛟相似。建塔改风水之说应该系民间传说，不可当真。想想明王朝被吴三桂开山海关突入中原，清军重骑兵势如破竹，连李自成的虎狼之师都招架不住，已自毁长城的明王朝哪还有回天之力，尽管南明流亡皇帝偏安西南，苟延残喘，区区几位新封大臣又能有什么作为？皮熊等人只不过像秋后的蚂蚱，跳不了几日，终成为大明王朝最后的殉葬品。

时光远逝，历史的烟霾尘埃落定，余下这断碑残垣，古桥老塔，让后来者凭吊，供游客探迹，增加旅游景区的人气，为当地乡村振兴作出积极的贡献，其意义和价值也不可低估。

257

　　好在云台山景区良好的生态环境、自然植被没有受到任何破坏,在上世纪八十年代被列入国家级风景名胜区之后,在当地党委政府的努力下,开发利用与保护的工作有序展开。2014 年 6 月 23 日,在卡塔尔首都多哈举行的第 38 届世界遗产大会上,以施秉云台山为代表的中国南方喀斯特二期申遗项目获批通过,成为继荔波喀斯特、赤水丹霞后贵州第三个进入《世界遗产名录》的自然遗产地。施秉云台山以全球热带、亚热带白云岩喀斯特地貌最为典型的范例,被誉为"地球最美的盆景",是镶嵌在贵州东部黔东南北部黄金旅游线上的一颗明珠,成为广大市民和游客健身、赏景、休闲、探奇、访古的一个好去处。

　　导游口若悬河,景区的故事娓娓道来,如数家珍。精彩处,大家举水代酒,豪饮一气。关仁山老师时不时向导游问询关于云台山历史、物种和旅游产业等方面的问题,并与李文明主席交流探讨。我称这是关仁山老师与李文明主席等在云台山"印斗阁论剑"。"印斗阁论剑,好!"关老师随口表示赞成,大伙都愉快地笑起来。一个小时就这样过去了。

　　虽到了云台山核心区,但还只在边缘,清亮亮的茶店河虽然还看不见,但我们知道它就在脚下的谷底里,被滚滚林莽遮住了,到那里还有差不多是直上直下的五六里小路。去看茶店河上的渡云桥,登云台山主峰,看摩崖石刻,访周公殿、徐公殿更是不可能了,爬到云台山主峰还需要大半天时间呢。

　　大家养足了精神,时间已移向正午。只好想象着山那边高耸的云台主峰,带着遗憾慢慢地从另一条山径返回。

重游雷打塘

　　金秋十月，应朋友之约，再赴剑河南加，趁着兴致，众友相携，前往塘边古寨，再游神奇的雷打塘，千感万慨，因作此文。

　　沿清水江左岸南旁村南行，爬数里斜坡，在群山环抱之间，有村寨名塘边。村脚有湖，大小三口，碧水盈盈，深不见底，神秘莫测，人称雷打塘。走近湖边，但见浅水处游鱼成群，而深水处墨影森森，暗波泛动，水色多变，殊不知水中潜藏什么水生怪物，给人一种冷寂恐怖的感觉。三口淡水湖彼此相连，当地人分别称之为姑塘、嫂塘、狗塘。嫂塘最大，姑塘次之，狗塘最小，水面积总计约 300 亩。

　　关于雷打塘的来历有一个古老的传说。相传雷打塘边的半山腰上曾经有一个很大的山寨，村人心地多不善良，嫌贫爱富，不行善事。其中一富户人家姑嫂不和，相互不见面，仿佛仇人。两姑嫂都能织布刺绣，工于针线活。但两人只有一双鞋样，彼此不相往来，怎么办呢，嫂嫂想出个绝好办法，训练自家看门狗帮助传送，嫂嫂需用鞋样，就叫黄狗到姑姑闺房去取，姑姑要用鞋样也用同样方法叫狗帮衔来。天神得知此事，十分恼怒，就派一位仙人化成个叫花子老太婆来村子视察。发现村人多不友善，姑嫂二人尤其不睦。老太婆从村头一家一家求宿，都被拒之门外，直到最后一家才被主人收留。这家母子二人相依为命，穷苦不堪，但心地善良，乐于助人。因为贫穷，平时村里人很少到他们家走动，亲戚朋友也极少往来。见老太婆来投宿，母子二人又惊又喜，烧水给老太婆洗澡，又把家中唯一的那只生蛋的母鸡捉来杀了招待老太婆。老太婆感激不已，临睡前对母子俩说："我讨饭讨遍全村，无人肯收留我，村里人良心不好，你们母子二人心善，日后自有大福，今晚上有狂风暴雨，不论屋外有什么动静，你们都不要出门去看。"当夜果然雷雨交加，屋外有山崩地裂巨响和村人呼天叫地之声。母子俩发现老太婆言语应验，吓得战战兢兢，大气也不敢出。次日一早，风歇雨住，屋外寂静无声，母子俩才敢起身。出门一看，不禁大吃一惊。自己的房子已被搬到了另一个平缓的山头，原先那个山寨，已被崩塌的泥石流埋没，山下出现三口大塘。那老太婆不知何时离去了，母子俩想，悟出那老太婆应是神仙变化的。晚上，神仙托梦给这家母子，说村人无德，皆被惩罚，村中那姑、嫂与狗，被三口大塘压住，永世不得翻身。此后这三口塘就分别叫嫂塘、姑塘、狗塘。那母子俩被神仙搬到的地方，就是现在距雷打塘不远的翻家寨。

传说中有无此事已无法考证，但有一点可以明确，雷打塘是因为地壳剧烈运动而形成的。大塘一侧的坡面陡峭如削，有明显的塌崩痕迹。前些年，塘边村民不时从湖底捞起千年古木，也打捞出丈余长的大鱼骨架，还发现有碓杆、石磨、破碗等物。湖底还有何物，无人系统探察过。奇特的是，即便下倾盆暴雨，山洪泛滥，湖水也不涨不溢，遇上百年大旱，湖水也不枯不减。大跃进年代，有人突发奇想，租来多台抽水机抽水抗旱，准备一举将湖水抽干，看湖底是何样子。结果白天水浅下去，次日一早，湖水又满了上来，如此操作一周，毫无进展，只好作罢。村人说，这湖底连着龙宫，龙宫的水是抽得干的吗？湖水呈多种颜色，早晨、中午、下午，一日多变。同一时间湖面又呈现几种颜色，条块不一，一拨一浪，此消彼现，变幻不定。如果水色变换特大，数日之内，天气突变，非雨即晴，比天气预报还准确。还有一奇，此塘只可放排，不可行船，如划船入湖，则船翻人亡。曾有人不信邪，斗胆打船入塘，船刚入水，朗朗青天，忽然狂风大作，飞沙走石，乌云滚滚，暴雨骤降。试船者一个个吓得屁滚尿流，抱头鼠窜。等风停雨住，再去寻船，木船早已消失得无影无踪了。人们说这是触怒龙王的缘故。从此无人再敢冒险行船了。村民说，塘边陡壁的石缝里还有仙人脚印和许多无人能识的文字。谁人认识天书，则金门大开，可入宫取宝。可是自古以来，无人能识一字，龙宫瑰宝，自然还在。

也正是因为有这样一些传说和奇闻，几百年来，吸引无数地质专家、探险爱好者和文人墨客，来此考察探险，游览观光，寻找创作灵感。驻足塘边，徘徊沉思，探察良久，向村民征询了一些传说故事，也探究不出个所以然。湖边仙迹还在，平静的湖面依旧一日数变，那些木船消失之谜未解，天书未能破译，大家带一串问号而来，依旧带那些问号离开。雷打塘千古之谜，也许真要破解那些神秘天书，才能揭开谜底。

刘禹锡说：水不在深，有龙则灵。这奇异的雷打塘灵气森森，幽寂逼人，难道果真有龙么？我不敢相信，但又将信将疑。众文友也一个个望水兴叹，莫得其解。大家相视着惊疑地笑了一回，带着一串疑问、一团迷雾和一种惆怅，又默默返回城去。

（2000 年秋天创作于南寨乡，发表于《凯里晚报》）

溶洞探奇记

　　故乡剑河南明镇溶洞之多、之奇、之美，堪称中国溶洞大园观中难得的典范。

　　南明镇属发育良好的喀斯特地区。围绕着南明大坝，在四面高低远近的山峦之间，生长着近百个溶洞。有的深数百米，有的长达数公里，有的深不可测，从未有人涉足过。这些溶洞中，有的洞中有洞，洞内有河，河中有鱼，洞景奇特，千姿百态，绚丽如画，令人惊羡。

　　在剑河南明中学读书的几年，曾随好友探察过一个溶洞。那是个天气晴朗的周末，我与老庚运权去他家杠洞寨玩。用过午饭，庚弟们说，到村脚大洞河中去捞鱼，我欣然赞许。备足松明、电筒，拿了渔具，走出村口，滑下谷底，就到了杠洞洞口。大洞像一张阴森恐怖的大口，高40多米，宽30余米，常年不知疲倦地吞吸着潺潺流动的清波。河水穿过溶洞，通到几十米外的另一个出口，汇入屯侯村门前的另一条小河。在这石洞内的溪流里，鲤鱼、鲫鱼、虾、蟹、蛙应有尽有。我们怀着激动的心情，沿洞中河岸行动。借着明亮的火光，一边捉鱼捞虾，一边欣赏洞景。洞中的鱼虾与洞外河中的没有什么不同，只是普遍身段瘦小一些。也许是终年少见阳光，用明火一照，它们就眼目失聪，一动不动，用捞兜一舀，就轻轻捞了起来。不一会儿，我们就捞了十几条。溶洞极不规则，有的路段细沙酥软，笔直如街，有的路段乱石堆叠，凌乱无序，难以行走。洞壁洞顶美景迭生，悦目赏心。洞景在火光的照映下，晶莹透亮，熠熠生辉。有的像观音坐莲，形象逼真；有的似擎天石柱，努力将洞底洞顶撑开；有的如动物肝肠，鲜血淋漓，十分可怕；也有层层梯田，清水盈盈；也有石花怒放，夺目璀璨。忽又见洞顶之上，垂生千万玉棒冰笋，点点水珠，沿笋尖慢慢滴落，轻敲潭面，回声悦耳。

　　庚弟们捉了许多鱼，兴致仍然不减，就邀我再爬上洞壁，钻进仅可容身的天洞咽喉去探看上层溶洞的美景。我们互相帮助，手脚并用，手拉头顶，才到达天洞。这个洞游的人不多，景观更加美丽。不但景致奇特，还有不少蝙蝠攀附在洞壁上。用火光照去，蝙蝠圆眼放光，咧嘴龇牙，吱吱乱叫，似向游人示威。不过我们都不再惊扰这些面目恐怖的生物。钻了数十米，处处洞景奇异，令人百看不厌。欲再前进，但洞道变窄，不能再行，我们只好返回。

出到洞口，已过数小时。我们一个个虽然都变成了蓬头垢面的泥人，但观赏了奇美的洞景，又收获不少鱼蟹，可谓收获满满，大家都万分高兴。我第一次钻溶洞，真没想到丑陋的喀斯特地貌下竟隐藏着如此奇妙的洞天。同游的兄弟们说，这洞不算奇哩，比这个洞更好看的还多得很。我便约他们抽时间再带我去游。

可是，直到今天，一直没有机会再回南明探洞。后来听说一所学校有几名学生突发奇思，偷偷背着老师去钻洞，结果弹尽粮绝，迷失洞中。全校师生一齐出动，花了好长时间才将在洞中哭泣的学生解救出来。又传，原南明水泥厂有几位职工突然心血来潮，相约探洞。每人各背一背篼松明，还各带了一把手电筒，从河口村对面一个洞口进入，钻了一天，返回时迷了路。三人只好硬着头皮摸索行进。又走了两天两夜，仍找不到出口，松明用光，手电池耗尽。几人心慌意乱，以为必死无疑。没有光亮，寸步难行，无奈之下，三人只好将衣服撕成条，边点燃边探路行走。眼看布条也将烧尽，正处在绝望之际，忽然隐约听到一声鸡声。几人大喜过望，循声源方向摸索行进，不久看见一缕淡淡的微光。三人爬过狭窄的洞道，终于找到了一个窄小的出口。出洞一看，三人发现已置身于相距溶洞入口三四公里外鸭寨背后山的一块菜地旁。绝处逢生，三人喜极而泣。回顾这险象环生的探险之旅，三人估算，三天三晚不停地走动，少说也走了七八十公里。且别说洞中景致如何，这险些送命的历险过程，我想就值得他们一生铭记和回想。听了这些消息，我真希望找时间约一帮敢于冒险的朋友，像那几位勇敢的乡人那样，备足燃料食物，深入那些还未有人探看过的古溶洞，一一考察。以便把这些探奇的见闻和体验以图片或文字的形式，告诉众多未曾钻洞的朋友，让大家一起分享历险的快乐和收获。

（作 2006 年夏于凯里，发表于《凯里晚报》）

人间仙境龙潭溪

初识龙潭溪，是因读了一位朋友的文章。文中说，龙潭乃人间仙境，是传说中张三丰修道成仙的地方，风景优美，气候宜人。我被文中绝佳的风物所吸引，日思夜想，总希望找机会去领受一下龙潭溪的风采，体味一回张三丰修身养性得道升飞的处所带给游人的真切感受。前个双休日，单位组织一次集体活动，地点选在镇远龙潭溪，因而得到仙地。

在县城住了一宿，一大早起来，朝晖浅浅，薄雾微微，古老的镇远古城宁静而离迷，和风轻轻儿地拂着人的脸面，令人有几分兴奋和快慰。

吃过早餐，中巴车载着我们沿潕阳河畔千仞绝壁下的水泥道驰向目的地。别离山城，迎面是一个狭险的沟谷，一湾清流在公路边蜿蜒，两岸各种形态的石崖岩壁被绿树竹丛裹贴着。有了这翠崖绿壁，山就平添了几分生气。虽无令人惊奇的镜头，却也赏心悦目，百看不烦。

车行20余分钟，有两条小溪交汇在一起。公路也分成两条，左边那条正对着一个古朴山庄。山庄门口是一支两丈余长的硕大毛笔，被一部古装的《儒林外史》支撑着。同行者介绍，吴敬梓先生所描述古镇远大战之地就在这里。这一发现又令我们一振。思想解放，善于开发利用旅游文化资源的镇远人给游者增添了一道独特的人文风景。

穿过《儒林外史》，简易公路沿溪边延伸，山谷时而狭窄，时而开阔，偶尔也有一家两家翠竹古木掩映着的农舍。听不见鸡鸣犬吠，恬静的田园风光足以让人忘忧释烦，初步体悟到一种返璞归真的愉悦。这才是龙潭溪的溪口，距龙潭溪佳境区还远呢。

中巴开到一个小山庄歇下，公路到了尽头。再往前，只能徒步行走。大伙下车，沿着溪边平缓的水泥便道继续前行。溪水隐显在谷底丛林花木间。因为刚下过雨，溪水涨了，水流湍急，击石泛起丝丝雾气，慢慢游移升腾。愈到上游，雾气越重，溪谷越深，河道愈窄，两岸的林木愈是繁密。头顶是一线天，太阳光消失了。溪谷水声潺潺，鸟鸣声声，也有一片一簇不知名的野花点缀山涧。大家心情舒畅，一路上或说笑或轻歌，渐次涉入龙潭溪人迹罕至的幽谷。

路难行起来，要过几道河，河水淹过膝盖。同行者中，有几批人先后打退堂鼓中途返回。最后余下周祖亮、陈亮等君我们五人继续前行，约莫走了十里，到了原始森林覆盖着的幽谷腹地。两岸林木森森，藤蔓缠绕。乔木下又生长着一层低短的竹林和灌木杂草。我们发现了无数名贵的中草药和珍稀树种。便道两旁，生长着数不清的腊梅，绵延数里。传说当年张三丰在山中修炼时，有一日约请王母娘娘来此品酒闲游。王母娘娘在众仙女簇拥下来到此地，仙女们亦带来了无数梅花。王母娘娘兴尽回归天宫，将梅花留在了龙潭溪谷。每年腊月，这里梅花齐放，满谷梅花，如漫谷野火，清香溢漫，妙不可言。在便道修建之前，有雅兴者，约了文朋诗友，带了干粮美酒，不辞辛劳，涉冰河，钻棘丛，来到这梅谷中品酒、赏梅、作文赋诗，极尽野游之乐。可惜我们去时季节不同，只好抚摸着深谷苗条修直的梅树，幻想梅花怒放的盛景了。

当我们还在叹赏梅树，前边的周君催我们前行，说神奇的龙潭就在前边不远了。我们振奋精神，赶往前边去。在梅林尽头，又有一处溪河交汇点。百树密植，雾气浓重，冷意袭人。攀着树枝，我们跨过一道溪，爬上一块几十平方米的半岛似的平坦地，迎面一方碧绿的深潭出现在眼前。潭面宽二十多米，呈圆形点缀在高陡的苍山脚下，深不见底，有些阴森怕人。潭边树影婆娑，倒映潭中。潭面平如镜面，只是在潭口处泛起滚滚清波，牵动着青青水草，形成一股强劲的水流，滑下河床，与另一条奔来的山溪交汇形成龙潭溪。龙潭也跟溪流一样，浮动着一缕缕青雾。人临潭边，有几分胆寒，仿佛觉得潭中藏有猛龙什么的凶猛动物，正在水底拿绿莹莹的眼睛盯着潭面，有谁一旦惹怒了它，就会一触即发，飞身出水，张牙舞爪袭人。好在人多，大伙也敢对着潭面大喊几声，投下几粒石头，但没有任何反应，连水泡也不冒一个。这幽深的龙潭，不知形成于何时。潭依附的青山，也不甚高伟，与其他的山没有什么差异。偌大的潭水也不知发源于何处，它四季无声地溢流，天雨不涨不浑，天旱也不消不减。大自然的奇灵巧手，造就了这一令人憾魄惊心的人间奇观。难怪张三丰选这里作修身之所，也难怪王母娘娘都放下天宫奇丽多彩的美景，来过这里品酒游乐。

流连许久，我们不得不依依告别龙潭。往返二十余里，涉过无数道河，人虽有点疲困，但心尘已荡然无存，有种超凡脱俗的恬美之感。

试想，待腊梅盛开时，再约些朋友去赏梅，那该是怎样的一种快慰体验啊。

（2002 年夏创作于镇远，发表于《凯里晚报》）

荡舟巫密河

巫密河，苗语意译过来就是母亲河。母亲河，孕育了剑河县南哨镇一带的百里箐山，滋养了大山的草木生灵，恩育了大山深处那些古老村寨的山民。

这个熟透的深秋，我来了，和一群文人墨客，带一汪欢快的情愫，融入巫密河馨香的情怀。汽车滑出山城，绕过久仰地界，就进入百里阔叶林腹地。山苗壮起来，浓绿起来。虽然季节快接近冬天，许多的山已经呈现殷红。可是这雄奇的山，依旧活力四射，尽展青春魅力。那些阔叶林，枝干修直挺拔，叶泽青翠似染。远远地，一片连一片，一簇连一簇，密密匝匝，肥瘦有致，把那片窄窄的高天轻轻地托举于山头。这是有名的阔叶林箐山，这里有巫密河滋育的青山的处子！浸润了巫密河的清乳，山健壮肥硕，树葱绿繁茂。那酽酽的绿，那稠密的树影，看过一眼，再看一眼，就觉得这莽莽箐山——在脑海中显得不那么真实了，仿佛名师手里的国画，和谐、幽美，令人感动得激情缠绵，思潮滚滚，崇敬万分以致心动神怡而想入非非了。

透过绿荫，掀动山的衣裙，觅寻那一袭飞瀑，就在谷底深处，找到了巫密河床。那一湾清流，就是年轻靓丽而温柔的母亲河了。承袭了自然的灵性，接纳了天宇玉露，巫密河显得那样清纯，那样文静，那样端庄。就像孩子刚刚满月的村妇，就像享受人伦欢悦丰腴的乳母，她正捧着开笑的婴儿，欢喜着、呢喃着，吟唱着低低的儿歌。歌声随山风从大山深处飘然而出，轻抚着山的肌肤，载着平静的日子，向山口悄悄溢流。

那一天，我们流连在台江县方召苗寨，走出寨门，临近巫密河。那一湾清潭，闲放着十数只木舟。也许是巫密河太温柔，这些小舟都用不着上锁，铁链绾在木桩上。解开来，跳上轻舟，不管你是否有过划船的经验，提起桨，划着水，木舟就晃荡着，轻轻向河心飘移。脚底轻悠悠的，心在欢愉中悬浮起来。水较浅，仅有半篙深浅。阳光下，河中游鱼白沙历历可见。船在水面行，鱼在水下窜。收起桨，蹲在舟中，低头观赏那些成群的条鱼。细长的石柳鱼、彩饰的蛇花鱼，沐浴着晶亮亮的阳光，自由自在，无拘无束。轻舟过处，鱼群散去，倏然又聚到船舷边来，似与游人相乐。如果撒下些面包屑，那些细鱼会跃出水面，品尝游人为它们准备的盛宴。水底乱石中那些懒洋洋的螃蟹，却显得分外怕羞，船过水面，它们连忙爬进石头缝去。片刻，又探出身来，用两只秃秃的角一般的眼睛观察水面动静。

河水太清了，太静了。太清静的水面映不出树的倒影。岸边那些千年古枫，那些不知名的参天大树，魏然挺立，守护着这清幽的河段，不忍心把自己的影子投到圣洁的河面。虽然还是早上，河面无雾气，也无飘浮的杂物。偶尔从上游飘来一片两片黄叶或不知名的花瓣，慢慢地匀速随水游移，流到游人的舟边，受小船阻挡，轻轻打一个转，又滑过船帮，向下游默默飘去。水里的游鱼发现了花瓣，游聚来，用唇轻轻吻动花片，花闪动了一下，又闪动一下。似乎鱼儿觉得无味，不再品尝，花瓣又继续无声地向下飘离。看到这样的情景，这时，人就不由自主地屏住呼吸，蹲在船舱，以免打扰大自然这神奇的情境。

画家钟应举受这风物的感染，灵感触动，跳下小船，坐到河对面整洁的沙滩上去写生。我钦敬钟君的执着与勤奋，但想，虽然钟君长于丹青，心灵手巧，但这满谷满河的风光，岂是用画笔可以描绘得了的。非得腾空心底俗尘杂念，用整个的心性和虔诚，方能把巫密河装到心境去。同行的文友们，见我们把小船摇到了河心，也都心倾神往，集到河岸边来。惊叹于水的诱惑，不由得在浅水边洗几下手。有的也跃上木船，空摇几下橹，又好像担心水性差，不敢荡舟进入河中来。我不善舟楫，小舟在河心轻轻打起旋来，船底似触上了一棵尖细的转轴，凝住了，不愿意笔直地游动，我索性停了桨，就让舟自然地流动。也让平时繁杂的心绪，随这方山水一点点激动而又沉静下来。这正是我一个初来乍到的陌生客人，所期待能领受到的与其他人不一样的巫密河独特的韵味。

巫密河太可人了，留住了我的小舟，僵住了的我木桨，让我多在河中流动一会儿。这一旋一荡，正如此时心情，起伏不定，抑扬升落，快慰感佩，我恨不得把整个身心都溶入水体里去。

正玩到开心时，岸边的文友却在催我们合影了。我费了好大工夫，才把船摇到河滩，把正在埋头创作的青年画家钟应举先生接上船来，摇回左岸，与同行诸君列队合影，准备进午饭。

登车返城，执情的方召乡亲送我们到村口。村长与支书分别捏住了我的左右手，向我反复叮咛，兄弟，你最爱这条河，一定再来啊，最好是夏天来，我们带你顶着星月去打夜鱼，让你多获些灵感，多为这青山绿水写几篇文章。我心底一热，什么道别的话也说不出来了。点点头，心里说，是的，我一定会再回来，也许，在某一个盛夏的丽日。

（2004 年 9 月 27 日创作于剑河县城，发表于《凯里晚报》）

白水三叠入梦来

丽人天生，不加粉饰，娇羞无态，缺精少采，卧病榻上，怎生惹人侧目？如果反过来，那尤物衣袂飘飘，款款移步，明眸皓齿，顾盼神飞，笑意盈盈，摄人心魂——这样，就会成为一道迷人的美景，令见者满目生光，心旌晃荡，情动神迷，想入非非了。

溪水也一样。纵是满溪活水，躺倒在深沟，即便云穿雾绕，也不会鲜活得使人激动，至多是一湾平俗凡庸的清泉罢了。剑河县磻溪乡白水洞的水立动起来，就如依靠在沙发上欲醒还睡的美人儿，衣裙舒展，美发婆娑，鼻息细匀，面色红润，眉睫安然。瞟之一眼，就足以刻骨铭心地把她藏到心境中去。

磻溪的山是灵秀而温柔的。就像丰满美丽的年轻乳母，生养了一群佳丽，磻溪的山生就了不少美瀑。门帘洞瀑布、白圭瀑布、化敖瀑布、白水洞瀑布，这些美丽的姊妹瀑，互相呼应，成为剑河众多瀑布群中的明珠。磻溪瀑布群中，又以白水洞瀑布体态最美。远望如悬空银练，叠挂山涧，清风过处，银纱轻拂，似动非动，仿如仙界轻柔飘逸的蝉绢。那般妖媚，那样轻柔，给人一种柔暖温馨的美感。

再近一些，瀑布美姿渐渐展现，白水洞瀑布如同娇羞的靓女。三叠白水，上叠水花飘逸，如同美人散乱的秀发；中叠银泉宽展，似美儿靓丽的褶裙；下叠修直纤细，则是丽人潜藏在丝袜中修长的美腿了。整个瀑，似美人坐憩，或是修女打盹，看不清其姣好容颜，但想象得出她艳美的气质；听不清她金嗓的咏唱，却听得见她呢喃的呓语。又似娇柔的舞女，在盛夏的午后，于青幔中甜睡，或如孤寂的嫦娥，在月影中仰靠憩息。好一面白水瀑，不，还是叫她美人瀑吧！

当我们绕过山涧，临近瀑底。酷热的夏天瞬间变成了清凉的秋后。匐匐的落瀑将凉酥酥的水汽洒向人的脸面，柔柔的，滑滑的，有一种甜甜的淡淡的水香味儿。那是美女瀑独特的体香，充盈于人的心境。热汗渐渐退去，心慢慢平静下来。仰望瀑流，但见水帘从百米高的石崖上飞溅而下，水束巨大的冲击力将深潭的水面激打出丈余高的水花，给人以一种强悍的力感。美人瀑就这样深深地吸引了你，征服了你。水原本是温柔的，但借了山势，镀入山的灵魂，水就不再阴柔，而显示出一种阳刚的气韵。让你体味到了美瀑刚毅与坚强的一面。朦胧与真实，阴柔与刚强，这正是白水洞美人瀑的综合气质。她就那样坚定地存在了千年万年。一千年过后，一万年过后，游者早已灰飞烟灭。如果不是人为破坏，美女瀑将永远保持这样的瑰丽与风韵。站在瀑下潭边，你就觉得大自然多么伟大多么神奇。人与瀑相较，太渺小了，仿如飞花溅玉中的那么一丁点儿水粒，落入潭面，倏然在水面上融化，消散，转眼间不复存在了。你就禁不住对大自然产生了无限敬畏之情。

同游的朋友说，这瀑神得很。相传这潭底有洞，洞中有巨大神鱼，瀑布半空悬崖上曾长有一株八角仙莲。莲花开时，佛光灼灼，奇美异常。清朝初年，有人想贪占仙莲，用长绳系了竹筐，从崖顶放人下去采摘。采莲者将要够着莲草，忽然见有个妇女微笑着从石洞中探出头来，拿把绣花剪来剪那长绳，一剪下去，草绳就被剪断一半。那人大惊失色，赶紧叫人把他拉回崖顶。回到崖顶细看，草绳却完好无损。但却再无人敢垂吊下去摘取仙莲了。又传，20世纪初，有好事者，借得一支老汉阳造步枪，想将仙花打将下来。那人枪法虽准，但射出多发子弹，才射落一片莲花飘到潭中。众人划了木排欲捡拾那片粉红的花瓣。木排接近莲瓣，忽然从潭底石洞里钻出一条棺材般大小的水怪，张开血盆大口一吸，整个木排就被吸动了过去。那拨人吓得心惊胆破，一齐奋力才将木排划回岸边，逃向坡面，才发现那是一条巨大的娃娃鱼。大鲵吓走捡莲人，游回潭中，衔了那片莲花，没入水底石洞中。从此以后，再也无人敢对仙莲有何企想。白水洞瀑布从此更添增了许多神秘色彩。

20世纪70年代，人们在这瀑布旁边建了一座150千瓦的小水电。也许是人多嘈杂，那仙莲一夜之间消失得无影无踪。当我们举目寻找，石崖上除了斑斑水草，什么也没有发现。但大家相信，山如此灵，水如此秀，仙莲也许真是存在过的。即便从石崖上永远消失了，但她一定永恒地存藏于游人心中。

游归的当晚，冥冥之中，一位端庄娴淑的美姑，用纤纤细指拈了一枝鲜艳的八角莲，从云端向我的梦境飘然而来。啊！那不正是我想念已久的美瀑和我苦苦寻觅的莲仙吗?

（2001年仲夏初创于剑河县磻溪镇，发表后于《凯里晚报》，2023年1月17日改定）

乡里人物

明代大儒孙应鳌

　　贵州开省以来，黔东南土地上曾经走出一位官至工部尚书影响深远的重量级文臣，他就是明代清平卫（今凯里市炉山镇）的孙应鳌。孙应鳌，字山甫，号淮海，谥文恭。出生于 1527 年，殁于 1586 年，在炉山老家病逝后安葬于炉山镇区边一处佳地。他是黔东南本土官衔最高影响最大的文学家、理学家、教育家、书法家、诗人，堪称一代大儒。

　　相传孙应鳌刚出生时，有客人提一条大鱼来他家走访，其父感念，给其取名应鳌。

　　孙应鳌自幼聪敏，博闻强记，刻苦好学，进步很快，长于诗文，九岁便能作文赋诗。嘉靖二十五年（1546 年）中举人第一名。三十二年（1553 年）成癸丑科进士，选庶吉士，后改户科给事中，出京任江西按察司金事。后迁陕西提学副使，晋四川右参政，擢佥都御史，抚治郧阳，后为朝廷大理卿，户部右侍郎，又改礼部，充经筵讲官（为皇帝讲课的老师，他是贵州开省以来第一个为皇帝讲学的人），掌国子监祭酒事（相当于今教育部长），后任刑部右侍郎、南京工部尚书等。晚年因病辞官归故里，一心开馆教学，隆庆六年（1572 年）建成清平山甫书院。

　　孙应鳌学识渊博，一生涉猎领域甚广且均有很大建树，在理学、易学、美学、文学、书法等方面都取得丰硕成果。主要著作有《学孔精舍诗钞》《学孔精舍汇稿》《淮海易读》《春秋节要》《左粹题评》《四书近语》《律吕分解发明》《论学会编》《教秦语录》《教秦总录》《教秦绪言》《雍谕》《幽心瑶草》《道林先生粹言》《庄义要删》《督学文集》《归来漫兴》等，均由明清学者刊行于世。作为名臣大儒，传承王阳明思想，成为明代四大理学家之一，是贵州省古代第一位哲学家。他也是当时著名的诗人，其诗作甚丰，现存《黔诗纪略》中，收其诗共 457 首。他的诗集《学孔精舍诗钞》流传至今，是贵州最早的一部诗集。《黔诗纪略》评价他是"贵州开省以来人物冠"。

　　孙应鳌为官清正廉洁，体察民情，善于调查研究，曾提出"勤学、励政、亲贤、远奸"等建议，受到皇帝的重视和采纳。他一生重视教育，曾几度任教育部门高官，任陕西提学副使时，作《谕陕西官师诸生檄文》十六条，详细阐明了他的教育主张和为学之道。

在任国子监祭酒兼经筵讲官时，锐意改革，为国家培养了不少有真才实学的人才。万历四年（1575年），神宗皇帝御驾国子监，孙应鳌进讲《尚书·无逸篇》，为神宗皇帝作专题讲座，成为贵州开省以来第一位给皇帝讲课的帝师。他借周公对成王的告诫，委婉地劝谏神宗不要贪图享乐，要体察民间疾苦，勤于政务，爱护百姓，以图中兴。受到神宗皇帝常识和敬重。

50岁时，因病辞官回乡后，在家乡清平建学孔子院，为家乡青年讲学，培养大批后辈人才，不少青年才俊在他的培育下成为举人进士，他为贵州文化教育事业的发展作出了重大贡献。他书法精湛，特擅长楷、行，现西安碑林存其楷书《谕陕西官师诸生檄》成为书界珍品。

明万历二十八年（1600年），贵州巡抚郭子章，都御史宋兴祖、李时华为孙应鳌疏请赐谥。三十年（1602年），神宗皇帝下诏赐以谥号文恭，并于同年在清平城内建"孙文恭祠"，郭子章作了祠记。

现炉山镇区内的孙应鳌墓及孙文恭祠均为省级文物保护单位，是凯里市最重要的人文景点之一。

夏状元故里行

　　秋来阳光灿烂，几位文友怀着无比愉快的心情，驱车一小时，赶到麻江县贤昌乡高枧村一组，参观晚清状元夏同龢故居状元第。

　　状元第现为省级文物保护单位，也是近年来黔东南人文景点重要打卡地。后面狮山从远方起伏而来，到高枧村后起峰成狮，伏卧村侧。状元第所在的村庄高枧寨，依山就势，在狮山脚下的开阔地筑基起房，比邻相连，连片成村。村子前方视野阔远，朝山层层高叠，两边群山相围，整个村子张弛有度，和谐幽静，果然是一方风水宝地。状元第安居村子中心，为典型的南方普通高封火墙式围护四合院，整座建筑古香古色，庄严肃穆，在村子里显得十分抢眼。总占地面积 1683 平方米，建筑面积 542.37 平方米。现作为旅游打卡地景区重要内容。景区大门正中挂有红色的"与龢同辉"的牌匾，可看出当地群众对夏状元是何等的推崇和怀念。

　　相传状元第建于清光绪年间，1874 年夏同龢就出生在这里。状元第里按旧时规制保存着一些古旧家具等家用设施，也陈列着夏状元考卷、榜文（复制品）等古老文物，也存放着一些介绍夏同龢生平事迹的书籍资料，屋子里充满着书香气息，让人体味到一种古老而浓烈的传统文化气场。

　　夏同龢自幼聪明伶俐，学习刻苦，8 岁就能作诗做文。很早就跟随父兄求学于四川等地，接受过系统的清代应试教育，练就扎实的科考功底。清光绪二十四年（1898 年）被光绪帝"亲笔御点"为戊戌科（恩科）一甲一名进士（状元），成为贵州开省以来的两位文状元之一。与早他十二年即光绪十二年（1886 年）丙戌科中进士，殿试一甲第一名中状元的贵阳花溪青岩的赵以炯，康熙年间武状元曹维城和遵义人探花杨兆麟，称为清代贵州"三状元一探花"。夏同龢也是中国自隋开科取士以来封建王朝的最后几位文状元之一。

　　清末，虽推动近代化的洋务运动正开展得如火如荼，各种新思想正不可阻挡地开始渗透到清朝的各个角落，但科举考试仍是读书人不二的选择。

　　出身于书香官宦之家的夏同龢，自幼随父奔走各地，见多识广，丰富的生活滋润着早期的成长。光绪十九年（1893），夏同龢参加贵州乡试中举。光绪二十四年（1898）三月，他进京参加会试。光绪二十四年四月二十四日（1898年6月9日），他来到紫禁城保和殿参加殿试，就"求才、经武、绥远、理财"四个问题进行了逻辑缜密的应答。两天后，光绪帝断然发布《定国是诏》，宣告震惊中外的"戊戌变法"运动拉开帷幕。刚在头一天宣布变法的光绪帝，"御笔钦点"夏同龢为戊戌科一甲一名进士，即新科状元。钦定后变法继续推进，因而，夏同龢成为"戊戌变法"这个非常之年产生的状元。夺魁后的他随即被授修撰一职，进入翰林院，踏进国家的政治核心圈。

1904年，他东渡日本留学，入日本法政大学法政速成科第一班学习法政，成为中国历史上第一位取得状元和留学生双重身份的文人。在日期间，其学习刻苦，成绩优秀，考试文章《清国财政策论》全文刊载于日本《法律新闻》。同时，还完成了奠定其在中国近代行政法学史地位的《行政法》一书编写。该书是中国最早介绍现代行政法律制度的书籍之一。回国后，夏同龢被推荐为广东法政学堂（中山大学前身）的筹办者，这所学堂为中国最早实施法政教育的专门学堂，培养了许多活跃在中国政治舞台的人物。1905年11月，夏同龢出任广东法政学堂监督（校长）。

中华民国成立后，夏同龢回到贵州。1913年，其由贵州选为第一届国会众议院议员，再次北上京城。

作为中国历史上第一个资产阶级议会议员，夏同龢最初加入的党派是国民党，是最早的国民党员之一。当时国会各党派为争夺更多议会席位以谋求更多权利，展开了激烈的竞争。为避开纷争，夏同龢离开国民党，于1913年5月发起成立"超然议员社"这个独立的党派组织，它"以不偏不倚之精神调和党见，维持国是为宗旨"。

同年7月，夏同龢被推选为宪法起草委员会规则委员，后被选为起草委员会六名理事之一。在这群年轻委员中间，夏同龢是旧功名最高的人，但其并不保守，在历时三个多月的宪法起草时间里，提出了不少具有共和精神的主张。如在总统选举问题上，其提出了由人民初选后组织选举机关选举总统的这样一种美国式的总统选举办法。

1914年，袁世凯解散议会后，夏同龢历任政事堂佥事、知事试验委员、湖南都督府高等顾问官、湖南国税厅筹备处处长、法制局佥事等职。

1917年，其出任江西省首任实业厅厅长，曾协助人称"长江三督"之一的江西督军陈光远，为维护地方和平作出一定贡献，并获总统授予的二等大绶嘉禾章。

1919年，江西省参议院议长李盛铎准备组织仙居公司，将位于九江的城门山铁矿抵押给日本人借款。此事引起议员极大不满，议员们认为此矿山归江西省所有，坚决反对抵押借款，反对私人开采。当时的《申报》《民国日报》等都进行了跟踪报道。在此案交涉过程中，作为矿山的主管部门领导的省实业厅长，夏同龢不可避免地成为议员们调查和质问的对象。实际上，城门山铁矿抵押借款的根本原因是因为军费不足，其复杂程度已经远不是一个实业厅长所能掌控，但作为一个有着良好法学素养的人，其两次到议会接受质询，两次提出辞呈。当时因社会动荡，军阀混战，议会并不能起多大作用，大多不被重视。夏同龢作为行政官员，能尊重议会，接受议会质询并最终提出辞职，体现了一个法政人的气度和精神，已是难能可贵。而这起案件也因此作为议会发生作用的成功代表，成为江西议会史上最重要的案例之一。

1919年6月，夏同龢辞去江西省实业厅长一职，回到北京。晚年，潜心佛学。民国十四年（1925），因心脏病发作，经医治无效，于北京劈柴胡同住所逝世。

夏同龢平生经历丰富，足迹遍布大江南北，加上所处的时代为"千年未有之变局"的特殊时期。从帝制状元到走向共和，其始终积极入仕，与时俱进，完成了一次次蜕变、一次次转身。透过其坎坷经历，后人可看到一个时代的巨变。

夏同龢一生成就颇丰硕，书法造诣尤其深厚，以对联、扇面、匾额等形式保留下来的作品有多件，遗墨有为潮州丘逢甲故居题写的门联"马来西极，龙卧南洋"，遗址有贵阳夏状元街和故里的"状元第"等。

作为晚清状元，与他有关的传奇故事也不少。在与村民的闲谈中，村民讲述了许多与夏家相关的传说故事。相传他先祖多代为武将，因其家居风水好地与当地村民结下世仇。有风水先生为其家寻得一处佳城，葬后先败后发，夏氏曾经多代人丁不旺，到夏同龢爷爷辈已是多代单传，生活窘困，到了外出要饭的地步。夏家怀有身孕的妇人过河乞讨，船家是夏氏仇家，见复仇的机会到了，船到河心，想把孕妇推下河淹死，让夏家断子绝孙。恶念刚起，忽然天上飞临一只乌鸦，在船家头上飞绕鸣叫，船家仿佛听见有个声音在他耳边缭绕："搞不得，搞不得，妇人怀有状元客！"船家大惊，不得不放弃恶念，将妇人平安渡过，夏家根脉得以保存。

又传，夏同龢中举人后，要进京会试。准备过家门前的木桥，忽然桥却断裂。夏同龢十分疑惑，返回来向还在路口目送他的母亲请教。夏母不惊反喜，为夏同龢打气："桥断，为大吉大利之兆，我崽文气太重，桥承受不了，因此断了，此去必定高中。天意让我崽一心一意去考试，勿留后顾之忧也；自古有言，日落天仙现，月落起壮丁；只要我崽有本事，百次考来百次升。"得到母亲鼓励祝福，夏同龢心结解开，一路顺风顺水达京城。数月过后，八骑飞报，夏同龢高中状元。举族欢庆，地县各级官员随即来贺。高中魁首，为乡邻赢得莫大荣光，村邻皆冰释前嫌，纷纷提肉备酒，聚拢来贺。

　　大魁天下，一举成名，夏同龢成为万众景仰的状元郎，也为后世青年发奋成才、扬名立万，树立了典范和榜样。

（2013 年发表于《杉乡文学》）

访民国两名将故居

民国年间，黔东南天柱县先后出了两位声名响亮的将军，一位是北伐名将王天培，一位是抗日名将吴绍周。吴绍周曾是王天培部下，王天培任国民革命军第十军军长时，吴绍周为十军二十八师二团二营营长。

多次到天柱，先后到吴绍周和王天培两位将军故居参观，感佩颇多。

王天培，侗族，字植之，号东侠，祖籍天柱县邦洞织云，1888 年生于天柱县石洞镇，国民革命军著名将领，北伐战争曾立下赫赫战功，威名远扬。

王天培从小就心怀壮志，决心经武报国，少年考入贵州陆军小学堂，之后升入武昌陆军第三中学。当时，辛亥革命即将爆发，他加入同盟会后投身革命。到武昌起义时，被战时总司令黄兴任命为凤凰山要塞司令。革命胜利后，因有军功，被保荐入保定军校深造。护国战争中，身为营长的他，曾创下以一营之兵胜一旅之师的奇迹。袁世凯灭亡后，1921 年秋，北洋军政府据广西作乱，孙中山下令讨伐。升任团长的王天培奉命出征，又以一团之兵击败柳州叛军一旅之众，再次创下奇迹。因其智勇兼备，娴于韬略，出奇制胜，重创强敌，军事才能卓越，深得孙中山先生器重。动乱平息后，被孙任命为中央直辖黔军第一独立旅旅长，后又晋升师长。1926 年秋，率部北伐，在湖南洪江誓师，被任命为国民革命军第十军军长兼左翼前敌总指挥。

王天培从洪江挥师南下，在湖南新化打败了吴佩孚帮凶韩彩凤和沈鸿英。接着，其统率第九、第十军等左路大军，连战连捷，势如破竹，攻占常德、澧州、藕池口、石首、松滋、沙市、荆州、长阳、枝江、横堤、西各水、屋崖等重镇，横扫湘鄂，所向披靡。随后横渡长江，攻占宜昌，直指赣皖。王天培挥师自湘而鄂，转战江西，纵横千里，一路收编，兵力一度增至 9 万余众。攻占安庆后，其被任命为北伐第三路军前敌总指挥，率北伐第十军、七军、二十七军、三十三军、四十四军及冯祥武、王令韬等独立师，由镇江、常熟、芜湖向北挺进。三路大军密切配合，攻城掠地，势如卷席，不到一月，赣皖苏均为北伐军占领，敌军兵败如山倒，纷纷北逃。王天培乘胜追击，逼向徐州。

徐州为军事重镇，由军阀孙传芳和张宗昌在此纠集重兵死守。然王天培只用 14 天，就取得了徐州大捷，共歼敌八万余众，俘敌两万多，击落敌机 5 架，摧毁和缴获铁甲车 50 余辆并辎重无数。徐州大捷，意义重大，威震敌胆，全国振奋。为此，各地举行了隆重的庆功会，媒体竞相报道，将王天培的十军和叶挺的独立团并称为"铁军"。

然而，就在乘胜进军时，王天培却连续接到蒋介石的两道急令：其一命令"停止北伐，火速回师讨逆"；二是密令"捕杀军中共党分子"。原来，蒋介石和汪精卫眼见北伐即将取得全面胜利，为夺取全国统治大权，先后发动了震惊人寰的"四·一二"和"七·一五"反革命政变，血腥屠杀共产党人和一切进步人士，之后又互相大打出手。

革命尚未成功，蒋汪二人已迫不及待争权夺利。是可忍，孰不可忍。王天培断然拒绝蒋的命令，并将军中的共产党员和共青团员隐蔽起来（后来，这批共产党人大部分参加了八一南昌起义）。随后，王天培公开发表《告本军全体武装书》，要求"我全体同志务必要有清醒认识：北洋军阀投靠帝国主义，出卖中华，荼毒民众，乃为中华民族之死敌，我们应该坚决消灭之，而不应该回头打内战"，表明坚持国共合作，捍卫三民主义，掩护共产党人，拒绝内战，坚持北伐的决心。蒋介石见王天培不听指令，决定剪除异己，密命总部扣发十军粮饷，致王天培部很快陷入饥馑。这时，北洋军阀乘机反攻。王天培孤军奋战，粮饷无着落，尽管在延绵数百里的战线上与敌军反复争夺，终因寡不敌众，部队伤亡惨重，最后徐州失手。

蒋介石在击败汪精卫后，又出兵北伐，亲率第一军、四十四军、三十七军、三十二军，分兵三路攻夺徐州。然因指挥失误而招致大败，敌乘势发起全面反击，蒋军全线溃退，蒋介石狼狈逃回南京。王天培也被迫退至定远、明光一线。此战，蒋介石损失惨重，引来全国一片责难声。

为了开脱己责，蒋介石将徐州兵败的责任一股脑儿推给王天培。1927 年 8 月 8 日，蒋电召王天培赴南京"面商机宜"。王不知蒋用意，遵命前往。一到南京，即被刑拘，扣上三条罪名："一是不听指挥贻误战机导致徐州兵败；二是隐兵不报图谋不轨；三是克扣军饷动摇军心。"于是，南京军事委员会以"送王将军去西湖疗养"为名，将其秘密转往杭州。1927 年 9 月 2 日凌晨，王将军被秘密杀害于杭州西湖，时年 39 岁。

名将被害，全国哗然。当时的《武汉晚报》《铁嘴报》《湖口快报》等媒体相继发表时评文章，皆为王天培鸣冤叫屈。其中有《莫须有三字何以服天下》为题的文章，详尽地叙述了徐州兵败的详情，公开揭露了蒋介石排除异己构陷名将的真实内幕。面对国民党政府的置之不理，多地民众还自发召开了王天培将军的追悼会。

1931 年 8 月 5 日，迫于种种压力，国民政府不得不为王天培平反昭雪，闪烁其词地说王的死乃"有人妒贤嫉能，谗言惑上"，承认"蒙冤受害"，表示"悼惜良涕"，表彰为"忠勇双全，凤娴韬略，历著当勋"，并追授为陆军上将。

王天培将军遗骸从上海启迁贵州天柱，安葬于天柱铜鼓坡。侗族一代名将，终得以魂归故里。

吴绍周，天柱县瓮洞人，苗族，生于 1902 年。据《天柱县志》记载，吴绍周自幼聪敏，学习刻苦，成绩突出，很早就加入王天培将军的部队，并慢慢展露其卓越的军事才能，从普通列兵一步步成长为国民政府的高级将领。七七事变后，任国民政府军八十九师二六五旅旅长，先后调磁县、安阳等地抗日，在南口击退日军板垣师团，在漳河反击战中突破土肥原师团围攻，获四等宝鼎勋章。1938 年调任一一〇师师长，在台儿庄、峄县和枣庄一带阻击日寇，参加了举世闻名的台儿庄战役，1940 年获三等云麾勋章。1945 年，任第九集团军副总司令兼八十五军军长，在河南西峡口和重阳店的两次战斗中，率部歼灭日寇 2000 余人，俘敌 3000 余人，缴获战马 800 余匹，战车数十辆，枪械数千支，第二次荣获三等云麾勋章。在八年抗日战争中，吴绍周先后获得国民政府中央军委颁发的甲种一等奖章、宝鼎勋章、云麾勋章、忠诚勋章等多次嘉奖，是中华民族抵御外辱、战功卓著、彪炳青史的著名战将之一。1948 年 7 月，吴绍周任十二兵团中将副司令员兼八十五军军长，参加了徐州会战。这就是我军解放战争中三大战役中著名的"淮海战役"。在徐州会战中，于 11 月在双堆集被解放军包围，12 月 15 日与兵团司令员黄维一起被人民解放军俘获，后被送到华北军区教导队学习改造。

抗美援朝战争暴发后，吴绍周积极报名加入美军战术研究班，很快写出了一篇 6 万多字的美军战术研究报告，他结合志愿军实际和美军装备及作战特点，提出两条妙计：第一，夜战，采取夜间发动袭击战术；第二，近战，利用堑壕隐蔽接敌，抵近射击爆破。这两条计谋，切中要害，使志愿军扬长避短，拉近彼此装备上的差距。毛主席和党中央其他领导人采纳了他的建议，为志愿军打败美帝集团明确了战术原则，在抗美援朝战争实践中得到充分运用并取得良好效果。正因为献上这两条计谋，1952 年吴绍周被提前释放，成为新中国特赦的国民党被俘战犯中的第一位高级将领。

获得自由后，吴绍周被政府资助到湖南长海定居，与妻儿团聚，在家纺纱织布，过着自食其力的生活，后又被聘为湖南省文史馆员。1962 年，被委任为湖南省人民委员会参事，1966 年在长沙病逝，享年 64 岁。2010 年 1 月，将军遗骸由长沙迁回故乡天柱县瓮洞镇克寨村安葬。下葬当天，天柱县群众自发从四面八方赶来并燃放鞭炮，以最传统的方式，悼念这位战功显赫威名远扬曾为家乡赢得巨大荣光的苗族将军。

王天培与吴绍周两位将军均在天柱还遗存旧居，成为乡人远客缅怀两将军的实物载体。

王天培故居位于贵州省天柱县凤城街道西北街。建筑外形与遵义会议会址和国民党贵州省主席王家烈在桐梓所建官邸规制相类，占地面积1000多平方米，保护范围面积1800余平方米，建成于1931年。1916年王天培出资购买地基，因常年征战在外，无暇顾及修房事宜，1927年被蒋介石以"莫须有"罪名杀害后，建房的事便搁置了下来。1931年，王天培胞弟王天锡（曾任国民革命军第十军二十八师师长、副军长，参加北伐战争，1931年投奔广东陈济棠部，任第五十五军军长兼第一路军前敌总指挥等职）念及兄长无辜被害，手足情重，悲感交集，便继续筹资建房。房子建成后，1932年王天锡携家人迁入新居。1951年，王天锡将军将此房赠予天柱县人民政府办公使用。

该建筑现为省级文物保护单位，经过政府多次修缮，保存良好。

吴绍周将军故居位于贵州省天柱县瓮洞镇客寨村公路旁，建筑占地面积389平方米，保护范围面积437平方米，初建于1895年。地势平坦，背靠虎形山，左右为开阔田园，对面朝山当地人叫猪形山，人称"五虎扑猪"之地。相传其父吴开佑为人善良，经营小本生意，曾经在路上救活一位过路病倒的地理先生，地师为报答其救命之恩，指点吴开佑迁居于此。后吴开佑娶妻生有二子，一文一武，长子即民国中将吴绍周，次子吴绍文，是新中国成立后黔东南有较大影响的文人之一，曾任黔东南州人大常委会副主任，组织创办黔东南较早的民刊《故乡》，为培养黔东南本土作家作出过积极贡献。

吴绍周故居四周砌一丈高的安全墙。围墙上彩绘山水鸟兽花草虫鱼等水墨画，并配有诗词对联。大门两边墙上墨书斗大的"福寿"二字，上面横书"延陵世第"四字。

我们走访参观时，吴绍周故居已列为县级文物保护单位。

天柱县地灵人杰，人才辈出，王天培、吴绍周两位将军便是其中的杰出代表。

时移世易，追昔抚今，令人无限感慨，参观两将军故居，所感所获，教益无算。两将军为国为民建立的不朽功勋，乡人永远不可忘记。

（本文发表于《杉乡文学》）

参观龙大道故居

中学时代，读到鲁迅先生的《记念刘和珍君》一文，略知有柔石、殷夫等文人志士在上海龙华被害。后来又知，龙华二十四烈士中，有黔东南州锦屏先贤龙大道。

黔山乳汁少，英才育不多。我州历史上出类拔萃影响深远的人物寥寥可数。长时间来，对龙大道烈士故乡早有仰拜参观的愿望，今秋终得实现。

9月26日，随州旅游考察团参观考察天柱远口镇后，迎秋风细雨，乘机船沿清水江溯流而上，前往锦屏县城。中途，我们正好参观仰慕已久的龙大道故居。

清水江略涨，凭靠船窗，举目四望，烟雨中的远山、田园、人家，迷迷茫茫，如诗如画。我想，这灵秀的山，这慈祥浑厚的河流，也许是产生革命先贤的背景和注脚吧！龙大道当年正是沿着清水江出黔山，赴上海，游学受道，接受革命真理，成为早期共产党员，为党的革命事业呕心沥血，最后慷慨赴死，成为龙华英烈之一。

下午4时许，当我们的机船到达龙大道故乡茅坪时，雨下得极大，如线的雨串打在船篷上噼噼啪啪响个不停。锦屏县旅游局的有关负责同志已在码头上等候很久了。由于雨太大，参观龙大道故居的计划突然取消。我心里想，切不可错过了这次机会，与向往已久的烈士故居失之交臂。于是决定放弃乘船，登岸参观龙大道故居后再乘车去县城。

在当地政府几位同志的陪同下，我们走过长长的茅坪古街，来到龙大道故居门口。原以为出过革命先贤的宅居定然是古老豪华，有宽敞的庭院，平直的天井，雕窗画檐，一派森然，使人敬畏。参观才知，龙大道故居杂挤在一大片普通民房之间，三间两层的木房，与其他侗族居民别无二致。屋内陈列室里，有龙大道青少年时代的全家福照片，有评介烈士的书籍，还有烈士战友们的一些零散资料。楼上一间厢房，是烈士少年时代的书房，烈士小时候就在这里潜心读书。一张侗族老式雕花木床，一把旧木椅，一案普通书桌，陈设极其简陋。我有些疑心烈士的遗物流失太多了。当地群众说，"文革"时期，烈士故居曾遭受到一定程度破坏，真散失了不少烈士遗物。

参观过烈士故居，原先心里所期待了解的东西，似乎太少了些，一种空空然失落与遗憾的感觉在心头慢慢溢淌。由于管理维修经费紧缺，烈士故居被时间风雨慢慢蚕食。作为曾叱咤风云的烈士，作为黔东南州人民的骄子，已远走半个多世纪。门前江水依旧，近旁溪流淙淙，屋后古树傲立，对岸山廓了然，但烈士的足音已划过苍茫的时空，远远地消逝了。这曾经诞生过名人的古屋也被列入了文物保护单位，记入了革命史册。我想，人们是否应采取更有效的方式，百倍地珍惜和爱护它，使这栋小小的侗族民居千年不朽，让烈士英名永存天地间，以便让后代子孙在参观的同时，激发出一种力量，发奋图强，不断进取不断进步，成为国之栋梁，为国家的富强民族的振兴，添一丝热，发一份光，作出自己应有的贡献。

（1998年9月20日创作，发表于《凯里晚报》，现龙大道故居作为文物单位得到了良好的修缮和保护，成为当地红色革命和爱国主义教育基地之一。）

将军故里行

暮春，在作家吴剑的陪同下，我们驱车从三穗县城出发，前往城关八弓镇的木界村，去参观侗族开国上将杨至成将军的故居。

路不远，一袋烟工夫，我们就从城区来到木界村口。但见这里田坝开阔，四面环山，清流缠绕，木界村民安居在大坝中心的一块不高的缓坡上。

这是一个典型的北侗村落，普通的侗家民居，有吊脚木楼，也有水泥砖房。如果从外观来看，这个村寨与其他普通村落并没有什么独特的地方。但正是这样一个普通的村子，却走出了贵州省唯一的开国上将，也是侗族两位有名的开国将军之一的杨至成将军（另一位侗族名将则是与贵州相邻的湖南省会同县的侗族开国将军——粟裕大将）。

通过《杨至成将军传》介绍，将军戎马一生，三次负伤，几经生死，在长期的军队后勤工作中，克服重重困难，创造性地开展工作，为红军的发展壮大，"反围剿"斗争和长征的后勤供给，为解放战争、抗美援朝战争的物质保障工作，为我军的后勤现代化建设，作出了卓越的贡献。他被誉为"红军的大管家"、我军的"后勤之父"。

1903年11月30日，杨至成就出生于木界村一户较为殷实的侗族家庭。因父亲在经商途中被害，他哥姐三人由母亲一手养大。杨至成7岁读私塾，11岁进入县高级小学，14岁考取省甲科农业学校养蚕专业。在学习期间，他结识了共产党人周逸群，并受到他进步思想的积极影响。1921年毕业回家，母亲为他张罗了一门婚事。他不甘心过平常的小日子，面对含辛茹苦的母亲和新婚宴尔的妻子，杨志成无法向她们表达自己的理想，他写下一张留言条，悄悄奔向革命的旅途。

1922年，经舅父介绍，他到川黔联军当兵。不久，长官又叫他去当军需上士。1925年夏，他随联军赴粤，参加北伐。1926年春联军到达广东，听说黄埔军校招生，他毅然前往投考，并顺利考入黄埔军校第5期。在黄埔军校，他再次遇到在黄埔军校任教的周逸群。后经周逸群介绍，加入中国共产主义青年团。

1927年3月，杨至成经金享夫介绍，加入中国共产党。后被党派到贺龙任军长的国民革命军第二十军三师六团六连任政治指导员，并参加了南昌起义。

南昌起义后，部队南下广东作战连续失利，伤亡很大，杨至成的六连也伤亡过半，连长悄悄逃离了部队。杨至成担起连长的重任，他收集余下的战士随部队艰苦转战于闽粤赣湘边线。1928年春参加了湘南起义，同年4月随朱德、陈毅上井冈山，任工农革命军（后称中国工农红军）第四军二十八团一营四连连长。在参加反"进剿"作战中腹部受伤，任留守处主任。在极为艰难的条件下，负责200多伤病员的管理工作，努力解决给养和医药供应。1929年1月随红四军向赣南、闽西进军，任军部副官长。同年4月，杨至成筹款建立了一个临时被服厂，组织赶制了6000多套军装，这是红四军第一次穿上统一的军装。

1930年起任红十二军副官长，中央军事政治学校校务部部长，中央军命军事委员会总经理部兼红军总兵站主任、总供给部部长兼政治委员，先后组织建立了中央苏区的"赤色邮政"，红军有线电话网和无线电通信联络网，建立了枪械、弹药、被服、纺织、鞋袜、卫生材料等20余个军工厂，建立了各项管理制度，保障红军的物资供应，并创办了后勤学校、红军野战医院等，为中央红军"反围剿"提供了物资保障和后勤人才。

1934年10月，中央红军在第五次"反围剿"中失败，被迫战略转移，杨至成随中央红军参加长征。1935年1月遵义会议后，任中革军委先遣工作团主任。他兢兢业业，率工作团的全体同志，深入少数民族地区，积极筹集粮食、物资、弹药、药品等供应部队，使红军能顺利地通过少数民族地区，为红军四渡赤水、抢渡大渡河、爬雪山、过草地提供了物资保障。

到达陕北后，杨至成任军委采办处主任和红一方面军后勤部部长，参加东征、西征战役。1936年12月任军委后勤部部长兼红军前敌总指挥部总兵站部部长。抗日战争爆发后，杨至成任中共中央军委总供给部部长兼黄河两延卫戍司令员、抗日军政大学校务部部长。为红军后勤工作做了大量卓有成效的工作。因为长期超负荷的工作，杨至成积劳成疾，身体每况愈下。

1938年冬，经中央安排，杨至成到苏联就医养病，同时进入苏共远东局党校、伏龙芝军事学院学习。他克服语言等方面的障碍，系统地学习了苏联战略学、战役学、战术学、后方勤务学等，还考察了苏联的社会主义建设，丰富了军事知识，也开阔了眼界。

1941年准备回国时，因第二次世界大战蔓延，德国法西斯大举入侵苏联。杨至成回国之路被阻断，无奈在苏联滞留达5年时间，历尽千辛万苦，多次经历生死磨难。直到1946年1月，他才同在莫斯科学习的李立三等人乘坐苏联军用专机回到东北，返回阔别了8年的祖国。

杨至成很快就被任命为东北民主联军后勤部政治委员。他一边组织领导后勤工作支援东北的解放战争，一边组织建设后勤学校和开展军工生产，先后组建成 46 个军工厂，建成 29 所野战医院，建成 20 个粮食、被服生产基地，成立了 10 多所医疗卫生、运输等学校，兵站网络遍布东北，奠定了东北部队物资供应的基础，也形成了解放军后勤保障体系的雏形。为部队进行辽沈、平津战役以及南下作战提供了充分的战争物资。

1949 年夏，杨至成随第四野战军南下，先后任华中军区和中南军区军需部部长、中南军政委员会轻工业部部长、中南军区第一副参谋长兼后勤部部长。在中南地区组织领导创建各类军需工厂、仓库、医院和学校，同时组织接收和发展了地方轻工业。在抗美援朝战争中，杨至成组建 50 多个后勤保障机构，共 5 万多人，前后为朝鲜前线调运各种军需物资 27 万多吨，为抗美援朝战争的最后胜利打下了基础。

1955 年调任人民解放军武装力量监察部副部长，同年被授予上将军衔。1958 年任军事科学院副院长兼院务部部长，参与筹建军事科学院；1962 年任高等军事学院副院长，参与筹建高等军事学院基建等各项基础工作，为我国国防现代化建设作出了卓越贡献。

由于长期带病工作，杨至成身体的多种病症一直未能彻底康复，1967 年 2 月 3 日，在北京因心脏病发作抢救无效辞世，享年 64 岁。

经历无数磨难，把一生都献给了党和人民。谈起杨至成将军，这位侗族将军的事迹令家乡父老们肃然起敬。他历经九死一生而不垮下，革命意志坚韧如钢，长征途中过家门而不入，一生经手物质数以千万计而纤毫不染，身体虚弱而长期带病工作，为了人民解放事业和新中国国防建设，生命不息，奋斗不止，鞠躬尽瘁，死而后已。他不仅为家乡争得了辉煌的荣光，也为家乡留下了一笔宝贵的精神财富。

在杨至成将军的故居，杨至成将军的侄子把我们迎进那间普通的老木屋，向我们介绍杨至成将军青少年时代学习成长的励志故事。如果不是杨至成将军志向远大，离家考上黄埔军校，很可能他就像普通的侗族青年那样，在家生儿育女，做一位普通的农民。即便利用他个人的聪明才智和勤奋努力，至多也只是一位在村里小有名气的过着小康生活的乡贤罢了。

大凡非凡之士，必有非凡之志。杨志成将军在新婚佳期，却悄悄离家出走，奔向革命坎坷的旅途。吃尽人间苦，成就非常之功，为侗乡边地的后辈青年树立了光辉的榜样。黔东南百里侗乡，一代代青年发奋读书，走出大山，走向外面的世界，成就自己有意义的人生，改变了家乡贫穷落后的面貌，与将军精神的影响密不可分。

告别木界村，走过小河上飞架的一座木桥，相传这桥是杨至成将军返乡探亲捐资修建。村子尽管修通了通车大桥，但这座木桥仍旧按照最初建设的样子，一直保存了下来。为纪念杨至成将军，村民们取名"将军桥"。正是这一座普通的桥，把侗族山寨与外面的广阔世界紧密地联系在一起。

相信很多人跟我一样，会到木界村来参观将军故居，回想将军辉煌的一生，一定会有不少感受和收获吧。

（创作发表于 2002 年《凯里晚报》）

苗族省长王朝文

　　王朝文是黔东南走出去的第一位苗族省长。他先祖世居于黔东南黄平县翁坪乡一个叫牛岛寨的苗族山寨。因为没有丰厚的祖业，王朝文的父亲王登祥与叔叔分家时，只分到三亩薄田。王登祥是当地有名的私塾先生，每年要到邻近的苗族村寨去教书。村里没有住处，王朝文母亲只好随父亲一起到私塾点讨生活。1930年，王朝文就出生在他父亲教私塾的黄平县谷陇区苗陇乡苗陇大寨。两岁时，王朝文随母亲一起回到了老家牛岛寨，借居在本家一间仅十多平方米的厢房里。到王朝文五岁那年，王朝文父亲用多年积攒的几十块大洋，买了本家的两小间三十多平米的那座厢房，经过亲友帮忙修葺，一家人才真正有了自己的固定居所。

　　幼年的王朝文与普通乡村孩子没有什么不同，也贪玩、怕读书、羞涩小胆，一个人睡觉都害怕。妈妈为了多做点针线活帮衬家庭开支，常常忙到很晚才休息。王朝文经常伏在妈妈的膝盖上睡着了。王朝文共有兄妹5人，父亲常年在外教私塾，家庭的担子全部落在母亲身上。王朝文从小就懂得体谅母亲的艰辛，五六岁就学会帮助母亲做一些力所能及的家务事，八九岁就学做各种农活，还学会了犁田栽秧。

　　王登祥老人有知识、有远见，尽管小时候王朝文也很顽皮，但在父亲耐心的启发教育下，慢慢开化，对学习产生了兴趣。跟随父亲学习私塾五年，对传统私塾的知识学得非常扎实，打下了较好的文学和文字功底。

　　1944年，王朝文被父亲送到本乡的一所小学插班读五年级，没想到期末考试时，王朝文竟然考出了名列前茅的好成绩。正当王朝文准备继续上初中时，抗日烽火蔓延到了贵州。国民党为抗战开辟西南航线，在黄平旧州建飞机场，每家按比例抽丁去修飞机场，王朝文家当抽一个。父亲是一家人的生活支柱，离开了私塾先生这一职业，全家人马上面临断炊的危险。14岁的王朝文只好顶替父亲去劳动。挖土、碎石、背土等各种重活，他都跟其他成年壮劳力一样做。百多斤重的担子他也咬牙坚持着干，手起了血泡、破了皮，脚也肿了，他没有哼一声，从不偷懒。冬天下了雪，没有冬衣，营养不良，很多人病倒、冻死在工地，王朝文却挺了过来。

从小经历这些重体力活的磨砺，练就了王朝文吃苦耐劳百折不挠的个性，王朝文不仅读懂民间和底层的生活疾苦，也理解了新中国建立的伟大意义，这为他后来走上仕途，养成脚踏实地，敢于担当，勤恳服务人民的作风打好了基础。

1949 年 11 月，得知黄平县解放，王朝文赶到黄平县城，报考镇远专区革命干部学校，并以第十三名的成绩被干校录取。从此，他走上曲折而漫长的革命道路，在几十年的工作实践中，不断锻炼，不断成长和进步，成为一名优秀的少数民族高级干部，为黔东南、贵州建设事业作出了巨大的贡献。他 1951 年 7 月加入中国共产党；先后担任黔南苗族侗族自治州州委书记处书记、团州委第一书记、施秉县委第一书记、共青团贵州省委副书记、省青联主席、团中央委员、共青团贵州省委书记、中共贵州省黔东南布依族苗族自治州委第二书记、中共贵州省委常委、贵州省革命委员会副主任兼省科学技术委员会主任、党组书记、中共贵州省委书记、贵州省代省长、中共贵州省委副书记、贵州省省长、贵州省人大常委会主任，第八届全国人大常委会委员、民族委员会主任委员，九届全国人大常委会委员、民族委员会主任委员等职，系中共第十二、十三、十四届中央委员。

司马迁曾说："盖世必有非常之人，然后有非常之事；有非常之事，然后有非常之功。"王朝文从一个普通山里娃成长为党的省部级干部、中央委员，是新中国成立以后在党的培养下成长起来的少数民族高级干部，是黔东南走出去的寥寥可数的杰出人物。王朝文人生取得这样大的成就，他必然有许多常人无法比拟的优点和长处。

古训云：吃得苦中苦，方为人上人。王朝文从小生活在贫苦的苗族家庭，全家人靠父亲一个人教私塾挣钱养家糊口。旧中国的苗乡山寨多是贫困山村，很多家庭把孩子送去上私塾的目的很简单：让孩子学会一点识文断句、学会算账的常识，不至于在生活中吃亏。所以很多孩子读满两年书，就被叫回家去。王朝文父亲收一点学费也只是象征性的，收入并不多，一家人的开支常常是捉襟见肘，入不敷出。王朝文从小就学习种田种地，砍柴割草，农活样样都做过，甚至参加了机场建设这样高强度的劳动。但他从来不埋怨，不气馁，主动担承，积极应对，并尽力做好。参加工作初期，不论是在干校进修学习，还是参加"五大任务"、土地改革等艰巨的任务，只要组织安排，王朝文都果断领命，很快进入新的角色，不怕苦不怕累，下区乡，进村组，与村民同吃同住，一户户做群众思想工作。夜以继日，连续作战，千方百计克服匪患威胁、吃粮困难、住无棉被、群众基础薄弱等重重困难，每次都按时圆满完成上级交办的任务，并在工作实践中脱颖而出，成为同事中的佼佼者。

时势造英雄，英雄顺应时代。能吃苦，不怕累，每次出色完成预定任务，表现出能独当一面的才能。因此受到领导和组织的重视，不断委以重任。1960年1月，仅26岁的王朝文，就经过了多岗锻炼，当上了黔东南州委书记处书记、共青团州委书记、中共施秉县委第一书记等职，成为闪耀在刚成立不久的黔东南苗族侗族自治州政坛的一颗新星。

心系民生，兴办实事是王朝文的从政理念，也是他的善政优良品行。王朝文1983年1月当选为中共贵州省委副书记、省人民政府省长。当时粮食供应和财政资金是王朝文面临的两大急需摆脱的困难，一年要靠国家调拨10亿斤口粮，同时需国家补助10亿元资金，财政才能正常运转。尽管当时农村已实行包产到户，但粮食问题还未得到根本解决，全省3000万人民的吃饭问题是头等大事。通过广泛调研，他把农业厅长赵庆儒叫到面前，提出70亿公斤粮食生产任务，向全省500万亩中低产田和1500万亩中低产土要多增的粮食。赵庆儒厅长满口答应的同时，也提出了反问："你能给我多少投入？""6000万。""不够，一亩两斤杂交良种，50公斤化肥，一年也不少于1个亿。"王朝文早已思考好了解决方案，"我手里只有6000万，钱不够，我再给你一个政策，预购一斤粮食，提前奖售一斤化肥。""好，一言为定，完不成70亿公斤粮食生产任务，明年你罢我的官。"省长王朝文与农业厅长赵庆儒就这样签下了军令状。秋收过后，全省粮食生产超额完成70亿公斤产量任务。第二年，王朝文省长又提出再增收5亿公斤粮食生产任务。在没有更多资金支持的情况下，王朝文采取兑现奖励办法，引导农业系统领导干部群策群力，想办法，出主意，因地制宜挖潜力。1984年，全省粮食丰收，总产量达到75.75亿公斤，产量创历史新纪录。可是1985年，全省出现百年不遇的旱灾，很多地方五六十天不下一滴雨，河水断流，水井枯竭，人畜饮水都成了大问题。王朝文省长心急如焚，他组织省地各级干部，深入到抗旱一线中去。他亲临灾情最重的灾区，到田边地头了解旱情，鼓励干部群众积极开展生产自救，并通过现场了解群众抗旱保苗生产自救的好办法，向各县推广。同时他带领财政、农业、民政等部门的同志前往北京，向中央汇报，请求支援，供给粮食。经过全省干部群众努力，灾情降到最低水平，全省没出现人畜死亡情况。当年的粮食产量比预想的要好。通过这次大的旱灾，王朝文省长下决心要实施一批水利等农业保障基础工程。经过几年的努力，积极争取到了联合国粮食计划署、国务院等一批项目，省里同时设法匹配部分资金，实施了一系列农田水利、坡改梯等工程，粮食产量逐年增加，逐步解决全省人民吃粮问题。

像解决粮食问题一样，王朝文在解决财政、金融、交通、教育、工业、旅游、医疗卫生等方面都是采取实打实的做法。他总是先深入调研，找到问题症结，与一线干部群众研究解决方案，设法加以解决。他抓茅台酒厂就是一个很实在的例子。

1983 年王朝文当选省长不久，就带着分管副省长一道到贵州茅台酒厂调研。当他听到酒厂领导汇报酒厂设施老化，产能严重不足，多年完不成生产任务，还连年亏损，酒厂到了非技改难以为继的状况后，王朝文心情沉重起来。国酒茅台曾经享誉世界，新中国成立以后，周恩来总理亲自提议将茅台酒定为国酒，目前酒厂状况与国酒要求严重不相符。

王朝文亲自带领相关人员到北京，向时任国务委员、国家计委主任的宋平同志作汇报，要求国家对茅台酒厂投资进行技改。这一要求，得到国家计委的大力支持，1985 年开始，茅台酒厂 800 吨国酒技改项目上马。此后，在王朝文省长的重视下，茅台酒厂又经过了几次技术改造，到 1989 年，茅台酒厂产能产量大幅提高。茅台酒厂自主经营茅台酒的份额不断增加，市场不断拓展。王朝文亲自与酒厂的负责同志一起，到重庆、成都、上海、北京等都市进行调研，还出席了在成都举行的专场推销会。举办展销会 3 天，签订了两千多万元的合同。这一年茅台酒厂在全国大都市开设了 21 个经销点，国酒在国内市场全面打开，同时还向国外拓展市场。王朝文任省长期间，茅台酒得到长足发展，先后 5 次蝉联国家名酒称号，4 次夺得国际金奖，为国酒上档升级和上市打下了坚实基础。

王朝文几十年政治生活虽然曲折坎坷，但他总是处变不惊，遇事呈祥，这得益于王朝文敢于担当，实事求是的工作作风。大是大非面前，王朝文总是保持清醒的头脑。在进行深入的调查研究之前，他不轻易发表意见，一经认定为正确的事，他也敢于打破常规，大胆担责，积极实践。

1980 年春天，贵州一场农村改革的风暴正酝酿之中。春节刚过，身为副省长的王朝文，收到铜仁地委两位同志写给党中央主要领导的信的批复抄送件，他一字不漏地看了好几遍。信中说，铜仁山区部分村开始实行包产到户，通过实践，适应当地情况也适应生产力的发展，不应该说成是资本主义，希望得到中央支持，不要说是方向性、路线性错误。这事牵涉到是否与中央政策相抵触的大问题。尽管前不久省里专门发了一个对包产到户进行"纠偏"的文件。但王朝文还是从这封信中了解到一些非同寻常的信息，在农村有些村民自发搞起了不同形式的"单干"。据说相邻的四川省一些群众也在悄悄地进行。"这不是在变相搞分田单干吗？"王朝文心里发起了一个大大的问号，为什么省里明确发文，地委的同志仍然还写信反映这个问题，他感觉这不是一个简简单单的问题。没有调查，就没有发言权。他决定下基层去好好进行一次调研，了解问题的根源。

大年初五，王朝文向省委第一书记请了假，带着省农委的两位负责同志，直奔有"贵州粮仓"之称的遵义。因为这次调研带有"私人"性质，他连秘书也没有带。到了遵义地委，他直接说明了缘由：他来调研就是奔着那封写给中央的信来的，并明确说不让地委的同志陪同。又直接带着调研组往基层进发。他们一口气走访了遵义、湄潭、凤岗、务川等7个县，对沿途30多个公社进行走村进户的深入调研，还到四川省的彭水、南川等地进行暗访。历时21天，不断与村民交谈，到老百姓家、田间地头、农贸市场实地查看，掌握了大量真实反映农民希望包产到户的相关情况。王朝文看到，好多地方因为包产到户，群众生产积极性提高了，农作物实现丰产，农民家里粮食充足，畜禽满圈，市场货物充足，群众脸上洋溢着喜悦。有的村镇因年丰物阜，还玩起了多年停办的龙灯。凡到过承包到户的地方，夏麦、油菜绿油油一片，长势喜人，丰收有望。而那些未进行土地承包的地方，物资匮乏，群众一个个面黄肌瘦，灰头土脸，精神状态很差，日子明显过得很不如意。有的村民居无安所，食不饱腹，睡无棉被，贫困景象触目惊心。四川省的情况也是大同小异。

王朝文心里有了底，他知道真理在哪里了。正如邓小平同志所说：实践是检验真理的唯一标准。事实证明，包产到户是推动和解放农业生产力的有效举措，他的思想也有了180度的大转弯。面对调研现场基层群众的提问，王朝文脱口而说："依我看，你们怎么能吃饱肚子就怎么干，包产到组也行，包产到户也行，怎么好就怎么干吧，我支持你们！"他说这句话时，没有考虑自己头上的乌纱帽能不能保住，但他为自己说的每一句话负责，因为有了深入的调研，他知道自己说的话有了依据和底气。调查过程中，王朝文心里反复回响着《七品芝麻官》那部电影里的一句台词："当官不为民做主，不如回家卖红薯。"

回到遵义，正巧地委组织召开县委书记会议。地委的同志请王朝文讲话，王朝文一改往日谨慎沉稳的作风，说："今天我不以省委书记的名义，也不以副省长的名义讲话，而是作为调研组负责人参加你们的讨论。这次到湄潭、务川、道真、正安、绥阳、遵义等县和四川的彭水、川南调查研究农业生产责任制问题，我找了一些生产队、公社和县的同志进行座谈，亲自到社员家中和田间地头跟群众摆谈。这次学到了不少东西，对我的思想触动很大。我说一说，先征求你们的意见，你们听了先不要传达贯彻执行，因为包产到户是件大事，个人说了不算数。回去要专门向省委进行汇报，看省委有什么指示再说。"他接着谈了这次调研的见闻和感受，表达了对农业也要坚持实事求是原则，坚持实践是检验真理的唯一标准，认真总结经验教训，进一步解放思想，尊重群众的创造和意愿，对于农村出现的"包产到组包产到户"现象，强调不要再"强扭强纠"，表达了个人对农村包产到组、包产到户的支持。他的讲话引起会场一阵议论，有的表示了谨慎的支持，有的也明确表示，这个讲话与中央相关文件有出入，没敢明确表达意见。

从遵义返回省城，王朝文一刻也不敢耽误，立即向省委第一书记池必卿简要作了汇报。池书记也明确表态支持，并立即召开省委书记、副书记会议。那晚的会议很特别，不要记录人员。会上由王朝文作详细的考察汇报，然后由大家讨论。会上绝大多数同志对包产到户能够调动群众的积极性，并表示支持。会上也有人提出，这是一件大事，须请示中央同意再作决定。池必卿书记当场表态说："不要请示了，省委决定包产到户，包干到户，责任自负。"并决定立即召开省委常委会进行讨论。经过听取王朝文的汇报后，常委们讨论后达成共识，决定召开全省春耕生产电话会议，停止纠正包产到组、包产到户，支持群众搞包产到户，搞好春耕生产；同时决定，除少数常委留守工作外，其他人全部下农村进行调研，为下步明确放宽农业政策制定文件打基础。

3月17日全省春耕生产电话会，王朝文承担起这个讲话的重大责任，对全省干部发表了政策性极强的讲话，明确了贵州实行包产到组、包产到户的农村改革方向。王朝文在讲话中还强调："这个讲话，我王朝文完全承担责任。"

1980年9月，中共中央在印发《关于进一步加强和完善农业生产责任制的几个问题的通知》中，慎重地采纳了贵州省委的意见，明确指出，在边远山区和贫困落后地区，可以包产到户，也可以包干到户，并在一个较长的时间内保持稳定。这个文件虽然晚了5个月，王朝文和省委其他同志终于松了口气。

清正廉洁，公私分明，永远保持劳动人民的本色，这是王朝文身上体现出来的又一优秀品格。王朝文身材魁梧，但他衣着朴素，脸上永远挂着老农般纯朴的笑容。工作几十年，他总是战战兢兢，如履薄冰，公是公，私是私，始终保持着清正廉洁的作风。从未用手中的权力为家乡搞特殊化，更没有为亲友谋私利。他家乡那条通村公路是在他的第二个省长任期快结束时，才通过县交通部门的统一规划修通的。他每年都要安排一定时间到基层调研，了解基层工作和老百姓生产生活情况，始终与人民群众保持着密切的联系。

工作四十多年，他兢兢业业，把全部精力用在工作上。尽管离老家不是很远，但他很少有时间回家看望老家的亲人。母亲去世得很早，父亲一个人跟着弟弟在老家生活。王朝文工作后仅回老家7次。

他公私分明，自己的私事决不动用国家的资源来办。1985年，王朝文第二次当选为贵州省省长，工作非常繁忙。一天，他突然接到弟弟捎来父亲重病的消息。王朝文请假带着小女儿乘火车回家探望。因为没有买到座票，他只好用扁担挑着为父亲买的生活和医疗用品，和一群农民兄弟一起，挤在车厢过道上。一位妇女盯着王朝文看了又看，似乎认出了他，高兴地对他说："你是王朝文省长吧？"说着要让座给他。王朝文一边婉言谢绝，一边笑着说："你认错人了吧？可能我长得像王朝文。我不累，你坐吧，女士优先啊。"那位妇女将信将疑，再三让座，王朝文推辞不过，才与大家挤坐在一起。快到岩英站下车时，王朝文才亲切地如实相告："你的眼力真好，我确实就是王朝文，谢谢你啦！"得知省长与大家同挤火车，车厢里的人无不感慨："王省长没有一点架子，与我们农民真是心连心啊！"

退休以后，王朝文仍然继续发着光热，做成了三件非常有意义的事：一是组织整理出版了《中国黔菜》一书，对凯里酸汤鱼、花江狗肉等262道特色黔菜进行整理出书，使丰富多彩的贵州菜进入全国菜系；二是对长期以来自己情有独钟的苗族医药组织申报工作，在他的努力下，黔东南156个苗药获得了卫生部的审批，使黔东南苗药发挥其独特功效，名正言顺造福广大患者；三是组织编写出版240万字的《苗族通史》，结束了苗族无史籍的历史。

（本文2022年入选《中国民族自治州风采·黔东南卷》）

芦笙，伴随他军旅生涯四十载

  1979 年 12 月 6 日的滇西，天高云淡，和风轻拂。昆明军区某部大操场军旗猎猎，号角急鸣。400 多名新兵在参谋长的指挥下跑步入场，列阵肃立。

  很快，40 多岁的部队首长方文安在特务连连长吕志贤的陪同下来到现场。这是一次新兵检阅，同时也有一项任务：从新兵中挑选警卫员。首长面容和善，表情庄重。他站在新兵方阵面前正准备讲话，忽然发现，第一列倒数第三那位新兵背着一把长长的猎枪，他转头对吕连长说："怎么搞的，新兵入伍还带猎枪？去看看那个新战士是怎么回事！"得到训示，那位战士跑到首长面前，向首长行了个军礼，用不太熟练的普通话说："报告首长，我背的不是猎枪，是我们苗家人的乐器——芦笙，古时候是苗族人征战时冲锋陷阵吹奏的号角，现在是我们苗家人生活中最喜爱的乐器。因为我从小就喜欢吹芦笙，所以把芦笙带到了部队。"看着这位个子虽然不高，但五官端正、眉清目秀、遇事不惊的小战士，首长露出了微笑，点点头说："好，好！入列。"他又扭头对吕连长说："这个小兵可爱，等新训结束了安排他当我的警卫员。"这位机敏而与众不同的新战士，就这样成了首长的警卫员。

  当年的这位新战士，就是如今西部战区军级苗族军官李通斌。他一步一个脚印，当过首长警卫员、特务连文书兼军械员；参加对越作战，考取军事院校后，当过新闻干事、连指导员；当过新华社军分社记者；当过原十四集团军《南疆卫士》主编，先后立功 8 次，其中荣立战功 2 次。

  李通斌 1962 年 6 月出生于剑河县柳川镇乃寿村一个普通的苗族家庭。父母亲虽然连汉话都不会说，但他们知情达理，爱国爱家，为国家输送了两位优秀军人。李通斌的二哥李通顺也参过军，1979 年对越作战中荣立战功，负伤评残。李通斌坚决要求参军，在一定程度上是受到二哥的影响：希望到部队成边卫国，杀敌立功。1979 年高考时，李通斌考出了全县文科第五名的好成绩，按分数完全可以被录取成为高校的学生，但他放弃了志愿填报，他的目标是既当兵打仗又要考军校，实现大学梦。

李通斌从 3 岁就开始学习吹芦笙，学跳芦笙舞。他有一个表姐长得聪明伶俐，非常漂亮，是李通斌小时候最要好的伙伴。他俩一起玩耍，形影不离。5 岁时，嫂子开玩笑说："弟，你那么喜欢表姐，以后长大了就娶你表姐为妻子吧！"12 岁的表姐红着脸腼腆地对他说："如果你吹芦笙吹得全村最好，那我以后就嫁给你。"幼小的李通斌懵懵懂懂，但她记住了表姐的话：只要把芦笙吹得最好，美丽的表姐就会嫁给他。从此以后，他就特别卖力地学习吹芦笙，熟练掌握了吹奏技艺。他满 11 岁时，方圆二十公里的村寨都知道他是吹芦笙高手。只要他一吹奏芦笙，即便是黑夜，村子里的男女老少都听得出是他在演奏。听到他吹奏芦笙，村子里的小伙子姑娘们就会围着他跳舞欢聚。李通斌上山帮助父母干活，外出走亲访友，到学校去读书，都会带上他心爱的芦笙。

李通斌 12 岁那年，表姐找到他，将一支精美的芦笙送给他，含着眼泪对他说："表弟，我不能兑现承诺嫁给你了，过几天我就要嫁给你的一个哥哥。你还小，只要你像吹芦笙那样刻苦，好好学习，将来一定会有比我漂亮的姑娘嫁给你！"李通斌看着美丽动人的表姐就要成为别人的新娘，他别无选择，也不能阻挠，只好吹起一曲忧郁的芦笙曲为表姐真诚祝福。从此，他把表姐赠给他的金芦笙带在身边，从家带到学校，又从学校带到部队。

当了首长警卫，首长第一天找他谈话："小李啊，你是高中生，字写得不错，还得过剑河中学钢笔书法比赛第一名，今后工作之余我指导你写新闻、散文吧！"

李通斌带着疑虑的语气说："首长，我 12 岁才学汉话，接触汉族同学，能行吗？""怎么不行啊？我是彝族，小时候给地主放牛，没上过学，斗大的字不识一个，解放前 12 岁入伍，解放后上了解放军速成学校，如今我写的材料常被上级转发呢！你是高中生，文化水平比我高，只要发奋努力就一定成才！"在后来的闲聊中，李通斌得知，首长也是穷苦人家的孩子，他脸上的那道伤疤，就是小时候给地主家牵牛耕地，地主嫌牛走得慢，过来对着牛猛抽一鞭，牛受了惊，慌忙中甩头一挑，牛角在首长脸上留下了这道永远的印记。李通斌明白了，首长之所以告诉他这些，是鼓励他不要自卑，要自强自立，靠自己的努力奋斗为部队作贡献，并改变自己的命运。

从那以后，只要有时间，他就认真读书看报，学习写文章向报刊投稿。当新兵的第一年，在经历过多次投稿失败后，有两篇新闻稿件见诸报端，而且是刊登在军区的《国防战士》报上。文字变成了铅字，李通斌高兴得欢呼起来，他拿出心爱的芦笙尽情地吹。首长知道后与他一起欢庆，并给他嘉奖。此后，李通斌的芦笙演奏成了他业余生活的调味品，每逢战友们空闲在一起的时候，他就吹上几曲芦笙，为大家解乏娱乐。他的芦笙曲调也成了他投稿成败的一个信号，每当听到李通斌节奏欢快的芦笙响起，首长就会高兴地说："小李肯定又有作品发表了！"一旦听到李通斌演奏的曲调低沉，充满感伤，首长就会知道，李通斌大概十天半月稿件未被采用，他心里难过了。首长就会对李通斌说："小李，把稿子拿来，我们研究研究，看看存在的问题在哪里。"首长就把李通斌的稿件通读一遍，把文章的优点缺点、存在哪些问题跟他好好剖析一遍，手把手指导李通斌修改稿件。李通斌新闻写作技能就这样一步步提高起来。李通斌打心眼里敬佩和感谢这位倍加关爱自己的领导，引导他不断进取和进步的贵人。1988年9月，首长方文安被授予少将军衔，当他警卫的李通斌也提任十四集团军通信团二连上尉指导员。

李通斌在学习上非常勤奋，写作十分刻苦。还健在的老首长方将军，谈起李通斌刻苦勤奋的事，记忆犹新。方将军介绍："通斌在给我当警卫员时，他的战友业余时间在休息，他却在学习和写作。营房前有棵大树，可以遮阳避雨。为了不影响其他战友午休，通斌就在树下摆上一张小凳子，以树为靠背，以膝盖为桌子，经常一个人在树下读书和写作。"经过勤学苦练，李通斌写的稿件质量不断提升，中稿率不断提高。入伍的第二年，他利用业余时间写稿在报刊上发表28篇，被军区《国防战士》报评为优秀通讯员，荣立三等功。入伍第三年，他写的小说《嘎洒和他的未婚妻》被《国防战士》报副刊一个整版刊用，引起了很好的反响，编辑还给小说写了评论。

1982年3月，李通斌光荣入党。当年5月，鉴于他在新闻写作方面的突出表现，部队把他从特务连文书兼军械员的岗位调入团政治处，专门从事新闻报道工作。因为成绩显著，连年荣立军功，被军区有关部门连续评为优秀新闻工作者、优秀通讯员。

1984年，李通斌随部队参加了老山对越作战。在20多天的战斗时间里，他除了作战外，还冒着枪林弹雨采访，及时发出战地报道，共有19篇报道被全国有影响的报刊采用，其中有一篇被《解放军报》用于头版头条。这期间，他多次经历生死考验，每次都奇巧地躲过了凶险。一次他在战士罗开友的护送下，到一个高地采访。中途发现老百姓的一头水牛被打伤在河里，正在水中挣扎，殷红的鲜血染红了河水。眼前那头受伤的水牛，激起了李通斌难忘的回忆。他出生的时候，家中的一头小水牛也同时出生，奶奶为他接生，爷爷给小水牛接生。小水牛陪着他一起长大。早晨，他骑着水牛到河边放牧，牛在河边吃草，他在河畔钓鱼。傍晚，他又带着一篓鱼骑着水牛，在灿烂的晚霞下愉快地回家。有一次洪水突然猛涨，又是水牛驮着李通斌劈波斩波，渡过滚滚江流，安全回家。牛通人性，人牛如友。每次离家，李通斌都要到圈前跟牛说两句道别的话，并给牛添上一把嫩草才离开。15岁那年，在县城读书的李通斌忽然看到母亲来学校看望他，说水牛年老，病重多日，常常望着家人泪水涟涟，也许是牛知道自己来日不多，想见李通斌一面。李通斌马上向老师请假，与母亲一起火速往家赶。当李通斌赶到家时，看到牛已气息奄奄。李通斌抱着儿时的伙伴，禁不住泪流满面，水牛就在李通斌的安抚中悄然离去。李通斌叫父亲把牛角锯下来，制作成一双精美的酒杯，留作永久的纪念。

来自农家对牛有着浓厚情感的李通斌，深知一头牛对于一个家庭的意义，牛能耕地能练肥，堪比一两个壮劳力，还能繁育小牛，增加家庭收入，一头牛很可能就是一个家庭的半个家产。眼前这头牛成了这场战争无辜的伤者，他不顾安危，要救下这头水牛。正当他与战士罗开友一个牵着牛鼻，一个从后面推，奋力想把水牛救上河岸时，越军发现了他们。一发炮弹打来，落在他们身边爆炸，战士罗开友受了伤。李通斌赶紧给受伤的战友作简单的包扎，背着他跑回战地救护所，救下了受伤的战友。为此，他还被部队记了三等功。这是他经历的第一次生死考验。此后，又多次经历险情，他都是非常机巧地化险为夷，没有受一点伤。很多战友却在他眼皮下身负重伤，甚至失去宝贵的生命。战火的洗礼让他理解了生命的价值和平安生活的可贵，他倍加珍惜部队给予的机遇，更加刻苦努力做出成绩，也因此不断进步。1989年考取南京政治学院（现国防大学政治分院），以作文分为成都军区数千名考生第一名的成绩，被该院优先录取，成为该院新闻系的第一个苗族学员。在学院学习期间多次接受重大采访任务，均能出色地完成，采写的稿件多次被老师当成范文，受到学院嘉奖。他毕业后被安排到新华社军区记者站工作，采写的新闻稿件大量被新华社和其他媒体刊发和转载，其中他采写的《摩梭人有了第一位师级军官》《"火娃"结婚了》等5篇消息、通讯被《人民日报》国内版、海内版采用，分别被新华社评为年度二、三等奖。1993年，根据李通斌的志愿，他被调到军区战旗报社工作，先后采写了一系列有分量的人物通讯，采写的新闻人物有多人成长为师级以上干部，有两人当了将军。他报道多篇拥政爱民先进典型等通讯稿件和其他系列报道分别获得全国、全军、军兵种、四川省好新闻奖一、二、三等奖。2004年9月，他被军区政治部任命为报社政治工作室副主任，他先后参加了昆明陆军学院、西南师范大学在职学习，取得了研究生文凭。2006年11月，李通斌参加全军高级职称答辩，以满票通过取得高级职称。2007年底，组织根据李通斌的能力和工作实绩，提升他为战旗报社编辑三室（军事、后勤、装备）主任。2008年，他带着全室同志深入汶川地震灾区一线采访，发扬艰苦作战精神，白天采访写稿，晚上精心编稿排版，经常加班加点到凌晨，及时报道救灾一线情况。采编的稿件和编排的版面都受到参加救灾各军区、军兵种高度称赞。因成绩突出，2009年11月，李通斌被中宣部等多家单位联合授予"全国优秀新闻工作者"称号，受到李长春等党和国家领导人的接见。2006年，李通斌被提升为专业技术6级，享受正师级待遇；2013年被提升为副军级军官；2016年随报社编入西部战区陆军政治工作部。

至 2019 年，正是李通斌带着芦笙从军整整 40 年。表姐当年给他的"冲锋号"芦笙，激励着他在军旅生涯中奋勇向前，成为少将级军官。他曾连续三年在成都军区政治部春节联欢晚会上与战旗文工团的演员们同台演奏，第一年是他一人上台演奏，第二年是他和儿子、表妹登台演奏，第三年是他和同样是军人的妻子以及在电子科技大学读研究生的儿子一家人登台演奏，为此美名传遍成都军区部队。李通斌还经常被军内外单位和朋友邀请去演奏芦笙、演唱苗族飞歌。

透过芦笙，我们不但看到了李通斌奋斗成长的精彩历程，也感受到了李通斌对本民族文化那种执着而深沉的眷恋之情。无论何时何地何种岗位，李通斌都用一个合格的共产党员标准严格要求自己，牢记军人的职责和使命，听党指挥，服从部队安排，不忘入伍初心，永葆艰苦奋斗作风。他是黔东南苗岭深山走出来的苗家优秀的儿子，更是部队培养出来的优秀军官，为黔东南后辈青年成长成才树立了成功的榜样。我们为他的自强不息、不止奋斗，并取得辉煌业绩的成功人生点赞、喝彩。

（附李通斌简历：李通斌，苗族，祖籍贵州省剑河县。1985 年 6 月毕业于昆明陆军学院，1991 年 7 月毕业于解放军南京政治学院新闻系，2003 年 6 月取得西南师范大学研究生文凭。1982 年 3 月，在步兵第九十六团特务连加入中国共产党。1979 年高中毕业入伍后任昆明军区十一军方文安将军的警卫员，1986 年底之后先后担任成都军区十四集团军《南疆卫士》报社主编、新华社军分社记者、成都军区《战旗报》社军事后勤装备编辑室主任等职。2006 年 6 月提升为副师级，2009 年 6 月提升为正师级，2013 年底提升为副军级。2016 年初被调入西部战区陆军机关工作，2022 年 6 月作为军级军官满服役期后被返聘回部队做军史工作。先后 8 次荣立二、三等功。1984 年，李通斌参加老山对越作战，在火线上奋不顾身抢救战友黄光平、罗加友，在"十五勇士高地"与战友一道毙敌多名，采写的十五勇士事迹被解放军报加框刊登于头版头条。1981 年至 1986 年连年被军区表彰为"优秀新闻工作者"；2009 年被中宣部等 6 个部门联合授予"全国优秀新闻工作者"称号。）

（本文 2022 年入选《中国民族自治州风采·黔东南卷》）

怀念侗族艺术家李万增

　　李万增先生别离我们远去数年了，但他勤苦耕耘，坚韧执着，无私奉献的艺术人生，为黔东南文艺后辈们树立了典范，值得我们追忆和怀念；他不怕困难，挑战命运，生命不息，奋斗不止的"耕牛"精神，给黔东南文艺界留下了一笔宝贵的精神财富，值得本土青年学子们学习和宏扬。

　　黔东南无论是美术史还是文学史，李万增先生都是不能绕开的人物。他1927年出生于剑河县南明镇司头寨，2009年病逝，系剑河县文化馆原馆长，是新中国成立后黔东南老一辈德艺双馨文艺家的杰出代表，也是黔东南建州以来第一代知识分子的优秀代表，系中国美术家协会、中国版画家协会、贵州省作家协会会员，文化系统高级研究员。他一生扎根基层，惜时如金，不辍耕耘，著作等身，创作数百幅美术精品，出版画集5部，出版文学作品8部，是贵州省第一位到中国美术馆举办个人画展的美术家，1994年获得中国美术专业最高奖"民族百花奖"，1999年获得中国文化艺术政府最高奖"群星奖"，两次登上了中国文化最高荣誉殿堂，在黔东南文艺史上写下了辉煌的一页。他还曾荣获中国侗族文学奖——"风雨桥奖"，铸造了黔东南文艺创作的高峰。

　　李万增先生是我家乡剑河县南明镇走出来文化名人，从中学时代起，我就听了到李万增先生的名声。先后从李万增先生《娘花与太阳的儿子》《多情的红豆树》《情洒山乡》等民间故事集和散文作品集中，真切感受到了家乡多姿多彩的文化魅力和先生对故土浓郁的文化情结，这对我后来走上文学之路具有深刻的影响。

　　1994年我大学毕业分配到凯里晚报社工作，长期任副刊编辑，也经常编发先生的文学作品。特别是有一年《凯里晚报》选载李万增先生与其儿子李代权合著的长篇传记文学《将军梦》，也是我做责任编辑。《将军梦》系统全面记述了民国时期家乡南明镇与天柱北伐名将王天培同时代的李世荣将军的一生。我由此了解到，李世荣将军少年时与王天培一起启蒙教育，1908年两人同时考取贵阳陆军小学堂，毕业后又与王天培一同保荐到湖北陆军第三中学，参加武昌起义，因作战勇敢，获"智勇兼全，勋劳卓著"的评价，受到中华民国临时政府通令嘉奖，后保送到保定陆军军官学校炮科学习。李世荣忠诚追随孙中山先生革命，后受孙中山先生重托，回黔东南组建国民革命军第十一军，在贵州南部重镇榕江县成立了军部，组织部队与桂系军阀交战兵败，后因孙中山先生病逝，辛亥革命成果为蒋介石窃取。蒋放弃孙中山先生联俄联共扶助农工三大政策，大肆捕杀和清剿国民党军队里的共产党人。亲近和保护过共产党员的同乡好友战功赫赫的北伐名将王天培被蒋介石以莫须有罪名陷害，李世荣将军对革命产生悲观情绪，加之自己曾身受严重枪伤，旧疾时常发作，于是解甲归田，于南明镇老家八十溪创办四维小学堂，潜心教育家乡子弟。新中国成立后，李世荣被省政府骋为省文史馆馆员，正准备赴任却突然病逝于老家八十溪。正因为受到李世荣将军教育思想的洗礼，南明镇区人才辈出，特别是李世荣将军的老家八十溪，新中国成立后出了多名县长。

李世荣系李万增先生本族长辈，李万增先生学生时代多次拜访过他，听他详细讲述平生革命故事。正是因为李万增先生亲听老将军细述经历，后又花大量心血采访收集资料，《将军梦》这部文学作品史料翔实，生动感人，成为黔东南最早以传记文学形式记录历史人物的文学作品之一，他开创了黔东南人物传记创作出版的先河。

李万增先生的美术创作成就，主要体现在版画和国画。如他的版画《李万增民族风情画集》，是他矢志不移地挖掘黔东南苗、侗等民族题材，用民族风情画来展现民族精神风貌、弘扬民族文化的集中体现。其作品取材精当、画面简洁，大胆运用夸张、象征、想象、借代等艺术手法，把民族风情、自然风光、生活场景和时代特征紧密融合，色彩对比分明，流溢着独具乡土特色风俗画的美感，具有强烈的艺术感染力，让人过目难忘，印象深刻。其另外一本画集《伟人名人与黔东南》是他的另一部代表作。艺术家把曾经与黔东南有交集的伟人名人在黔东南的故事，以国画的形式进行讲述和表现。其中有一幅题为《毛主席苗寨送寒衣》的国画，给人以强烈的艺术震撼力。这件作品在占据相当画面的镰刀斧头标识的红军军旗和苗族村寨吊脚楼的陪衬下，一批红军将士（其中有苗族着装的红军战士）正深情地注视和见证着红军长征途中毛主席向苗族老人送毛衣的真实事件。画面中间，身材高大挺直面带微笑的毛主席，正把一件折叠整齐的毛线衣，捧着送给一位衣着破旧的苗族老妇人。这幅画主题突出，历史感很强，生动地展现了红军长征过少数民族地区红军将士对贫苦群众的无限关怀之情。随中央红军一起行军的陈云同志曾在行军日记中记载过这件事。在红军物质条件并不宽裕的条件下，毛主席毅然脱下身上御寒的毛衣，送给更加困难的苗族群众，体现了毛主席伟大的人格力量，也体现了红军将士与少数民族群众之间的军民鱼水情。

这是李万增先生在基层采风过程中挖掘到的长征感人故事。他有感而发，创作了这幅正能量满满的国画作品。这幅作品后来被多家单位作为红军长征故事收存。剑河县通过组织人员深入挖掘了解到，毛主席赠送给苗族老人的那件毛衣，为毛主席夫人贺子珍亲手所织。2022年我有幸到故事发生地采访，苗族老人的孙子回忆，老妇人带回毛主席赠送的珍贵衣物，也一直舍不得穿，长期密藏在木箱里，直到新中国成立后，国家征集长征历史文物，苗族老人的后人才把这一珍贵文物捐赠出来，据说现存放于遵义历史博物馆。

李万增先生的美术作品无论是版画还是国画，始终饱含着浓浓的家国情怀，艺术家总是以饱满的激情，坚持以人民为中心的创作理念，记录着黔东南独特的民族文化、历史故事和人民群众的生产生活，反映时代的变迁和黔东南经济社会的发展和进步，也体现了艺术家对家乡人民追求美好富足生活的良好祝愿。

他的美术成就得到国内众多知名艺术家的肯定和赞誉，他有70多件作品分别在《人民日报》《中国舞蹈》，新西兰《先驱报》等数十家国内外报刊发表；其版画《太平鼓》《伴嫁歌》等70余件作品先后在欧美、东南亚、澳大利亚、新西兰等地展出，并得到英、法、日等国画家的高度赞赏。《银春》《高原风韵》《苗山木鼓》《请来侗家吃油茶》等30多件版画精品被国家美术馆、神州版画博物馆、黔东南州民族博物馆等单位珍藏。中国版画家协会主席王琦先生对他的版画给予高度评价，并提词赞誉："刀下民族情，版上抒情诗。"世界知名画家、国家一级画师杨抱林先生赞扬他的画：具有"浓烈的民族民间味，加之有意识的夸张，强调生活中的装饰情趣，构成其作品独特的个人风格"。著名画家宋吟可先生对他的版画十分推崇，认为他的画"粗犷朴实情趣感人，耐人寻味，画出了民族魂"。著名国画家、全国人大常委会委员、贵州省文联原主席杨长槐先生评价他的画："总是充满了神秘、古朴的艺术美感与魅力，能唤起人们无边的遐思。"

李万增先生1983年开始担任剑河县文化馆馆长，长期致力地方文化发掘、整理、发展等基础工作。他从来不摆架子，他是馆长，又是业务骨干。他总是身先士卒，开拓进取，忘我工作，为改变剑河县文化落后面貌做了大量卓有成效的工作，通过努力，使剑河县文化工作跃入全州、全省、甚至全国先进行列。李万增先生是剑河县"六月六"文化节这个群众文化品牌的倡导者。"六月六"对歌是贵州、湖南、四川三省交界地区的传统习俗，每年古历"六月六"那天，邻近村寨的青年男女自发聚集于当地河滩、山坡对唱山歌至深夜，尽情欢乐。1987年，万增先生有感于剑河大桥通车庆典的空前热闹，许多青年男女彻夜笙歌的盛况，决定由文化馆组织"六月六"民歌大赛。"六月六"那天，贵州、湖南、四川三省交界地区及黔东南各县的民间歌手云集剑河，活动产生了重大影响，得到州省有关领导的充分肯定。此后，剑河"六月六"民歌大赛以不同的形式连续举办，逐渐成为地方的群众文化品牌，并被推广到榕江、天柱、锦屏等多个县。

李万增先生是剑河"中国现代民间绘画之乡"的奠基者，1985 年开始，李万增先生把工作重点放在民族地区文化扶贫事业上，带领文化干部组织辅导群众创作的农民画、少儿画作品走出苗岭大山，走向国内外。在他的影响和带动下，剑河县一大批文艺人才茁壮成长，每年有 30 多位美术、文学爱好者在各级报刊发表作品和获奖，有的成为各级美协、作协会员，有的考上了艺术院校。特别让他欣慰的是，他力排众议，领着文化馆美术干部经过多年呕心沥血的努力，硬是把文化极其落后的剑河温泉苗族村落打造成了被文化部命名的"中国现代民间绘画之乡"。

因为工作成绩突出，1990 年李万增先生被文化部表彰为"全国先进文化馆长"。

李万增先生平时工作很忙，他所有的创作成果都是充分利用业余时间完成的。他是一个惜时如金的人，没有任何不良喜好，工作之余，就是争分夺秒挤时间创作。每天下班回到家里，他就一头扎进创作室，继续写作或者作画，到了废寝忘食的地步。

真切感受到他勤苦耕耘的精神，是我 1988 年还在上高一的时候。我大哥与李万增二儿子李代权是大学同窗好友，一次从台江县到剑河来出差，大哥邀我一起去拜望李万增先生。到家之后却好久见不到艺术家身影。直到吃饭的时候，家里人几次到创作室去叫他，他才出来与大家一起吃饭，原来他一直在书房潜心创作。

李万增先生看起来很精瘦，头戴着个鸭舌帽，戴着眼镜，眼眶深陷，却很有精神，说话斯文但很有亲和力。见我们来访，他很高兴，简单聊了些家常，问询大哥的工作和我的学习情况什么的，就像我们假期时父亲向我们征询情况的样子。他吃饭也很简单，不喝酒，吃菜也不挑剔，平时家里炒什么就吃什么。席间他很快吃了两碗米饭后，说了句："你们慢慢吃，我忙我的去了。"还专门对大哥和代权哥他们喝酒的几位年轻人说："你们慢慢喝，还是少喝一点！"很显然是担心年轻人喝酒把身体喝坏了。

那是我第一次见到李万增先生，他那种闭门笔耕平易近人的的形象，给我留下了非常独特的印象。

后来我参加了工作，李万增先生时不时来凯里看望我。有时候是给我送他新出版的书籍，有时候是送他亲近创作的一些文学作品稿件。他还专门创作了一张竖幅国画《雄鹰图》送给我。一只遨翔长空的雄鹰，目光犀利，俯视大地，很有视角冲击力。先生用心良苦，意思是鼓励我们年轻人要像雄鹰一样，搏击长空，勇于挑战困难，做时代敢为人先的弄潮儿。先生每次来看我，都以一个普通长辈的身份，问我最近忙些什么，有什么新作，说些要多看书多写作多出成果之类的勉励话。离开时，都把我为他准备的有他作品的样报收集起来，一张张折叠好，放到一个大信封里，说是要带回去收藏好。有时候他也愿意留下来跟我吃个饭，他总是叫我不要多点菜，以免吃不了浪费。他总是两小碗米饭，吃完后再喝一点汤。从来不喝酒，也不喝饮料。有时候邀请两个作家艺术家陪他吃饭，给他也倒一小盅酒，他总是酒到嘴边沾一下，到席散，一盅酒原来酙多少里面还是多少。李万增先生对物质生活方面无欲无求，过得很节俭。据说他到省城贵阳出公差，也是住一般民工住的最便宜的小旅馆。有同事问他为何这样为国家节省，他很认真地说，现在我们国家还不富裕，县里财政还很困难，能节约一点是一点。

但在艺术创作方面，他从来都舍得花时间和精力，经常是每天连续十几个小时地工作，不分节假日，长年累月，乐此不疲。其实李万增先生的身体向来不是很好，从他的儿子为他写的传记中，得知他青年时期曾得过严重的肺病，长期与病魔作斗争并赢得最后的胜利。工作后又因为长时间夜以继日地努力工作，他得了严重的眼疾和胃病，可以说，李万增一生都有病痛陪伴着他。也许曾经经历了生死的考验，他对身上的顽疾总是等闲视之，不到万不得已，他很少上医院看医生。长期过度用眼形成的那种眼疾，还真是折磨人，眼睫毛倒向里长，经常刺得眼泪直流，几次到医院诊治并作手术，又反复发作，没有可以根治的办法。有时候为了创作，他就截一段火柴棒将眼睑撑起来，以免眼睫毛刺痛眼眸，继续伏案创作。

晚年他摔伤住了院，担心完成不了规划好的回忆录，他就在病床上一边治疗一边修改书稿。正是他这样一种忘我的创作态度，成就了他文艺创作丰厚的成果。

去年8月，由李万增先生儿子李代权老师为他创作的传记《他不仅仅是来过》正式出版发行，黔东南州文联组织30多位作家艺术家赶到剑河参加发行会，对先生的艺术人生和创作成就给予高度赞誉和肯定。今年1月，州美协又在剑河南明镇司头寨李万增先生旧居授予"艺术家李万增版画艺术研习基地"牌子，旨在进一步宏扬李万增先生勤奋耕耘的敬业精神，激励更多后辈文艺青年多出作品、多出精品，为黔东南文艺筑高原铸高峰而努力奋斗。

（本文为纪念艺术家——李万增传记出版发行创作，发表于《杉乡文学》）

特色风物

酸汤美食

提起美食，到过黔东南的人立即会想到酸汤鱼。酸汤鱼作为酸汤美食中的代表，经过一两代从业者的踏实经营和努力推介，已经走出山门，走进都市，成为享誉神州、名播海外的民族优秀特色美食，是黔东南州改革开放数十年来开发较早、受惠者众、影响深远的重要成果之一。在黔东南州膳食专业人士多次组织参加全国美食博览会获奖作品中，几乎每次都少不了酸汤美食。酸汤美食扮演着黔东南州民族餐饮产业的重要角色，酸汤鱼等苗侗民族美食成为接待海外宾客、国家领导人及各级来访领导、嘉宾、学者的必备美食，是黔东南首府凯里民族美食的一道亮丽招牌，一张醒目的外宣名片。

大凡品食过酸汤美食的人，无不对其独特的风味和良好的口感产生深刻印象，产生无限眷恋，不时回头光顾，百食而不厌。酸汤美食之所以受到消费者的欢迎和青睐，除了厨师精湛的做工，更缘于酸汤传统的酿制工艺和有益的营养成分。黔东南的酸汤名目繁多，主要分为荤素两大类，素酸汤选用各种时令蔬菜，配以木姜籽等佐料制成，荤酸汤主要以动物肉为原料烹制而成，辅以菌类及各种时蔬为主。若以汤的味道来划分，有咸酸汤、辣酸汤、麻辣酸汤、鲜酸汤、涩酸汤等；如以汤的原料来分，则有鸡酸汤、鱼酸汤、虾酸汤、肉酸汤、蛋酸汤、豆腐酸汤、毛辣角酸汤、菜酸汤等；如以酸汤发源的历史来分，又可以分为苗族酸、侗族酸、水族酸等。而在本土传播最广、食者最多、最为常见的要数苗族侗族的素菜酸汤、鱼酸汤、毛辣角酸汤、辣酸汤，在这几种酸汤中，又以苗族鱼酸汤影响最大。

制酸汤的原汤白米酸是苗族群众千百年来在征服自然改造自然的劳动与抗争中总结出来的伟大成果，是苗族人民智慧的结晶。由于苗族没有文字，米酸的起源已无从考证。黔东南苗族民间流传着这样一个故事：相传在远古时候，苗岭山上居住着一位叫阿娜的姑娘，不仅长得貌美，能歌善舞，且擅长酿制美酒，她酿的米酒馨香如幽兰，甘洌似清泉。方圆几百里的小伙子都来向她求爱，姑娘对来访的小伙子都热情接待，给每个小伙斟上一碗自酿的美酒。那些不被她看中意的小伙子，喝了这碗酒，只觉味道甚酸，心里透凉，但又不忍离去，夜幕降临时，小伙子们来到姑娘房前屋后吹响芦笙、唱起山歌，呼唤姑娘出来相会。姑娘隔着花窗与小伙子对唱："酸溜溜的汤哟，酸溜溜的郎，酸溜溜的郎哟来听阿妹唱，三月槟榔不结果，九月兰草无芳香，有情山泉变美酒，无情美酒变酸汤……"委婉地拒绝了小伙子的求爱。这个故事反映了苗族姑娘的聪慧机智，也提供了一个信息：苗族的酸汤最初可能是用烤酒取的尾酒制成的。民俗学家推想，酸汤的产生可能比水酒、豆腐的产生还要早。可能是苗族先祖们在农耕业和冶陶业产生并相对发达以后，有了正常的烹调活动，并有了储存生活用水的器物等物资条件后产生的。可以想象，在遥远的历史某个风和日丽的夏天，一个部落或者一个家族的一位勤劳善良的妇女，在煮饭的过程中将煮沸的多余的米汤滗将出来，随手倒到旁边空闲的容器里，次日又在同样的烹调工作中再次将煮沸的淘米水倒入器具中。如此反复数日，遗存多日的淘米水盛满了陶罐。在燥热的空气中慢慢自然发酵，继而散发出淡淡的清香。这清香引起了妇女的注意，她大胆地舀起一小匙品尝了一下，觉得有点滋味，于是又品尝了一口，感觉味道不错，于是推荐给其他人。几个人尝了都觉得不错，于是试着用于做菜，很显然，经过煮制的酸汤味道要好得多，一个惊喜由此在部族群落之间传开——苗族米酸汤诞生。其制作工艺在经过反复实践与改良后其本固定，并一代代传承下来，成为我们今天得以大快朵颐的风味名食。凯里版画家王健有一组颇有影响的剪纸作品，描述苗族群众在艰难的迁徙历程中，物质贫乏，少有食用油，苗家人就发明了酸汤，以酸汤代替油，撑起苗族先人们迁徙的那些艰辛而漫长的岁月。这组剪纸作品想象丰富，构思巧妙，感染力强，给人留下深刻的印象。从另一个角度反映了酸汤产生的历史背景和对苗族人民生活的积极影响。到底酸汤是怎样酿成的，我们已无从知晓了。可以肯定的是，酸汤产生后并长时间伴随着苗族人民的生活，成为苗家人日常膳食的重要组成部分，是苗家人一生最钟爱的食品之一。传统老酸汤不仅可以做菜，还可以入药。苗岭山麓许多苗族山寨都有苗家人用老酸汤救治中毒、发痧、中暑等急症患者的例证。至今仍在苗族群众中流传着一句顺口溜："三天不吃酸、走路打摆蹬（趔趄或者打跟斗）"，说明苗族人民对酸汤的喜爱程度之深。

发明酸汤的苗族先人们只知道酸汤味道好，喝起来感觉舒服，对一些病症有一定疗效，却不知道酸汤味道鲜美的原因，对人体有什么益处，有效治疗病症的原理是什么。当代美食家、营养学家通过多年实践和研究，已初步了解了酸汤的成因、性质、物质和功效，发现酸汤美食具有生津止渴、开胃健脾、消食理气等功效，使酸汤得到更加全面的认识和科学合理的开发利用。

传统的白酸是用清米汤在酸汤桶中慢慢发酵而成。简单制作白酸的方法是：

将 300 克老面搓细后放入盆中，加入 5 千克清水，充分溶解后倒入锅中置于火上，边加热边搅拌，再将 100 克糯米粉（或用玉米面、黄豆面）用清水调匀后倒入锅中。待锅中汤汁烧沸后，起锅倒入坛子内封好口，放在室温 35 度的地方静置数天。色泽乳白、酸味纯正的白酸就酿成了。此后随时取用随时屪入适量的淘米汤，可长时间保存。这是目前最常用的制作米酸的简单方法，但不是所有人一做就成，添加汤水的多少、温度控制得如何，都可能影响酸汤的成败和品质。据专家对纯正的米酸进行化学分析，苗族米酸中主要含有一定量的乳酸、酒石酸、苹果酸、乙酸、柠檬酸等有机物质。又通过对酸汤中的微量元素进行测定，发现酸汤中含有钙、磷、铁、锌等有益于人体的矿物质，其中钙和磷的含量相对较高。食品营养学的研究表明，人体内矿物质主要存在于骨骼中，起着维持骨骼刚性的作用，而且集中了 99% 的钙、磷、锌等。苗族酸汤中丰富的钙、磷、铁等对保持神经、肌肉的兴奋以及维持肌体的酸碱平衡具有重要作用。研究者还发现，酸汤并非呈酸性食品。首先，苗族酸汤主要由乳酸菌发酵产生，而乳酸在人体内燃烧后将变成水和二氧化碳，因此，苗族酸汤属中性食品；其次，酸汤中含有丰富的钙、磷等碱性成分，而在酸汤鱼等美食中含有酸性成分（如磷和蛋白质等），它们在人体内形成酸性物质，可降低血液中的 ph 值；第三，苗族酸汤美食中都配有多种蔬菜，由于蔬菜中含有丰富的钙、镁等微量元素，在体内代谢后生成碱性物质，能阻止血液等向酸性变化。因此可知，酸汤是酸性和碱性相对平衡的食品。不论从营养学、美学的角度来看，酸汤美食都是餐桌上不可多得的佳品。

酸汤美食登上大雅之堂，成为撞开山门走向都市并受到海内外消费者喜爱的美食，得益于改革开放良好的时代背景。在改革开放以前，苗族群众自酿酸汤，自给自足，没有想到酸汤巨大的市场潜力和经济价值。20 世纪 80 年代以后，黔东南本土的一些企业家、美食家、厨师看到了酸汤美食的巨大商机，开始在凯里城区办起酸汤为主业的民族饭店，主营酸汤鱼、酸汤猪脚、酸汤排骨、酸汤牛杂、酸汤狗肉、酸汤鸡等系列酸汤食品，并很快以其独特的风味和热情的服务赢得了消费者的青睐，在餐饮市场上站稳脚跟，成为引领餐饮业潮流、异军突起的一支重要力量。营盘坡宾馆、凯里宾馆、亮欢寨等企业首先向来宾、游客推介酸汤食品，凯里市区系列酸汤美食逐渐为州内外宾客所了解、接受和喜爱。在众多酸汤美食中，酸汤鱼一枝独秀，成为酸汤美食中广为传播领军的美食品牌。实业家吴笃琴女士独具慧眼，率先将餐饮业与中国传统文学名著结合起来，建起"快活林"酸汤鱼馆，具有民族特色的室内装修、身着民族服装的从业人员的热情服务，很快引起远近商贾游人的注意。一时间，"快活林"酒家生意火爆，顾客盈门，成为凯里饮食服务行业经营酸汤鱼最早成功的样板。几年打拼下来，"快活林"酒家积累了雄厚的资金，进一步扩大规模，在城西出口路段购地置产，新建起极富民族特色的"亮欢寨"，继续经营酸汤鱼为主打品牌的民族美食。宽裕的环境、具有民族特色的设施和服务、不断开发的多种民族特色菜肴，生意做得红红火火，成为凯里饮食文化的一个文明窗口。位于金泉湖畔南环线的凯里民族饮食一条街，以侗寨楼等侗族民族特色酒店也随之兴起，并与"亮欢寨"等有影响的民族饭店遥相呼应，形成苗家"亮欢寨"，侗家"侗寨楼"的两大餐饮品牌，是凯里两家独具特色影响最大的民族餐饮企业。在2007年9月全省美食和茶文化节上，亮欢寨和侗寨楼分别获得"十佳黔菜馆"和"二十佳黔菜馆"的荣誉称号。此外，在凯麻高速、凯玉高速以及320国道沿线，凯里周边的一些集镇，一些以经营酸汤鱼等酸汤美食的路边酒店，也如雨后春笋般出现，生意也经营得热热闹闹。与凯里一衣带水的下司、重安、革东等古集镇的酸汤鱼店星罗棋布，各具特色，名声远扬，吸引着沿途过往的游客。与凯里城区酸汤鱼馆遥相呼应，相得益彰，实现了酸汤美食餐馆城镇之间和谐有序的布局，实现了黔东南酸汤美食产业的链接，促进了第三产业的兴旺和繁荣。

　　酸汤美食在本土得到不断开发的同时，一些有眼光的企业家把眼光瞄向大都市。纷纷在北京、上海、昆明、成都、天津、武汉等数十个大中城市发展兴业，并很快赢得了当地消费者的认可。生意兴隆，门庭若市。拓展了酸汤美食的市场空间，扩大了黔东南酸汤美食的影响，取得了不俗的业绩。在20世纪90年代初，凯里炉山镇就有两兄弟在昆明开酸汤鱼馆赚了几百万，为凯里人在外成功经营酸汤鱼做出了表率。国家一级厨师王先祥介绍，黔东南到大都市从事经营酸汤鱼的人以万数，有一定影响的餐馆有二三十家，这些大大小小的酸汤鱼馆在激烈的餐饮市场竞争中脱颖而出，赚了个盆满钵满。一家稍有影响的酸汤鱼馆，估计一年纯收入在30万元以上。这些酸汤鱼业主中，有的曾是下岗工人，有的是乡下农民，几年之间，便腰缠万贯，脱贫致富，都是沾了民族美食的光，是酸汤美食的最大受益者。

　　其实，酸汤鱼的制作并不复杂。凯里地区高级烹饪大师徐世林先生向我们推介一种最简单的制法：备了正宗的米酸汤，将新鲜河鱼宰杀去脏，配以木姜籽、生姜、豆芽、青椒等料，一并放入锅中用武火猛煮。待熟，放适量盐巴，舀入火锅，撒入葱花蒜苗，佐以薄荷、香芹、芫荽即成。另一番工夫，则用在备办蘸水上。蘸水是厨师制作酸汤鱼的点睛之笔，味道最终是否到位，重点看蘸水做得是否满意。有经验的餐馆十分讲究蘸水的制作，并配有专门制作蘸水的技工。一钵好的蘸水，得有木炭灰刨干辣（包括长牛角辣、朝天辣等不同辣椒品种，用石钵擂细）、炭火烤青辣（也擂成末）、姜末、花椒、食盐等一并放到擂钵中舂成稠状，拌上蒜末、葱花备用。食用前，装入碟，加适量清汤拌和。客人入席，还未动筷，先闻其香，顿时食欲大增。宾主聚齐开席，拈起鲜嫩的鱼肉，蘸上喷香的蘸水辣椒，酸汤醇厚、辣味香劲、鱼肉细嫩、肥而不腻，放入口中，细品慢咽，美不胜言。酒饭将足，舀一碗酸汤慢喝。酸汤酸碱度适中，鲜而无腥，热香有度，爽口适胃。吃罢酸汤鱼宴，口余清香，热汗微微，通体舒畅，心境开朗而情趣高涨，实在妙不可言。用过这样的酸汤鱼宴，想让就餐者不留下美好的记忆都难。

也正是这道名菜，先后在全国多种大赛中赢回了大奖。2004 年 5 月，在成都举办的中国西部国际精品菜肴暨美食博览会上，由望江酒楼组织参赛的"酸汤鱼宴"获得"特金奖"；同年 10 月 25 日在重庆五届中国美食节暨重庆首届火锅节上，由凯里快活林酒家选送参赛的"酸汤鱼火锅"一举夺得"金鼎奖"；2007 年 5 月，在青岛举行的第八届中国美食节，由望江酒楼组织参赛的"酸汤鱼宴"夺得"金鼎奖"；2008 年 11 月，在上海国际美食节上，由凯里侗寨楼选送的"侗族大歌宴"荣获"金鼎奖"。这些以酸汤为主导品牌的本土餐馆，经过多年努力的探索和实践，为黔东南州在全国餐饮行业捧回了弥足珍贵的荣誉，为第三产业的发展做出了卓越的贡献。

（2006 年创作发表于《杉乡文学》，因为酸汤美食，黔东南州府凯里荣获"中国酸汤美食之都"称号。）

老腾鱼酱酸

夏夜临近，走进"老腾鱼酱酸"凯里苹果山店，眼前的景象让我们真切体会到什么叫宾至如归、顾客盈门。但见店里店外，人流攘攘，车辆满位。店里包房均已满客，连厅堂过道上的餐桌，也几乎座无虚席，酸汤鱼火锅热气腾腾，香气四溢，客人们老老少少，亲朋好友，分别围坐着朴素的黑漆四方桌，菜肴各点所需，聊笑互不相扰，开开心心地享用晚餐。这是凯里度过三年清冷的疫情期后，餐馆酒楼复苏繁荣的一个缩影，也是凯里食客热爱酸汤美食的典型例证。

酸汤是"中国酸汤美食之都"——凯里市餐饮业的主打汤料，黔东南所有的宾馆、酒店、餐饮摊点，几乎没有不会做酸汤美食的，可以说，黔东南是无酸不成席。哪怕是菜系琳琅的婚宴，席间也少不了一个酸汤菜。因为酸汤，凯里这座偏安于中国西南贵州黔东南州府城市，得以挤身中国美食之都的行列；因为酸汤，苗岭新都凯里蜚声四海；也因为酸汤，黔东南架起了一座座连通海内外商客友谊的桥梁。

黔东南酸汤林林总总，名目繁多，但主要有白酸汤和红酸汤两种。白酸汤用糯米、玉米等单一的粮食酿制，不添加其它食材发酵，人称素酸汤；红酸汤的原料由本土生产的上等长牛角红椒、西红柿酱为主料，另按一定比例添加鱼、肉等食材，并配上姜末、食盐、好酒拌匀，封坛发酵数月方成。制成的酸汤色泽红艳，香气扑鼻，味道鲜美，美食家常称之为"荤酸"。红酸汤不但色味俱佳，营养价值也很高，堪称酸汤中的贵族。而红酸汤当中，又以鱼酱酸为极品。传统的鱼酱酸在制作过程中选用黔东南溪河中特有的爬岩鱼作为添加材料，这种鱼为黑褐色，身材娇小，大者如指、小者如筷，对生活环境要求严苛，主要生活在河岸自然植被良好，水体无污染，水流不急不徐，卵石比较多的河滩，一年四季贴着河底生活，因此当地群众称之为爬岩鱼（黔东南人读着巴岩鱼）。经验丰富的制作匠人将爬岩鱼除去内脏洗净，用稻草将鱼烧烤得外焦里嫩，除尽鱼身上的草灰，再加上适量甜酒糟，将之拌和到已备好的红酸汤其它

309

主料中封存，直到数月后开坛取用。加了河鱼制成的鱼酱酸，用于调制酸汤鱼火锅，或者酸汤鸡、酸汤猪脚、酸汤牛肉羊肉等等酸汤火锅，皆不腥不涩，鲜香微甜，味道纯正，更加丰富耐品。

通过几十年不懈的开发，鱼酱酸已成为酸汤家庭中的骨干品牌，不但是黔东南菜系中酸汤火锅的必备材料，也成为名播九州的乡土美食特产，为国内外广大食客所珍爱。不少到贵州黔东南来旅游的商客，离开前总要先往回寄上一两件红酸汤，回去赠送给亲戚朋友，或者自家做酸汤火锅菜。

红酸汤由黔东南乡村群众自制自用的普通菜肴，发展成为在众多大都市占有一席之地的美食明星，付出了黔东南一两代美食家、企业家漫长的探索和艰苦的努力。在众多贡献巨大的美食家、企业家中，"老腾鱼酱酸"的创始人白坐腾是其中的杰出代表。

白坐腾是黔东南雷山县永乐镇人，出生于 1982 年，中共党员，是侗族传统美食文化优秀的传承和创新者。为黔东南州第十一次代表大会党代表、雷山县第十八届人大常委员会委员，系中国烹饪大师、鱼酱酸非物质文化遗产传承人。白坐腾的爷爷是抗美援朝老兵，从小听爷爷讲朝鲜战场上志愿军将士舍身忘死英勇杀敌的故事，青少年时期，他心里就积淀起深厚的家国情怀，养成了一种积极进取、敢打敢拼、不怕困难的品性。2003 年卫校医士专业毕业后，他本可以安安稳稳地回到乡里，做一个工作稳定、群众欢迎、收入保障的乡村医师，"三点一线"地过上平静的公职人员，但那不是白坐腾向往的生活。他未等县里通知他去镇医院上班，就放弃加入公职的念头，开启了自主创业生涯。

选择干什么？白坐腾想起凯里满城红红火火的酸汤餐饮业，也希望加入美食行业大军。特别是老家的鱼酱酸，是一个有待开发前景广阔的酸汤瑰宝。他从小吃着鱼酱酸长大，每年看着爷爷奶奶、爸爸妈妈用独特的工艺制作鱼酱酸，耳濡目染，他对家乡这款酸汤特产有着别样情感。在外求学的这些年，他经常品尝凯里的酸汤鱼，总感觉家里人配制的鱼酱酸制作的稻花鱼，别有特色和风味，口感不亚于凯里已风行的任何一家酸汤鱼店。他很早就想把老家的鱼酱酸带上凯里，推广到省城贵阳等大都市，打开更广阔的市场。

他筹备了几万元创业资金，凭着一腔热情，在毫无管理经验，缺烹饪技术，无专业帮手，也没有广泛人脉的条件下，他懵里懵懂就到凯里永华厂开办了自己的第一个酸汤鱼店。理想很丰满，现实很骨感，正如人们对很多创业者描述的那句俗语，很快他就品尝到了创业的艰辛和不易，他的第一个餐馆，因多种原因，导致生意清淡，入不敷出，无以为继，只好关门大吉。

初次创业失败，家人及众多朋友也劝慰白坐腾还是安分守己，考个公职谋一份清闲工作为好。白坐腾并不是一个轻易打退堂鼓的人，开弓没有回头箭，柳暗花明总是春，他相信自己的选择没错。静下心来总结自己首次创业失败的经验教训，他得出最根本的两条：无卓越的管理水平、缺乏过硬的烹饪技术。他意识到，打铁还须自身硬，要想取得成功，务必要先解决这两个瓶颈问题，光靠摸着石头过河是干不出一番事业的，必须学习和借鉴别人先进的管理理念，掌握本行业精湛的技艺。

2005年，他走出大山，奔向北京、上海、广州等大都市，先后在多个全国知名的大酒店，聘任酒店高级管理人员或者厨师长，还先后自费到清华大学、中山大学、厦门大学等中国一流的大学学习商业管理专业知识。经过几年的勤学苦练，不但拓展了视野，历练了本领，掌握了国内一流的酒店管理方法，还先后考得了国家高级烹饪技师、注册"中国烹饪大师"等资格证书，跻身全省乃至全国一流烹饪大师行列，并且广泛积累起烹饪行业信息技术、媒体传播和人力资源等方面的人脉。掌握了过硬的专业技术，又有丰富的从业实践经验，无论是行业管理还是烹饪业务，白坐腾已是驾轻就熟、如鱼得水，由当初天真烂漫无私无畏的愣头青年变身阅历丰富、经验老道、沉稳理性的高级企业经理人。

2010年，白坐腾重新返乡创业，创建了"老腾鱼酱酸"连锁企业并一炮打响，一路顺风顺水，越做越大。他的"老腾鱼酱酸"连锁店，除了黔东南凯里和多个县城建有连锁店外，还先后在周边的福泉、铜仁、习水、遵义、修文等城市开店，同时在贵阳、北京、武汉、重庆等大都市开建了连锁店。到2024年9月，陆续联建了21个分店，成为黔东南酸汤美食连锁店最多的美食企业之一，累积投资近4000万元，就业员工达500多人。

为保障酸汤原料品质，白坐腾还在雷山县投资3000多万元，开办了鱼酱酸加工厂。发动当地群众种植辣椒1万多亩，每年向村民收购1000多万元的辣椒，带动数百户村民稳定增收。为雷山县打赢脱贫攻坚战，并巩固脱贫攻坚成果，实现乡村振兴作出了积极贡献。2021年，白坐腾被贵州省人民政府评为"脱贫攻坚先进个人"和贵州省"最美劳动者"称号；由于在酸汤美食产业的重大贡献，白坐腾作为黔东南州的美食烹饪专家，2024年获批享受贵州省政府特殊津贴，成为黔东南获此殊荣的为数不多的烹饪大师之一。

实现了人生的理想，白坐腾不忘反哺家乡、回馈社会。他积极投身公益事业，每年都会资助多名脱贫户学生上大学，鼓励孩子们努力读书，将来感恩父母、回馈家乡、报效国家，做一个对社会有用的人。每年元宵节、重阳节等重大传统节日，白坐腾都会带着他的团队和家人，到敬老院给老人和孩子送去节日的礼物，与他们一起包饺子、煮汤圆，为这些特殊的老人和孤儿送去自己的爱心和祝福。无论是自己的老家还是其它村寨群众，只要有公益事业上需要帮助，白坐腾都会积极伸出援手。近几年来，白坐腾在公益方面的投入达数十万元。白坐腾和他的酸汤企业受到各级媒体的关注和报道，先后被央视1台、4

台、10 台的"央视新闻""舌尖上的中国""2023 味之道""记住乡愁""中华民族"等栏目专题报道，还登上了文化部和中央广播电视总台主办的《2023 年全国"村晚"》，向全国全世界观众推介了黔东南的美食文化，展示了黔东南酸汤美食的魅力和风采。

有梦者，事竟成。白坐腾终于实现了他用家乡传统鱼酱酸发展产业，带动乡亲们致富的奋斗梦想，也通过自己的创业实践，把黔东南酸汤的价值和意义，诠释得异常精彩、生动、感人。

九香虫

　　九香虫堂而皇之地进入黔东南美食谱系，成为招待贵宾的席上珍馐，于我，并非感到意外。

　　首次吃九香虫，是 1995 年在故乡剑河县举行的一次笔会上。数十名文艺家从南加镇采风至南寨乡，已是中午 12 点。乡政府为文艺家们精心准备了一桌丰盛的原生态大餐，其中就有那道让我至今回味无穷的九香虫。乍一看，一盘炸得褐红酥脆的老筒椒，拌和着若干褐色的虫子。"这是什么好菜啊？"我向在乡里工作的老同学吴江打听。吴江笑着白我一眼，说："你这老友，家乡的名菜九香虫都不知道？要罚酒一杯啊！"笑着就举杯来敬我。我忙说："慢着，让我看看。"我夹起一枚虫子，仔细端详了一会儿，笑着对老同学说："这不就是打屁虫吗？""错！喝了这杯，我再告诉你。"正懵懂的一瞬，老同学一杯酒已灌到我喉里，又拈了一只虫子送到我嘴前，正儿八经地道："老同学，我告诉你吧，在山上时叫打屁虫，到了餐桌上就只能叫九香虫了。""原来这么回事，好你个老同学，真会劝酒啊。"一桌人都开怀地笑起来。

　　品吃第一个，有种淡淡的奇味，感觉不到什么特别；又拈第二只，仿佛有种清润自然的酥香；再吃一个，就发觉是一种独特的风味美食了。"还真不错啊，大家都尝尝。"不等我招呼，大伙都纷纷把筷子伸向九香虫。

　　打那以后，九香虫的声名渐渐往城里传播开来。

　　"一个有点臭，两个感觉香，三个初效显，四个顶裤裆。"这是家乡人为九香虫这道美食编的顺口溜。虽似夸张，但暗示了九香虫的主要功效——壮阳补肾。明李时珍《本草纲目》对九香虫有如下记述："九香虫为蝽科昆虫，主产于贵州、云南、四川、广西等地，无毒，性咸温，归肝、脾、肾经，有理气止痛、温肾助阳之功效。一治胸胁、脘腹胀痛，九香虫气香走窜、温通利膈而有行气止痛之功，治疗肝气郁滞之胸胁胀痛，或肝胃不和之胃脘疼痛，可与香附、延胡索、郁金等同用……二治阳痿、腰膝冷痛、尿频。九香虫有温肾壮阳，助阳起痿之功，治肾阳不足、命门火衰之阳痿、腰膝冷痛，可单用炙热嚼服、研

313

末服，或配淫羊藿、杜仲、巴戟天等同用……"九香虫的功用，明医家李时珍为我们作了翔实的描述。

现代药理学的研究发现，九香虫的化学成分主要含蛋白质、甲壳质、九香虫油等，油中含硬脂酸、棕榈酸、油酸。对金黄色葡萄球菌、伤寒杆菌、副伤寒杆菌、福氏痢疾杆菌有较强的抗菌作用，并有促进机体新陈代谢的作用。百度搜索发现，九香虫的能量，比我想象的要大得多。

关于九香虫的传说，最早可追溯到三国时期。相传诸葛孔明率部南征，达贵州的赤叶河畔。由于水土不服，士兵们得了一种奇怪的腹泻病。许多官兵腹泻不止，疼痛难耐，军医采用多种方法治疗却毫无效果。指战员们无计可施，只好带着礼品向当地土人求教民方。他们的诚意打动了民间草医，获悉了九香虫这一秘方，军中流行的这种腹泻病才得以控制和消除。

试想，那些病得死去活来的官兵获悉秘方，犹如溺水者慌忙中抓住了一根救命柴草，司令员一声令下，还能行动的官兵全部上山捕虫。成千上万官兵涌上山头，前呼后拥，大呼小叫。一时间人声鼎沸，山鸣谷应，煞是热闹，那该是一幅怎样壮观的场面啊。参照九香虫的药理作用，这个故事想必并非子虚乌有。

老实说，九香虫并没有给我儿时留下多少好印象。它们长相怪异，个头平扁，或青或黑，喜欢栖息在稻穗、豆枝、玉米秆上。采收作物时，不小心碰触，它就会从屁股喷出一泡绿尿。奇臭无比，实不忍闻。小伙伴们常常把鸣蝉、金龟子、蜻蜓、螳螂，甚至卸了尾刺的马蜂当作玩物，但从来不把九香虫当宠物。除非有人故意使坏，将九香虫悄悄塞进大人的衣领，等那虫儿一股臭气熏得人家鼻歪口斜，用手在鼻前不断扇动，以求尽快改善空气质量，一副十分难受的样儿，引得伙伴们哈哈大笑并一哄而散。"受害人"明白个中道理，向我们大骂："你们这帮小家伙，比打屁虫还坏啊！"

现在终于明白，当年对九香虫的了解实在肤浅，纯粹是对这宝贝的天大误解。为了弥补对九香虫的错误认识，现在家乡人对九香虫是百倍珍爱，喜欢到令人费解不可理喻的程度。有位堂兄每天出工，总要沿路细看，见到路边有一个九香虫，哪怕活路再紧，就算九香虫栖在险象环生的荆棘丛中，他也要停下来，小心翼翼拨开荆丛，轻手轻脚将那虫物捉来，放到腰间的竹笆篓里。晚上收工回到家中，即便嫂嫂早已摆好了饭菜，他仍然要亲自下厨，将捉到的九香虫拌炒一碟老辣椒，才开始喝酒吃饭。要是哪天没捉到九香虫，他就会口中喊淡，食量要减少一碗。我有位表舅，吃法却简便爽利。上山时，他总是怀揣一个火机，捉到九香虫，一手捏住虫首，一手打火烧那虫物尾部，等九香虫"啪"地放出一撮热屁，腿脚不再舞动，再将虫首调过来，胡乱熏烧一遍，就投入口中，细嚼慢咽。仿佛吃了神丹仙果，一副美不可言的样子。吃毕，又撮一捧山泉，将口里残余的虫味全部冲入胃里，这才美滋滋继续干活。这吃法毫不夸张，是我节假日回乡亲眼所见。乡亲们对九香虫的至爱可见一斑。

谁第一个把九香虫引入餐桌已无法考证。但我敢肯定，最先尝试吃九香虫的必是我乡人无疑。乡亲们在菜谱方面的贡献，我是略知一二的。天上飞的，水里游的，树上长的，譬如蚂蚱、螳螂、马蜂、蜻蜓、夹虫、玉米虫、麻栗虫、九香虫，甚至土狗、蜘蛛、蟾蜍、蚯蚓，都敢列入食谱，捧上餐桌，大快朵颐。

这些经验，恐怕要"归功"于二十世纪那场令人至今想起来还后怕的"大跃进"。由于县某领导好大喜功，放了一颗颗又大又亮的"卫星"，鼓吹粮食亩产过万斤。为了应付上边检查，把所有粮仓填满稻草，将几筐新谷倒在顶部，造成谷物满仓的假象。上级视察者走马观花，不深入调查研究，还高兴万分发令：丰产如此，粮食肯定吃不完，多余部分全部外调，支援其他地区。很快，全县粮食被调光。这下老百姓可惨了，没有了粮食，为了活命，就吃野菜、草根、树皮，吃飞禽走兽，吃蛙蛇虫豸。这些东西吃光了，就吃所谓的"观音土"。观音土即泥的一种，比较细腻，勉强能吞。土是能吃的吗？于是，有人拉不下大便活活撑死，乡村不断有人饿死、病死。一时间，城镇乡村饿殍遍地。严重的地方，整户、整族、整村死光，到了无人收尸的地步。据县志记载，大跃进三年，我县因饿死、病死、逃荒等原因，人口锐减数万。

每每回眸那段滑稽的历史，我总是心如垂铅，感伤不已，好在那段历史一去不复返了。

如果搜捡大跃进还有什么收获的话，可能就算当时人们为了果腹，试吃了不少野物，为我们现在丰富的原生态美食的诞生提供了借鉴。现城市餐桌上流行的薯尖、筒蒿、野荞菜、水芹菜、南瓜叶、冬笋、松木菌、竹荪、田螺、蜂蛹、麻栗虫、凉拌蛇皮、油炸蚱蜢等等美食，也许正是大跃进时期吃出来的食谱。九香虫便是其中的一个范例。当然，现在餐桌上的生态美食，是经过科学规范的工艺精制而成，色、香、味俱佳，是真正令人念想的原生态绿色食品。在那饥馑的岁月，人们为了生存，饥不择食，抓住一条蛇，点一把野火，把它烧到皮焦肉臭，几个人边烤边撕边吃，一会儿就只剩一盘骨架。捉了两只蛙，除去内脏，连皮带骨放到土罐里煮沸，没有任何佐料，甚至没有条件放一把盐，勺舀手抓，不一刻工夫，一家老少将之连肉带汤分食殆尽。现在想来，那吃法实在野蛮而狼狈，没有什么味道可言，更谈不上美食。

除了那些可餐的动物，像老鼠、蚯蚓、蚂蟥、蜥蜴、蟾蜍、蜗牛这些形容丑陋的活物，据说也曾有不少人试吃过。像巴芒、稻草、麻叶等等这些粗粝的植物，肯定也有人尝过，只不过因为口感和营养实在不怎么样，所以，后来再也无人问津。

随着粮食问题的解决，进入营养过剩时代，人们已走过大块吃肉，大碗喝酒，暴殄天物的岁月。进而追求营养环保、绿色生态、科学健康的美食理念。于是有人又想起当年曾经救过万众生命的那些野物。九香虫等一系列昆虫又得以登上美食的大雅之堂。

近年，由九香虫还引申出一项与钓鱼、遛鸟相媲美的户外健身运动。春夏，城关里的居民在日朗风清的双休日、节假日，呼朋唤友，三三两两结伴上山。一边享用温暖的日光浴，捕捉九香虫，一边聊聊天，交流一周生活见闻，工作心得，照些风光照片。放眼山野，吐故纳新，娱身娱情。到得秋冬，九香虫飞临河畔，潜藏在河岸边的石砾下。每当晴好的日子，趁大雾还未散去，人们结伴来到河边，翻开河滩的石头，捡拾石头下面的九香虫。等到云开雾散，旭日临空，大家都显出喘息微微，满脸热汗。清点可乐瓶里的收获，九香虫已有三五十只。河风徐来，捡虫者神清气爽，通体舒泰。带着喜悦的心情和美美的成就感，说笑着又慢慢步行回城。这种运动，不同于单调的散步，不像江边垂钓那样拘谨，也不易产生打牌下棋那样只动脑不动身造成的眼脑疲劳。有运动，有收获，同行者还可以畅叙交流。身心获益，一举多得，因此渐为市民喜爱。

有人问：大量捕捉，九香虫会不会绝灭啊。答曰：否。九香虫对生存环境从不挑剔，凡有树木野草的地方，均是它们理想的家园。其分布之广，品种之多，繁殖能力之强，为昆虫家族中少有。况且，网上已传出养殖技术，有些人已实践规模养殖。市场价格不菲，每千克两百元到四百元不等。如果我乡也实现规模养殖，那么，九香虫也会像黔东南的酸汤鱼那样，香飘四方、名播海外，创造无数就业机会，带来滚滚财源呢。

（创作于 2010 年 6 月，发表于《杉乡文学》）

品味血酱鸭

三穗血浆鸭是黔东南一道家喻户晓的名菜。这道菜香、辣、麻、鲜，诸味糅合，色味俱佳，无论酒店宾馆，还是寻常百姓家，均是招待贵客的一道经典菜肴。经过多年开发，现已成为黔东南苗族侗族自治州首府凯里一道响当当的美食。

第一次品尝血酱鸭，是到三穗文友吴剑的朋友家里。还在路上时，吴剑兄就在电话里告诉我，上午他专门到市场采购了正宗的三穗麻鸭，并安排到一位名厨朋友的家里去加工制作，午饭就安排在城郊一个风景优美的小山庄。按照定位导航，我把车开到三穗县城外四面环山、小河环绕的一片大田坝里的一个小村子，路边有个精致的小饭店，那就是吴剑兄朋友的家居并农庄。

刚入农庄，寒暄品茶。很快，一桌丰盛的家宴就准备好了。席中心的血酱鸭火锅香气腾腾，极其诱人。褐色的酱汁将鸭肉、香菜、葱花托举出一座小山，真乃秀色可餐，令人心羡。宾主七八人，也不客气，围桌开席。仔细端详，这鸭肉皮黄肉紧，肥瘦适中，入口品尝，肉质绵软，很有嚼劲，细腻香醇，口感极佳，不愧为鸭中极品。

黔东南名鸭不少，比较有名的还有黑不溜秋的旱洋鸭，普通花水鸭，洋鸭与水鸭杂交产生的土鸭，都因为自然放养，品质都属上乘。但结合品质、做工、色、香、味、营养价值等综合情况而论，诸鸭制成美食，三穗血浆鸭无疑应拔得头筹，引以为黔东南美食名之骄傲。特别是三穗县，无论是公务接待还是民间接待，招待远道来访的客人，自然少不了这道名菜。

据三穗的朋友介绍，这道菜之所以声名远播，首先因为食材的特殊。三穗血浆鸭所采用的食材，系黔东南三穗县独有的麻鸭。三穗麻鸭，个头偏小，成鸭一般 1.5 千克左右。三穗乡村群众自然散养于河流，鸭在河道自由觅食，每日在河中吃鱼虾螺贝，同时佐喂以自产的稻谷、玉米，从雏鸭到成鸭，至少要八九个月甚至更长时间。三穗麻鸭具有生长周期长、易于饲养、产蛋多、蛋质佳、肉质细嫩、肥瘦相宜等特点，富含氨基酸、胆固醇低、鲜香味美等特点。

相传三穗麻鸭是很早以前由当地老百姓驯化野鸭而成的禽类优良品种。鸭毛赤灰褐色,间杂灰白麻点,故名"麻鸭"。麻鸭为贵州省黔东南三穗县特产,被列为中国地方四大名鸭之一。

制作正宗的三穗血浆鸭,首先要选用正宗的三穗麻鸭,且必须杀鸭留血作为佐料。其次是杀鸭颇有讲究,为了不让鸭血凝固,将少许食盐和香醋调和于小碗清水中,鸭血滴入醋盐水中调匀,使其不凝固以备用。其三,血浆鸭的烹调工序繁杂。先用农家茶树油或者菜籽油用武火将鸭肉炸至七分熟,这时放入少许食盐翻炒,入味后将肉舀起放在一边待进入下一道工序。再将事先准备好的老干辣椒筒、花椒、姜片、蒜粒、糍粑辣(特制配料,用老辣椒泡软拌生姜、蒜粒,在石钵里舂细成胶泥状)等配料先后放入锅中炒制,即用文火先将干辣椒、花椒炒至变色爆香,然后放姜片和蒜粒,再放适量糍粑辣、豆瓣酱拌炒均匀,加入少许酱油、料酒调和,再放进先前炸过的鸭肉一起拌炒,使调料与鸭肉充分融合后,最后把鸭血倒入锅中,用铲子迅速翻搅,使鸭血、鸭肉、调料全面中和。最后把鸭肝、肠等内杂一起下锅拌炒,再加入少量清水武火煮沸,直到肉皮透味,肉软易食。起锅时,把血浆鸭舀到小火锅里,再撒一把用以调色的鲜茄片、蒜苗、青椒筒,或者撒一把炸好的花生米,锅中顿然荤素有致,锦上添花,美食血浆鸭便制作完成。再配上七碟八碗各色炒菜,侗乡风味的一道美食如同春花绽放,妙不可言。

一席宾朋,品酒吃菜,好生畅快。饮过了酒,待用饭时,吴剑兄又建议用鸭血酱汁拌饭而食。于是舀上几勺,将饭淋透,拌和而食。那种独特的风味,果令食者饭量陡增。依样画葫芦,于是大伙各具照样而食。

一席吃罢,风卷残云,餐锅见底,一点也不浪费,足见血酱鸭这名食之妙。

(2018 年 6 月创作发表)

夏天又遇 "麻小莓"

　　"麻小莓"，好一个富有诗意令人遐想的名字，乍听起来，仿佛是青春美少女的芳名。其实，这是麻江县给当地农特产水果——蓝莓起的一个优雅别称。单独从这个名字来看，就能感受到，麻江人对蓝莓产业十分用心用力用情。

　　中国的起名文化博大精深。名不正，则言不顺，古人对起名极为重视。小到孩子的名字、家祠谱号、街圃店面，大到商旅企业，城镇都市，无论家事国事、大小活动，凡与名字有关，都得费一番心思。有了一个好听的名号，就有了大展宏图的文化根基，逐步叫响开来，日渐做大做强，慢慢发展成为品牌，小者知名乡里，大者蜚声海外。譬如近代著名的作家鲁迅、艺术家梅兰芳，颇有影响的老字号"全聚德""同仁堂""协和医院""老干妈""云南白药"，又如名满中外的茅台酒、五粮液、西凤酒等等。有个好的名号，似乎就占据了天时、地利、人和，加上经营者的勤奋和智慧，一切就顺风顺水，手到擒来，兴旺发达、名扬天下只是时间早晚的事。

　　麻江县打造蓝莓产业，精心做足了文化这篇文章。乌卡坪蓝莓生态产业园，是全县的蓝莓产销示范基地。起名"蓝梦谷"——是一个非常了不起的文化创意。"蓝梦谷"言简意深，易于记忆，氤氲着诗情画意，富有艺术感染力，听到这名字就有一探究竟的冲动。为征集好名字，麻江在全县发起征名活动。麻江县作家文学湘拔得头筹，所起的"蓝梦谷"因其诗化的内涵和美好的寓意被评委选中。蓝即蓝莓产业，梦指中国梦、麻江乡村振兴梦，谷即乌卡坪的青山绿岭间，那一汪清亮亮碧水盈湖的溪谷。单从名字本身字义来看，一帘青梦，若有若无，袅娜着人间烟火，拂动五彩祥云，霞光漫射，自山涧谷底袅袅升腾，有美好愿景又充满魔力，仿佛人间仙境，令人无限神往。这样的好名字，真是神来之笔，给园区增添了无穷魅力，为麻江农文旅产业景区知名度的提升推波助澜。很快，曾经名不见经传的乌卡坪声名鹊起，游客商贾迅猛增加，建成 AAAA 级景区，蓝梦谷已成为黔东南农文旅网红打卡点。

　　麻江的蓝莓产业起步较早，理想远大，信念坚定。目标既定，党政携手，干群同心，商民一体，从 1999 年引种蓝莓至今，经 25 年持续奋斗，草莓产业就慢慢累积出今天的规模和成就：全县种植面积 8.72 万亩，是全国蓝莓种植面积最大的县，占全国种植面积的 7.5%，占全省种植面积的 38.2%，涵盖麻江 7 个乡镇街道 53 个村，从事蓝莓产业开发的农民专业合作社达 46 个、家庭农场 30 个、种植大户 52 户、企业 32 家，建成蓝莓万亩乡镇 3 个、千亩村 17 个，建成蓝莓加工厂 8 家。"麻江蓝莓"作为国家地理标志保护产品，荣获"国际蓝莓品牌大会十大最好吃蓝莓"称号，"麻小莓"区域品牌荣获"2021 年中国农产品百强标志性品牌"称号，2023 年被农业农村部列入农业品牌精品培育计划，入选全国"土特产"推介名单，当年蓝莓产量近 4 万吨，产值超过 8 亿元。

杜鹃啼血，东风劲吹。麻江蓝莓辐射带动凯里、丹寨、黄平、三穗等兄弟县市发展蓝莓，到 2023 年，黔东南州蓝莓种植面积达 18.6 万亩，产值超过 13 亿元。黔东南蓝莓相关产品占据贵阳、上海、重庆等多个都市市场，带动数以万计的家庭脱贫致富、稳定增收。麻江县勇毅的探索和持续的奋进，树立起黔东南农业产业的一面旗帜。

由此而观，"麻小莓"名小而能量大，麻江县发展蓝莓这条路子是走对了。

1999 年，国内市场上的蓝莓产品全是舶来品。中国刚刚通过蓝莓大面积推广的可行性理论研究，尚无规模种植的实践案例。当时麻江县委领导排除重重阻力，拍板在麻江推广试种蓝莓，在经费非常紧张的情况下，拨发 80 万元专项经费，责成县农业局引种试种。麻江农技专家不辱使命，引种试种成功。通过科技攻关，攻克了土壤改良、种苗繁育等一系列难题，为大面积推广蓝莓种植打下坚实基础。经过积极发动农民种植，引进多家企业入驻麻江，采取公司加农户等多种形式，不断拓展蓝莓种植面积，同时大力开拓市场，实现蓝莓产销两旺，不断把麻蓝产业之路拓展延伸。

值得强调的是，麻江一直是黔东南的农业大县，龙山、宣威等乡镇长期是凯里、都匀、贵阳等周边城市的蔬菜供给基地，老百姓农业科技推广的积极性很高。凡成效吹糠见米的项目，当地群众都积极主动争取推广实践。麻江蓝莓项目尝到甜头之后，很多群众就放弃其它经济作物，纷纷改种蓝莓，这是麻江蓝莓产业能够做大做强的重要原因。

麻江是黔东南西北面的一个小县，国土面积 960 平方公里，辖 4 镇 1 乡 2 个街道，总人口不到 18 万人。但麻江所处地理位置比较特殊，地处贵州和祖国大西南的咽喉要塞，县城西距省会贵阳龙洞堡国际机场 109 公里，东距黔东南州府凯里市区 40 公里，南距黔南州府都匀市 23 公里，北距福泉市 21 公里。沪昆铁路、沪昆高速公路、兰海高速公路和沪昆高速铁路客运专线贯穿县境；320 国道、210 国道和 206、309、311 省道纵横过境，县、乡道路阡陌交错，形成了四通八达的交通网络，这为麻江产业链接都市市场提供了良好的区位和交通优势。

我曾多次到麻江实地采访，也创作多篇反映麻江蓝莓的报告文学，成为麻江蓝莓产业发展壮大的见证和记录者。每每听到麻江蓝莓产业发展壮大的好消息，心里由衷感到高兴。因为这是一个真正造福百姓的民心项目，税收不多，对政府财政增长贡献不大，但群众得实惠，无论土地流转，入园就业，还是直接种植，群众受益良多。

今年盛夏，正是麻江蓝莓采收的黄金时节。黔东南州文联、麻江县委宣传部、麻江县文联联合组织了一次麻江新农村建设主题采风活动，我作为作家艺术家的召集人，有幸参加采风活动。在 7 月 19、20 日两天的采风日程中，采风团的文艺家们参观了麻江乌卡坪蓝莓生态产业园、草莓创意工坊、贵州蓝瑞农业科技有限公司、麻江乡村振兴研究院、麻江蓝莓交易中心，还到乌羊麻苗寨、夏同龢文化产业园、坝芒乐坪现代农业园、牛皮坳风力发电站等地采风，所见所闻，令人惊喜不断。

一上车，就与"麻小莓"不期而遇。麻江的同志想得周到，事先为文艺家们准备了两篮刚采摘的新鲜蓝莓。一边乘车赶路，一边品尝可口的麻小莓。这尤物指尖大小，蓝黑的皮肤上有一层淡淡的白霜。不必去皮吐籽，整个儿细嚼慢咽，果肉脆嫩，不粘不渣，甜酸适度，口感甚好，多食不腻，老少皆宜。虽然已不是第一次品尝麻小莓，但每次都能吃出初尝时那种新鲜的滋味和美感。舌尖上的良好体验，麻小莓立即给每个人脑海增添水果上品的印象。随后在参观蓝莓深加工企业时，又品尝到了由麻小莓为原料精制的果干、果汁饮料等不同的食品。途中还看阅蓝莓展厅资料，观看大数据视频介绍，参观科研成果，举行座谈会等等，较全面地触摸到了蓝莓的内涵和外延，对蓝莓就有了更加清晰和立体的认知。

蓝莓是一种具有较高经济价值和广阔开发前景的小浆果树种，名称源自英文名的意译，意为蓝色浆果。原产于加拿大东部和美国东部及南部，先后引种到日本、中国、新西兰及欧洲多个国家。蓝莓系杜鹃花科、越橘属的落叶灌木，枝小，呈棱形或圆柱形，叶绿，近革质，卵形至椭圆形，花萼为绿色，花冠白色或粉红色，呈圆筒形，花丝通常有柔毛。果多为圆球形，暗蓝色，无毛，披白霜，花期一般在 5-6 月，果期为 7-9 月。蓝莓耐高温，适应温暖气候，喜日照强、环境湿润的酸性土壤。

蓝莓含有丰富的营养成分。在英国权威营养学家列出的全球 15 种健康食品中居于首位，2017 年被国际粮农组织列为人类五大健康食品之一，被誉为"浆果之王"。具有增强细胞的活力，抗氧化，延缓皮肤衰老，防止脑神经老化，增强视力，软化和保护心脑血管，抗癌，美容养颜，安神镇静、改善睡眠，增强人体免疫力等诸多功效。蓝莓的功用比我们想象的要大得多，简直比神话传说中的仙丹妙药还厉害。能够对人体起着上述作用，缘于蓝莓果酱中的特殊物质——花青素。花青素为何物？百度轻易便可查悉。花青素是蓝莓、葡萄、苹果等水果中含有的有益于人体健康的一种特殊物质。其功用并非夸张的妄传，是科研人员长期实验的结果。蓝莓是人类培植的水果中花青素含量最高的品种。据有关实验数据表明，一小颗蓝莓花青素的含量，相当于27个橙子或者32个苹果的含量。

一颗小巧精致的蓝莓，竟蕴藏如此巨大的能量。了解蓝莓相关营养学数据后，有音乐家便惊奇地赞叹："蓝莓真不可小觑啊，刚才一下子吃了几百个苹果了呢！"又有作家应和道："以后你家橙子吃不完，我抓两把蓝莓来跟你家换几箱啊！"旁边的摄影家听到议论，都不由自主笑开来。对蓝莓有了新的认识，大家对这种个头不大黑不溜秋的小酱果，在心里平添几分敬意。

告别了温饱，国人在生活质量上追求更高目标，对果品营养学的要求也更加严苛。食品不仅要求健康、安全、环保，更追求有机、营养、保健。蓝莓这一特殊的果品，自然就成了城乡消费者的宠儿。麻江建成中国西南最大的蓝莓生产基地，无疑抢占了同类果品发展的先机，发展前途不可限量。

在参观麻江县蓝莓交易中心的过程中，再次印证了我的猜想。

在建的麻江县蓝莓交易中心占地面积近12公顷，总建筑面积为近5万平米。已建成冷库0.5万平米，气调库0.5万平米，储存库3栋近1万平米，交易中心0.57万米、加工厂4栋1.6万平米、仓库3栋0.27万平米。已建成蓝莓冻果干、果酱和果汁、果粉、花青素提取复合精深加工生产线。引进北京汇源、贵州黔山夜雨食品有限公司、贵州凯农蓝莓农业发展有限公司等国内有较大影响的企业入驻。项目完全建成后，将形成集蓝莓交易、仓储物流、产品展示等于一体的大型现代化蓝莓交易综合服务市场，成为全国最大的蓝莓原料加工交易中心，实现产业集聚、产品集散、税源归集，促进蓝莓全产业的持续健康稳步发展。

顶着炽热的阳光，行走在初具规模的蓝莓交易中心，林立的厂房，现代化的流水线，有条不紊忙碌的产业工人，宽阔的通道，笔直的行道树，往来不断的运货车，一个个精彩的镜头，让我们感受到这个现代化农业交易园区的强大活力。

隔着园区主街看向对面更远处，刚投建的不知什么项目正在施工：拓展空间，平整场地，机器轰鸣，好生热闹。挖掘机铁臂飞舞，作业面山崩土解、尘土轻扬，推土机来来往往，不断推平地面的浮土，运砂车步履沉稳，轰鸣着把整车沉重的沙石运往施工现场，一个现代大型农业工业园正在紧张有序地建设中……

　　"麻小莓撬动大产业!"我心底不由生出这样一个判断。随着麻江蓝莓产业链的不断健全完善,麻江续写的乡村振兴新篇章,正不断推陈出新,充实丰富,更新情节,我们期待"麻小莓"的故事越来越精彩。

（发表于《杉乡文学》）

白梅情结

　　杨梅成熟的季节，或漫步商场，或流连超市，见有杨梅卖，总要买些品尝。可惜的是，这些杨梅不是色泽陈腐就是味道酸涩，总难令人可口可心。这种时刻，我不由心旌飞驰，怀想故乡硕大肥甜的白梅来。

　　故乡剑河县南明高略的山野，不产矿石，也无煤炭，但土壤肥沃，草深林茂。站在村口，举目四望，古木葱茏，竹林似海，杉山连天，到处浓绿满眼，苍翠欲滴。在青山绿林中，有各种野生水果，如板栗、李子、杨梅、猕猴桃、血藤包、牛奶果等等，品种繁多，不可胜数。从春至冬，钻进山林，随时可以采撷新鲜野果。在众野果中，尤以夏天的杨梅最多也最有名。

　　村边、路旁、山中，杨梅树随处可见。或大如水桶，或粗如手臂，郁郁葱葱，四季常绿，如伞如盖，成为山村养眼的一道风景。在所有的杨梅中，又以核小果大的白梅为佳。白梅果实鲜白透亮，白里透红，果实饱满，肉质细嫩，含糖量高，口感回甜，为杨梅中的极品。

　　第一次吃白梅，是在我读小学三年级的时候。那年暑期，我一日早上随父亲到对门坡割牛草。在田边的一座松山上，我发现了一株杨梅树。杨梅果实累累，挂满枝头。乍看梅果素白，只有少数微红。我惊喜地告知正在忙活的父亲："爸，这有一株杨梅，可惜太白，还没有熟。"父亲放下镰刀，走近一看，笑着说："嘻！傻崽，这是白梅，好吃得很，快去采来吃。"我将信将疑，脱掉草鞋，如猴般飞快爬到树上，随手摘下一粒放入口中，试着一尝，果肉似酥，汁水如蜜，顿时满口生津，味道好极了。"好甜！爸，真的好甜。"我兴奋得大叫起来。就势坐在枝头，美美地饱食一顿。

　　父亲给我讲述了一个有关白梅的故事。相传很久以前，有个仙人失落一个儿子到人间，仙人扮成老妪到人间寻觅她的孩子。因路途遥远，走到我家乡时，老妪饥渴难耐，累坐路边。恰好有个老农经过，连忙用阔叶盛来山泉给老太婆解渴。老妪喝够水，顺手将余下的水浇在路旁的一株小杨梅树上，并叫老农将杨梅移栽到家门口去，然后拄杖飘然远去。老农惊奇良久，但没有将杨梅移栽。当夜，这株杨梅银光闪闪，结满了千万粒银果。后来有个贪心的人想独自占有这株杨梅，银果便失去光亮，化成一树白梅，供路人品食解渴。从此，故乡的山上就有了这个优良的杨梅品种。父亲还告诉我，天赐之物，人不可贪，强求无益，有福者自得。通过介绍，我不仅认识了白梅，还明白了许多做人的道理。

后来，我又发现故乡的山上还有不少白梅。从小学到初中，每个暑假，我与伙伴们都在品食白梅的快乐中度过。自离开故乡去县城读书到大学毕业分配在城市工作，就再也没有机会去品食故乡的杨梅了。那种满口溢香，令人神清气爽的吃白梅的美好体验，只有永远留在记忆中。

前些日子，祖父仙逝，奔丧回乡，忙碌数日，亲友宾朋热热闹闹送祖父平安入葬后，我抽时间到家乡山野走走，去拜望童年发现的第一株白梅。才知道，那株白梅树老枝残，果实稀疏，已十分苍老了。攀上树顶，我已无心品梅。坐在树枝上，想到父亲前几年离我们远去，祖父又远别尘世，当年的同伴们皆已成家立业，侄辈都已长大读书，难唤其名，村中长者多已相继辞世，余下的几位，都已腰弓体病，如熟透之果，稍有风吹草动，随时都可能零落。快乐的童年已成为十分模糊的记忆。不变的，是那青青的大山，蓝蓝的天空和那层层梯田。父亲曾说，江山是主人是客。是的，一个人哪怕能活两百年，对故乡的田园山水而言，只能永远算一名匆匆过客。而今，我兄妹五人，各奔东西，很难一聚。父亲建造的老屋，则由远嫁他乡的大姐携夫牵儿回来守护。每次回家，少了些老家的温存感觉，多了几许客旅的忧伤。想起这些，不觉心潮卷动，感慨万千，一线热泪涌上眼帘。

青山依旧在，人事变无穷。这就是永恒不变的自然法则，谁也无法改变。树老必将枯，人老必将逝。面对生死，悲也无益。过好每一天，珍惜光阴，热爱生活，清白做人，诚实谋事，也许只有这样，方可慰藉先辈之灵。这样想着，心绪渐次开朗起来。倏然发现，在老梅树的周围，已滋长了多株小梅树，有些已开始挂果。我想，那一定是老梅树的子孙，结出的果，也一定鲜美耐看，汁多且甜，令人百吃还念。

（2004 年 6 月 20 日创作，发表《杉乡文学》，2022 年 5 月 15 日再改）

美儿鱼

　　一如清水芙蓉，苗族神话传说中的美神仰阿莎出生在水边，一天就会笑，二日能说话，三日可唱歌。山因之妩媚，水为之靓丽。四乡八寨的小伙子自然不用说都倾心于她，连天上的太阳月亮也因爱她曾发生过纠纷。这位丽人究竟有多美，你尽管可以展开丰富的联想，回到古老的神话传说中去。美神仰阿莎的故事，就流传在苗岭山麓、清水江畔，仰阿莎一直活在苗族群众纯朴善良的心里。前些年三板溪水电站建成，高峡出平湖，溯流两百里，一汪碧水，青山倒影，禽鸟栖飞，渔歌悠然，满目画卷。人们不由怀想起女神仰阿莎，于是就取名仰阿莎湖吧。明山秀水，实至而名归，真是精妙极了。换言之，仰阿莎湖即美女湖。推而广之，仰阿莎湖里的鱼，是否也可以称美儿鱼了呢？

　　清水江中的水产向来丰富。龟、鳖、虾、蟹、贝、螺、蛙、鱼，应有尽有。而鱼类最多，有白鳝、麻勾、马嘴、鲤鱼、鲫鱼、油鱼、蛇鱼、青鱼、鳜鱼、鲇鱼、巴岩鱼、角角鱼、水底羊等上百种。而整个江段，又以剑河的油鱼、鳜鱼、鲇鱼、青鱼、鲤鱼、白鳝最有名。清水江古为湘黔水运纽带。黔东南的竹木、桐油、生漆、五倍子、茶叶等特产要销往全国各地，山外的盐巴、布匹、糖果、煤油、火柴等生活必需品运入大山，多靠清水江水路运输。明清以来，繁忙的水运贸易带来了四海商贾，于是，清水江沿岸码头密布，酒肆旅店、歌楼茶馆林立。酒楼之中多是鱼庄。外地商旅投宿，多选食清水江鲜鱼。因为有市场，就专门有一大批供应活鱼的渔民。投网、下钩、鸬鹚抓、潜水摸，极尽捕捞之技能，将河鱼捉来关养在船舱里，只等岸边酒家一声招呼，就择其所需，装入木桶，飞奔送到酒家灶边。厨师用网兜舀鱼，过了秤，立即宰杀放入滚烫的汤锅中——谓之活水煮活鱼。原汁原味，鲜美无比。令客人大快朵颐，满心欢喜。

　　古往今来，清水江渔业长盛不衰。到三板溪电站关闸蓄水，上扬成湖，渔业更加繁荣。湖区管理者往湖中又投放了几百万尾草鱼、鲢鱼、鳙鱼等鱼苗，两三年来，仰阿莎湖区鱼产量呈爆炸似猛增。去年，剑河的朋友来电话对我说，仰阿莎湖的鱼多得快不行了，网打、钩钓，随随便便就可以捞上来几十斤。多食无味，鱼价大跌，由最初的四五元一斤滑到一二元一斤，后来竟跌到五角钱一斤也无人问津。有人索性把吃不完的鱼煮成猪潲，让猪们天天改善伙食。柳川、南寨、南加等乡镇街头巷尾，处处洋溢着浓重的鱼腥味，居民们大有谈鱼生厌的趋势。

得知仰阿莎湖鱼泛滥快成灾，外地钓鱼爱好者呼朋唤友蜂拥而至。带着专业的渔具，在湖边安营扎寨，点起篝火，一边煮饭烧汤，一边钓鱼下锅。不多一会儿，一大锅鲜鱼野餐就做好了。就着轻风白月，钓友们享受着湖畔宁静的山光水色，慢慢品酒吃鱼。席间钓竿摇动，信铃乍响，钓者连忙放下杯盏，跑到水边提竿收鱼。卸下钩，见是中意的（个大、肥实、品种优者），放进网兜水里养着，如不中意，就轻轻抛回水中，让它继续生息长大。又往钓钩续上钓饵，举竿弓身，扭腰甩臂，铅锤就嗞啦啦地拖着钓线，在空中划一道优美的弧，将钓钩带入湖心，然后重回酒席，接着喝酒吃鱼。等到喝足了酒，吃够了鱼，也不忙收拾残席，钓友们一边打嗝剔牙，一边捡块石头坐到岸边继续闲聊垂钓。收获的鱼实在太多了，不好携带，就将鱼剖开，放到篝火旁用铁架熏烤，烤干了就装进备好的袋子里。一个双休日，或者黄金周，钓迷们便可携几十斤到几百斤干鱼回家。

一些专业捕鱼队也伺机而来。夜幕来临，把鱼艇泊在湖心，往湖里捕展一面大网，洒下鱼料，又通一盏电灯入水里给鱼们照亮。有了灯光的诱惑，又有美食可餐，鱼们就迅速聚来争食。等到鱼儿们吃食正欢，捕鱼队长一声令下，操键手一按电钮，卷扬机快速转动收起网绳，数千斤鱼片刻间成了捕鱼队的囊中之物。被捞起的鱼中，大的几十斤，小的二三两，捕鱼队将它们通通冰冻起来，等到捕足一卡车，就运到大都市去出售。

当地干部群众得知情况，连忙赶来制止，那些专业捕鱼队才收兵离去。通过这事，仰阿莎湖水产的巨大潜力引起当地党委政府的高度重视。南寨南加等乡镇组织精兵强将，加大资金投入力度，大力发展网箱养鱼。将鱼苗放到网箱中，不放任何饲料，让鱼们在流动的水体里自由觅食生长，一两年收获一次，每箱可收鱼三四千斤。由于湖区水质好，鱼基本是自然状态生长，鱼的品质很好，与野生鱼无多大差别。加之通过多方宣传和外地鱼商的推介，仰阿莎湖鱼很快畅销，鱼价也不断攀升。前些日子，到南加镇采风时，该镇负责人告诉我们，仅南加镇区，现渔民们每日打捞上万斤活鱼，由鱼贩运往全国各地销售，仰莎湖鱼已是供不应求。价格已不再是前些年的一两元三五元，而是据鱼的等级和品种不同，每斤批发价升到了十几元到几十元。到了大都市餐馆里，每斤升至百多元甚至几百元。南加镇仅渔业一项，年产值近千万元。一些养鱼专业户很快就富裕起来，有的购买了汽车，有的盖起了砖房，成为仰阿莎湖风景区的首批受益者之一。

如果美神仰阿莎能悉知家乡如此美好的变化，会不会也跟我一样，欣慰自豪而感动了呢？

（创作于 2008 年 10 月，发表于《杉乡文学》，现仰阿莎湖已成旅游景区，网箱养鱼，无序捕捞的情景已成过往。）

精要杂录

"村 BA" 印象

　　谁也没有预料到，一个小小的村级篮球赛，竟成名播中外的热点。贵州省黔东南州台江县台盘乡台盘村的节庆赛事，本是年年举办，团结群众，增进情谊，娱人娱己最普通的民间体育活动。但实践证明，当乡间篮球赛遇上大数据，可一夜爆红，成为国内外游客、播客关注的打卡点，变身中国西部新农村正能量满满的一个重大事件。

　　2022 年 7 月，多年来行走在乡间的摄影家姚顺韦，他在推特上播发台盘村乡村篮球赛盛大场面的视频引起关注。时任外交部新闻发言人的赵立坚快速转发了这个视频并点赞："现场氛围真的太赞了！中国的美丽无需过多的修饰，这就是最真实、最纯粹的中国！"这个点赞，如同在媒体平台上投下一颗炸弹，瞬间引燃全网，引发全国网友的关注和讨论。有网友留言：比 CBA、NBA 还纯粹，这才是真正的篮球运动，堪称中国的"村 BA"。由此，台盘村六月吃新节篮球赛，得了一个人人熟知的新名字："村 BA"。

　　其实，"村 BA"只是黔东南丰富的民间节日文体活动的一个代表。黔东南民间节日众多，节日文体活动常盛不衰。除了春节，黔东南主要的民族节日还有很多，人称"大节三六九，小节天天有"，如苗族的芦笙会、爬坡节、姊妹节、吃新节、龙舟节、苗年节、鼓藏节，侗族的六月六歌会、萨玛节、翁普节、摆古节、侗年，水族的瓜年、端节，瑶族的隔冬节等等，据有关部门统计，黔东南各民族有大小节日近 400 个，其中集会活动超万人以上的有 128 个。

　　而声名远播的"村 BA"篮球赛，就是台盘村群众农历六月吃新节文体活动的项目之一。吃新节是苗族一个非常重要的节日，黔东南很多苗族村寨都过这个节，台江县台盘乡的苗族村寨尤为隆重。过节的时间是农历六月的第一或者第二个卯日（如第一个卯日在初五以前，则过第二个卯日）。这时水稻已结包抽穗，早熟的谷穗开始黄尖，可以采摘以祭祀祖先神灵，象征有新米吃了。所以这个节叫"吃新节"或者"吃卯节"。

　　过节当天，远近的亲朋好友穿上节日的盛装，挑着糯米饭，带上鸡、鸭、鱼、肉等礼品，并赶着斗牛来过节。主人以煮熟的公鸡、鱼、肉等祭品供奉祖先，祈祷五谷丰登、六畜兴旺，老少安康。然后开始丰盛的晚宴，宾主饮酒唱歌，互相祝福，共庆佳节。

次日便开展斗牛、赛马、斗鸟、斗鸡、跳芦笙、对歌等文体娱乐活动。

每项活动，都是群众自发组织，自筹资金，自定规则，自主裁判，群众广泛参与，不加入任何商业行为，其目的是给节日营造热闹祥和的喜庆氛围。每个赛场，都是人山人海，盛况空前。比赛精彩处，群众山呼海应，声震谷野。获奖者，亲戚朋友热烈庆贺。特别是赢得胜利的斗牛，亲友更是蜂拥上前，给斗牛披红挂彩，燃放鞭炮向牛主祝贺。

而随着时代的发展进步，当地群众在节日文体活动中又加入篮球、足球、棋牌、田径等比赛项目，使得节日活动更加丰富多采，参与的人群更加广泛。别特是篮球比赛，除了当地村寨组队参赛外，周边城镇干部职工、学校师生也可以组队参赛。这就为篮球赛事突破地域、城乡融合，繁荣发展创造了条件。

篮球运动是舶来品，据说是 1894 年由美国人来会理博士带入中国，在天津的中华基督教青年会医学堂举行了第一场篮球表演，随后在各大城市逐步推广，现成为城乡普及的群众体育运动之一。

台盘村篮球运动开展得比较早，民国时期就成为当地群众普遍喜爱和参与的体育运动项目之一。台盘村民对篮球运动的喜爱，那真是爱到骨子里。1936年，台盘青年张明纯、陆大兵、张明伍等人到外地务工，见当地人打篮球挺好玩，回来以后也想在村里开展篮球运动。但是没有钱置办设施，只好自己想办法。没有球场，就发动村民撤了自家猪圈、菜园，腾出地盘建一个泥土球场；没有篮球架，他们就自己用木料制作；买不起篮球，他们就发明创造。他们先后尝试用多种材料制作"土篮球"，起初效果并不是很好。苗家人有种棉织布的习惯，实践中发现，将棉花紧裹成球芯，然后一层层缠绕麻线，做成一个篮球大小的实心棉球，弹性好，基本具备了篮球的功能，村民们称之为"坨坨球"。青年们就用这种"坨坨球"培养出自己的第一代篮球运动员，并把篮球这种时髦运动的文化基因深深植根于台盘这方乡土，成为当地村民执着追捧的一项体育运动，并列入台盘村每年六月吃新节文体活动不可或缺的"规定动作"。

台盘村民们正是居于这种炽烈的热情，带动周边村寨普及开展篮球运动，比赛活动办得风生水起。自上世纪80年代以来，每年吃新节参赛的球队都有几十支。台盘村的篮球队更是众多队伍中的佼佼者，差不多年年都拿冠军。还曾多次代表本县到外地参加比赛，也总是带着奖旗荣归。很多青年对篮球的热爱胜过了一切，为了不影响打球，一些青年到了 40 岁还不想结婚——担心被妻子管束，不能自由自在地打篮球。节日来临，在外地打工的球员不论多忙，千里万里也要赶回村过节参加比赛。当地球迷对篮球的喜爱也不亚于运动员，只要有赛事，方圆百十里的球迷，总是放下手头的工作，雷打不动地赶到赛场观战。可容纳两三万人的赛场，场场观众爆满。由于参赛队伍太多，比赛通宵达旦进行。但无论比赛进行到什么时候，看台上总是座无虚席、观众不减。比赛夜以继日进行，观众也观赛到天亮。裁判员、记分员、赛场维持秩序的安保人员，无一例外地精神百倍，不知疲倦 24 小时连续不停地工作。这种办赛精神，在中外篮球运动史上实为罕见。

于是，台盘村街头就出现了一种令人称奇的现象：大赛期间，有的猪肉摊、水果摊就成了无人售货摊。摊主留下一个标价牌、收款二维码和一句温馨的提示语："请自取自称，扫码付款，谢谢关照！"原来摊主也是篮球运动的铁杆粉丝，已到赛场观看比赛去了。

这是中国美丽乡村建设史上的一个奇观，更是乡村诚信建设的一道风景，比城市扫码自动售货机还人性化，更令人感动。肉和水果就摆在那里，摊主相信顾客的诚实，不怕你多拿少付，更不怕你捎货不付钱走人。这不正是古文中描写的"夜不闭户""路不拾遗"文明情景的再现吗？难怪有作家评论家称"村 BA"现象和台盘村乡村振兴的故事——是观察中国式现代化的一个亮丽窗口。

台盘地属台江县，但似乎更像是黔东南州府凯里市的一个城郊乡镇，挨着凯里洗马河街道，由一条宽阔的六车道交通干线相连，市中心到台盘也就二十多分钟车程。自凯里三棵树镇到台盘乡，美丽的巴拉河一衣带水串连着无数宁静古朴的苗族村寨，这些村寨是凯里人周末举家前往郊游的目的地，台盘村就是其中之一。地处台盘乡办公区的台盘村，一条大约一公里的街道从中穿过，两边是当地群众聚集的各种店面。行人不多，街道管理也相对宽松，没有停车拍照罚款的摄像头。除了节日期间篮球比赛活动临时管控外，平时游人可以临时停车，吃一碗米粉，或者买一点老乡街边临时摆摊售卖的农特产品，很是方便。这里保持着传统的赶集活动，每逢农历的虎日和猴日，这里的乡场还非常热闹。邻近的村民把自家种养的蔬菜水果、鸡鸭鱼蟹、狗崽鹅仔等农产品挑到乡场上来卖。当地老乡热情纯朴，不会以假充好，也不会城里小商贩短斤少两的伎俩。因此跟台盘老乡买东西，用不着讨价还价，他们从来不喊虚高的价。他们只想赶快卖完东西赶回家去，家里还有许多活路在等着他们呢。你买他几大把菜，他你送你几棵香葱；你购买她几个大西瓜，她还另送你两条黄瓜；你把他大部分蔬菜都买了，说不定他还会把余下未卖完的几个瓜果以最便宜的价卖给你甚至直接送给你呢。

到台盘赶乡场，有时候会发现你最喜欢的特产，比如老乡用熟潲喂养味道很香的黑毛猪肉，刚从田里捡来的屁股还粘着青苔的田螺，甘美多汁的枇杷，鲜甜酥脆的脱核李，皮黄肉厚的香瓜等等，这些原生态的农特产品，比城里商场上买的至少要便宜四分之一，城里即使能够花高价买到，说不定回到家一尝却发现是歪货。老乡们的慷慨大方，让我们这些城里居民馋虫横生的胃，一年四季得到不断地安抚和慰藉。

秋天的台盘乡场上有一种西红柿，大若指尖，品相极佳，或黄或红，色泽艳美，仿如彩色的珍珠玛瑙，富含多种有益于人体的维生素，人称"小毛辣果"，是西红柿中的极品。微酸带甘，口感极佳，可以当水果生吃，也可以用于家常炒菜，或者作配制红酸汤的原料。这种水果唯一的不足，是产量不高，能否有口福，完全靠运气和缘分。这种西红柿一上场，多被凯里人一抢而光。如果你赶集去晚了，可能就被人家买光，只能望街兴叹，等待下个赶集日了。不过我运气还算不错，每年都能从台盘老乡手中买到几十斤，带回家一小袋一小袋分装好冻到冰柜里，需要时取出来解冻做菜，慢慢地可以吃到来年的秋天。

台盘村脚就是七弯八扭河水清澈的巴拉河，这是夏天凯里人最喜欢光顾的地方。每逢周末天气晴好的日子，我也会带上家人，捎上鱼竿，驱车来到台盘街上，先吃好早餐，采备好午餐的食材，再买一包鱼饵，赶到台盘村下边阳芳寨一带的河畔沙滩。像其他先到的游人那样，向村人租用一个凉棚，妻子拥炉火做烧烤，儿子和女儿则穿上泳衣到河边学习"狗刨式"泳技。河滩宽展，近岸边水浅，无溺水之虞，任由他们戏水玩耍。我从车子后备箱取出躺椅，换上短裤，提了钓竿到河塘边抛竿钓鱼。河里游鱼很多，白条、蛇花、沙勾、桃花等各种河鱼都有。挂上拉饵抛钩河心，钩落半水随漂游移。但见鱼漂一沉，手轻轻一提，鱼拖钩应手，便是有了收获，一条拇指大小的沙勾活蹦乱跳，被鱼线带出水面，探手接住，一条小鱼便收入鱼护。太阳天在河边垂钓是个开心的活儿，鱼上钩，常常会引得女儿天真地大呼小叫，顺便招引来周边玩耍的孩子们。见小屁孩们欢喜，我便打发他们每人一条鱼。孩子们用小手在河岸边各自扒开一个沙石水坑，把鱼圈养到水坑里，放了又抓抓了又放，一玩就是大半天。孩子们开心，郊游的目的就达到了。等到孩子们玩到兴尽，已是斜阳西沉，河畔众多的凯里人都收拾东西，举家返城了。我们一家也收拾行旅，还顺带回一两斤渔获。晚上，用台盘特产的小毛辣果、青椒炒一盘小河鱼，一家人便可美美地享用一餐生态酱炒鲜鱼。

如果周末恰巧遇到六月六吃新节台盘村举行篮球比赛，我们一家人也会挤进看台边，欣赏一场半场比赛。实在热得不行，儿女吵着要去河边洗澡，我们又才挤出赛场，驱车前往巴拉河畔。

到凯里生活30多年来，台盘村来来去去，街头街尾，一店一摊，都不陌生。台盘村年年举办的篮球比赛，似乎也司空见惯，不足为奇。台盘村人总是遵循不温不火的生活节律，耕耘着自己平安和乐的日子，春种秋收，迎来送往，波澜不惊。过节的时候，举村同庆，诚邀天下客，共享节日活动的欢乐与喜悦。

即便今天的篮球赛事由原来的村级集体篮球友谊赛变成了贵州省"美丽乡村"篮球联赛、全国和美乡村篮球大赛，引爆国人眼球，成了四海注目的"村BA"文化品牌，台盘村迎来了全国各地众多的驴友和播客，台盘村人的节日活动理念始终没有改变，还是娱人娱己、快乐为要、不沾染任何铜臭味。球赛的奖励依然是一头小黄牛、一只山羊、一口小香猪，或者一个苗家工匠特制的银冠，或者是当地的其它农特产品，"村BA"仍然是当地群众集体自发举办的最纯粹最朴实的群众文体活动，台盘村还是凯里人心心念想，周末最想去溜达的地方。

（发表于《杉乡文学》）

"村超" 为何那么火

　　继台江县 "村 BA" 之后，榕江县村超一夜成名，成为三年抗疫以来最令国人振奋和欢迎的盛大民间体育赛事之一，是近两年来人们日常最关注最暖心最具正能量的话题。村超不仅火遍黔东南，火遍贵州，还火出国门，为全世界球迷们所追捧和热议，形成当前媒体人热谈的 "足球现象"，为沉闷太久内心积郁太深的足球粉丝们打了一针高效率的强心剂。

　　有自媒体人说：村超，让中国足球看到了希望！

　　村超全称为榕江县和美乡村足球超级联赛，是榕江县三宝侗寨村民自发组织的常规体育赛事。

　　村超之火，首先缘于赛场上球员们的精彩表现，正如流行网络上的一句话：这个就叫专业！什么叫专业，用合适的人做合适的事，并做到极致，就叫专业。村超的球员们在赛场上的表现可圈可点，不时踢出让现场观众眼眸一亮热血沸腾的在世界级大赛才可以看到的绝妙好球，比如网友总结的十大进球：势大力沉凌空抽射直入圆角、力压群雄头球破门、冷静吊射直入死角、行云流水绝妙过人带球入网、声东击西出其不意的脚后跟反射、任意球弯弓射月险入死角、乱中取胜零角度爆射、双脚空中转换的倒挂双钩、气贯长虹一箭穿心的超级世界波，赛场各种精彩的高难度镜头，非一般从业者经过长期艰苦系统的训练难达此功。

　　长期解说足球大赛直播的央视名嘴韩乔生，在村超解说中看到球员们的精彩表现，由衷惊叹：你怎不热爱足球啊！他甚至还发出感叹：农村包围城市，村超引领未来！

　　村超之火，源于榕江人民群众对足球山海般的热情和深厚的体育文化积淀。没有观众，没有山呼海应的欢呼气场，稀拉拉几个观众，整个赛程平静无波，那还是足球吗？你看比赛现场，数万观众，气势非凡。耄耋老人、黄发稚子、青春俊男靓女，穿着民族节日盛装，扶老携幼，呼邻唤友，不辞路途遥远，不怕日头热辣，自驾、乘车，甚至步行，像赶集那般云聚。有的为村队敲

335

盆打锅助威，有的为赛场吹笙跳舞唱歌助兴，有的专为犒劳不远千里来看球的远客，搬来了美酒佳肴、糯饭粽子、腌鱼腌肉等家乡美食供球迷们享用。摩肩接踵、人头攒动、万人空巷、热闹非凡等等这些词句，早已显得干瘪无力，无法精准描述赛场内外盛况。引用网红达人的话来赞：哇噻！一切尽在不言中。

来的都是客，无论是省城球迷、国内粉丝、香港明星、网络播客，还是国外游客，榕江人民举县欢迎。欢迎不只是一句空话，是润物无声的传统待客之道，热情细致的品质服务，价廉物美的各种特产，丰富多样的特色美食，不随意虚涨的房价，交警关心备至的安全提醒，城管免费提供的规范摊点，还有美丽侗家姑娘迎客的酒礼、免费品尝的榕江西瓜、的士司机文明高效的便捷服务等等。老少无欺、生熟一般，来了就是榕江客。宾馆爆满已无空房，饭店售罄了食品，如果你不嫌弃，就到农户家去住吧，管你吃得地道、睡得香甜。入乡随俗，这才是最地道最接地气的榕江之旅，让你一生难以忘怀。

正是有了榕江人民对足球的超级热爱与激情，榕江足球运动的玫瑰之花，在这座美丽的滨江小城，静静地开放了半个多世纪，且长开不败常开常艳，直到今天香艳全国，火遍世界！自上个世纪四五十年代开始，广西大学把足球引入榕江，贵州国立榕江师范的师生们将足球运动的种子植根榕江沃土，经一代代榕江足球人的悉心培育、精心浇灌，榕江的足球花木才得以根深叶茂、茁壮成长。不单单是足球，体操、跳水、攀岩等体育运动在榕江同样风生水起，喜讯频传。据榕江县体育志记载，自新中国成立以来，榕江籍运动员在参加全国和世界体育大赛中，共拿到国家级、世界级奖牌50多块，其中获得跳水世界冠军在内的世界大赛奖达6项，榕江籍著名运动健将龙道一，在刚刚结束的巴黎奥运会跳水男子双人3米板决赛中，与队友王宗源配合默契，一举夺得冠军。

冰冻三尺，非一日之寒；剑锋凌厉，乃长期磨砺而出。榕江村超的火爆，发蒙于上世纪中叶，成型于上世纪九十年代，繁盛于本世纪初，引爆于沉寂的三年抗疫战胜利之后。村超的火爆，非一日之功，是榕江70多年体育文化慢慢沉积浸润的结果，几代榕江足球人长期坚守，用汗水泪水默默浇注，足球的花树今天才得以迎风怒放、惊艳全球。

村超之火，更源于党委政府服务理念的转变——有所为有所不为。当今很多盛大体育活动，往往是文体搭台，经济唱戏，唱着唱着也就变了味。文体活动沾染上了味道很重的铜臭，一切就失去了原来初心和本真。"野蛮其体魄，文明其精神"，毛泽东主席在其青年时对体育运动就作出了非常科学而精妙的论断。中国足球作为三大球之一，是作为"野蛮其体魄，文明其精神"的重要体育运动项目，广受人们欢喜，老国足们将足球踢出国门，曾创造过令国人振奋的骄人战绩。通过这项运动，引导人们热爱体育运动，让国人身体素质得到整体提高，也通过这项运动的开展，促进东西方文化的交流，让精神文明之花处处绽放。这是国人办体育的初心，也是所有体育活动的根本目的和动力。

但随着资本的注入，国足之路越来越脱离正轨，与体育精神背道而驰。近年国家重拳出击，足球反腐与整顿力度加大，中国足协腐败问题全面曝光于国人眼底，曾经辉煌一时的国足混成今天的人模鬼样。让球迷失望、唾弃甚至嗔怒的原因，不是中国足球不行，而是中国足球组织迷失了方向，被资本蒙蔽了双眼，把足球事业带偏了，带病了。

村超火了，党委政府应该怎样作为，榕江县委县人民政府给出了一个完美的答案：赛事活动交给群众，党委政府做好幕后保障。在赛场建设维护、交通的疏导管理、现场安全维护、市场物资的供应与物价的平抑、服务质量把关、城市接待能力的提升、舆论的正确引导等方面全力做好保障和把关。

游客们真切体会到，大赛期间，在榕江县城大街小巷，党政机关按步就班，商贸市场热闹繁荣，城市秩序井然，榕江县城并没有因为游客一时爆满而乱了方寸，这个古老的小县城，仍然迈着数百年来和谐平稳的步履，保持自己不紧不慢的节奏，穿过岁月静好，淌过小桥流水，紧跟时代、缓缓行进。

没有政府的干预，没有资本的浸染，没有任何私心杂念，正如前国足名将范志毅范大将军到村超现场后发出感言：村超是最干净最纯洁的足球大赛！

是的，村超之所以深受广大球迷的喜爱，因为它是老百姓最纯正最干净最接地气的民间体育赛事。主办单位似乎也很随意，是三宝侗寨侗族文化研究会。整个村超活动，没有商业运作、没有赞助商、没有广告、不售门票。参赛球队实行费用 AA 制，自己掏钱买球衣，自行组织日常训练，吃地方普通食品，所有队员从没品尝过山珍海味，自行组队前往参赛。村超的奖品，每场胜利赢得的只是两只猪腿，即便是最终决赛的奖品，冠军是一头当地喂养的小黄牛，亚军是一口肥猪，季军是一只山羊，第四名是一只鹅。

是为奖品而战吗？球员们来自各行各来，有的开挖机、有的卖卷粉、有的卖猪肉、有的扭钢筋、有的搞装修、有的跑运输。过海八仙，各有神通。开挖机的司机，机器一响，一两天若干头黄牛的收入就收入囊中；榕江卷粉原本已很出名，每天营业额不下四位数；卖肉的、装修的即便生意淡季，一个月下来，几千元万余元的收入也是常态。放弃手头挣钱的活，去拼死拼活争一头牛、一头猪、一只羊，显然不值！

面对村超比赛，是什么原因让球员们趋之若鹜、欲罢不能。这就是足球最本质的魅力和动力：那份纯真的热爱和快乐，那份小小的金光闪闪的荣誉和责任！

传奇教练米卢先生入主国足的第一天，就提出了"快乐足球"的理念。这位战绩卓著的世界足球名帅一语中的，用"快乐足球"四个字，把足球的本质阐释得简单明了。是的，足球运动是一种快乐，任何体育运动的本质，都应该是一种快乐。快乐地组织比赛活动，参与的运动员全身心快乐地投入比赛，快乐地享受比赛过程，娱己以娱人，让广大观众也体会到运动的极大快乐。诚如此，所有的传统体育竞技活动才得以千百年代代薪火相承，永续发展，创新不断。

榕江村超之所以激起国内外球迷空前的热情与共鸣，数以千计的正规媒体时刻关注、好评如潮；数以万计的自媒体人涌入村超故乡榕江，全方位、多角度、连续地对村超赛事进行报道和评赞。连梅西、欧文等世界超级足球巨星都给村超以祝贺和摇旗呐喊。央视新闻创造了一天多次播报单个村级体育赛事的纪录。就连外交部原新闻发言人现任副部长的华春莹也曾在推特上响亮地点评村超：伟大的激情，伟大的比赛！

村超的影响远远超出了足球比赛本身，村超扛起铸牢中华民族共同体意识的鲜明旗帜，凝聚起祖国大江南北各兄弟民族团结友爱交流交融的强大精神力量，通过各种形式，很多兄弟民族通过视频，向榕江村超展示自己球队友好真挚和文化交流的诚意，并组建队伍前来参加比赛。

榕江县党委政府领导热情的邀请视频，更是让火热的村超火上浇油，烈焰升腾。村超常规赛后的友谊赛，邀请山东淄博烧烤队、广西柳州的螺蛳粉队等兄弟美食足球队，前来与榕江卷粉队切磋技艺，建立友谊。视频发出，得到全国各地美食代表队的回应，并通过视频，发回了友好真诚的回应。据相关统计，全国各地报名希望参赛的各种美食代表队已有700多个，涵盖了东北三省、海南、浙江、新疆、内蒙等全国30多个省区数百座城市。如果按照目前的赛制，打完全部比赛，需要20多年。这将是怎样一个浩繁的体育工程啊！全国球迷们对村超赋予高度的认可和巨大的热情，由此可见一斑。

正如一位网友在视频中评论：这踢的哪是足球？这踢的分明是政通人和、是民族一家亲啊！

为什么会产生这样的效应？因为村超干净、简单、纯粹，体现了体育运动的本质和精神，还足球以本来应有的样子。

有人会问，村超办成这个样子，社会效益自然没得说的，会产生好的经济效益吗？答案当然是肯定的，有了人气，一切都有了底气。村超拉动各种消费，据相关统计，自2023年5月开赛以来，综合收入超过了10个亿。干干净净地办好足球，足球回馈给社会的，自然也是满满的正能量满满的收获；干干净净地办足球，中国村超必定弓强箭利，行稳致远，越办越好。

（初创于2023年11月，应村超征文而作并获优秀奖，再改于2024年8月23日）

喜鹊迎我去驻村

三月，忽得通知，单位安排我驻村，到凯里大风洞乡都力村开展帮扶工作。初得消息，颇感意外，转瞬窃喜。做记者20多年，年年都下乡若干次，但真正驻村，还是平生首次，机会难得。

安顿好幼儿，匆匆赶到村里报到。车临村头，在都力村后的一块田地里，见两只觅食的鸟鹊，一前一后，在人家刚刚犁过的田地里跳跃。我和同事停下车来仔细察看。那鸟儿白腹白翅，轻盈地跳动。一拍手，它们"嘎嘎"地叫唤着，振翅飞落到不远处人家门前的香樟树上——没错，那正是我多年未曾见过的花喜鹊啊。

小时候，老家村前高大的枫香树上住着很多窝喜鹊。它们在高枝上做窝，与人为邻。村谚云："喜鹊叫，喜事到。"喜鹊一叫，就有客人来访，母亲就会杀鸡宰鸭招待客人，我就能吃上可口的鸡鸭肉，以飨胃口馋虫。喜鹊是小伙伴们最喜爱的一种鸟，村里从来没有人去掏喜鹊的巢。年年岁岁，喜鹊就在高高的古树上自由自在，生息繁衍，伴着我度过无忧无虑的童年时光。

到城里工作生活后，随着年岁的增加，村里的老人们次第仙逝，爷爷奶奶走了，爸爸妈妈也不在了，回家次数也越来越少了。村里的年轻人也大多打工在外，留守村里的许多小孩子，大多不能认识，村子显得冷冷清清。偶尔回一趟老家，多是清明节去祭扫先人们归宿的那一丘黄土。每次回老家，总有诸多感慨，心中不免有一种空落落莫名的感伤。山青人不在，清泉空自流，物非世异，连喜鹊也不知何时迁走了。

不单喜鹊，像并不讨人喜欢的乌鸦等常见的鸟类也几乎销声匿迹了。也许是生态受到破坏，生存的环境迫使鸟类迁徙了。或许是农药用得太滥太多，在药死虫物的同时，也把鸟类毒尽了？我的一位老师旅欧归来，他大发感叹：欧

339

洲鸟鹊成群，可能全世界的鸦鹊都集中到了那里。也许喜鹊真是迁徙到生态保持较好、不伤害鸟类的北欧去了。

在凯里生活了 20 多年，一直没有见过喜鹊。初到都力，见到喜鹊，确是万分惊喜。我想，喜鹊还在，人们的吉祥鸟还在。能留得住喜鹊的村子应该是一个美好的地方啊。

入驻到村里，在学校安了个临时的家，跟小组几位同志一道，与村干、乡村老师们坦诚相待，密切配合，共商村事，为解决村民困难和问题想方设法，同舟共济。忙时风风火火，互相支持；闲时进家入户，了解群众生产生活情况。晚了，又难却主人盛情，就客随主便，就着人家干净院落，邀清风明月，品农家米酒。听百姓故事，交农民朋友，其乐也融融。

忙也罢，闲也罢，那一窝喜鹊天天都在村里。在人家风景树上栖息鸣叫，在田间地头跳动吃虫，在都力村几个小寨子间来回飞翔。在你不经意间，喜鹊从你眼前腾空而起，用它美丽的身姿，在空中划一道黑色的弧，证明着它们真实的存在和自由的快乐。

都力村交通不便，地处边远，西北与黄平县和黔南福泉市比邻。无都市车马喧嚣，无工矿企业污染。壤富含硒、锌等人体所需微量元素，所产香米曾经蜚声凯里，供不应求，是凯里市有名的优质香米生产基地。村人淳朴善良，勤劳能干，尊重自然，守护生态，爱护鸟类。相传若干年前，都力村庄上自然寨来了几只喜鹊，喜鹊在一棵高大的椿树上做窝，椿树枝条光滑，喜鹊搭巢刚有雏形，一阵大风将巢吹落。如此几次，喜鹊都建不成家。村里两位青年看见，十分同情喜鹊。就冒着失足跌落的风险，爬上高高的椿芽树，用木板为喜鹊订了一个支架，让喜鹊在上面建窝。有了稳定的支架，喜鹊很快就搭好了一个大大的巢。从此，这窝喜鹊就在村里落户生根，四季与村民相伴相依，不离不弃。都力村爱鸟的故事实在令人感动。

不独今人爱喜鹊，古人也是把喜鹊当成最喜爱的吉祥鸟。民俗相传，一日十二个时辰，除了亥时喜鹊鸣叫可能有争闹事外，其余时间鸣叫，都是会出现喜庆之事。所以人们又把喜鹊叫作报喜鸟。"喜鹊翻初旦，愁鸢蹲落景。终日望君君不至，举头闻鹊喜。牧童弄笛炊烟起，采女谣歌喜鹊鸣。繁星如珠洒玉盘，喜鹊梭织喜相连。"这是宋代大文学家苏轼给喜鹊写的一首词《喜鹊登梅》。的确，喜鹊不但为普通百姓所喜爱，也为古今书画名家所钟爱，很多诗情画境中都能找到喜鹊可爱的倩影。"喜鹊登梅"图更是千古不衰家喻户晓的吉庆意象。《鹊桥相会》的爱情故事在中国可谓老少皆知，成就了国人心目中圣洁的七夕佳节，近年更是声誉鹊起，比西方情人节更热闹。

是的，不论城镇乡村，民居旁古树有了那么一窝喜鹊，人间就多一分吉祥与慰藉，少一点苍凉与落寞。人在旅途，有喜鹊相伴，心里就多一分温情，少一点孤单。

到都力驻村，此生有幸啊。

（创作于 2014 年春，发表于《黔东南日报》）

沉淀在往事中的母爱

母亲这一生从未对我们说过一个"爱"字，但我们却无时无刻不感受到母亲深厚而温馨的爱。就在母亲去世前住院期间，我守在母亲的病床前，母亲还关心地对我说："崽，注意身体，别着凉了。"

的确，我从小身体就比较弱。我们五兄妹中，我是体质最弱让父母操心最多的一个。母亲说我生下来三个月就开始生病（后来才确诊是膀胱结石），时好时坏，断断续续，几乎占了我童年的所有时光。结石发作时，堵死了膀胱，排不出尿，胀痛难耐，坐卧不宁，有时候憋得直肠都拉出一截。即便是在半夜，母亲劳动一整天，疲乏万分，困眼难睁，也要爬起身来，用布片轻柔地把我落出的那截直肠送回肛门，然后背着我满屋子慢慢踏步、轻轻抖动，直到顶住我膀胱的那颗石头从排尿口滑开，尿液喷涌而出。这时候，母亲却不移不动，一任我的尿水淋湿她的衣服。因为她知道，儿子排完了尿，就会好受一些。放到今天来看，结石作为常见病，并不是什么疑难顽症，取石手术十分简单。但在二十世纪七十年代我们穷乡僻寨，结石病还真是要命。从我患病开始，父母就到处寻医问药，乡医院住了若干次，中草药吃了几百服，甚至还请巫师禳过灾。但是一点效果也没有，依然三天一小病五天一大病。父母除了干农活，余下的时间和精力大多用来治救他们的儿子。尽管有时候我病得奄奄一息，没有了人样，父母都从未产生过一丝放弃的念头。直到我十岁那年，父亲把我送到区医院照光，发现了硕大的结石，做了膀胱取石手术，才彻底清除缠绕我多年的病魔。

在我们村里，父母都算是有文化的人。父亲上过私塾，读过两年初中，还抽到州地质队工作过几年。母亲曾考到州农校学习三年，临近毕业，才因国家撤销学校而被迫返家。后来也曾有几次出来工作的机会，但因我爷爷当过国民党乡长、家庭成分高（曾请过一个长工，被评为富裕中农），也与这些机遇失之交臂。父亲多弟妹，一家十几口人，家庭负担很重。父母结婚后不久，爷爷就把他们分了出来，开始白手起家和养儿育女的艰难生活。大山里的农活又苦

342

又累，他们希望自己的儿女不要像他们那样辛劳地度过一生，希望我们都能吃公家饭，拿一份工资，日子过得松爽快乐。就下定决心，自己再苦再累，哪怕砸锅卖铁，也要把我们五兄妹培养出来。这样，父母亲付出了百倍于他人的心血，创造了一项感人的记录：一户普通贫困的农家，培养出四个大学生。在我们充斥着文盲的落后的侗族山寨，当时可是一件影响不小的事。后来村坊邻里都效仿我父母把孩子送到学校去念书。我大哥是我们寨有史以来的第一个大学生，我是第二个。我大姐是第一个女初中毕业生，我妹妹是第一个女大学生。满弟后来也考上了大学。

五个孩子同时在念书，大哥读大学，姐姐念初中，我与妹妹弟弟读小学。没有什么特殊的经济来源，家庭经济状况可想而知。每年父母都在除夕夜作好一年的打算：养几头小牛，喂几口肥猪，种几亩花生，卖多少桐油，父母都一一规划在账本里。这些收入并非轻松到手，还要看年景如何，想方设法不让牲口染上病疫，否则一切计划都要打乱。尽管如此超前安排、精打细算，家里还总是入不敷出。父母常常东挪西借，拆东墙补西墙，到处借账。好在父母为人和善，非常信义，深得乡亲信任和尊重，只要手里有钱，都愿借给我家。在我们贫困山区，亲戚朋友都不富裕，没有多少闲钱，有时候急着用钱，父母手头无钱，就从另外的人家借来还上。由于家庭经济太过窘困，姐姐念完初中，就主动辍学回家帮助母亲养猪干活，不管父母怎样教育开导也不肯续读，她把学习的机会给了我们弟妹。也正是如此，父母期望我们五姊妹都成为国家工作人员的梦想没有完全实现，这成了他们一生最大的遗憾。

我的学习生涯并非一帆风顺。因为经常生病，小学一到四年级几乎没有学到什么东西。离家到乡里上五年级时，也只是勉强考上。虽然做了膀胱取石手术，身体一直比较瘦弱，十一二岁了还经常尿床。当时住校的学生家境都十分困难，每个学生家里只能提供一床棉被。同学们都是两人组合，一人出垫被，一人出被子。我因为有尿床的习惯，无人肯与我搭档，只好一个人睡。就着教学楼顶层的地板，铺上一层稻草，把被子折过来，一边垫一边盖。夜间尿了床，怕人家笑话，就用身体把尿焐干，但还是留下了斑斑尿迹。同学们常常摊开我的被子，指着被子上的尿印儿拿我开玩笑，说我是画"地图"的专家。有同学悄悄去告班主任，班主任以为我懒起床上厕所（厕所的确也很远，要从四楼走到一楼，绕道很远去乡政府的公厕），就狠狠凶了我一顿。我无言以对，只好红脸低头认错。

但这并不能改变同学们和班主任对我的陈见。同学们照旧羞辱我，大一点的同学常常趁我夜里熟睡时掀开我的被子，将我瘦弱的裸体暴露在冷风灯影下。见我尿了床，又光着屁股睡觉，就叫醒同室的所有同学，让大家一同取笑我。我羞愧得无地自容，恨不得找个地洞藏到里边去。家里经济实在太拮据，主要的收入多花销在读高年级的哥姐身上，我们当小弟的只能穿哥哥穿短了的衣服，裤衩就免穿了。我受了同学的羞辱，只好回家向母亲诉苦。母亲安慰了我，给我讲了些关于古人以沙为纸、凿壁借光、悬梁刺股之类的故事，勉励我克服困难，好好学习。并翻出哥哥的一条旧裤衩给我。穿了月余，裤衩毕竟已很破旧，加上经常被我夜晚遗失的尿液浸渍，裆处很快破得只有一丝布筋连着。一次周末回到家，爬到李子树上狠吃了一顿李果，拉肚子遗了稀屎，又不敢告诉母亲，只好悄悄脱下来，藏到床脚就赶往学校。不料又被同学"捉"了几回光屁股。回到家里，只好向母亲撒谎说我的裤衩烂了，已把它丢掉，请求母亲给我买一条。母亲笑着对我说："家里不是还有一条吗?"我高兴起来，以为母亲为我买了一条新的。等到母亲把裤衩送到我手里时，才发现那正是我丢甩在床脚下的那条破裤衩。母亲已洗得干干净净，还用一块旧布把它缝补得非常完美。我心里一热，赶紧跑回到自己的卧室，一个人悄悄蒙着被子哭起来。我认识到了自己说谎的错误，也真切体会了母爱的细腻和伟大。从此不再向母亲提任何物质上的要求。

　　母亲并不责怪我，她来赶乡场卖完了花生，就到学校看我，向学校领导和老师介绍我以前的病况，还给我送来了一个制作得十分精致的竹筒，叫我挂在床边，夜里把小便解在竹筒里，第二天再拿到厕所去倒，免得半夜一个人起来去室外解手，并嘱咐我要每天将竹筒拿去河边冲洗一次，保持竹筒清洁卫生，不要影响其他同学。我非常高兴，觉得母亲这办法实在妙极了。当天夜里我醒来的时候，发现自己还未尿床，很是高兴，就摸索着爬起来找自己的尿筒。不知哪位坏心眼的同学却事先在竹筒里洒了满满的一筒尿，又将系竹筒的草绳剪得只剩一小丝儿，我的手一触及筒子，竹筒就哗啦一声脱落下去，一筒子尿水顺着木地板的缝隙漏到下层一位女老师的蚊帐上。女教师梦中被尿水滴醒，异常愤怒，一边用木棒捅得我们地板咚咚响，一边将我们骂个狗血喷头。天明上早操时，校长在广播上对这件事作了严厉批评。虽然未直接点我的名，但"尿筒"这个绰号很快被同学们扣在了我的头上。我在同学面前抬不起头，于是开始厌恶学习，上课不认真听讲，不按时完成作业，经常无故逃课。班主任就更加讨厌我，说我是害群之马。我忍受着奇耻大辱，熬完了五年级最后三个月的时光，以全班倒数第一名的成绩小学毕业。

　　中学肯定是没指望读了，也没有兴趣读了，准备回家好好跟父亲学习犁田种地，安心做一个称职的农民。父亲起先并不怎么指责我，但知道我不准备续读后却大发雷霆，差一点用竹条抽我。要知道，父亲最大的期望就是要把我们都供出去，用他的话说就是想尽一切办法，也要为他的子女们斩断"泥巴脚杆"。关键时刻，母亲站出来护住了我。她也没多说什么，她知道自己儿子并不笨，也明白儿子厌学的原因。她摸着我的头对我说："好好玩一个假期，等开学时妈送你到一个好的学校去读书。"我不置可否。

新学期开学的时候，母亲给我置了一身新衣服，背着我的书包，带着我翻山越岭到离家很远比我们村更加偏僻的深山里的新槐小学去，把我交给了一位当教师的表叔。见面时，表叔感动地向母亲翘起了拇指，啧啧称赞母亲说，那所小学自建校以来，从来没有妇女送孩子来入学，母亲是第一个。那是一个苗族侗族杂居的村子，各方面比我们村更加落后，很多男孩子都上不了学。我插班的五年级有三十多名学生，只有一个女生。母亲把我托付给表叔后，在表叔家吃过午饭就返家了。表叔面目白净，和蔼可亲，非常有责任心，是我们的班主任兼语文老师。他把我安排到教室仅有的空位上，与班上唯一的女生坐在一起。一个星期，我都不敢正眼看同桌一眼。由于山高坡陡，一路上走过的都是深山恶林，心存恐惧，又走得太累，加上水土不服，到校的当夜我发了高烧。好在并不严重，又有表叔照顾，很快就恢复了正常。同学们非常纯朴友善，都把我当成朋友，我们课余一起上山砍柴采笋、做菜吃饭，周末一起下河捉鱼捞虾、戏水玩耍，过得充实而快乐，我很快适应了新的环境。

最初也不抱什么目的，只是想找个新地方玩一玩，又可以避开父亲严肃的目光。没料到表叔管束我们极严，每天放学铃声一响，他就端一根凳子守在教室门口，一边批改作业一边监督我们学习。做不完作业不准出门，该背的课文背不好也休想放学。这种管理同学们虽然特别反对，但对学习却很奏效，我的成绩很快有了长进。第一学期期末会考，我意外地获得了全学区第一名，作文还获得了满分。表叔高兴极了，把我叫到家去吃饭，自己掏钱买笔记本奖励我。回到家里，母亲也特别高兴，破例煮了两只准备卖钱的绿鸭蛋给我吃。父亲也连连夸奖我，到田里抓了几条养来待客的鲤鱼来犒劳我。我第一次感到学习原来如此愉快，渐渐对学习产生了兴趣，学习更加自觉刻苦。成绩不断攀升，最终以优异的成绩考上了镇中学。我的身体也在不知不觉中健壮起来，尿床的陋习也不知不觉没有了。

此后读高中念大学，直到分配到城里工作，成为一名编辑记者作家，一切都比较顺利。如果没有母亲的远见，恐怕我后半生只能像堂兄弟们那样，待在村里与泥土为伍了。母亲不仅养育了我，还给了我一条相对开阔、自由、轻松的出路，也为我有机会为本土文艺作点贡献，实现人生价值创造了条件。

我和弟妹先后出来工作，还清了家庭所有的债务，父母亲也耗费了人生最美丽的青春年华，由中年步入暮年。由于他们年轻时劳累过度，染上了一身的病。父亲在他六十二岁那年离开了人世。母亲身体一直不太好，风湿、胃病、腰椎骨质增生等疾病长时间困扰着她，多次治疗也没有什么明显的疗效。近两年，弟弟与弟媳上课很忙，她又牵挂还正蹒跚学步的小侄女，每日拖着病体悉心看护，又担心治病要耗费我们的经济，病情加重了也强忍着。我反复催促她来诊治，她都迟迟不肯动身。

今年二月，她实在忍不住了，才叫三弟送她进城来治疗。住院期间，我给她洗脸洗脚，她像个知足的孩子，脸上洋溢着淡淡的笑，说是太麻烦我们了，早点跟我父亲走就好了。我批评她不该这样想，安慰她现在医疗条件那么好，慢慢治疗就会好起来。可是她还是匆匆地走了，像一枚脆弱的鸡蛋，瞬间从我的手指间突然滑落，散落成一地的痛。看着母亲的生命倏然从身边飘走，我只觉天旋地转，满脑子空白，恨自己手无回天之力，心底涌出万般悔恨。想起网上有句话：莫做迟孝人，莫行悔恨事。这话应到了我的头上。我再也没有母亲了，想见上母亲一面，也许只有在梦里。想到母亲勤苦的一生，母亲给予我们最深厚的爱，想到永远无法报答的恩情，愧疚的泪水潸然而下。

在老家清理母亲的遗物时，我带回了三件东西。一部母亲近年整理编创的酒歌书稿，这是她与父亲多年积累的民间文化资料，我准备找机会结集出版，了却母亲传播民歌的心愿。二是一条十分破旧的传统刺绣背带，母亲用这条花背带把我们五兄妹一个个背大成人，它见证了母亲养儿育女的万种艰辛。三是一双小巧玲珑的布草鞋，这是多年以前小侄子到故乡度假时，母亲特意用熟麻和布条为侄儿编织的。精致、美观、实用，既防止侄子在家乡的泥路上行走时滑倒，又避免草绳缠伤侄儿的嫩脚皮。这是母亲遗留给我们的最后一件精美的手工艺品，也是母爱延伸到儿辈的具体物证。这三件东西，作为我追念母亲的实物，也会作为我家传的宝贝，将一代一代永久地流传下去。

（2009年夏天，母亲仙逝，回忆母亲勤苦的一生和对儿女无私的爱，含泪写下此文，发表于《黔东南日报》，也许是感念天下母亲大爱，有多家网站转载）

家谱

　　家族续修家谱，经族人推举，我有幸成为家谱修缮成员。业余时间，潜心研习家族老谱，探查我莫姓流源，查找莫姓各支系家谱历史行迹，经一番苦心研究，发现本姓氏诸多秘史，也从中窥见中华民族大融合的诸多密码。由此感悟，正是各姓氏各民族之间的水乳交融，相牵相依，携手共进，五千年的中华文明，中华民族强大浩繁的优秀文化基因，才得以生生不息，永续传承，光耀世界。

　　族谱的《流源旧序》载："常思家之有谱，犹国之有史也。夫史所以备一代之记载，谱所以载一族之支派，故世远可不见，惟谱以垂之，地隔不能亲，惟古谱以系之。古人创此良规，洵重已哉！窃思我莫氏一族，出高阳氏颛顼黄帝有熊氏，父昌意母女枢。少昊天氏末，瑶光之星，如虹贯月，感幽房而孕，二十四月而生。颛顼受封于郑，在位二十五年，作蝌斗小篆。生子穷蝉，穷蝉生敬康，敬康生勾望，勾望生蟜牛，蟜牛生鼓瞍，鼓瞍生虞舜。虞舜受尧之禅，都于蒲阪，在位十一年。子而孙，孙而子，由封郑之后，世代相延耳。时至汉哀帝，有郑尚书为汉相，秉性正值，忠孝传家，哀帝爱其略、敬其才，钦书为氏赐姓为莫，至今流传于世也……"

　　这段文字给我以几点启示：其一，修撰家谱，如同国家编撰史书，意义极其重大，在编修家谱时，我们切不可掉以轻心，等闲视之；其二，我莫姓宗族，应为颛顼帝、虞舜后裔，姓氏起源于上古时代颛顼帝的封地——郑，汉哀帝钦赐郑尚书以姓氏为莫，从郑去耳旁，莫姓由此成为中华民族百家姓中的古老姓氏之一。这是何其荣耀的姓氏史，来历非同小可，借着皇族闪闪金光，有古帝贤君黄帝、颛顼、虞舜血统，莫氏子孙，应当百倍珍惜，不可辱没了我们的姓氏；其三，我辈的血统比较复杂，身份证标为侗族，但我知道，我的血液里还流淌着苗族的基因，因为我母亲、祖母、曾祖母都是苗族，从家谱记载获悉，我莫姓一族，血统中还保存古老的汉民族基因，甚至还可能融合着其他少数民族的基因。

家谱称，我族莫姓祖居钜鹿（今河北省邢台市巨鹿县一带），谱称"钜鹿堂"。族谱列为始祖的莫满盈公系明朝人，江西徽州府婺源县（今江西省上饶市婺源县）人，明洪武年间进士，迁官湖南辰沅兵备道，晚年就地落业，余下莫姓一支人，开支散叶，今分布于湖南、贵州、湖北、四川、重庆、广西等十余个省、市、自治区。

先祖千百年来迁居多变，家谱记载内容有限，史上姓氏经历怎样的变沿，族人又是怎么从河北迁居江西，期间发生过怎样的变故，史上家族与哪些族群发生过怎样的交集，已是一桩无法破解的公案。但可以肯定的是，我族先人与众多其他兄弟姓氏族人一样，与不同的姓氏发生过千丝万缕的联系。在我莫姓家族中，有一条不成文的规禁：本姓氏族人之间，无论血缘相隔多少代，均不可以通婚，违者将逐出宗族，永远不得录入族谱，死后牌位不可进家祠。族人代代遵守此约，无人越雷池一步。接续香火繁衍人丁，全仰仗与不同姓氏之间的联姻。翻阅家谱，考查祖上十几代人的婚配，发现联姻的姓氏就有孟、梁、杨、王、张、姚、邰、刘、江等数十个之多。诚然，莫家的姑娘也全都嫁给了外姓。

显然，如果没有各姓氏之间的通婚，族人是无法得以代代传续，不断发展壮大的。不同民族、不同姓氏之间的联姻，实现基因的改良重组，这与现代生物遗传学的科学观点刚好契合。

家谱读到此处，心底不禁平生一种莫名的自豪感，同时胸中也隐隐暗生一种愧疚。欣慰的是，从来没想到我们名不见经传的莫姓流源如此古老，更想不到姓氏竟是汉帝钦赐，我莫姓一族，在千曲百转的漫漫岁月中，与众多兄弟姓氏不同的民族之间，保持着割离不断的密切关联。惭愧的是，立世碌碌数十余载，诚心侍奉文字半生，对自己的族史漠然不顾，未曾深究，以至一知半解，心得空然。

小时候父亲教我背诵百家姓，总是只记得住前边几句："赵钱孙李、周吴郑王、冯陈褚卫、蒋沈韩杨……"远远还背不到自家姓氏，就已经背不下去了。在多次全国人口普查中，总人口排名前200名的姓氏中，老是看不到我们莫姓。在惯常的印象中，我们莫姓人口不多，在百家姓中排位比较靠后，应该是百家姓中人数较少的一个姓氏。

有一年，复旦大学钱文忠教授在百家讲坛开讲百家姓，这是一个很有文化味道和传统国学内涵的节目。钱教授把各个姓氏的起源，人口在全国总人口中占比，历史上出现的重要人物以及对中华民族的贡献等等，都作了比较详尽的介绍，对观众了解姓氏文化，提高读者对本姓氏历史的认识，提升民族文化自信，拓展历史视野等等，都起着不可低估的积极作用。

对这档节目，我是每期必看，收获颇多。特别认真收看了他对莫姓的讲解，他介绍莫姓起源比较复杂，有因古官名莫敖得名者，有北方少数民族演化而得名者，有起源于古帝虞之祖父（帝虞祖父叫虞幕，幕与莫相通）而得名者，凡此种种，不一而足。但他强调了莫姓的一个古老的起源，追溯到颛顼帝以及他建造的郪城。近读家谱，方悉我族莫姓发源与钱教授讲授的与上古颛顼关联的起源说极为相近。

不独莫姓，很多古老的姓氏多有相同的古老起源。钱文忠教授谈到，像姜、姬、姚、嬴等很多古老的姓氏，都起源于上古时代的"三皇五帝"等人文始祖。起源相同的姓氏，在漫长的历史长河中，又各自不断发展演化，分化成不同的姓氏，并融合到不同的民族中。钱教授还介绍，传统通行的《百家姓》一书中，只收录了其中部分，而中华民族大家庭各姓氏加起来，有成千上万个。能排名前三百位，那就算很了不起的大姓。

司马迁在《史记》里记载："帝颛顼高阳者，黄帝之孙而昌意之子也。"我家谱姓氏起源提到的颛顼，与司马氏《史记》里记载的颛顼，应该是同一个人。

尽管相传我族曾有多部古谱，但因经历无数次兵荒马乱、房屋失火等人祸天灾，古谱早已遗失无存。我手头收集到的族谱，为民国初年修撰，据长辈介绍，这部谱是依据古谱续撰的，时间虽然不算太久，其中的许多信息应当是直接抄录旧谱内容。一族之谱即为一族之史，其编撰修缮是件非常严肃庄重的大事，决不可以随意编造，否则以讹传讹，一错百错，将贻误子孙。能记入谱牒者，要么有古籍记载为据，要么因口头代代相传，总归不可以凭空臆造。

家谱旧序对莫姓流源的记载，表明我莫姓起源与黄帝部落有着不可割裂的渊源，应当有一定的可信度。

寻根问祖，正本清源，记录族史，启迪后人，团结宗支族人，是编撰家谱的根本任务。这与国家考古工作相类，找到依据，印证史料，还原历史。其意义价值不言而喻。

做人不可忘本，事行当走正道，这是传统思想教化普通人立身入世的基本准则。了解我们的过去，铭记我们的历史，光大中华文明，是我们每个中华儿女应持有的信念和责任。

伟大的革命导师列宁曾在《以革命的名义》一文中说道："以革命的名义想想过去，一个民族如果忘记了历史，就意味着背叛。"有良知的先贤们常常叩问自己的内心，不要丢掉本心，不可忘记来处。

先父在世时，常常利用大小节日，告诫我们兄弟，要记住我们先祖牵牛挑筐、扶老携幼、披星戴月、餐风露宿苦难的迁徙之路，不可忘记祖先们食难果腹、寄人篱下、刀耕火种、开山破土、战天斗地，坚韧挺过的饥馑岁月，更不可忘记青黄不接、揭不开锅的生死时节，曾经勒紧裤带接济过我先辈，让我族

349

人得以生存下来的乡邻和亲友。

每逢清明节，除了要对村寨里的所有祖坟进行恭敬的祭扫外，我村家家户户还在门口摆上一桌丰盛的佳肴，由家族长者焚香奠酒，对一路迁徙遗骨他乡的先祖们逐一诚呼遥祭，强调时代更迭、山遥路远、舟楫不通、葬地难觅，无法再前往当地祭扫，希望得到先人们的体谅，子孙们没有忘记他们的勤苦和恩德，如果他们灵有感应，有车驾车，有马坐马，无车无马，便腾云驾雾，赶来享用家人的祭品。

祖先们是否有灵，是否能够千里万里赶来祭场品尝丰盛的祭品，这不得而知。但这仪式感满满的"当门祭"，分明是一种庄严的族史教育，告诉现场的每个人，不可忘记祖宗，记得我们来自哪里，哪些地方还有先人的坟茔。同时也告诉族人，记住先人创业的艰辛，我们没有什么可以骄傲的资本，我们要继承先辈脚踏实地、苦干实干的创业精神，坚强不屈、百折不挠的坚定意志，战天斗地、人定胜天的生存信念，继续把家谱中忠孝传家、遵老爱幼、不忘历史、感恩先辈、遵纪守法、诚信做人的遗训传承好。决不可以做见利忘义、损人利己、辱没祖宗、抹黑宗族之事。这实际是一种最普遍最朴素的家国情怀，是一种务实而生动的家族爱国主义教育形式。其核心和本质，就是重新温习"我是谁、从哪里来、将到哪里去"三大人类终极哲学问题。这样的教育理念，在家规、家训等内容中呈现，其精神要义，与国家倡导的社会主义核心价值观不谋而合。

一个人、一个家族，甚至一个民族、一个国家，常常思考这样一些问题，常常想想历史那些曲折艰辛和辉煌繁盛，我们前进的路上就一定会少一些焦躁和功利，多一些理性和自信，我们就会心地开朗，视野宏阔，目标清晰，我们就会时时扶正航向，避免走许多弯路，我们迈进的脚步就一定会更加自信稳健，才能行稳至远。

结合家谱文化，细思人类三大哲学问题，我们奋斗最根本和终极的目标是什么？我想，就应该是把中华民族斑斓的优秀基因代代相传，永不中断，让古老绚烂的中华文明之灯火万古不灭，照亮四海。

我们中华民族的基因是什么，与其他民族有什么不同？这也是一个值得我们思考的问题。

多年前，曾经看到一篇报道，有位在美华人遭到社区公职人员的投诉，警方赶到那位华人的家里，说接到社区报警，那位华人涉嫌暴力，虐待孩子。原因是社区医务人员在给孩子体检时发现了孩子背部、臀部有多处青斑。这还了得，在自称民主的美国社会，虐待孩子可是重罪，弄不好可能失去孩子监护权的同时，还可能面临牢狱之灾。

弄清楚警察来意，华人会心一笑：这纯属一个天大的误会。中国人对孩子的爱,那是比任何一个民族都要博大、深厚、细腻,用心用情,百般呵护,无私无畏。含在嘴里怕化了,捧在手上怕掉落,为了孩子,父母哪怕舍弃生命,都要把生机留给孩子。汶川大地震中有位年轻的母亲用单薄的身躯,顶住沉重墙体,用生命撑出孩子生存的空间,保护了自己孩子幼小的生命。当救援人员打通救生通道,找到那对母子时,那位年轻的妇女早已身体僵硬,她可爱的孩子却躺在她的腋下安然酣睡。救出孩子的那一刻,所有在场的救援人员无不感动得悄悄落泪,一部分是感叹柔弱的孩子还不知道母亲早已离他而去,幼小的他就这样成了孤儿,更多的是感慨年轻母亲的伟大,生死关头,她用尽全力把孩子保护了下来。这样经典的撼人心魄的镜头,在中华五千年文明史中,例证随处可见。这样悉心呵护孩子的民族,谁轻易舍得把自己的孩子揍得满屁股青紫啊,何况那是刚刚出生还在襁褓里弱不禁风的小生命!

经过科普,美国警察才知道,那是中华民族种群区别于其他民族的标志性生理特征——青斑。这种青斑往往在孩子出生后显现在背部和臀部,随着孩子的慢慢长大,这种青斑自然消失。除此之外,铲形门齿加上眼内眦褶,是中华民族种族与西方其他民族人种的三大鉴别标志,为中国人所独有。这是人类学家、医学家长期研究得出的重大结论。

中国人大多数都有4颗门齿,上下两两相对应,应该是中华古人类进化的进程中逐步形成适应生存的一种智慧选择。人们日常吃苹果可知,门齿利于截断粗大的食物,方便小块咀嚼,便于吞咽和消化。其功用显而易见。至于屁股上的青斑和眼内眦褶的作用为何,尚未猎悉相关科普信息。此三个生物体征,不仅仅为汉民族所独有,也同样为其他少数民族所共有,这足以说明,五十六个民族,有着共同的古老基因,或者说,在漫漫历史长河中,各民族之间的相互融合,相互通婚,各民族都逐步拥有了共同的基因。这一独特的体征,把中华民族与西方其他民族准确地识别开来。

获此标准,我曾经对自己进行核对,觉得铲形门齿与眼内眦褶两项皆合。但屁股青斑是无法考证了,父母均过逝得早,也无法向他人问询,自己出生时臀部是不是也有青斑,这也就成了一个谜。直到儿子女儿先后出生,发现他们都带有青斑,于是引以为傲——我们都是中华民族的嫡传子孙!

在研读莫姓家族各支系不同版本的家谱还发现,我莫姓各支系族人与其他民族的融合情况非常普遍。我始祖莫满盈公这支莫姓后裔自明洪武年间以来600多年的时间里,我们二十多代宗亲,就分别融合于苗、侗、壮、水、布依等若干个少数民族中。说明同姓族人在漫长的繁衍过程中,与不同的民族和睦相处,相互通婚,不断融合到不同地区不同的民族群落当中。在一个很小的房族甚至一个家庭中,兄弟姐妹分别属于不同民族的情况大有人在。因为我国宽松的民族政策规定,出生的孩子,民族可随父也可以随母。因此一家兄弟姐妹，就可能分别属于不同的民族，但这从不影响亲人之间的感情和交往。

在我老家，很少有单纯的一个村子全是一个民族的情况，很多情况是汉族、侗族、苗族或者其他少数民族杂居在一起。大家相互通婚，亲来戚往，你中有我，我中有你，彼此包容，相互接纳，和睦为邻，共同守护着美丽的家园。在长久的共同相处中，相互认同对方的文化，尊重彼此的习俗，学习到彼此的语言，形成了共同地域、共同的民族习惯、共同的文化和审美理念，相近的个性特质，组成一个相依相亲无法分开的命运共同体。

在一次朋友的聚会中，有位苗族老画家曾经问我："你是什么民族？"我说："你老猜猜？""你肯定是苗族。"我不置可否，笑笑说："没错，不过何以见得我是苗族呢？"画家大笑说："你长着一副标准的苗族脸谱嘛！"他接着告诉我，在他长期的写生观察中，很多苗族同胞都有着宽脸、粗眉和宽平的鼻梁等特点，加之个性豪爽，嗓门洪亮，轻易就能分辨出来。我们一桌人下意识地相互打量，禁不住大笑开来。在座的有好几位苗族朋友，经画家提醒，大伙彼此观照，或多或少具有画家说的那种脸谱特征。我不禁佩服那位画家细微的艺术洞察力。我补充介绍，我父系为侗族，母亲是苗族，祖母以上多代女性都是苗族，祖上还有汉族的血统。

我不知道基因遗传有何规律，但肯定不会是父母相加取平均值，据有关基因信息文章，祖先的遗传密码永远不会从身体消失。所以近年有考古学家发现了魏武帝曹操墓，便从若干自称曹操后人的人群中提取 DNA，与曹操墓中提取的 DNA 进行比对，经过科学分析，证实那古墓为曹操真墓。

那位画家说的没错，可以肯定我身上苗族血统占比应该非常高，体现出苗家人脸谱也不足为怪。我母亲为邻村的苗族姑娘，自小从外公外婆那里学得一口流利的苗话，不同于其他几位姨妈之处，是几位姨妈未上过学，自小随外公外婆耕田种地，养蚕纺纱织布，跟传统苗家姑娘没多大区别。母亲则喜欢上学读书，学习十分刻苦。后考取州农业学校，成为新中国成立以后最早一批苗族知识女性之一。只是命运多舛，临近毕业学校撤销，返乡不久便与我父亲结婚成家。后来有几次出来工作的机会，但都阴差阳错，未能走出大山。母亲有文化见识，父亲亦知书达礼，两人夫唱妇和，将我兄弟姐妹四人供上了大学，成为国家的公职人员。这在我们侗族山寨，长时间成为一段佳话。我的确长得像母亲，母亲是苗族，我自然有一副苗族脸谱。

只是母亲嫁到我家以后，因为我们村汉化已非常严重，村里除了爷爷辈偶尔常说侗语外，到父亲一代，虽然他们都能说侗话，但在村里交流时多讲汉话。到我们出生后，几乎不再教我们说本民族的语言。自小在学校老师那里学的是普通话，对本民族的语言及许多文化习俗，渐渐淡化，甚至只能从家谱的记载中略知一二。

　　家谱所记载的历史不长也不是很翔实，从姓氏的起源到宗族的形成和变迁，许多记载十分简单甚至模糊不清。村中保存的两部家谱，早者修定于1933年，至今不到百年时间。确定的莫姓始祖莫满盈公，于公元1357年生于江西徽州府婺源县，与明代大儒解缙为同乡，且为1388年同科进士。始祖莫满盈公曾任江西吉水县正堂，又升任吉安府知府，1389年2月徙任湖南辰沅兵备道，在湘任职多年。后因在朝同科进士解缙直言遭贬黜，终被锦衣卫灌醉埋雪而死。莫满盈公担心朝庭连坐清算，故称病辞官，择任所相邻的湖南桃源县新安村安居，从此离别祖籍江西落户湖南。其迁湖南前，于江西老家娶有孟氏太婆，已生育有二子。到湖南履职后，于任上兢兢业业，克己奉公，重视军地团结工作，经人介绍，娶当地梁氏民女为偏房，育有二子。在一次战事中，梁氏太婆不幸殉难。满盈公就把原配孟氏太婆接到任所，孟氏太婆又生四子。加上原生两子和梁氏太婆所生二子，满盈公共有八子。孟氏贤德，精心辅育，八个儿子个个文武兼备，成年后或中举人、或取进士，分别到不同地方任职。家谱称为"长八公"。八公分成八个支系，其后裔分散于江南诸省。因条件所限，多个支系未能取得联系。我族系莫满盈公二房梁氏所生次子，排行老三，取名景竹，精于骑射，为武举出身。年轻时在一次训练中奔马狂飚，不慎跌伤，阖掉门牙两颗，请牙医以银镶补，谱称"银牙公"，被奉为本族一世祖。银牙公生育有八子，谱称"少八公"。我村莫姓为银牙公三子莫忠后人。莫忠赴湖南靖州（今湖南靖县一带）任地方武官，后因朝廷事变，解甲归田，就近安居。其子孙于是分别辗转迁居于贵州黎平、锦屏、天柱、剑河等县。

　　时移世异、到清咸同年间时，家道日渐败落，族人四散逃生。到我高祖莫再锦出生时，家境更加惨淡，居无定所，生活窘困。高祖父亲因病去世得很早，高祖莫再锦与其兄弟莫再成便成了孤儿，由其叔父莫秀元用罗筐挑着讨饭来到本村。被先到本地安居的同族收留，得以安顿下来。又经十余代人繁衍，发展到数百口，散居于相邻的几个村寨。

　　这是一段令人感伤的家史。在这段近两百年不平凡的时间里，祖上十多代人，反复迁徙于湘西和贵州黔东南的苗族、侗族等多个少数民族村寨，得到当地族群的接济和帮助，并不断与当地苗族、侗族同胞结亲，使我莫氏一族，根脉不断，星火相传，绵延至今。

　　这段艰难的岁月，正是我莫姓从原来的汉族融合为其他民族的特殊时期。通过家谱，我村一个小小的莫姓支系的变迁史，可作为中华民族大融合的一个缩影，见证了汉族与少数民族之间相互包容，和舟共济，并肩发展的伟大历程。也正是不同兄弟民族之间的命运与共，互帮互助，使我们中华民族的根脉得以缠缠绵绵，奔流不歇，生生不息。

　　进入信息时代。交通更加便捷，通讯更加方便，世界显得更加小巧融圆，各民族之间的交流与融合更加频繁。

从新近收集族人的信息来看，很多久未见面的房族走出村镇，到外省就业发展。资料显示，有后辈族人通过不懈努力，有的工作于京城，有的办企业于江浙，有的经商于东南亚，有的在"一带一路"承建工程，有的游学于欧美。偶有重大节日家族聚会，族人四方来聚，有的带回南国肤色油黑的漂亮媳妇，有的领来金发碧眼的欧美女友，有的带回外商夫婿。真是洋洋大观，多姿多彩，景象万千。民族的交融，文化的互鉴，文明的融合，世界的大同，真是大势所趋，浪潮滚滚，不可阻挡。

我莫姓一个小小支系，家谱文化中竟呈现如此缤纷繁盛景象，想必国内那些占据前列的像王、陈、李、张、刘、杨、黄、吴等排在前十的大姓，其民族交融催绽的文化之花，应该更是璀璨夺目，异彩纷呈，令人眼花缭乱吧！

正是几千年来各民族之间的共生共荣，互爱互鉴，肝胆相照，像石榴籽那样紧紧依偎在一起，共同驾驶着中华民族历史的巨轮，穿越无数暗礁激流，搏击重重惊涛骇浪，始终勇立潮头，屹立不倒。正如老艺术家乔羽作词、著名作曲家徐沛东谱曲久唱不衰的那首经典老歌《爱我中华》所唱："五十六个星座五十六枝花，五十六个兄弟姐妹是一家……"

（发表于《夜郎文学》）

铭记过往的美丽（后记）

　　长期生活在黔东南这块温馨的土地，踏踏实实做一个纯粹的黔东南人，这是非常幸福的事——这是我居守乡土几十年的真切感受。

　　黔东南是块神奇的土地，被称为"百节之乡""歌舞海洋""人类疲惫心灵的最后家园"。的确，独特的民族风情，丰富的节日文化，悠久的人文历史，旖旎的自然风光，宜人的恒稳气候，丰饶的四季物产，丰富的人文资源与良好的自然生态，养眼、慰心、怡情。城镇乡村，所闻所见、所历所思，都可能在心底留下永难磨灭的记忆。

　　参加工作30年多年来，无论公务采访、文学采风，还是节假日自己有计划的漫游，抑或平时走亲访友，有意识无意识地对黔东南的名山大川、湖泊溪流、民族村镇、名胜古迹、景点景区、名人故里、节日文化、民族风情等等，进行走访和考察。体验过像台江县大塘地区独特的苗年文化，零距离贴近无数普通百姓的生产生活场景，探察过月亮山苗寨曾经令人触目惊心的贫困状况（现在这些寨均已脱贫），穿越雷公山、月亮山茂密的原始森林，到过很多唯美的原始的还养在深闺的自然景区，也亲临过曾经血肉横飞的古战场遗址，感受许多苗族村寨热情奔放的风情之美，浏览过南部侗族村寨和谐宁静的生活画卷，多次倾听美妙的能安抚心灵的侗族大歌，探访过老百姓尊重的古坟茔，参观过现代气派的精美家祠，看过不少神奇的民俗和技艺表演，品尝过黔东南各种地道的特色美食。种种田野经历和实境体会，滋养了我对本土民族文化的自豪感和自信心，也触动我内心激发出丰沛的创作灵感，以短、平、快的散文或者报告文学形式，把当时的情景、感受真实地记录下来，先后在我曾就职的《凯里晚报》或其他刊物发表，得到许多读者的欢迎和评赞。有文友很早就建议我结集成书，但诸多原因一直未刊印成书。

　　近两年经过收集整理发表的稿件，亦有近百万字。从中选出与乡土有关自

355

己认为有点意思的能够窥见黔东南30多年来发展变化，有自己独特视角也许读者再也无法体会的情景和内容的篇章，编成这本集子《黔东南漫记》。

这是笔者30年过往旅迹的记录，也是自己美好青春岁月的珍贵记忆。通过整理汇编这些文章，回眸曾经的漫漫过往，许多美好的经历或者对群众艰难岁月的见证，影影幢幢，如电影胶片，似电闪雷声，有无限杳远的欣慰，也有诸多远去的伤感，历历在目又不堪回忆，令人感慨万千。

时间真如白驹过隙，弹指一挥间，人生已越半世。重读那些老旧的文章，很多篇什看似文字粗陋，内容平俗，但真实记录当时情景；一些文章结构单一，篇幅短小，却是当时内心真情的坦然流露。现在如果重游旧地，恐怕再也写不出当时的感觉了。因此，这个集子，无论于我本人还是本书记述的人事，都越发显得更有意义。

特别是随着社会经济的发展进步，信息时代的到来，文明在不断衍变，传统文化在新世纪的激流中飞速磨蚀，黔东南很多曾经令人感激涕零的美好人情，许多古老纯朴的民风民俗，原生的美丽的自然环境，奇异的自然风光等等，在历史的烟云中，慢慢被时间一点点消解，那些过往的美好或者苦难的历史，不会再有，也不可能再来，也永远无法追忆。那些流逝了的美好情境，也许只能从这本书的文字里找到它曾经的存在。

出这本书的目的，除了汇总自己工作生活的见闻与感悟，更希望文字里记录的那些美好的瞬间，特别是已经消失或者正在消失的民风民情、习俗文化，能够给后辈读者们一些怀想，一些追念，一点温暖。我们生活的这块土地，我们的美丽家园，原来曾经是那样的多彩多姿，也曾经历经贫穷与苦难，我们的人民勤劳良善，坚韧智慧，曾经创造和传承过古老迷人的文化，黔东南这块土地蕴含着有温度有温情的立体的美。也希望我们的后辈们能明白，我们脚下的这块土地，曾经地灵人杰、历史悠久、文化瑰丽、风光优美、瓜果飘香、人情如诗，值得珍惜与珍爱，我们必须很好地加以保护。合理地开发利用和有效保护好自然生态和民族文化"两个宝贝"，是黔东南永恒不变的主题和每代人应该肩负的责任。

希望这个集子能成为兼具黔东南文学导游、乡土教材、文旅推介等功能的一部作品，希望通过这部书，打开解读锦绣黔东南的一个个玲珑的窗口，让外界的朋友窥见神秘黔东南样貌之一斑。

最后，感谢中国作家协会、黔东南州文联将本书列为扶持项目并给予资助，感谢出版社编辑老师的辛劳付出，感谢中国著名作家关仁山老师题写书名，感谢贵州省著名评论家杜国景、朱永富两位老师为本书作序并给予充分的评鉴和推介，感谢作家杨秀廷为本书校对，感谢书画家杨广为本书创作插图，同时感谢黔东南州委宣传部、凯里市委宣传部、凯里市文联等诸多单位和众多朋友对本书的出版给予的支持、帮助和鼓励。

莫子北
2024 年 4 月 25 日